Claudia Wunderlich

Die Akzessorietät des § 298 StGB zum Gesetz gegen Wettbewerbsbeschränkungen (GWB)

Studien zum Wirtschaftsstrafrecht

herausgegeben von
Klaus Tiedemann / Bernd Schünemann

Band 31

Claudia Wunderlich

Die Akzessorietät des § 298 StGB zum Gesetz gegen Wettbewerbsbeschränkungen (GWB)

Centaurus Verlag & Media UG 2009

Zur Autorin:
Claudia Wunderlich, geb.1982, absolvierte ein Studium der Rechtswissenschaften an der Universität Bayreuth und promovierte dort 2009. Sie arbeitete als wissenschaftliche Mitarbeiterin am Lehrstuhl für Strafrecht I an der Universität Bayreuth und ist derzeit als Referendarin am LG Bayreuth tätig.

Die Deutsche Bibliothek – CIP-Einheitsaufnahme

Wunderlich, Claudia:
Die Akzessorietät des § 298 StGB zum Gesetz gegen Wettbewerbsbeschränkungen (GWB) / Claudia Wunderlich. – Freiburg: Centaurus-Verl., 2009
 (Studien zum Wirtschaftsstrafrecht ; Bd. 31)
 Zugl.: Bayreuth, Univ., Diss., 2009
 ISBN 978-3-8255-0752-7   ISBN 978-3-86226-344-8 (eBook)
 DOI 10.1007/978-3-86226-344-8

ISSN 0938-9512

Alle Rechte, insbesondere das Recht der Vervielfältigung und Verbreitung sowie der Übersetzung, vorbehalten. Kein Teil des Werkes darf in irgendeiner Form (durch Fotokopie, Mikrofilm oder ein anderes Verfahren) ohne schriftliche Genehmigung des Verlages reproduziert oder unter Verwendung elektronischer Systeme verarbeitet, vervielfältigt oder verbreitet werden.

© CENTAURUS Verlag & Media KG, Freiburg 2009

Satz: Vorlage der Autorin
Umschlaggestaltung: Antje Walter, Titisee-Neustadt

Vorwort

Diese Arbeit lag im Wintersemester 2008/2009 der Rechts- und Wirtschaftswissenschaftlichen Fakultät der Universität Bayreuth als Dissertation vor.

Ganz besonders möchte ich mich bei meinem Doktorvater Herrn Prof. Dr. Nikolaus Bosch bedanken, der mir während meiner Zeit als wissenschaftliche Mitarbeiterin an seinem Lehrstuhl Gelegenheit zur Promotion gab und stets zu einem fachlichen Dialog bereit war.

Mein Dank gebührt auch Herrn Prof. em. Dr. Dr. h.c. Harro Otto für die zügige Erstellung des Zweitgutachtens und den Herren Prof. Dr. Dr. h.c. mult. Klaus Tiedemann und Prof. Dr. Dr. h.c. Bernd Schünemann für die Aufnahme der Arbeit in diese Schriftenreihe.

Besonderen Dank gilt aber vor allem meinen Eltern, meiner Schwester und meinem Freund Marco Albrecht, die mich während der gesamten Zeit unterstützt und motiviert haben und jederzeit mit Rat und Tat zur Seite standen. Ohne sie wäre dieses Werk nicht entstanden. Ihnen ist diese Arbeit gewidmet.

Bayreuth, im Juli 2009   Claudia Wunderlich

Inhaltsverzeichnis

Abkürzungsverzeichnis XIII

Teil 1: Einleitung und Vorgehensweise *1*

    A. Einleitung 1

    B. Vorgehensweise 3

Teil 2: Das Rechtsgut – Grundlage zur Bestimmung der Abhängigkeit des § 298 StGB vom GWB ... *5*

    Kapitel 1: Schutzgut des GWB 6
    A. Geschichte des GWB 6
    I. Entwicklung des Kartellrechts bis zur Einführung des GWB 7
    II. Die 1. GWB-Novelle von 1966 – Wettbewerb auf allen Ebenen 11
    III. Die 2. GWB-Novelle von 1973 – erste Angleichungen an das Europarecht ... 12
    IV. Die 3. und 4. GWB-Novelle von 1976 und 1980 13
    V. Die 5. GWB-Novelle von 1990 – Ausweitung des Wettbewerbsprinzip 14
    VI. Die 6. GWB-Novelle von 1999 – wesentliche Harmonisierung mit dem Europarecht ... 14
    VII. Die 7. GWB-Novelle von 2005 – endgültige Europäisierung des deutschen Kartellrechts ... 16
        1. Gründe und Ziele der Novelle 16
        2. Europäisierung als Problem für die Akzessorietät des § 298 StGB zum GWB
            (Art. 103 II GG) 17
        3. Inhaltliche Änderungen und Problemfelder 19
    B. Der Wettbewerbsbegriff des GWB 21
    I. Der Wettbewerbsbegriff in der 1. Gesetzesbegründung 21
    II. Die wettbewerbspolitische Bestimmung des Wettbewerbsbegriffs 21
        1. Die Funktionen des Wettbewerbs 22
            a) Die ökonomischen Funktionen des Wettbewerbs 22
            b) Die gesellschaftspolitischen Funktionen des Wettbewerbs 23
        2. Wettbewerbspolitische Ansätze 24
            a) Der klassische Liberalismus 24
            b) Das Modell der vollständigen Konkurrenz 24
            c) Harvard School 25
            d) Chicago School 27
            e) Theorie der „Contestable Markets" 28
            f) Theorie der wirtschaftlichen Entwicklung 28
            g) Die Österreichische Schule und von Hayek 29
            h) Die Freiburger Schule 30

i) Konzept der Wettbewerbsfreiheit 30
j) Ergebnis 31
III. Bestimmung des Wettbewerbsbegriffs durch das deutsche Kartellrecht 32
1. Wettbewerb als Zustand 33
2. Wettbewerb als menschliches Verhalten 33
3. Wettbewerb als wirtschaftliche Handlungsfreiheit 34
4. Ergebnis 35
IV. Bestimmung des Wettbewerbsbegriffs durch das europäische Kartellrecht 35
V. Ergebnis 37

Kapitel 2: Das Rechtsgut des § 298 StGB 38
A. Die Geschichte des § 298 StGB 39
I. Die Entwicklung der Strafbarkeit von wettbewerbswidrigen Absprachen 39
II. Die Bestrafung von Absprachen über § 263 StGB 42
1. Eingehungsbetrug 43
2. Erfüllungsbetrug 49
III. Hintergründe und Einführung des § 298 StGB 54
B. Meinungsstand 57
I. Schutzgut Vermögen 57
II. Vermögen und Wettbewerb als gleichrangige Schutzgüter 58
III. Schutzgut Wettbewerb 59
C. Ansätze zur Bestimmung von Rechtsgütern 61
I. Der positivistische oder systemimmanente Ansatz 61
II. Der systemkritische Ansatz 63
D. Bestimmtheit des Wettbewerbsbegriffs als strafrechtliches Schutzgut 66
E. Zusammenfassung der Argumente und Bestimmung des Schutzguts des § 298 StGB 70
F. Die Abhängigkeit des § 298 StGB vom GWB 72

Kapitel 3: Zusammenfassung des zweiten Teils 73

Teil 3: Die Abhängigkeit der einzelnen Tatbestandsmerkmale von den Regelungen des GWB 75

Kapitel 1: Ausschreibungen 75
A. Akzessorietätsgedanken in der Geschichte 76
B. Die Akzessorietät des Ausschreibungsmerkmals des § 298 StGB 86
I. Vergabearten 86
1. Die Vergabegrundsätze (§ 97 GWB, § 2 VOB/A, § 2 VOL/A) 88
   a) Wettbewerbsgrundsatz (§ 97 I GWB, § 2 Nr. 1 VOB/A, § 2 Nr. 1 VOL/A, § 4 I VOF) 88
   b) Transparenzgebot (§ 97 I GWB) 89

c) Der Gleichbehandlungsgrundsatz (§ 97 II GWB, §§ 2 Nr. 2, 8 Nr. 1 VOB/A,
§§ 2 Nr. 2, 7 Nr. 1 I VOL/A, § 4 II VOF) 90
d) Berücksichtigung mittelständischer Interessen (§ 97 III GWB, § 4 Nr. 2, 3 VOB/A,
§§ 5 Nr. 1, 7 Nr. 3, 10 Nr. 2 I VOL/A, § 4 V VOF/A) 92
e) Maßgebliche Eignungskriterien (§ 97 IV GWB, §§ 2 Nr. 1, 25 Nr. 2 VOB/A,
§§ 3 Nr. 3, 25 Nr. 2 VOL/A, § 4 I VOF) 95
f) Zuschlagskriterium des wirtschaftlichsten Angebots (§ 97 V GWB, § 25
Nr. 3 VOL/A, § 25 Nr. 3 III VOB/A, § 17 III VOF) 101
2. Arten der Vergabe (§ 101 GWB) 105
a) Das offene Verfahren (§ 101 II GWB) 106
aa) Das Verfahren 107
bb) Die Einbeziehung des offenen Verfahrens in den Schutzbereich des
§ 298 StGB 109
b) Das nicht offene Verfahren (§ 101 III GWB) 109
aa) Anwendungsbereich des nicht offenen Verfahrens 110
bb) Das Verfahren 112
cc) Die Einbeziehung des nicht offenen Verfahrens in den Schutzbereich des
§ 298 StGB 113
c) Das Verhandlungsverfahren (§ 101 IV GWB) 115
aa) Das Verfahren 115
bb) Anwendungsbereich 117
cc) Die Einbeziehung des Verhandlungsverfahrens in den Schutzbereich des
§ 298 StGB 120
d) Der wettbewerbliche Dialog 123
aa) Das Verfahren 124
bb) Anwendungsbereich 126
cc) Einbeziehung des wettbewerblichen Dialogs in den Schutzbereich des
§ 298 StGB 128
II. Der personelle Anwendungsbereich 130
1. personeller Anwendungsbereich des GWB 131
a) § 98 Nr. 1 GWB – Gebietskörperschaften und deren Sondervermögen 132
b) § 98 Nr. 2 GWB – juristische Personen des öffentlichen und privaten Rechts 133
c) § 98 Nr. 3 GWB – Verbände 139
d) § 98 Nr. 4 GWB – Sektorenauftraggeber 139
e) § 98 Nr. 5 GWB – Drittvergaben 141
f) § 98 Nr. 6 GWB – Baukonzessionen 142

　　　　2. Einschränkung des personellen Anwendungsbereich des § 298 StGB 142
III. sachlicher Anwendungsbereich 146
　　1. Auftragsart 146
　　　　a) Lieferaufträge 149
　　　　b) Bauaufträge und Dienstleistungsaufträge 150
　　　　　　aa) Bauaufträge 150
　　　　　　bb) Dienstleistungsaufträge 150
　　　　　　cc) Gewerbliche Leistungen im Sinne des § 298 StGB 151
　　　　c) Auslobungsverfahren 152
　　2. Schwellenwerte 153
IV. Ergebnis 158
C. Zusammenfassung 159

Kapitel 2: Abgabe eines Angebots 161
A. Angebot 161
I. Das Angebot im Vergaberecht 162
II. Notwendigkeit der Einbeziehung eines vergaberechtswidrigen Angebots 167
　　1. Vergleichsfall: Absprachegemäßes Unterlassen der Angebotsabgabe 168
　　2. Übertragbarkeit auf den Fall der Abgabe eines auszuschließenden Angebots 175
　　3. Abgabe eines Schein- oder Scherzangebots 176
III. Zusammenfassung 177
B. Abgabe 178
I. Zivilrechtliche Bestimmung 178
II. Abgabe im Sinne des § 298 StGB 181
III. Zusammenfassung 186

Kapitel 3: Rechtswidrige Absprache 187
A. Absprache 187
I. Wettbewerbsbeschränkende Verhaltensweisen des GWB 188
　　1. Vereinbarungen 188
　　2. Beschluss 196
　　3. Zwischenergebnis 197
　　4. aufeinander abgestimmte Verhaltensweisen 198
　　5. Auslegung des Begriffs der Absprache im Rahmen des § 298 StGB 203
II. Das Sonderproblem der Einbeziehung von vertikalen Absprachen 206
　　1. Der kartellrechtliche Behandlung vertikaler Absprachen 207
　　2. Einbeziehung der vertikalen Absprachen im Rahmen des § 298 StGB 212
　　　　a) Die Beurteilung des BGH 212
　　　　　　aa) Sachverhalt 213

bb) Das Urteil 214
b) Kritische Überprüfung der Rechtsprechung 215
c) Die Unternehmenseigenschaft des Staates 220
III. Zusammenfassung 227
B. Rechtswidrigkeit 228

I. Einschränkungen des Kartellverbots aufgrund des Wortlauts – Bezwecken oder bewirken einer Verhinderung, Einschränkung oder Verfälschung des Wettbewerbs 229
   1. Verhindern, einschränken oder verfälschen des Wettbewerbs 230
   2. Spürbarkeit 235
   3. Bezwecken und Bewirken 240
II. Kartellrechtlich zulässige oder legalisierte Verhaltensweisen 243
   1. Kartellrechtsfreie Kooperationen 243
     a) Marktinformationsverfahren 243
     b) Bieter- und Arbeitsgemeinschaften 245
   2. Freigestellte Vereinbarungen 247
     a) Gruppenfreistellungsverordnungen 248
       aa) Verordnung Nr. 2658/2000 - Spezialisierungsvereinbarungen 248
       bb) Verordnung Nr. 2659/2000 – Forschung und Entwicklung 249
       cc) Verordnung Nr. 358/2003 – Kooperationen im Versicherungsbereich 251
       dd) Verordnung Nr. 1017/68 geändert durch 1/2003 – Kooperationen im Eisenbahn-, Straßen- und Binnenschiffsverkehr 252
       ee) Verordnung Nr. 823/2000 geändert durch 611/2005 – Kooperationen im Seeverkehr 253
       ff) Verordnung Nr. 2790/1999 – vertikale Vereinbarungen 254
       gg) Verordnung Nr. 1400/2002 – Vertikalvereinbarungen im Kraftfahrzeugsektor 256
       hh) Verordnung Nr. 772/2004 – Technologietransfer 257
     b) Freigestellte Vereinbarungen im Sinne des § 2 I GWB 257
       aa) Verbesserung der Warenerzeugung oder -verteilung 259
       bb) Angemessene Beteiligung der Verbraucher am Gewinn 263
       cc) Unerlässlichkeit der Einschränkung 264
       dd) Ausschaltung des Wettbewerbs 267
     c) Mittelstandskartelle nach § 3 GWB 268
       aa) Vorliegen eines kleineren oder mittleren Unternehmens (KMU) 269
       bb) Rationalisierung wirtschaftlicher Vorgänge und zwischenbetrieblicher Zusammenarbeit 270

XI

3. Sonderregeln für bestimmte Wirtschaftsbereiche 271
    a) Wasserversorgung 271
    b) Zeitungen und Zeitschriften 272
    c) Landwirtschaft 273
    d) Verkehr 274
II. Die Rechtswidrigkeit im Rahmen des § 298 StGB 275
III. Zusammenfassung 276

Teil 4: Zusammenfassung der Ergebnisse und abschließende Bewertung ***279***

Literaturverzeichnis XVII

Abkürzungsverzeichnis

a.A.	andere Ansicht
ABlEG	Amtsblatt der europäischen Gemeinschaft
a.F.	alte Fassung
AG	Aktiengesellschaften
AktG	Aktiengesetz
AnwBl	Anwaltsblatt
Art.	Artikel
Az.	Aktenzeichen
BAG	Bundesarbeitsgericht
BAnz.	Bundesanzeiger
BayObLG	Bayerisches Oberstes Landesgericht
BB	Betriebsberater
Bd.	Band
BGB	Bürgerliches Gesetzbuch
BGBl.	Bundesgesetzblatt
BGH	Bundesgerichtshof
BGHSt	amtliche Sammlung der Entscheidungen des Bundesgerichtshofs in Strafsachen
BHO	Bundeshaushaltsordnung
BKartA	Bundeskartellamt
BT-Drucks.	Bundestagsdrucksache
BVerfG	Bundesverfassungsgericht
BVerfGE	amtliche Sammlung der Entscheidungen des Bundesverfassungsgerichts
CPV	Common Procurement Vocabulary Codes
CuR	Contracting und Recht
DB	Der Betrieb
ders.	derselbe
d.h.	das heißt
DM	Deutsche Mark
DÖV	Die öffentliche Verwaltung
DStR	Deutsches Steuerrecht
EG	Vertrag zur Gründung der Europäischen Gemeinschaft (früher: EGV)
EuG	Europäisches Gericht erster Instanz
EuGH	Europäischer Gerichtshof
EuR	Europarecht
EUV	Vertrag über die Europäische Union
EuZW	Europäische Zeitschrift für Wirtschaftsrecht

Abkürzungsverzeichnis

EWG	Vertrag zur Gründung der Europäischen Wirtschaftsgemeinschaft
etc.	et cetera
f.	folgende
ff.	fortfolgende
FLF	Finanzierung, Leasing, Factoring
FS	Festschrift
GA	Goltdammer's Archiv
GA Tesauro	Generalanwalt Tesauro
GbR	Gesellschaft bürgerlichen Rechts
GG	Grundgesetz
GmbH	Gesellschaften mit beschränkter Haftung
GPA	Government Procurement Agreement
GRUR	Gewerblicher Rechtsschutz und Urheberrecht
GVBl.	Gesetz und Verordnungsblatt
GWB	Gesetz gegen Wettbewerbsbeschränkungen
GWB-E	Entwurf eines Gesetzes gegen Wettbewerbsbeschränkungen
HGrG	Haushaltsgrundsätzegesetz
HS	Halbsatz
iVm	in Verbindung mit
JA	Juristische Ausbildung
JuS	Juristische Schulung
JR	Juristische Rundschau
JZ	Juristenzeitung
Kap.	Kapitel
KG	Kammergericht
KG	Kommanditgesellschaft
KGaA	Kommanditgesellschaften auf Aktien
KMU	kleinere oder mittlere Unternehmen
KOM	Entscheidungssammlung der Kommission
KTS	Konkurs, Treuhand, Sanierung
LAG	Landesarbeitsgericht
LG	Landgericht
LK	Leipziger Kommentar
MDR	Monatsschrift für Deutsches Recht
MfG	Mittelstandsförderungsgesetz
Mrd.	Milliarden
MüKo	Münchner Kommentar
m.w.Nachw.	mit weiteren Nachweisen
NJW	Neue juristische Wochenschrift

Abkürzungsverzeichnis

NJW-RR	Neue juristische Wochenschrift – Rechtsprechungsreport Zivilrecht
NK	Nomos Kommentar
Nr.	Nummer
NStZ	Neue Zeitschrift für Strafrecht
NStZ-RR	Neue Zeitschrift für Strafrecht – Rechtsprechungsreport Strafrecht
NVwZ	Neue Zeitschrift für Verwaltungsrecht
NZA	Neue Zeitschrift für Arbeitsrecht
NZBau	Neue Zeitschrift für Baurecht
OHG	offene Handelsgesellschaft
OLG	Oberlandesgericht
OWiG	Gesetz über Ordnungswidrigkeiten
ÖPP-BeschleunigungsG	Gesetz zur Beschleunigung der Umsetzung von Öffentlich-Privaten-Partnerschaften
RGBl.	Reichsgesetzblatt
RGSt	amtliche Sammlung der Entscheidungen des Reichsgerichts in Strafsachen
RGZ	amtliche Sammlung der Entscheidungen des Reichsgerichts in Zivilsachen
Rn.	Randnummer
Rs.	Rechtssache
S.	Seite
SigG	Signaturgesetz
SK	Systematischer Kommentar
Slg.	Sammlung
StGB	Strafgesetzbuch
StGB-E	Entwurf eines Gesetzes zur Änderung des Strafgesetzbuchs, des Gesetzes gegen den unlauteren Wettbewerb, der Strafprozessordnung und anderer Gesetze
StV	Strafverteidiger
u.a.	und andere
Urt.	Urteil
UWG	Gesetz gegen unlauteren Wettbewerb
v.	vom
VergabeR	Vergaberecht
Vgl.	vergleiche
VgR	Vergaberecht
VgRÄG	Vergaberechtsänderungsgesetz
VgV	Verordnung über die Vergabebestimmungen für öffentliche Aufträge

Abkürzungsverzeichnis

VK	Vergabekammer
VO	Verordnung
VOB	Verdingungsordnung für Bauleistungen
VOL	Verdingungsordnung für Lieferungen und Leistungen
VOF	Verdingungsordnung für freiberufliche Leistungen
VoPR	Verordnung über die Preise für Bauleistungen bei öffentlichen oder mit öffentlichen Mitteln finanzierten Aufträgen
Vorbem.	Vorbemerkung
Wistra	Zeitschrift für Wirtschafts- und Steuerstrafrecht
WuW	Wirtschaft und Wettbewerb
WM	Wertpapier-Mitteilungen
WRP	Wettbewerb in Recht und Praxis
WTO	Welthandelsorganisation
z.B.	zum Beispiel
ZfBR	Zeitschrift für deutsches und internationales Bau- und Vergaberecht
ZHR	Zeitschrift für das gesamte Handelsrecht und Wirtschaftsrecht
ZIP	Zeitschrift für Wirtschaftsrecht
ZRP	Zeitschrift für Rechtspolitik
ZStW	Zeitschrift für die gesamte Strafrechtswissenschaft

Teil 1: Einleitung und Vorgehensweise

A. Einleitung

„Soviel Markt wie möglich, soviel Staat wie nötig."[1]

Diese Aussage, die den Kern der sozialen Marktwirtschaft beschreibt, ist vor allem für das Wettbewerbsrecht prägend. Zum einen soll möglichst wenig in das freie Spiel der Marktkräfte eingegriffen, der Wettbewerb so ausgeprägt wie irgend möglich erhalten und gefördert werden. Zum anderen aber müssen gewisse staatliche Regulierungen vorliegen, um Wettbewerb gewährleisten zu können. Angesprochen ist vor allem die Tendenz der Unternehmen in einer freien Marktwirtschaft Kartelle zu bilden, um so dem Wettbewerbsdruck entgegenwirken zu können.

Die Bedeutung von Wettbewerb für die Volkswirtschaft und das Verständnis von Wettbewerb wandelte sich vor allem im letzten Jahrhundert grundlegend. Ende des 19. Jahrhunderts ging man noch davon aus, dass die unkontrollierte Marktwirtschaft zu einem gesellschaftlichen und wirtschaftlichen Chaos führen würde und die Volkswirtschaft ein dringendes Bedürfnis danach habe, dass die Kartelle die Gesamtproduktion an den Gesamtbedarf anpassen und die Gesamtproduktion angemessen unter den einzelnen Produzenten verteilen.[2] Nur mit Kartellen – so war die Ansicht – ließen sich die *„ewigen Krisen"* von Überproduktion und Absatzstockung beseitigen. Auch sei nur so gewährleistet, dass die gewerbliche Produktion als nützliche Arbeit für die Gesamtheit zu einem lohnenden und sicheren Geschäft werde.[3]

In der heutigen Zeit hingegen, gewinnt der Gedanke des „laissez-faire" immer stärkere Bedeutung. Es soll von staatlicher Seite möglichst wenig in die Marktvorgän-

---

[1] Karl Schiller, Bundeswirtschaftsminister 1966-1972.
[2] vgl. *Kleinwächter*, Kartelle (1883), S. 161f.
[3] vgl. *Kleinwächter*, Kartelle (1883), S. 194f.

ge eingegriffen werden. Der Markt kann sich durch den Wettbewerb weitgehend selbst regulieren. Nur der Rahmen, in dem der Wettbewerb diese Aufgabe übernehmen kann und soll, wird durch staatliche Vorgaben gesetzt.

Dies geschieht im Wesentlichen durch Rahmenregelungen im europäischen und nationalen Recht. In Deutschland ist besonders das Gesetz gegen Wettbewerbsbeschränkungen (GWB) hervorzuheben, das als „Grundgesetz der deutschen Wirtschaft" gilt. Dieses Gesetz unterliegt, vor allem auch aufgrund des sich laufend verändernden Verständnisses von schützenswertem Wettbewerb, einem stetigen Wandel.

Obwohl es Wettbewerb an sich schon immer gegeben hat, zeigt schon der Vergleich der letzten 130 Jahre, dass die Bedeutung und die Bewertung dieses Phänomens sich grundlegend änderte – von nicht erwünscht bis hin zu unbedingt schützenswert. Auch strafrechtlich lässt sich diese Entwicklung nachvollziehen. So wurde 1998 – nach nahezu 150 Jahren – mit § 298 StGB erstmals wieder ein Straftatbestand für Kartelle innerhalb von Ausschreibungen geschaffen. Diese Vorschrift wirft allerdings, vor allem seit der vollständigen Änderung des GWB im Jahre 2005, eine grundlegende Frage auf. Kann eine Strafnorm so dynamisch ausgestaltet sein, dass sie sich den jeweiligen Gegebenheiten in einem bestimmten Rechtsbereich anpassen kann? Konkreter gefragt: Muss zur Auslegung des § 298 StGB auf das GWB und seine Wertungen zurückgegriffen werden oder ist das Strafrecht eigenständig zu beurteilen? Bejaht man das Erfordernis eines Rückgriffs so stellt sich die Frage, ob § 298 StGB lediglich die verbotenen Verhaltensweisen im Zeitpunkt seiner Entstehung sanktioniert oder ob sich seine Auslegung und sein Verständnis durch die Änderung des Kartellrechts mitverändert hat. Muss die Norm sich vielleicht sogar mitverändern, um einen effektiven Schutz gewährleisten zu können? Der BGH[4] scheint dies zu verneinen, als er 2004 die Frage der Einbeziehung vertikaler Absprachen in den Schutzbereich des § 298 StGB zu klären hatte. So stellt er in seinem Beschluss vom 22.06.2004 fest, dass der Gesetzgeber mit § 298 StGB nur einen „Teilbereich der bisherigen (Kartell-) Ordnungswidrigkeiten" kriminalisieren, das heißt strafrechtlich erfassen wollte und deshalb die – nach Auffassung des Senats – auf horizontale Absprachen beschränkte Anwendung der Vorschrift nicht dadurch berührt werde, dass unter Umständen auch vertikale Ver-

---

[4] BGH, NZBau 2004, 513ff.

einbarungen wettbewerbsrechtlich verboten sind. Als Nachweis, dass von § 1 GWB seit der 7. GWB-Novelle auch vertikale Absprachen erfasst sein sollen, zitiert der BGH die Gesetzesbegründung zu dieser Novelle.[5]

Eine genaue Untersuchung der Frage, ob beziehungsweise inwieweit § 298 StGB akzessorisch zum GWB ist und ob sich der § 298 StGB inhaltlich mit dem Kartellrecht verändert hat oder ob er vielmehr statisch noch immer die im Zeitpunkt seiner Schaffung kartellrechtlich verbotenen Verhaltensweisen strafrechtlich sanktioniert, steht noch aus, so dass diese Arbeit zu einer Klärung beitragen soll.

B. Vorgehensweise

Untersucht wird, ob § 298 StGB statisch oder dynamisch zu verstehen ist, das heißt ob § 298 StGB auf dem kartellrechtlichen Stand seiner Schaffung stehen geblieben ist und nur durch eine Gesetzesänderung an die gewandelten Umstände seit 2005 angepasst werden kann oder ob er im Sinne einer dynamischen Ausgestaltung diese Anpassung selbst vollzieht. Konkret soll die Frage beantwortet werden, ob § 298 StGB die Regelungen des GWB nach der siebten Novelle umfasst, und damit auch heute noch einen ausreichenden Schutz des Wettbewerbs in der Form gewährleisten kann, die er nach Umgestaltung des GWB gefunden hat.

Dieser Problemstellung soll sich im Wesentlichen durch eine Zweiteilung der Arbeit genähert werden, die von grundlegenden Überlegungen zur detaillierten Überprüfung der einzelnen Tatbestandsmerkmale führt. Anfangs werden die durch § 298 StGB und durch das GWB geschützten Rechtsgüter bestimmt. Einer solchen Klärung bedarf es, um überhaupt feststellen zu können, inwieweit eine Akzessorietät denkbar ist. So kann eine strenge Akzessorietät nur in Betracht kommen, wenn auch das Schutzgut identisch ist. Zeigt die Untersuchung, dass sowohl das GWB als auch der § 298 StGB die gleiche Vorstellung von Wettbewerb schützen, so besteht die grundsätzliche Möglichkeit der akzessorischen Ausgestaltung des § 298 StGB und damit seiner dynamischen Anpassungsfähigkeit auch an solch gravierende Veränderungen des Kartellrechts, wie es die siebte GWB-Novelle mit sich brachte. Schützen das GWB und § 298 StGB jedoch unterschiedliche Rechtsgüter,

---

[5] BGH, NZBau 2004, 513 (515).

so muss eine strenge Akzessorietät ausfallen. Inwieweit eine teilweise Akzessorietät in Betracht käme ist gegebenenfalls im Anschluss zu diskutieren.

Im Folgenden werden dann die einzelnen Tatbestandsmerkmale auf ihre Abhängigkeit vom Kartellrecht untersucht, wobei das Ergebnis der Rechtsgutsbestimmung stets als Grundlage zu beachten ist. Die Prüfung beginnt jeweils mit einer zivilrechtlichen Betrachtung des Umfangs, der Reichweite und Auslegung des Merkmals im Rahmen des Kartellrechts. Im Anschluss wird dann überprüft, ob die so gefundenen Ergebnisse für die Auslegung des § 298 StGB verwendet werden können oder ob die besonderen Regelungen des Strafrechts, vor allem auch die Wortlautgrenze des § 298 StGB, einer solchen Übertragung entgegenstehen. Eine Akzessorietät und damit eine dynamische Anpassung an das Kartellrecht kann immer dann angenommen werden, wenn der Wortlaut des § 298 StGB die zivilrechtliche Bestimmung deckt oder von sich heraus die zivilrechtliche Auslegungsmöglichkeiten einschränkt. Von einer Akzessorietät muss abgesehen werden, wenn zivilrechtliche Bestimmungen nicht unter § 298 StGB gefasst werden können, obwohl sie in den Regelungsbereich des Paragraphen fallen würden und auch der Wortlaut theoretisch eine solche Auslegung zulassen würde, eine Übertragung aber aufgrund strafrechtlicher Prinzipien nicht in Betracht kommen kann.

Teil 2: Das Rechtsgut – Grundlage zur Bestimmung der Abhängigkeit des § 298 StGB vom GWB

Bevor eine Überprüfung der einzelnen Tatbestandsmerkmale des § 298 StGB auf ihre Akzessorietät zum GWB vorgenommen werden kann, soll geklärt werden, ob die Schutzgüter und damit die Schutzrichtungen der zu überprüfenden Gesetze identisch sind. Nur bei einer Übereinstimmung der Rechtsgüter des § 298 StGB und des GWB ist eine Akzessorietät möglich.

Das Rechtsgut spielt im Rahmen des Strafrechts – aber auch im Rahmen der anderen Rechtsgebiete – eine wichtige Rolle. Entscheidend für die Betrachtung der Akzessorietät des § 298 StGB ist die Funktion des Rechtsguts, die ihm die „Lehre von der Auslegung" zuschreibt. In der „Lehre von der Auslegung" stellt das geschützte Rechtsgut das entscheidende Kriterium der teleologischen Auslegung eines Tatbestandsmerkmals dar. Nur wenn im Voraus geklärt wurde, was die jeweilige Norm schützen soll und welchen Zweck (= telos) sie verfolgt, können die einzelnen Tatbestandsmerkmale und deren Reichweite hinreichend bestimmt werden.[6]

---

[6] Ob und wenn ja welche Funktionen zusätzlich zur Auslegungsfunktion geschützt werden sollen, ist für die Bestimmung der Akzessorietät des § 298 StGB und damit für diese Arbeit nicht relevant, da hier nur die Reichweite des Tatbestandes bestimmt werden soll. Vgl. zur gesamten Rechtsgutsdiskussion: *Amelung*, Begriff des Rechtsguts, in: Hefendehl/Hirsch/Wohlers, Rechtsgutstheorie (2003), S. 155ff; *Rudolphi*, Aspekte des Rechtsgutsbegriffs, in: FS Honig (1970), S. 151ff; *Binding*, Normen und ihre Übertretung/1,1 (1872), S. 193ff.; *Habermas*, Faktizität und Geltung (1994), S. 311ff.; *Marx*, Rechtsgut (1972), S. 62ff; *Otto*, Rechtsgutsbegriff, in: Müller-Dietz, Strafrechtsdogmatik (1971), S. 1ff; *Sternberg-Lieben*, Rechtsgut, Verhältnismäßigkeit und Freiheit, in: Hefendehl/Hirsch/Wohlers, Rechtsgutstheorie (2003), S. 65ff; *Callies*, Theorie der Strafe (1974), S. 143ff; *Appel*, Verfassung und Strafe (1998) S. 342; *Worms*, Lehre vom Rechtsgut (1984), S. 79; *Jäger*, Strafgesetzgebung und Rechtsgüterschutz (1957), S. 21; *Welzel*, Naturalismus (1935), S. 75.
Auch die Diskussion, ob auch Funktionszusammenhänge (Universalrechtsgüter) oder nur Rechtsgüter, die einer bestimmten Person zuordenbar sind (Individualrechtsgüter), taugliche Schutzgüter sein können, soll hier nicht ausführlich dargelegt werden. Eine detaillierte Diskussion würde den Umfang dieser Arbeit übersteigen und ist insoweit für die eigentliche Akzessorietätsdiskussion nicht zielführend, vgl. aber dazu ausführlich: bejahend: *Hegler*, ZStW 36, S. 19

Um die Akzessorietät und ihre Reichweite festlegen zu können, muss damit vorerst das Schutzgut der zu überprüfenden Gesetze – des GWB und des § 298 StGB – herausgearbeitet werden.

Kapitel 1: Schutzgut des GWB

Begonnen wird mit der Bestimmung des Schutzguts des GWB, da dieses auch Auswirkungen auf die Rechtsgutsdiskussion im Rahmen des § 298 StGB hat.[7]

Das GWB soll die Freiheit des Wettbewerbs sicherstellen und wirtschaftliche Macht da begrenzen, wo sie die Wirksamkeit des Wettbewerbs und die ihm innewohnenden Tendenzen zur Leistungssteigerung beeinträchtigt und die bestmögliche Versorgung der Verbraucher in Frage stellt.[8] Es soll mithin die Funktionsfähigkeit des Wettbewerbs als Institution schützen, der offene Märkte, wettbewerbliche Marktstrukturen und individuelle Handlungsfreiheiten zum Ziel hat.[9] Fraglich ist jedoch, was „Wettbewerb" bedeutet. Das GWB selbst gibt keine Legaldefinition dafür. Es soll daher durch Betrachtung der geschichtlichen Entwicklung, der Wettbewerbspolitik, dem Kartellrecht und dem Europarecht versucht werden, eine praktikable Definition zu finden.

A. Geschichte des GWB

Wie bereits in der Einleitung angedeutet, unterlagen der Wettbewerbsbegriff und dessen Bedeutung in der Gesellschaft im Laufe des letzten Jahrhunderts einem ste-

---

(29); *Oetker*, ZStW 17, S. 493 (508); *Kohlhoff*, Kartellstrafrecht und Kollektivstrafe (2003), S. 147; *Alexy*, Recht, Vernunft, Diskurs (1995), S. 239f.; verneinend: *Lüderssen*, BB 1996, Beilage 11, S. 1 (7); *Hassemer*, personale Rechtsgutslehre, FS Kaufmann (1993), S. 85 (92); *Stächelin*, Strafgesetzgebung im Verfassungsstaat (1998), S. 69; *Hassemer*, ZRP 1992, S. 378 (380); *Sternberg-Lieben*, Rechtsgut, Verhältnismäßigkeit und Freiheit, in: Hefendehl/Hirsch/ Wohlers, Rechtsgutstheorie (2003), S. 65 (68).

[7] Vgl. Teil 2, B IV.
[8] BT-Drucks. 1/3462, S. 15; *Bunte* in: Langen/Bunte, GWB-Kommentar/1 (2006), Einführung, Rn. 53.
[9] *Bruhn*, DStR 1994, S. 1539 (1539); *Kling/Thomas*, Kartellrecht (2007), S. 497.

tigen Wandel. Dabei spielt vor allem das unterschiedliche Verständnis von Wirtschaft und Gesellschaftsform eine zentrale Rolle. Nur wenn man die gesellschaftlichen Veränderungen nachvollzieht, kann eine für unsere Zeit gültige Definition für Wettbewerb gefunden werden. Wie die im Folgenden aufgezeigte Entwicklung deutlich macht, wurde Wettbewerb in seiner begrifflichen Bedeutung und seiner als schützenswert empfundenen Ausprägung stets anhand gesellschaftlicher oder gesellschaftspolitischer Umstände bestimmt und den jeweiligen Bedürfnissen angepasst. Um herausarbeiten zu können, welche Art von Wettbewerb, in welchem Umfang das GWB in seiner heutigen Fassung schützen soll, ist es sinnvoll sich vor Augen zu führen, wann und aufgrund welcher tatsächlichen Verhältnisse kartellrechtliche Regelungen eingeführt oder geändert wurden. Auch im Hinblick auf eine europarechtliche Definition des Begriffs „Wettbewerb" ist die Auseinandersetzung mit der geschichtlichen Entwicklung sinnvoll. Wie sich im Folgenden zeigen wird, wurde das deutsche Kartellrecht im Laufe der Zeit vollständig an das Europarecht angeglichen. Vor allem nach der 7. Novelle im Jahr 2005, in der die europäischen Regelungen wortlautgetreu übernommen wurden, erscheint ein grundsätzlicher Rückgriff auf europarechtliche Definitionsversuche nicht mehr völlig ausgeschlossen.

I. Entwicklung des Kartellrechts bis zur Einführung des GWB

Bis zur Einführung der Kartellverordnung oder der „Verordnung gegen den Missbrauch wirtschaftlicher Machtstellung"[10] im Jahr 1923 herrschte in Deutschland die von der Rechtsprechung[11] bestätigte Auffassung[12] vor, dass die Wettbewerbsfreiheit zugunsten der Vertragsfreiheit zurücktreten müsse. Aus dem Prinzip der Gewerbefreiheit folge keine Unantastbarkeit des freien Spiels der Kräfte derart, dass es untersagt wäre, im Wege genossenschaftsähnlicher Selbsthilfe die Betätigung dieser Kräfte zu regeln und von schädlichen Ausschreitungen abzuhalten. Kartelle wurden als eigentlich nützliche Einrichtungen gesehen, um im Interesse der Gesamtheit ruinösen Wettbewerb zu verhindern.[13] Diese Anschauung und vor allem auch die juristische Bestätigung führten zu einer starken Kartellierung Deutsch-

---

[10] RGBl. I-1923, S.1067ff.
[11] Sächsisches Holzschutzkartell, RGZ 38, 155ff.
[12] vgl. *Kleinwächter*, Kartelle (1883), S. 161f.
[13] Sächsisches Holzschutzkartell, RGZ 38, 155 (157f.).

lands. Sie wurde zum Teil sogar vom Staat gefördert und zur Produktions- und Wirtschaftslenkung eingesetzt.[14]
Wettbewerb wurde bis 1923 als eher negativ und vermeidenswert angesehen. Dieser, und die darauf basierende Form der Marktwirtschaft führe zu einem gesellschaftlichen und wirtschaftlichen Chaos, so dass es *„erklärlich [sei], wenn man zu dem Resultate gelangt, dass die Regelung der Volkswirthschaft ein dringendes Bedürfnis ist und dass die Kartelle nur im Interesse der Gesamtheit handeln, wenn sie die Gesammtproduktion dem Gesammtbedarfe anzupassen streben. Nicht minder gerechtfertigt ist es ferner, wenn die Kartelle dahin zu wirken suchen, dass die Gesammtproduktion in angemessener Weise unter die einzelnen Produzenten vertheilt werde"* Auch habe das Kartellsystem unleugbare eminente Vorteile. *„Zunächst würde durch dasselbe Ordnung in die ungeregelte gewerbliche Produktion gebracht; die Produktion würde dem Bedarfe angepasst und damit wären die ewigen Krisen – Ueberproduktion und Absatzstockung – beseitigt. Die gewerbliche Produktion, die heute mit einem bedeutenden wirthschaftlichen Risiko verknüpft und demgemäss stäts ein gewagtes Unternehmen ist, würde ferner wieder zu dem, was sie im Mittelalter war und was jede nützliche Arbeit für die Gesammtheit eigentlich sein soll, zu einem lohnenden und ganz besonders zu einem sicheren Geschäfte. Endlich – und hierin würde ich den wesentlichsten Vorzug dieses Systems erblicken – würde es auf diese Weise möglich den berechtigten Klagen der Arbeiter abzuhelfen. Stünden nämlich die Unternehmer in Folge des Schutzes fest, den ihnen der Staat angedeihen lässt, dann könnte auch andererseits wieder der Staat an sie mit der Forderung herantreten, dass sie nunmehr auch für ihre Arbeiter entsprechend sorgen und diesen eine gesicherte Stellung einräumen."*[15] Vor allem der letzte von Kleinwächter 1883 angeführte Aspekt zeigt, dass die Gesellschaft noch stark an den Folgen der Industrialisierung Deutschlands Mitte des Jahrhunderts zu leiden hatte. Der schnelle Aufbau verschiedenster „moderner" Industrien führte zu verstärktem Wettbewerb zwischen den Unternehmern, die ein hohes wirtschaftliches Risiko aufnahmen und hohe Investitionen tätigten. Um konkurrenzfähig produzieren zu können, wurde vor allem am Schutz der Arbeitnehmer gespart, sei dies

---

[14] Im Jahre 1907 wurden die Kartellierungsquoten bei Steinkohle auf 82%, bei Rohstahl auf 50%, bei Papier auf 90% und bei Zement auf 48% geschätzt. Vgl. *Bunte* in: Langen/Bunte, GWB-Kommentar/1 (2006), Einführung, Rn. 2; *Möschel*, Ordoliberalismus, FS Pfeiffer (1988), S.707 (709).

[15] vgl. *Kleinwächter*, Kartelle (1883), S. 161f., 194f.

auf gesundheitlicher oder finanzieller Ebene – eine Art Kündigungsschutz bestand zu diesem Zeitpunkt nicht. Die Kartellierung Deutschlands und damit die Ausschaltung des freien Wettbewerbs wurden insoweit als begrüßenswert angesehen. Die Absprachen ermöglichten es Unternehmen langfristig sicher zu planen und zu existieren und diese Sicherheit auch an ihre Arbeitnehmer weiterzugeben. Aufgrund wachsender öffentlicher Kritik an der zunehmenden Anzahl von Kartellen, wurde mit der Kartellverordnung ein erster Versuch unternommen, den Kartellierungstrend zu kontrollieren.[16] Kartelle wurden zwar als grundsätzlich zulässig anerkannt, deren *„schädlichen Auswüchse"* sollten aber bekämpft werden. Durch *„Reinigung"* sollten sie befähigt werden, *„der Anbahnung einer laufenden Geschäftsgebarung, der Verbreitung rationeller Produktionsmethoden und einer Vereinheitlichung der Preisbildung zu dienen."*[17] Zu diesem Zeitpunkt erkannte man bereits die Gefahren der Kartellierung, vor allem die Gefahr der Ausnutzung der Machtposition der Unternehmen. Die Kartelle wurden nicht an sich als schädlich oder negativ gesehen, sie wurden allerdings auch nicht mehr als bestes Mittel für die Koordination der Wirtschaft angeführt. Bereits hier zeigten sich die ersten Spuren einer Wandelung des Verständnisses des Wettbewerbs. Zwar wurde der freie Wettbewerb nicht als ernsthafte Alternative gesehen, die komplette Ausschaltung des Wettbewerbs durch Kartelle aber auch nicht mehr gefördert.

Erst nach Ende des 2. Weltkrieges, unter der Herrschaft der westlichen Siegermächte, wurde als Teil III Art. B 12 des Potsdamer Abkommens die Entkartellisierung bestimmt. Neben politischen Zielen, wie die Entmilitarisierung, Friedenssicherung etc. war Ziel dieses Programms die Installierung der amerikanischen Antitrust-Politik, vor allem geprägt durch den Sherman Act von 1890, mit dem Prinzip der Wettbewerbsfreiheit in Westdeutschland.

Auf Grundlage des Sherman Acts wurde von den drei westlichen Alliierten 1947 das Dekartellisierungsrecht (Dekartellisierungsgesetz Nr. 56 für die amerikanische Besatzungszone, Ordinance Nr. 78 für die britische Besatzungszone und VO Nr. 96 für die französische Besatzungszone) erlassen, das Kartelle, Preisbindungen, Interessengemeinschaften, Konzerne und sonstige übermäßige Konzentrationen von

---

[16] RGBl. I-1923, S. 1067ff.; BT-Drucks. 2/3644, S. 1 (2).
[17] *Bechthold* in: Bechtold, GWB-Kommentar (2008), Einführung, Rn. 1.

Wirtschaftskraft verbot.[18] Erstmals wurde Wettbewerb als essentiell schützenswert erachtet und die Kartelle als dessen Beschränkung angesehen. Zu beachten ist dabei allerdings, dass es sich um Besatzungsrecht handelte und nicht dem Willen des deutschen Volkes an sich entstammte. Der Wandel hinsichtlich der Bedeutung des Wettbewerbs für die Wirtschaft fand vorerst hauptsächlich auf der rechtlichen, weniger auf der gesellschaftlichen Ebene statt.

Obwohl die gesetzlichen Regelungen eine gemeinsame Basis besaßen und in ihren Zielen übereinstimmten, differierten sie in ihren Ausprägungen zum Teil stark. Auch ist gerade der Bereich der Wirtschaftsordnung ein wesentlicher Teil staatlicher Politik und Souveränität. Diese Überlegungen führten bald zu dem Wunsch der neuen Republik, ein eigenes deutsches Gesetz in diesem Bereich zu erlassen, das auch die rechtliche Einheitlichkeit in den westlichen Besatzungszonen wiederherstellen sollte.[19]

In einem Memorandum aus dem Jahre 1949 signalisierten die Besatzungsmächte grundsätzliche Bereitschaft, diesen wichtigen Teil der Wirtschaft auf deutsche Stellen zu delegieren.[20] Bereits 1949 entstand ein erster Entwurf eines „Gesetzes zur Sicherung des Leistungswettbewerbs", welches ein generelles Kartellverbot vorsah. Ausnahmen konnten durch das Monopolamt genehmigt werden. Dieser Entwurf, wie auch die 18 folgenden Entwürfe scheiterten am heftigen Widerstand der Wirtschaft oder aber an Einwendungen der Besatzungsmächte.[21] Erst am 01.01.1958 trat das „Gesetz gegen Wettbewerbsbeschränkungen" in Kraft. Das GWB statuiert die Wettbewerbsfreiheit im Rahmen des lauteren Wettbewerbs und will dessen Bestand gewährleisten, das heißt die Freiheit des Wettbewerbs sicherstellen und wirtschaftliche Macht beseitigen, wo diese die Tendenzen zur Leistungssteigerung

---

[18] BT-Drucks. 2/3644, S. 1 (3); *Bunte* in: Langen/Bunte, GWB-Kommentar/1 (2006), Einführung, Rn. 5.
[19] BT-Drucks. 2/1158, S. 21 (24); BT-Drucks. 2/3644, S. 1 (3); *Bechthold* in: Bechtold, GWB-Kommentar (2008), Einführung, Rn. 5.
[20] BT-Drucks. 2/1158, S. 21 (24); BT-Drucks. 2/3644, S. 1 (3); *Bechthold* in: Bechtold, GWB-Kommentar (2008), Einführung, Rn. 5.
[21] Vgl. ausführlich dazu: *Mestmäcker*, WuW 2008, S. 6 (9ff.); *Bunte* in: Langen/Bunte, GWB-Kommentar/1 (2006), Einführung, Rn. 7; *Bechthold* in: Bechtold, GWB-Kommentar (2008), Einführung, Rn. 5.

beeinträchtigt und die bestmögliche Versorgung der Verbraucher in Frage stellt.[22] Aufgrund mangelnder verfassungsrechtlicher Vorgaben bezüglich der Wettbewerbsordnung in der Bundesrepublik und der Zielsetzung des GWB wurde das Gesetz auch als „Grundgesetz der deutschen Wirtschaft" bezeichnet.[23] Erstmals in Deutschland wurde durch das GWB ein generelles Kartellverbot statuiert, das jedoch teilweise durch einige Ausnahmemöglichkeiten relativiert wurde.[24] Mit diesem Gesetz bekannte sich der deutsche Gesetzgeber eigenständig zum Wettbewerb als Basis der deutschen Marktwirtschaft. Auch wenn die absolute Wettbewerbsfreiheit der Besatzungsmächte nicht vollständig übernommen wurde, so zeigt sich doch deutlich, dass die deutsche Wirtschaft und Politik grundsätzlich am freiheitlichen System festhalten wollten und eine Kartellierung, wie sie vorher bestand nicht wieder wünschten. Kartelle wurden nicht mehr als wünschenswerte Entwicklung, sondern hauptsächlich als beschränkend wirkende Wettbewerbsgefährdung eingestuft. Das Verständnis des Wettbewerbs hatte seine größte Wandelung vollzogen.

II. Die 1. GWB-Novelle von 1966 – Wettbewerb auf allen Ebenen

Auch nach Inkrafttreten des GWB endete die wettbewerbspolitische Diskussion nicht. Schon bald setzten erste Kritik und daraufhin erste Reformbemühungen ein. Am 01.01.1966 trat schließlich die 1. Novelle zum GWB in Kraft. Schwerpunkte der Änderung waren die Erleichterung gemeinschaftlicher Spezialisierungen, um die Wettbewerbsfähigkeit kleinerer und mittlerer Unternehmen zu fördern, die Verschärfung der Missbrauchsaufsicht über marktbeherrschende Unternehmen durch die Einführung eines Missbrauchstatbestandes anstelle des bis dahin geltenden Enumerationsprinzipes, die Präzisierung und Erleichterung der Anzeigepflicht für Unternehmenszusammenschlüsse und vor allem auch die grundlegende Umgestaltung des Bußgeldverfahrens durch Übertragung der Entscheidungskompetenz auf die Kartellbehörden.[25] Diese erste Änderung zeigt, dass die Realität den wettbewerblichen Vorstellungen des Gesetzgebers nicht nachgekommen ist. So lässt sich vor allem an der Erleichterung der gemeinschaftlichen Spezialisierung kleinerer

---

[22] BT-Drucks. 1/3462, S. 15 (15).
[23] *Bunte* in: Langen/Bunte, GWB-Kommentar/1 (2006), Einführung, Rn. 9.
[24] BT-Drucks. 1/3462, S. 15 (19).
[25] *Bunte* in: Langen/Bunte, GWB-Kommentar/1 (2006), Einführung, Rn. 11; *Bechthold* in: Bechtold, GWB-Kommentar (2008), Einführung, Rn. 8.

und mittlerer Unternehmen erkennen, dass ein Gegengewicht zu den Großunternehmen geschaffen werden musste, damit Wettbewerb auf allen Ebenen stattfinden kann.

III. Die 2. GWB-Novelle von 1973 – erste Angleichungen an das Europarecht

Am 05.08.1973 erfuhr das GWB eine zweite wichtige Änderung, die erstmals die Fusionskontrolle gesetzlich normierte. Weitere Schwerpunkte stellten die Abschaffung der Markenwarenpreisbindung, die Einführung des Verbots der abgestimmten Verhaltensweisen, die Verbesserung der Missbrauchsaufsicht und die Erleichterung von Kooperationsmöglichkeiten kleinerer und mittlerer Unternehmen dar.[26] Die Einführung des Verbots der abgestimmten Verhaltensweisen in § 25 I GWB a.F. wurde an das Verbot in Art. 85 I des EWG-Vertrages angelehnt.[27] Somit zeigte sich schon 1973 der Einfluss des Europarechts auf das nationale Kartellrecht. Diese Tatsache muss auch für die folgenden Novellen stets im Auge behalten werden. Auf eine Definition von abgestimmten Verhaltensweisen wurde mit der Begründung verzichtet, dass der Begriff durch die Teerfarben-Urteile des Europäischen Gerichtshofes bereits eine Auslegung erfahren habe.[28] Der EuGH definiert abgestimmte Verhaltensweisen als eine Form der Koordinierung zwischen Unternehmen, die zwar noch nicht bis zum Abschluss eines Vertrages gediehen ist, die aber bewusst eine praktische Zusammenarbeit an die Stelle des mit Risiken verbundenen Wettbewerbs treten lässt.[29] Bereits mit der zweiten Novelle begann eine – wie sich im Anschluss zeigen wird – weitgehende und entscheidende Entwicklung des Wettbewerbsrechts und auch des Wettbewerbsverständnisses. Während bis dato allein die nationale Politik und Wirtschaft als Maßstab für die Bestimmung von

---

[26] BT-Drucks. 7/986, S. 1ff.; *Emmerich*, Kartellrecht (2008), § 2, Rn. 9; *Bunte* in: Langen/Bunte, GWB-Kommentar/1 (2006), Einführung, Rn. 12.
[27] Diese Anpassung ging auf die Teerfarbenurteile des EuGHs zurück: EuGH, Urt. v. 14.07.1972 – C-49/69, Slg. 1972, S. 713 – Badische Anilin- und Sodafabrik; EuGH, Urt. v. 14.07.1972 – C-51/69, Slg. 1972, S. 745 – Farbenfabrik Bayer AG; EuGH, Urt. v. 14.07.1972 – C-53/69, Slg. 1972, S. 845 – Sandoz; EuGH, Urt. v. 14.07.1972 – C-55/69, Slg. 1972, S. 887 – Cassella Farbwerke Mainkur; EuGH, Urt. v. 14.07.1972 – C-56/69, Slg. 1972, S. 927 – Farbwerke Hoechst.
[28] *Gleiss/Bechtold*, BB 1973, S. 1142 (1144).
[29] EuGH, Urt. v. 17.07.1972 – C-48/69, Slg. 1972, S. 619 (Rn. 64/67) – Imperial Chemical Industries LTD.

Wettbewerb herangezogen wurde, erfolgte nun eine Art Europäisierung. Der deutsche Gesetzgeber erfasste nicht nur den Wandel des Verständnisses von wettbewerbsgefährdenden Verhaltensweisen der deutschen Wirtschaft und Bevölkerung, sondern stellte auch auf die durch das Europarecht eingeführten Wertungen ab. Dies geschah sogar soweit, dass auf eigene Auslegungen von bestimmten Begriffen vollständig verzichtet, stattdessen vielmehr auf die Rechtsprechung des EuGH verwiesen wurde. Bereits jetzt wird deutlich, dass das Wettbewerbsrecht nicht rein national bestimmt werden kann. Die Europäisierungstendenz und die Abhängigkeit des deutschen Wettbewerbsrechts vom europäischen Recht werden auch im Rahmen einer möglichen Akzessorietät des Strafrechts zum GWB vertieft zu diskutieren sein.

Eine andere Frage betrifft allerdings die Abgrenzung der Märkte. Nur weil für die Auslegung auf internationales Recht zurückgegriffen wird, bedeutet das nicht, dass auch der Markt diese Dimension besitzen muss. Wie später noch herausgearbeitet wird[30], kommt es für eine Strafbarkeit nach § 298 StGB nicht auf die Gefährdung des europäischen Wettbewerbs als Ganzes an, vielmehr ist auf den lokalen Markt der bestimmten Ausschreibung und dem dort herrschenden Wettbewerb abzustellen. Eine solche Einschränkung des relevanten Marktes widerspricht der grundsätzlichen Europäisierung des Kartellrechts nicht. Die Anpassung des nationalen Kartellrechts an das Europarecht bezweckt die Vereinheitlichung der gesetzlichen Regelungen für all diese kleinen lokalen Märkte, ohne eine Regelung zu deren Größe und Reichweite treffen zu wollen und zu können.

IV. Die 3. und 4. GWB-Novelle von 1976 und 1980

Die dritte und vierte Änderung des Gesetzes brachten keine gravierenden Neuerungen. 1976 wurde die Zusammenschlusskontrolle für das Pressewesen verstärkt, während 1980 das GWB mit dem Ziel der Sicherung der strukturellen Voraussetzungen des Wettbewerbs geändert wurde. Durch eine Verschärfung der Fusionskontrolle, eine effizientere Gestaltung der Missbrauchsaufsicht und einer besseren Erfassung von Missbräuchen der Nachfragemacht, wurde das GWB an die geän-

---

[30] Vgl. Teil 2, B, IV,V; Teil 3, Kap. 1, B, III, 2.

derten wirtschaftlichen Verhältnisse angepasst.[31] Vor allem die effizientere Gestaltung der Missbrauchskontrolle zeigt die zunehmende Bedeutung des Wettbewerbs auch nach der Grundsatzentscheidung für die freie Marktwirtschaft.

V. Die 5. GWB-Novelle von 1990 – Ausweitung des Wettbewerbsprinzip

Am 01.01.1990 trat die 5. GWB-Novelle in Kraft, deren Schwerpunkte in der Verbesserung der Fusions- und Verhaltenskontrolle und in der Beseitigung vieler Sondervorschriften in den Ausnahmebereichen lagen. Die Einschränkung der Ausnahmebereiche war vor allem im Hinblick auf das Europarecht, das für Banken und Versicherungen keine Ausnahmeregelungen kannte, überfällig.[32] Mit dieser Novelle wurde das deutsche Recht weiter an das Europarecht angeglichen. Vormals als vor Wettbewerb schutzwürdig angesehene Bereiche wurden dem allgemeinen Kartellverbot unterstellt und dem Wettbewerb preisgegeben. Dadurch wird eine Entwicklung deutlich, die im weiteren Verlauf verstärkt zu finden ist. Wettbewerb wurde in sämtlichen Bereichen als positiv und wünschenswert empfunden. Im Gegensatz zum früheren Verständnis zeigte die Erfahrung, dass Wettbewerb nicht zwangsläufig zu Chaos und Überproduktion führt, sondern sich vielmehr selbst reguliert, so dass auf einen Eingriff von staatlicher Seite meist verzichtet werden kann. Das Vorliegen von Wettbewerb wurde zunehmend als wichtig erachtet.

VI. Die 6. GWB-Novelle von 1999 – wesentliche Harmonisierung mit dem Europarecht

Mit der 6. GWB-Novelle, die am 01.01.1999 in Kraft trat, wurden hauptsächlich drei Ziele verfolgt. Das Wettbewerbsprinzip sollte gestärkt, das deutsche Kartellrecht mit dem europäischen Recht harmonisiert und das GWB als Ganzes neugeordnet und gestrafft werden.[33] Bis zum Inkrafttreten der 6. Novelle unterlag ein Kartell erst dem Verbot des § 1 GWB, wenn es auch durchgeführt wurde. Um das Wettbewerbsprinzip zu stärken, den Wettbewerb zu fördern und verstärkt zu schützen, aber auch um eine Angleichung an das Europarecht zu erhalten, wurde der

---

[31] *Bechtold* in: Bechtold, GWB-Kommentar (2008), Einführung, Rn. 10f.
[32] *Emmerich*, FLF 1989, S. 123 (123); *ders.*, WM 1988, S. 1773 (1773).
[33] BT-Drucks. 13/9720, S. 30; BT-Drucks. 13/10633, S. 1; *Bechtold*, NJW 1998, S. 2769 (2769).

A. Geschichte des GWB

Anknüpfungszeitpunkt des Verbotes zeitlich nach vorne verschoben. Art. 81 EG, an den der neue § 1 GWB angelehnt wurde, sah bereits ein Verbot des Abschlusses eines Kartells (echtes Kartellverbot) und nicht erst ein Verbot der praktischen Ausführung vor. Auch die weiteren Änderungen dienten der Stärkung des Wettbewerbs und der Anpassung an das Europarecht. So wurden die Ausnahmen vom Kartellverbot dezimiert und ein Freistellungstatbestand ähnlich dem Art. 81 III EG eingefügt. Der Missbrauch einer marktbeherrschenden Stellung wurde in Übereinstimmung mit Art. 82 EG verboten.

Allerdings ist auffällig, dass keine vollständige Harmonisierung vorgenommen wurde, sondern strengere deutsche Regelungen beibehalten wurden. Das Europarecht wurde nur übernommen, wenn es strengere Anforderungen vorsah. Wurde das deutsche Wettbewerbsrecht als konkreter und dem europäischen Recht überlegen aufgefasst, so blieben diese Regelungen bestehen.[34] Gerade die Überlegung, strengere nationale Regelungen gegen die Kartellierung – das heißt Regelungen, die der Gesetzgeber als stärker wettbewerbsschützend ansah – nicht an das Europarecht anzupassen, zeigt, dass sich Deutschland von einem kartell- zu einem wettbewerbsfreundlichen Land gewandelt hatte.

Als letzte wichtige Änderung, die vor allem für den in dieser Arbeit zu diskutierenden Wettbewerb bei Ausschreibungen von Bedeutung ist, wurde ein neuer 4. Abschnitt in das GWB eingefügt, der die Vergabe von öffentlichen Aufträgen regelt. Danach müssen Aufträge von öffentlichen Auftraggebern (§ 98 GWB) nach den vergaberechtlichen Grundsätzen (§ 97 GWB) in einem transparenten und wettbewerblichen Verfahren vergeben werden.[35] Im Rahmen des Tatbestandsmerkmals „Ausschreibungen" werden diese Normen noch ausführlicher zu diskutieren sein.[36]

---

[34] BT-Drucks. 13/9720, S. 30.
[35] BT-Drucks. 13/9720, S. 30; BT-Drucks. 13/10633, S. 61; *Bunte* in: Langen/Bunte, GWB-Kommentar/1 (2006), Einführung, Rn. 17-24; *Bunte*, DB 1998, S. 1748 (1748).
[36] Vgl. Teil 3 Kap. 1.

VII. Die 7. GWB-Novelle von 2005 – endgültige Europäisierung des deutschen Kartellrechts

1. Gründe und Ziele der Novelle

Am 01.07.2005 trat die siebte und bis jetzt letzte Änderung des GWB in Kraft. Mit dieser Novelle, die aufgrund der VO Nr. 1/2003 zur Durchführung der in Art. 81 und 82 EG niedergelegten Wettbewerbsregeln (EG-Kartellverfahrensordnung)[37], geboten war, sollte vor allem eine endgültige Vereinheitlichung des nationalen und europäischen Rechts vollzogen werden. Die VO Nr. 1/2003 bestimmte neben inhaltlichen Änderungen vor allem das Verhältnis zwischen nationalem und europäischem Kartellrecht dahingehend, dass grundsätzlich immer Art. 81 und 82 EG neben dem nationalen Recht anzuwenden sind, sollte der Handel zwischen Mitgliedstaaten beeinträchtigt werden.[38] Nationales Kartellrecht kann alleine nur noch dann angewendet werden, wenn die Vereinbarung keine Auswirkungen auf den zwischen-staatlichen Handel, das heißt rein lokale oder regionale Auswirkungen und keine zwischen-staatliche Relevanz hat. Vor diesem Hintergrund wurde durch die 7. GWB-Novelle eine vollständige Harmonisierung des GWB mit dem europarechtlichen Kartellrecht angestrebt und durchgeführt. Dies vor allem auch mit dem Hintergedanken eine Zweiteilung des deutschen Kartellrechts zu vermeiden. Aufgrund der Unschärfe des Begriffs „Zwischenstaatlichkeit", der durch die europäischen Gerichte und der Kommission sehr weit ausgelegt wird, hätte dies zu erheblichen Problemen in der Praktikabilität geführt.[39] Der EuGH bestimmt die Eignung zur Beeinträchtigung des Handels zwischen den Mitgliedstaaten („Zwischenstaatlichkeit") danach, ob sich anhand einer Gesamtheit objektiver rechtlicher oder tatsächlicher Umstände mit hinreichender Wahrscheinlichkeit voraussehen lässt, dass die Vereinbarung unmittelbar oder mittelbar, tatsächlich oder der Möglichkeit nach geeignet ist, die Freiheit des Handels zwischen den Mitgliedstaaten in einer Weise zu gefährden, die der Verwirklichung der Ziele eines einheitlichen zwischenstaatli-

---

[37] *Verordnung (EG) Nr. 1/2003* des Rates v. 16. Dezember 2002 zur Durchführung der in den Artikeln 81 und 82 des Vertrages niedergelegten Wettbewerbsregeln, AB1EG Nr. L 1 v. 04.01.2003, S. 1.
[38] Art. 3 I VO 1/2003.
[39] BT-Drucks. 15/3640, S. 22; *Hartog/Noack*, WRP 2005, S. 1396 (1397); *Emmerich*, Kartellrecht (2008), § 2, Rn. 11; *Kahlenberg/Haellmigk*, BB 2005, S. 1509 (1509f).

chen Marktes nachteilig sein kann.[40] Letztendlich wurde im Ergebnis das europäische Kartellverbot wörtlich (mit Ausnahme der Zwischenstaatlichkeitsklausel) in das deutsche Kartellrecht übernommen. Durch diese Anpassung wurde eine Akzessorietät des deutschen Kartellrechts vom europäischen Kartellrecht beziehungsweise von dessen Auslegung geschaffen.

2. Europäisierung als Problem für die Akzessorietät des § 298 StGB zum GWB (Art. 103 II GG)

Aus der akzessorischen Ausgestaltung des GWB könnten sich für die Akzessorietät des § 298 StGB zum GWB Probleme mit dem Grundsatz der Gesetzesbindung (Gesetzlichkeitsprinzip; nullum crimen, nulla poena sine lege scripta, praevia, certa, stricta), vor allem in seiner Ausprägung als Bestimmtheitsgrundsatz und dem Grundsatz des Parlamentsvorbehalts ergeben. Durch den Grundsatz der Gesetzesbindung wird zum einen der Gesetzgeber verpflichtet nur solche Strafnormen zu erlassen, die die inhaltlichen Vorgaben des Gesetzlichkeitsprinzips erfüllen. Zum anderen wird aber auch die Judikative gebunden, die die Strafgesetze nur in den Grenzen des Gesetzlichkeitsprinzips interpretieren darf. Eine über den Wortlaut hinausgehende Anwendung ist untersagt.[41] In den weiteren Ausführungen wird gerade diese Ausprägung des Gesetzlichkeitsprinzips als äußerste Grenze stets zu beachten sein, da die Begrifflichkeiten des § 298 StGB so im GWB nicht verwendet werden. Eine Akzessorietät des § 298 StGB kommt nur insoweit in Betracht, wie die kartellrechtliche Auslegung noch von dem Wortlaut der Norm gedeckt ist.[42]

---

[40] EuGH, Urt. v. 13.07.1966 – C-56 und 58/64, Slg. 1966, S. 322 (Leitsatz 6; S. 389) – Établissements Consten S.à.R.L. and Grundig-Verkaufs-GmbH; EuGH, Urt. v. 30.06.1966 – C-56/65, Slg. 1966, S. 282 (Leitsatz 7; S. 303) – Société Technique Minière / Maschinenbau Ulm; EuGH, Urt. v. 31.03.1993 – Verbundene Rechtssache C-89/85, C-104/85, C-114/85, C-116/85, C-117/85 und C-125/85 bis C-129/85, Slg. 1993, S. 1307 (Leitsatz 6), Ahlström Osakeyhtiö u.a.; EuGH, Urt. v. 28. 04. 1998 – C-306/96, Slg. 1998, I-01093 (Leitsatz 2; Rn. 16) – Javico International and Javico AG v Yves Saint Laurent Parfums SA (YSLP).

[41] Vgl. dazu: *Schmitz* in: Heintschel-Heinegg, MüKo StGB (2003), § 1, Rn. 1-7; *Dannecker* in: Laufhütte/Rissing-van Saan/Tiedemann, LK (2007), § 1, Rn. 110.

[42] Vgl. dazu z.B. Teil 3 Kap. 1B I, Teil 3 Kap. 3 A.

Der Parlamentsvorbehalt gebietet, dass die Strafbarkeit und die Art der Strafen im Wesentlichen in einem parlamentarischen Gesetz bestimmt sein müssen.[43] Grundsätzlich wird von der herrschenden Meinung die Bezugnahme einer Strafnorm auf europäisches Recht als zulässig erachtet. So stellt das BVerfG fest, dass das Gemeinschaftsrecht und das nationale Recht der Mitgliedstaaten zwar zwei verschiedene Rechtsordnungen seien, diese aber nicht unverbunden nebeneinander stehen. Die vielfältige Verschränkung von Gemeinschaftsrecht und nationalem Recht verbiete es, Verweisungen auf Gemeinschaftsrecht anders zu beurteilen als Verweisungen auf Landesrecht.[44] Hier nimmt die Strafnorm keinen Bezug auf internationales Recht, vielmehr kommt dessen Anwendung im Rahmen der Auslegung der einzelnen Tatbestandsmerkmale in Betracht.[45] Dieses Problem lässt sich für die vorliegende Arbeit wiederum auf die bereits angesprochene Frage reduzieren, ob der Wortlaut des § 298 StGB so ausgestaltet ist, dass eine Auslegung der einzelnen Tatbestandsmerkmale auch im Rückgriff auf das Europarecht davon gedeckt ist[46] und damit davon ausgegangen werden kann, dass der Gesetzgeber schon zur Zeit der Schaffung des § 298 StGB von seinem parlamentarischen Ermessen Gebrauch gemacht hat, indem er diese Norm den Entwicklungen und Änderungen des GWB unterwarf. Zeigt sich aber im Folgenden, dass die kartellrechtliche Interpretation eines Tatbestandsmerkmals nicht unter den Wortlaut des § 298 StGB gefasst werden kann, so muss davon ausgegangen werden, dass der Gesetzgeber eine dynamische Verweisung auf das GWB beziehungsweise überhaupt eine Verweisung auf das GWB in einer solchen Konsequenz nicht vorhergesehen hat und auch nicht wollte. Eine Anpassung an die Veränderungen hat dann zu erfolgen, sei es durch dynamische Ausgestaltung des § 298 StGB und Schaffung einer Akzessorietät oder sei es durch stetige Anpassung der strafrechtlichen Norm an dafür relevante Veränderungen. Dabei hat der Gesetzgeber sein gesetzgeberisches Ermessen auszuüben und seinen Willen deutlich zum Ausdruck zu bringen.

---

[43] *Dannecker* in: Laufhütte/Rissing-van Saan/Tiedemann, LK (2007), § 1, Rn. 114.
[44] BVerfG, Beschluss v. 13.10.1970 – 2 BvR 618/68, Rn. 27; BGH, Urt. v. 06.06.1973 – 1 StR 82/72, Rn. 56ff.
[45] Vgl. allgemein zum Einfluss des Europarechts auf das Strafrecht: *Tiedemann*, NJW 1993, S. 23 (24f.).
[46] Vgl. die Ausführung in Kapitel 3.

3. Inhaltliche Änderungen und Problemfelder

Mit § 2 I GWB wurde Art. 81 III EG in das deutsche Recht übernommen. Anstelle des Systems der Freistellungen wurde nun ein System der Legalausnahmen festgeschrieben, das auch für rein innerstaatliche Sachverhalte gilt. Die besonderen Freistellungstatbestände für zum Beispiel Spezialisierungs- oder Strukturkrisenkartelle wurden mit Ausnahme der Freistellung des Mittelstandskartells (§ 3 GWB) abgeschafft. Den Unternehmen steht von nun an ein größerer Freiraum, aber auch eine größere Verantwortung zu.[47] Da kein formelles Freistellungsverfahren mehr durchzuführen ist, müssen die Unternehmen ihre Handlungen selbst einschätzen lernen. Diese Normen sind ausführlich im Rahmen der Kartellrechtswidrigkeit der Absprache zu diskutieren, da sie insoweit Einfluss auf den Tatbestand des § 298 StGB nehmen könnten.[48]

Die umstrittenste Neuerung war die Gleichbehandlung der vertikalen mit den horizontalen Wettbewerbsbeschränkungen und die daraus folgende einheitliche Regelung in § 1 GWB. § 1 GWB entspricht nun, unter Auslassung der Zwischenstaatlichkeitsklausel, Art. 81 I EG. Während die horizontalen Wettbewerbsbeschränkungen wie bisher verboten bleiben, führt die Aufnahme der vertikalen Beschränkungen in § 1 GWB zu einer Verschärfung des deutschen Rechts. Bisher waren im Bereich vertikaler Abstimmungen nur die Inhaltsbindungen für Preise und Konditionen (§ 14 GWB a.F.[49]) per se verboten. Andere Vertriebsbindungen waren grundsätzlich erlaubt und unterlagen einer mit hohen Eingriffsschwellen verbundenen Missbrauchsaufsicht (§ 16 GWB a.F.[50]). Die Verschärfung des Kartellrechts im

---

[47] BT-Drucks. 15/3640, S. 21; *Kahlenberg/Haellmigk*, BB 2005, S. 1509 (1511).
[48] Vgl. Teil 3 Kap. 3 B.
[49] § 14 GWB a.F. (1999): *Vereinbarungen zwischen Unternehmen über Waren oder gewerbliche Leistungen, die sich auf Märkte innerhalb des Geltungsbereichs dieses Gesetzes beziehen, sind verboten, soweit sie einen Beteiligten in der Freiheit der Gestaltung von Preisen oder Geschäftsbedingungen bei solchen Vereinbarungen beschränken, die er mit Dritten über die gelieferten Waren, über andere Waren oder über gewerbliche Leistungen schließt.*
[50] § 16 GWB a.F. (1999): *(1) Die Kartellbehörde kann Vereinbarungen zwischen Unternehmen über Waren oder gewerbliche Leistungen für unwirksam erklären und die Anwendung neuer, gleichartiger Bedingung verbieten, soweit sie einen Beteiligten
1. in der Freiheit der Verwendung der gelieferten Waren, anderer Waren oder gewerblicher Leistungen beschränken oder*

Kapitel 1: Schutzgut des GWB

Vergleich zu der gültigen Fassung bei Einführung des § 298 StGB wird im Rahmen des Tatbestandsmerkmals „Absprache" näher zu konkretisieren sein.[51] Sollte eine Übertragung des neuen § 1 GWB möglich sein, würde dies für eine Dynamik des § 298 StGB und dessen Anpassungsfähigkeit an neue Sachverhalte, zumindest im Bereich des Tatbestandsmerkmals „Absprache" sprechen. Allerdings käme eine solche Auslegung einer Ausweitung des Anwendungsbereichs des § 298 StGB gleich. Zur Klärung dieser Problematik ist auf die Ausführungen in Teil 3 zu verweisen. An der Übernahme der vertikalen Absprachen in das allgemeine Kartellverbot zeigt sich auch die erneute Steigerung der Bedeutung des Wettbewerbs. Während davor hauptsächlich eine Gefahr für den Wettbewerb bei Absprachen zwischen den einzelnen Unternehmen einer Wirtschaftsstufe gesehen wurde, werden nun auch Absprachen zwischen Unternehmen auf nachfolgenden Wirtschaftsstufen beziehungsweise auf unterschiedlichen Marktseiten als so wettbewerbsgefährdend eingestuft, dass sie allgemein zu verbieten sind.

Mit der Anpassung des Wortlauts an den EG-Vertrag wurde gleichzeitig die Übernahme der europarechtlichen Auslegung signalisiert. So wurde von einer ausdrücklichen Regelung einer „europafreundlichen Anwendung" (§ 23 GWB-E[52]) auch deshalb Abstand genommen, weil eine Auslegung des eng an das europäische Recht angepassten nationalen Kartellgesetzes im Lichte der europäischen Regeln eine methodische Selbstverständlichkeit sei.[53] Die Auslegung und Interpretation des Art. 81 EG waren bereits Bestandteil zahlreicher Entscheidungen des EuGH, die auch für die Auslegung des neuen § 1 GWB heranzuziehen sind.[54]

---

2. darin beschränken andere Waren oder gewerbliche Leistungen von Dritten zu beziehen oder an Dritte abzugeben, oder
3. darin beschränken, die gelieferten Waren an Dritte abzugeben, oder
4. verpflichten, Waren oder gewerbliche Leistungen abzunehmen, die weder sachlich noch handelsüblich dazugehören,
und soweit dadurch das Ausmaß solcher Beschränkungen der Wettbewerb auf dem Markt für diese oder andere Waren oder gewerbliche Leistungen wesentlich beeinträchtigt wird.

[51] Vgl. Teil 3 Kap. 3 A.
[52] § 23 GWB-E (BT-Drucks. 15/3640, S. 9): *Die Grundsätze des europäischen Wettbewerbsrecht sind bei der Anwendung der §§ 1 bis 4 und 19 maßgeblich zugrunde zu legen, soweit hierzu nicht in diesem Gesetz besondere Regelungen enthalten sind.*
[53] BT-Drucks. 15/3640, S. 75.
[54] BT-Drucks. 15/3640, S. 23; *Hartog/Noack*, WRP 2005, S. 1396 (1397); *Bechtold/Buntscheck*, NJW 2005, S. 2966 (2967).

B. Der Wettbewerbsbegriff des GWB

Vor diesem geschichtlichen Hintergrund und der aufgezeigten Wandelung im Verständnis von Wettbewerb und dessen Bedeutung für die Wirtschaft und Gesellschaft ist im Folgenden die Bestimmung des Begriffs „Wettbewerb" und damit die Konkretisierung des Schutzgutes des GWB vorzunehmen. Dabei sollen die verschiedenen Versuche der positiven Bestimmung des Wettbewerbsbegriffs aufgezeigt und die jeweiligen Schwächen herausgearbeitet werden. Im Ergebnis kann nur eine negative Definition des Wettbewerbsbegriffs als grundsätzlicher Konsens aller Ansichten und als ausreichend praktikable Lösung überzeugen.

I. Der Wettbewerbsbegriff in der 1. Gesetzesbegründung

In der 1. Gesetzesbegründung zu dem „Entwurf eines Gesetzes gegen Wettbewerbsbeschränkungen" wurde Wettbewerb definiert als das Streben, durch eigene Leistung, die nach Qualität oder Preis besser ist als die Leistung anderer Unternehmen, den Verbraucher zum Abschluss eines Vertrages zu veranlassen.[55] Es wurde versucht den Wettbewerb positiv durch die Bestimmung seiner Funktion, bessere Qualität und bessere Preise zu schaffen, zu beschreiben.

Dieser Definitionsansatz des Gesetzgebers wurde schon bald als zu eng und als nur für den Anbieterwettbewerb passend, abgelehnt. Auch werde zu sehr auf konkrete Wettbewerbsbeziehungen abgestellt und es entstünde die Gefahr wichtige Aspekte des Wettbewerbs außer Acht zu lassen.[56]

II. Die wettbewerbspolitische Bestimmung des Wettbewerbsbegriffs

Auf den Definitionsansatz des Gesetzgebers aufbauend wurden verschiedene Ansätze zur genaueren und inhaltlich weiterreichenden Bestimmung des Wettbewerbsbegriffs diskutiert. Dabei wurde auch auf die wettbewerbspolitische, das heißt auf eine ökonomische Art der Bestimmung des Wettbewerbsbegriffes zu-

---

[55] BT-Drucks. 1/3462, S. 15 (25); BT-Drucks. 2/1158, S. 21 (31).
[56] *Bunte*, in: Langen/Bunte, GWB-Kommentar/1 (2006), Einführung, Rn. 63; *Bechtold* in: Bechtold, GWB-Kommentar (2008), Einführung, Rn. 41.

rückgegriffen und versucht eine für die Rechtswissenschaft praktikable Definition abzuleiten. Im Folgenden werden die unterschiedlichen ökonomischen Theorien mit ihren wichtigsten Thesen kurz dargestellt. Im Anschluss wird diskutiert, ob eine übertragbare Definition gefunden werden oder warum die Ökonomie dem Kartellrecht insoweit nicht helfen kann.

1. Die Funktionen des Wettbewerbs

Als gemeinsame Basis dienten sämtlichen wettbewerbspolitischen Ansätzen die Funktionen des Wettbewerbs, weshalb diese den Ausführungen zu den Theorien vorangestellt werden. Je nach Leitbild wurden dabei eine oder mehrere Funktionen besonders betont. Grundsätzlich lassen sich ökonomische und gesellschaftspolitische Ziele unterscheiden.

a) Die ökonomischen Funktionen des Wettbewerbs

Als erste ökonomische Funktion ist die Steuerungsfunktion zu nennen. Der Wettbewerb steuert den Wirtschaftsablauf und das Güterangebot in qualitativer, quantitativer und zeitlicher Hinsicht. Dies geschieht nicht auf Grund behördlicher Vorgaben, sondern allein über das freie Spiel von Angebot und Nachfrage.[57]

Des Weiteren koordiniert der Wettbewerb Einzelentscheidungen aller Marktteilnehmer und lenkt deren Produktionsfaktoren in die jeweils effizienteste Verwendungsart. Dem Wettbewerb kommt mithin eine Ordnungs- und Koordinationsfunktion zu.

Ebenso veranlasst der Wettbewerb die Unternehmen möglichst gute und preiswerte Güter durch die Entwicklung kostengünstiger Produktionsmethoden anzubieten und ihre Leistung ständig zu verbessern. Er besitzt Antriebs- und Leistungsfunktion.

---

[57] Hierzu und im Folgenden: *Kantzenbach*, Funktionsfähigkeit des Wettbewerbs (1967), S. 16f.; *Bunte* in: Langen/Bunte, GWB-Kommentar/1 (2006), Einführung, Rn. 66; *Lange*, Kartellrechtshandbuch (2006), § 1 Rn. 1; *Bunte*, Kartellrecht (2008), S. 7.

B. Der Wettbewerbsbegriff des GWB

Eine weitere wichtige Funktion stellt die Schutzfunktion dar. Wettbewerb schützt beide Marktseiten – Anbieter und Nachfrager – vor einseitigen Maßnahmen der jeweiligen anderen (Marktgegenseite). Für beide Seiten bestehen verschiedene Möglichkeiten von Angeboten und Nachfragen, zwischen denen sie wählen können.

Durch die Einkommensverteilungsfunktion führt Wettbewerb dazu, dass das gesamtwirtschaftliche Einkommen so auf die einzelnen Teilnehmer aufgeteilt wird, dass die jeweilige Leistung gewürdigt wird. Es erfolgt eine Verteilung nach der Marktleistung.

Als letzte ökonomische Funktion gilt die Auslesefunktion. Wettbewerb stellt das effektivste Mittel dar, um ineffiziente Unternehmen aus dem Markt zu verdrängen.

b) Die gesellschaftspolitischen Funktionen des Wettbewerbs

Als gesellschaftspolitische Funktionen werden vor allem zwei Funktionen klassifiziert: die entmachtende und die freiheitssichernde Funktion.

Unter entmachtender Funktion versteht man die machtneutralisierende Wirkung des Wettbewerbs. Wettbewerb verhindert den Aufbau endgültiger einseitiger Machtpositionen und kontrolliert ständig das Verhalten einzelner Unternehmen in Hinblick auf ihre Effizienz. Sobald ein mächtiges Unternehmen nicht mehr effizient arbeitet, führt Wettbewerb dazu, dass neue Unternehmen auf den Markt drängen und die monopolartige Stellung des Unternehmens negieren.

Die zweite Funktion ist die Freiheitssicherungsfunktion. Wettbewerb soll Freiheit und Gleichheit aller Rechtspersonen im wirtschaftlichen Verkehr gewährleisten. Dabei ist zu beachten, dass die Freiheit Einzelner durch die Freiheiten Dritter begrenzt wird, so dass mit Freiheit in diesem Zusammenhang Entschließungsfreiheit (Freiheit in der Entscheidung) und Handlungsfreiheit (Freiheit von Beschränkungen des Tauschverkehrs durch Marktteilnehmer) gemeint ist.[58]

---

[58] *Bunte* in: Langen/Bunte, GWB-Kommentar/1 (2006), Einführung, Rn. 67; *Emmerich*, Kartellrecht (2008), § 1, Rn. 9; *Bunte*, Kartellrecht (2008), S. 8.

2. Wettbewerbspolitische Ansätze

Aufbauend auf den unterschiedlichen erwünschten Wettbewerbsfunktionen entwickelten sich verschiedene theoretische Wettbewerbsleitbilder. Es wurden dabei stets eine oder mehrere Funktionen als besonders wichtig herausgestellt.

a) Der klassische Liberalismus

Adam Smith (1723-1790), David Hume (1711-1776) und John Stuart Mill (1806-1873) als Vertreter des klassischen Liberalismus sahen Wettbewerb als Prozess, der angetrieben durch das egoistische Streben jedes Einzelnen nach seinem eigenen Vorteil, zu einer optimalen Verbraucherversorgung führt und durch die unsichtbare Kraft der Märkte, auch „invisible hand" genannt, ausreichend gesteuert sei.[59] Betont wurde hierbei die Ordnungs- und Allokationsfunktion.

b) Das Modell der vollständigen Konkurrenz

In der Folgezeit kam man von diesem ursprünglichen liberalen Wettbewerbsbild ab und verfolgte eher statische Modelle. Wettbewerb sollte als mathematisches Phänomen erklärbar gemacht werden. Als Bedingungen für ein optimales Wettbewerbsgleichgewicht wurden eine atomistische Struktur der Anbieter- und Nachfrageseite (mit Mengenanpasserverhalten)[60], homogene Güter, vollständige Markttransparenz, freier Marktzutritt und Marktaustritt, keine Transaktionskosten und die Nichtexistenz von Skalen- und Verbundvorteilen angesehen.[61] Vollständiger Wettbewerb sollte nur unter diesen Bedingungen vorhanden sein. Ist auch nur einer dieser Punkte nicht erfüllt, so liegt im Sinne dieser Theorie kein Wettbewerb mit optimaler Erfüllung seiner Funktionen vor. Auch im Rahmen dieses Modells wurde versucht, den Wettbewerb positiv zu bestimmen.

Die Aufstellung solcher Prämissen führte jedoch dazu, dass sich die Theorie nur schwerlich mit den auf den real existierenden Märkten vorgefundenen Voraussset-

---

[59] *Smith*, Wealth of the nations (1776), S. 1ff, 313; Vgl. die Darstellungen bei: *Lange*, Kartellrechtshandbuch (2006), § 1, Rn. 6; *Bartling*, Leitbilder der Wettbewerbspolitik (1980), S. 9.
[60] Viele Anbieter und Nachfrager mit jeweils kleinem Marktanteil (Polypol).
[61] *Knight*, Risk, Uncertainty and Profit (1964), S. 76-79; Vgl. ebenso die Darstellungen bei: *Kerber* in: Bender/Berg/Cassel/[u.a.], Vahlens Kompendium (2003), S. 297 (303).

zungen in Einklang bringen ließ.[62] Tatsächlich herrscht auf kaum einem Markt wirkliches Mengenanpasserverhalten. Der Preis ist in der Regel nicht festgesetzt, so dass die Anbieter nicht nur durch die abgesetzte Menge Gewinne erzielen können. Auch herrscht keine vollständige Markttransparenz. Vielmehr erfolgt die Information an die Marktneben- (Konkurrenten) aber auch an die Marktgegenseite (Nachfrager) zeitverzögert. Eine Reaktion erfolgt nicht sofort, sondern erst mit zeitlicher Diskrepanz.

Als weiterer Nachteil wurde die Statik dieser Theorie angeführt. So verkennt das Modell die wettbewerbliche Dynamik vollkommen. Preiswettbewerb entfällt, da der Preis Datum ist, Qualitätswettbewerb kann aufgrund der Homogenität der Produkte nicht stattfinden, Werbung wird überflüssig, da volle Markttransparenz herrscht und auch innovative Kostensenkungen lohnen nicht, weil die Konkurrenten ihr Angebot unendlich schnell anpassen.[63]

Es handelt sich hierbei um einen für Forschungszwecke möglicherweise praktikablen Ansatz, die Realität kann er aber nicht abbilden. Für die Bestimmung des Schutzgutes eines Gesetzes ist diese Definition untauglich.

c) Harvard School

Das Modell des funktionsfähigen Wettbewerbs, „workable competition" oder Harvard School, wandte sich vom Modell der vollständigen Konkurrenz ab und suchte stattdessen den Wettbewerb aufgrund spezieller, realitätsnaher Kriterien zu bestimmen.

Im Mittelpunkt steht das Marktstruktur – Marktverhalten – Marktergebnis – Paradigma.

Unter Marktstruktur sind alle Eigenschaften zusammengefasst, die aus Sicht der Unternehmen eines Marktes unveränderlich und zumindest kurzfristig konstant sind, wie zum Beispiel die Anzahl der Anbieter, die Marktzutritts- beziehungsweise Marktaustrittsschranken. Marktverhalten beschreibt die Zielsetzung, Strategien und Taktiken und die unmittelbaren Aktionen und Reaktionen der Marktteilneh-

---

[62] *Lange*, Kartellrechtshandbuch (2006), § 1, Rn. 6.
[63] *Bartling*, Leitbilder der Wettbewerbspolitik (1980), S. 15; *Kerber* in: Bender/Berg/Cassel/[u.a.], Vahlens Kompendium (2003), S. 297 (306).

mer. Das Marktergebnis zeigt die Funktionsfähigkeit des Wettbewerbs an dem überprüften Markt, indem es den Grad der Erfüllung der Wettbewerbsfunktionen aufzeigt. Das Paradigma stellt sich als Kausalkette dar, das heißt eine bestimmte Marktstruktur veranlasst ein bestimmtes Verhalten der Marktteilnehmer, was wiederum ein bestimmtes Marktergebnis zur Folge hat. Die Grundphilosophie des Konzeptes geht davon aus, dass sich selbst überlassene Märkte tendenziell Wettbewerbsbeschränkungen und Vermachtungen hervorbringen und daher staatliche Eingriffe notwendig sind. Ausgangspunkt ist die Marktmachthypothese. Unternehmen wollen nach dieser Hypothese in erster Linie Marktmacht aufbauen oder absichern.[64]

Vollkommen außer Acht gelassen wurde bei diesem Modell jedoch, dass neben marktstrukturellen Gesichtspunkten vor allem die besonderen Stärken und Schwächen der Individuen für ihr Verhalten am Markt entscheidend sind.[65] Es gibt keinen vollkommen rational entscheidenden Marktteilnehmer. Problematisch erscheint auch die Vielzahl an verschiedenen Ausgangspunkten. So hat jedes einzelne Marktsegment viele unterschiedliche Bedingungen und Gewichtungen, die je nach Kombination eine andere Marktstruktur ergeben. Aufgrund dieser Variationen ist das Modell kaum praktikabel.[66] Des Weiteren ist zwingende Voraussetzung für die Anwendbarkeit des Modells, dass sämtliche ökonomische Wirkungen und Zusammenhänge, die größtenteils durch den Wettbewerb erst herausgebildet werden, im Vorhinein zur Bestimmung des Paradigmas bekannt sein müssen.[67]
Eine wirkliche Definition des Wettbewerbsbegriffs lässt sich aus dieser Theorie nur schwer entnehmen. Vielmehr versucht dieser Ansatz den Grad an Wettbewerblichkeit auf einem bestimmten Markt zu bestimmen. Für die Konkretisierung eines Rechtsgutes ist dies jedoch wenig nützlich.

---

[64] *Kantzenbach*, Funktionsfähigkeit des Wettbewerbs (1967), S. 135ff., 153ff.; Vgl. zusätzlich die Darstellungen bei: *Kerber* in: Bender/Berg/Cassel/[u.a.], Vahlens Kompendium (2003), S. 297 (306ff); *Lange*, Kartellrechtshandbuch (2006), § 1, Rn. 7.
[65] *Lange*, Kartellrechtshandbuch (2006), § 1, Rn. 7.
[66] *Bartling*, Leitbilder der Wettbewerbspolitik (1980), S. 23.
[67] *Bartling*, Leitbilder der Wettbewerbspolitik (1980), S. 25.

d) Chicago School

Das Modell der Chicago School wird als konträr zur Harvard School eingestuft und bestimmt den Wettbewerb lediglich aufgrund des Effizienzkriteriums.[68] Dabei ist zum einen die allokative Effizienz – die optimale Allokation der volkswirtschaftlichen Ressourcen – zum anderen die produktive Effizienz – die optimale Ressourcenverwendung in den einzelnen Unternehmen – als Maßstab heranzuziehen. Es wird davon ausgegangen, dass nur die stärksten und besten Unternehmen am Markt überleben können und auch Marktmacht kein ernsthaftes Problem für den Wettbewerb darstellt. Die möglicherweise entstehende Marktmacht ist aufgrund fehlender Marktzutrittsschranken (Prämisse der Chicago School) nur temporärer Natur und wird bei einer eventuellen Preissteigerung sofort durch neu eintretende Anbieter relativiert. Dieses Phänomen wird als Selbstheilungskraft des Marktes bezeichnet und wirkt solange bis durch unnötige staatliche Eingriffe der potenzielle Wettbewerb erschwert oder verhindert wird. Staatliche Interventionen sollten danach nur in Einzelfällen und mit besonderer Vorsicht vorgenommen werden, da stets die Gefahr besteht, dass effiziente Strukturen und Verhaltensweisen zerstört werden. Als Ziel wird nicht die Bekämpfung wirtschaftlicher Macht verfolgt, sondern allein die Konsumentenwohlfahrt. Die Konsumentenwohlfahrt wird maximiert, wenn alle Ressourcen in einem Wirtschaftssystem so eingesetzt werden, dass die Nachfrage in optimaler Weise befriedigt wird (allokative Effizienz), und wenn die Ressourcen vom jeweiligen Unternehmen effizient verwendet werden (produktive Effizienz).[69] Erstmals wurde der Wettbewerb nicht positiv definiert. Vielmehr wurde der Wettbewerb als das Phänomen gesehen, das entsteht, wenn keine staatlichen Eingriffe in den Wettbewerbsprozess vorgenommen werden. Staatliche Eingriffe wurden dabei stets als wettbewerbsbeschränkend aufgefasst.

---

[68] *Friedman*, Die Theorie der Preise (1977), S. 21ff.; *Stigler*, The Organization of Industry (1983), S. 5, 9ff.

[69] Vgl. die Darstellungen bei: *Hoch Classen*, vertikale Wettbewerbsabreden (2003), S.49ff.; *Bunte*, Kartellrecht (2008), S. 11; *Kerber* in: Bender/Berg/Cassel/[u.a.],Vahlens Kompendium (2003), S. 297 (310f); *Lange*, Kartellrechtshandbuch (2006), § 1, Rn. 8.

Als Kritik wird zum einen die sehr einseitige Ausrichtung am Effizienzkriterium und zum anderen die unrealistische Prämisse fehlender Marktzutrittsschranken angeführt.[70]

e) Theorie der „Contestable Markets"

Die Theorie der „Contestable Markets" oder angreifbaren Märkte definiert den Wettbewerb allein aufgrund fehlender Marktzutritts- und Marktaustrittsschranken. Sind Märkte vollständig angreifbar, existieren folglich keinerlei Barrieren, wie zum Beispiel sunk costs[71], so ist auch eine geringe Anzahl an Unternehmen beziehungsweise eine hohe Marktmachtkonzentration kein Problem für den Wettbewerb. Die Preise müssen stets auf Duchschnittskostenniveau gehalten werden, da sonst ein „Hit-and-run-entry", das heißt ein spontaner Markteintritt mit niedrigen Preisen und kostenfreier Marktaustritt bei Preisanpassung etablierter Anbieter, möglich wird.

Die Prämisse dieses Modells führt gleichzeitig auch zu seiner Unanwendbarkeit in der Realität. Eine vollständige Angreifbarkeit ist in keinem realen Markt gegeben. Für einen Markteintritt sind stets irreversible Investitionen nötig, wie zum Beispiel Werbung oder Ladeneinrichtungen.[72] Für eine allgemeine Definition im Hinblick auch auf ihre Gültigkeit für die Rechtswissenschaft ist dieser Ansatz nicht geeignet.

f) Theorie der wirtschaftlichen Entwicklung

Joseph Alois Schumpeter (1883-1950), der Schöpfer der Theorie der wirtschaftlichen Entwicklung, ging erstmals nicht von der Preisfunktion sondern von der Innovationsfunktion zur Bestimmung des Wettbewerbsbegriffs aus.

---

[70] Vgl. die Darstellungen bei: *Kerber* in: Bender/Berg/Cassel/[u.a.], Vahlens Kompendium (2003), S. 297 (310f); *Lange*, Kartellrechtshandbuch (2006), § 1, Rn. 8.
[71] sunk costs sind irreversible Investitionen, die aufgrund des Markteintritts entstehen, wie zum Beispiel Stromnetze oder auch Schienennetze. Vgl. *Kerber* in: Bender/Berg/Cassel/[u.a.], Vahlens Kompendium (2003), S. 297 (312).
[72] Vgl. die Darstellungen bei: *Hoch Classen*, vertikale Wettbewerbsabreden (2003), S. 88ff.; *Lange*, Kartellrechtshandbuch (2006), § 1, Rn. 9; *Kerber* in: Bender/Berg/Cassel/[u.a.], Vahlens Kompendium (2003), S. 297 (312).

Diese Theorie ist damit als ein dynamisch-evolutorisches Wettbewerbskonzept zu klassifizieren. Von zentraler Bedeutung sind dabei die ständig nach Neuerungen strebenden Pionierunternehmen, verfolgt von ihren Konkurrenten. Dieses Innovationsstreben führt zur Verdrängung althergebrachter Erkenntnisse, Verfahren und Produkte und deren Ersetzung durch neuere, innovativer und leistungsstärkerer Produkte und Verfahren. Wettbewerb wird als Prozess schöpferischer Zerstörung definiert.[73]

g) Die Österreichische Schule und von Hayek

Als zweites dynamisch-evolutorisches Wettbewerbskonzept kann die in der Tradition der Österreichischen Schule fußende Theorie von Friedrich August von Hayek (1899-1992) gesehen werden. Von Hayek sah den Wettbewerb als „trial-and-error" beziehungsweise Such- und Entdeckungsverfahren. Er ging davon aus, dass auf jedem Markt ein Wissensproblem herrscht. Die einzelnen Marktteilnehmer verfügen nicht über sämtliches Wissen bezüglich aller relevanten Details. Die Markttransparenz ist unvollkommen. Aufgabe des Wettbewerbs ist es nun herauszufinden, welche Produkte beziehungsweise Produktionsmethoden auf dem Markt akzeptiert werden. Das Ergebnis kann nicht vorhergesehen werden.[74] Aussagen sind nur im Wege sogenannter „pattern predictions" möglich, das heißt nur Aussagen über die allgemeinen Wirkungen eines Systems insgesamt, nicht aber über konkrete Wirkungen einzelner Maßnahmen.[75] Auch dieser Ansatz geht davon aus, dass ein Such- und Entdeckungsprozess nur ohne staatliche Beeinflussung möglich ist. Wettbewerb entsteht überall da, wo ein ungestörter trial-and-error-Prozess erfolgen kann. Eine Definition für Wettbewerb wird nicht gegeben, vielmehr scheint auch hier die Annäherung an den Begriff negativ zu erfolgen.

---

[73] *Schumpeter*, Kapitalismus, Sozialismus und Demokratie (1946), S. 138.
[74] Vgl. die Darstellungen bei: *Kerber* in: Bender/Berg/Cassel/[u.a.], Vahlens Kompendium (2003), S. 297 (315); *Lange*, Kartellrechtshandbuch (2006), § 1, Rn. 10; *Emmerich*, Kartellrecht (2008), § 1, Rn. 29.
[75] *V. Hayek*, Komplexe Phänomene (1972), S. 27.

h) Die Freiburger Schule

Die Freiburger Schule, auch Ordoliberalismus genannt, strebte durch die Herstellung eines funktionsfähigen Preissystems und vollständiger Konkurrenz einen bestmöglichen Ausgleich zwischen den gesellschaftlichen Gesamtinteressen und den jeweiligen Individualinteressen an. Sie möchte die wirtschaftliche Handlungsfreiheit des Einzelnen für sich schützen und nicht nur auf langfristig wirksame, gesamtgesellschaftliche Selbstregulierungsprozesse vertrauen. Grundlage für den Wettbewerb ist nach dieser Theorie eine gesetzliche Rahmenordnung (rule of law), die der Tendenz des Marktes zur Kartellisierung beziehungsweise Vermachtung entgegen wirken soll.[76] Wettbewerb wird nicht aus sich heraus definiert, vielmehr erfolgt die Bestimmung dahingehend, dass Wettbewerb vorliegt, wenn die gesetzlichen Regelungen eingehalten werden. Wie später noch herauszuarbeiten sein wird, dienen diese Überlegungen auch als Grundlage für die Definition des Wettbewerbsbegriffs im Rahmen des GWB.[77]

i) Konzept der Wettbewerbsfreiheit

Erich Hoppmann begründete aufbauend auf den Ideen von Friedrich August von Hayek und der Freiburger Schule das Konzept der Wettbewerbsfreiheit. Dabei wird die individuelle Freiheit als Voraussetzung für einen funktionsfähigen Wettbewerb angesehen. Die individuelle Freiheit umfasst die Freiheit des Einsatzes der Aktionsparameter, wie Preis, Qualität und Menge, die Freiheit zur Nachfolge und Imitation und als Folge davon die Freiheit zur Auswahl der Marktpartner auf der Marktgegenseite. Nur wenn diese Freiheiten gegeben sind, kann von einem wettbewerblichen Marktprozess gesprochen werden. Gleichzeitig ist allerdings zu beachten, dass Wettbewerbsfreiheit nicht absolut wirkt. Sie findet ihre Grenzen in dem Freiheitsbereich der anderen Marktteilnehmer. Wettbewerb entsteht, wenn in einem Marktprozess jedem Marktteilnehmer ein hinreichendes Maß an relativer Wettbewerbsfreiheit gewährleistet wird.[78] Garantiert wird die Freiheit durch das

---

[76] Vgl. die Darstellungen bei: *Knieps*, Wettbewerbsökonomie (2005), S. 69; *Lange*, Kartellrechtshandbuch (2006), § 1, Rn. 11; *Möschel*, Ordoliberalismus, FS Pfeiffer (1988), S. 707 (714, 721).
[77] Vgl. dazu: Teil 2, A, II 5.
[78] *Hoppmann*, Wirtschaftsordnung und Wettbewerb (1988), S. 241f.; *Kerber* in: Bender/Berg/Cassel/[u.a.], Vahlens Kompendium (2003), S. 297 (317).

B. Der Wettbewerbsbegriff des GWB

Gesetz (rule of law), indem dieses per-se-Verbote für wettbewerbsbeschränkende Verhaltensweisen aufstellt. Ein Eingriff in den Marktprozess selbst findet nicht statt. Wettbewerb wird vor diesem Hintergrund als jener Marktprozess definiert, in dem sich Wettbewerbsfreiheit und, weil sie reziprok individuelle ökonomische Vorteile zur Folge hat, ökonomische Vorteilhaftigkeit manifestieren.[79] Hoppmann kommt zu dem Ergebnis, dass Wettbewerb positiv nicht beschrieben werden kann. Durch gesetzliche Regelungen, die bestimmte Verhaltensweisen verbieten, kann Wettbewerb allerdings indirekt und negativ definiert werden: als Marktsituation, in der diese Verhaltensweisen fehlen.[80] Auch die Überlegungen von Hoppmann sind für die Bestimmung des Begriffs im Sinne des GWB einzustellen.[81]

j) Ergebnis

Die dargestellten Ansätze lassen sich in zwei grundsätzliche Strömungen zusammenfassen: Wohlfahrtsökonomisch oder prozesspolitisch und systemtheoretisch oder ordnungspolitisch. Die Wohlfahrtsökonomie/Prozesspolitik versucht den Wettbewerb positiv durch seine Funktionen zu definieren, sieht Wettbewerb als Mittel zur Erreichung der Ziele und geht im Wesentlichen von einem Marktstruktur – Marktverhalten – Marktergebnis – Paradigma aus. Diesem Oberbegriff sind vor allem die Harvard-School und die Theorie der vollkommenen Konkurrenz zuzuordnen. Durch eine Feststellung der Funktionsfähigkeit des momentanen Wettbewerbs wird entschieden, auf welcher Ebene zu intervenieren ist. Aus der Notwendigkeit eines Vergleichs des Ist- mit dem Soll-Zustand ergibt sich zwangsläufig eine Einzelfallbetrachtung, die diesen Ansatz prägt.[82] Die Systemtheorie/Ordnungspolitik bestimmt Wettbewerb negativ über dessen Beschränkungen und betrachtet Wettbewerb als primäres Ziel und nicht als Mittel. Diesem Ansatz liegt die Auffassung zugrunde, dass bei Bestehen wirtschaftlicher Handlungsfreiheit automatisch

---

[79] *Hoppmann*, Wirtschaftsordnung und Wettbewerb (1988), S. 254.
[80] *Hoppmann*, Wirtschaftsordnung und Wettbewerb (1988), S. 273.
[81] Vgl. Teil 2, A, II, 5.
[82] *Herdzina*, Wettbewerbspolitik (1999), S. 108: „Der wohlfahrtsökonomische Ansatz impliziert […] eine Neigung zu einer detaillierten Einzelfallbeurteilung des Marktgeschehens in den Kategorien Marktergebnis, Marktverhalten und Marktstruktur und zu einer aus der Einzelmark-situation begründeten wettbewerbspolitischen Intervention." Ebenso: *Caspar*, Wettbewerbliche Gesamtwürdigung von Vereinbarungen im Rahmen von Art. 81 I EGV (2001), S. 45.

auch wettbewerbliche Marktprozesse entstehen und diese gute, wenn auch nicht im Einzelnen vorhersehbare Ergebnisse erzielen. Eine Einzelfallbetrachtung wird abgelehnt, vielmehr werden per-se-Verbote aufgestellt, die sich eindeutig als wettbewerbsschädliche Beschränkungen der wirtschaftlichen Handlungsfreiheit identifizieren lassen.[83] Im Wesentlichen kann der Begriff der Systemtheorie als Oberbegriff für die Chicago-School, die Österreichische und Freiburger Schule, sowie für das Konzept der Wettbewerbsfreiheit dienen.

Die beiden dargestellten Grundrichtung lassen sich schon von ihren Prämissen her nicht in Einklang bringen, weshalb sich eine allgemeingültige ökonomische Definition des Wettbewerbs nicht finden lässt, auf die auch zur juristischen Bestimmung zurückgegriffen werden könnte. Festgehalten werden kann jedoch, dass die Theorien, die eine positive Bestimmung des Begriffes vornehmen wollen, in der Regel in der Realität wenig praktikabel und vielen Kritikpunkten ausgesetzt sind.

III. Bestimmung des Wettbewerbsbegriffs durch das deutsche Kartellrecht

Mangels eindeutiger ökonomischer Wettbewerbsdefinitionen suchten die Kartelljuristen ausgehend vom GWB nach eigenen, bei der Gesetzesauslegung handhabbaren Definitionen. Ausgangspunkt aller Bemühungen war die bereits oben erwähnte zu enge Definition des Gesetzgebers in der BegrRegE von 1952. Wettbewerb wurde als Bestreben durch eigene Leistung, die nach Qualität oder Preis besser ist als die Leistung anderer Unternehmen, den Verbraucher zum Abschluss eines Vertrages zu veranlassen, beschrieben.[84] Schon in der Gesetzesbegründung wurde auf die Notwendigkeit hingewiesen, neue Rechtsbegriffe durch die Rechtsprechung auszubilden, da sich eine Legaldefinition des Begriffs „Wettbewerb" als

---

[83] *Herdzina*, Wettbewerbspolitik (1999), S. 110: „Aus der Intention des systemtheoretischen Ansatzes ergibt sich, dass dieser Ansatz jegliche Einzelfallbeurteilung von Marktgeschehen, genauso genommen sogar jegliche Einzelmarktbetrachtung ablehnt." Kritisch demgegenüber: *Caspar*, Wettbewerbliche Gesamtwürdigung von Vereinbarungen im Rahmen von Art. 81 I EGV (2001), S. 43f, die nur solche Beschränkungen der wirtschaftlichen Handlungsfreiheit als per-se verboten erachtet, die wettbewerbsschädlich sind beziehungsweise die Handlungsfreiheit nur insoweit als geschützt ansieht, als ihre Ausübung unter dem Gesichtspunkt der Funktionsfähigkeit des Wettbewerbs relevant wird.
[84] BT-Drucks. 1/3462, S. 15 (25); BT-Drucks. 2/1158, S. 21 (31).

B. Der Wettbewerbsbegriff des GWB

Schutzobjekt des GWB als unmöglich erwiesen habe und daher auch nicht versucht wurde.[85]

1. Wettbewerb als Zustand

Vor allem kurz nach Einführung des GWB, wurde Wettbewerb zum Teil als ein Zustand beschrieben, wobei einer Ansicht gemäß Wettbewerb als wirtschaftliche Spannung angesehen wird, die zwischen mehreren möglichen Teilnehmern am Wirtschaftsgeschehen existent ist. Da der Spannung wesentliche Bedeutung für das Vorhandensein von Wettbewerb zukommt und diese eine Momentaufnahme in einem Markt beschreibt, ist Wettbewerb nicht als ein irgendwie geartetes Handeln, sondern als Zustand zu verstehen.[86]

Eine andere Auffassung versteht unter Wettbewerb, wirtschaftliche Erfordernisse, Gefahren und Chancen, die sich für die einzelnen Marktbeteiligten daraus ergeben, dass die Marktpartner unter den verschiedenen Anbietern/Nachfragern wählen oder von dem einen Anbieter/Nachfrager auf andere ausweichen können. Auch hier wird mit Wettbewerb kein Handeln erfasst, sondern eine Wettbewerbslage als Zustand beschrieben.[87]

Diese statische Sichtweise erfuhr rege Kritik. Wettbewerb als Momentaufnahme erschien vor allem für wirtschaftliche Modelle sinnvoll zu sein, da bei ständig wechselnden Größen kaum praktikable Aussagen oder Analysen möglich sind. Für die juristische Betrachtungsweise ist eine solche Betrachtung jedoch nicht nötig. Es besteht kein Bedürfnis den dynamischen Geschehensablauf des Wettbewerbs einzufrieren.[88]

2. Wettbewerb als menschliches Verhalten

Basierend auf den wirtschaftswissenschaftlichen Erkenntnissen stellte eine andere Ansicht Wettbewerb als menschliches Verhalten, als Betätigen, Handeln oder Stre-

---

[85] BT-Drucks. 2/3644/S. 1 (13).
[86] *Behrens*, NJW 1958, S. 481 (482).
[87] *Knöpfle*, WuW 1962, S. 159 (174); *ders.* Rechtsbegriff „Wettbewerb" (1966), S. 222.
[88] *Lukes*, Wettbewerb und Markt im Recht, in: FS Böhm (1965), S. 199 (217); *Barnikel*, ZHR 131, S. 361 (378).

ben dar. Dabei sollte vor allem die Dynamik betont werden. Kombiniert wurde dieses Verhalten mit den unterschiedlichsten Zielsetzungen. So wurde das Erlangen von Vorteilen[89], die Beteiligung am Wirtschaftsprozess[90], das Erhalten oder Erweitern des Kundenkreises[91], die Förderung des auf Gewinnerzielung gerichteten Leistungsaustausches[92], das Streben nach Geschäftsbeziehungen mit Dritten durch Inaussichtstellen möglichst günstiger Geschäftsverbindungen[93], der Vertragsschluss mit Kunden und Lieferanten[94] oder die Steigerung des Absatzes an Waren oder Leistungen[95] als Definitionsmerkmale verwandt. Des Weiteren wurde stets das Verhältnis zur Marktnebenseite betont, indem der Definition ein Merkmal wie „auf Kosten anderer"[96], „unter gegenseitiger Beeinflussung im Wirtschaftserfolg"[97], „im Kampf mit anderen"[98] oder „durch Förderung eigenen und Beeinträchtigung fremden Absatzes"[99] beigefügt wurde.

3. Wettbewerb als wirtschaftliche Handlungsfreiheit

Aufgrund der vielfältigen unterschiedlichen Definitionsansätze, die stets entweder der Kritik der Unschärfe wegen ihrer Weite oder der Realitätsferne wegen ihrer Enge ausgesetzt waren, bildete sich eine Ansicht, die auf eine subsumierbare Definition vollständig verzichtete. Es wurde lediglich festgehalten, dass Wettbewerb in aller Regel dort entsteht, wo Rechtssubjekte von ihrer Handlungsfreiheit im Wirtschaftsverkehr Gebrauch machen. Wie ausgeprägt die Handlungsfreiheit ist und welche Formen der Handlungsfreiheit gegeben sind, hängt von der herrschenden

---

[89] BT-Drucks. 2/3644, S. 15; *Rowedder*, MDR 1958, S. 1 (2).
[90] *Schmitz*, NJW 1957, S. 1704 (1706).
[91] *Lindenmaier*, WuW 1953, S. 259 (259); *Ewald*, WuW 1956, S. 253 (256).
[92] *Meyer-Cording*, WuW 1962, S. 461 (462).
[93] *Borchardt/Fikentscher*, Wettbewerb (1957), S. 15; *Fikentscher*, Wettbewerb (1958), S. 39; *ders.*, WuW 1961, S. 788 (790).
[94] *Bunte* in: Langen/Bunte, GWB-Kommentar/1 (2006), Einführung, Rn. 64; *Sandrock*, Grundbegriffe des GWB (1968), S. 129.
[95] *von Godin*, GRUR 1965, S. 288 (288); Rasch, Wettbewerbsbeschränkungen (1957), S. 36.
[96] BT-Drucks. 2/3644, S. 15; *Rowedder*, MDR 1958, S. 1 (2).
[97] *Fikentscher*, WuW 1961, S. 788 (790).
[98] *Meyer-Cording*, WuW 1962, S. 461 (462).
[99] RGSt 58, S. 429 (430); *Lindenmaier*, WuW 1953, S. 259 (259); *Ewald*, WuW 1956, S. 253 (256); *von Godin*, GRUR 1965, S. 288 (288).

B. Der Wettbewerbsbegriff des GWB

Wirtschaftsordnung ab.[100] Im Einklang mit den unter b) beschriebenen Definitionsversuchen, stellt auch diese Ansicht nicht auf eine statische, sondern dynamische Sichtweise des Wettbewerbs ab. Menschliches Verhalten oder Handeln wird auch hier als zentraler Punkt gesehen, jedoch wird auf eine nähere Konkretisierung verzichtet. Vor allem die Rechtsprechung und das Bundeskartellamt nähern sich dem Phänomen „Wettbewerb" von diesem negativen Ansatz her, indem sie feststellen, dass Wettbewerb nicht vorliegt, wenn durch ein bestimmtes Verhalten eines Teilnehmers die Freiheit eines anderen, sich am Wettbewerb zu beteiligen, beeinträchtigt wird.[101]

4. Ergebnis

Wie bereits die Wirtschaftswissenschaft kommt auch die kartellrechtliche Jurisprudenz nicht zu einer einheitlichen und allgemein anerkannten Wettbewerbsdefinition. Allerdings ist auch hier die Tendenz zu erkennen, dass eine dem Phänomen Wettbewerb gerecht werdende Definition nur durch negative Aussagen gebildet werden kann. Jede positive Bestimmung muss sich die Kritik der Enge oder Realitätsferne gefallen lassen.

IV. Bestimmung des Wettbewerbsbegriffs durch das europäische Kartellrecht

Mit der 7. GWB-Novelle wurde das deutsche Kartellrecht nahezu vollkommen an das europäische Kartellrecht angeglichen und auch die europäischen Auslegungs- und Interpretationsmaßstäbe wurden für das deutsche Recht anerkannt.[102] Die Definition des Begriffs „Wettbewerb" könnte somit auch über das Europarecht gefunden werden.

---

[100] *Emmerich*, Kartellrecht (2008), § 1, Rn. 2; *Zimmer* in: Immenga/Mestmäcker, GWB (2001), § 1, Rn. 138; *Möschel*, JZ 2000, S. 61 (67).

[101] LG Düsseldorf, Urt. v. 08.09.1959 – 40 Kart. 146/59, WuW/E LG/AG 146 (149) – Filmtransport; LG Hamburg, Beschluss v. 03.12.1962 – 71 T 44/62, WuW/E LG/AG 214 (215) – Butter; BKartA, Brief v. 20.02.1960 – B4-362324-A-344/59, WuW/E BKartA 145 (148) – Doppelstecker; BKartA, Beschluss v. 14.05.1963 – B3-441141-JK-127/60, WuW/E BKartA 668 (671) – Bleiweiß; BKartA, Beschluss v. 28.11.1963 – B4-363740-R-205/63, WuW/E BKartA 761 (762) – Elektro-Discount.

[102] Vgl. Teil 2, A, I, 7.

Allerdings ist weder in der europarechtlichen Kommentarliteratur noch in der höchstrichterlichen Rechtsprechung eine subsumierbare Definition des Begriffs „Wettbewerb" zu finden. Während Teile der Literatur davon ausgehen, dass eine allgemeingültige Definition weder möglich noch zweckmäßig erscheint, da zwischen den einzelnen Verhaltensweisen der Marktteilnehmer vielfältige Wechselbeziehungen bestehen und das unternehmerische, marktbezogene Handeln in seinen Bedingungen, Wirkungsweisen und Folgen nicht eindeutig und umfassend erfasst werden kann[103], nähert sich der EuGH und die herrschende europarechtliche Literaturmeinung, ähnlich wie auch die deutsche Rechtsprechung, dem Begriff über die allgemeine Handlungsfreiheit.[104] Der EuGH sieht als Grundgedanken der Wettbewerbsvorschriften des Vertrages, dass jeder Unternehmer selbständig zu bestimmen hat, welche Politik er auf dem Gemeinsamen Markt betreiben will.[105] Darauf aufbauend, ist der Wettbewerb eingeschränkt, wenn die Unternehmen ihr Marktverhalten nicht mehr unabhängig voneinander festlegen.[106] Letztendlich spielt der EuGH an dieser Stelle auf die verbotenen Kartellabsprachen an. Wettbewerb liegt nach dem EuGH dann vor, wenn keine Beschränkungen im Sinne der europarechtlichen Regelungen gegeben sind.

Es ist somit auch über das Europarecht nicht möglich, eine brauchbare positive Wettbewerbsdefinition zu finden.

---

[103] *Mäger* in: Schulze/Zuleeg, Handbuch Europarecht (2006), § 16, Rn. 2.
[104] EuGH, Urt. v. 13.02.1979 – C-85/76, Slg. 1979, S. 461 (Rn. 51) – Hoffmann-La Roche/Commission; EuGH, Urt. v. 21.02.1984 – C-86/82, Slg. 1984, S. 883 (Rn. 42) – Hasselblad/Commission; EuGH, Urt. v. 24.10.1995 – C-266/93, Slg. 1995, I-3477 (Rn. 24) – Bundeskartellamt/Volkswagen und VAG Leasing; *Brinker* in: Schwarze, EU-Kommentar (2000), Art. 81 EGV, Rn. 37; *Weiß* in: Calliess/Ruffert, EUV/EGV (2007), Art. 81 EGV, Rn. 83; *Eilmansberger*, in: Streinz, EUV/EGV (2003), Art. 81 EGV, Rn. 45.
[105] EuGH, Urt. v. 14.07.1981 – C-172/80, Slg. 1981, S. 2021 (Leitsatz 3; Rn. 13) – Züchner/Bayerische Vereinsbank; EuGH, Urt. v. 31.03.1993 – Verbundene Rechtssache C-89/85, C-104/85, C-114/85, C-116/85, C-117/85 und C-125/85 bis C-129/85, Slg. 1993, S. 1307 (Rn. 63), Ahlström Osakeyhtiö u.a.; EuGH, Urt. v. 28.05.1998, Slg. 1998, I-3111 (Leitsatz 13) – Deere/Commission.
[106] EuGH, Urt. v. 28.05.1998, Slg. 1998, I-3111 (Rn. 81) – Deere/Commission.

V. Ergebnis

Festgehalten werden kann, dass eine positive Wettbewerbsdefinition nicht möglich ist, jedoch die Situationen bestimmt werden können unter denen eindeutig kein Wettbewerb herrscht. Das GWB – wie auch die gleichlautenden europäischen Regelungen – ist so konzipiert, dass es einer positiven Definition von „Wettbewerb" zur Rechtsanwendung nicht bedarf. Um das GWB sinnvoll nutzen zu können, muss nicht eine „Idealform" des Wettbewerbs bestehen. Der Gesetzgeber hat vielmehr die Situationen, die eindeutig wettbewerbsgefährdend sind, durch das GWB verboten beziehungsweise sanktioniert. Das GWB möchte somit den Wettbewerb vor Beschränkungen schützen, ohne sich auf die genaue Bedeutung des Begriffs „Wettbewerb" festzulegen. Eine annäherungsweise Bestimmung erfolgt negativ über die Wettbewerbsbeschränkungen. Der Verzicht auf eine solche Definition betont auch die Dynamik des Schutzguts. Das Verständnis von Wettbewerb geht mit dem Wandel der gesellschaftlichen Anschauung der Marktstruktur einher. So können in einer freien Marktwirtschaft bestimmte Verhaltensweisen bereits als Marktbeschränkung angesehen werden, während in einer Planwirtschaft solche möglicherweise notwendig oder auch nur tolerierbar erscheinen. Dadurch, dass das GWB lediglich eindeutige Beschränkungen verbietet, erlangt es eine über eine einzige Marktstruktur hinausgehende Bedeutung. Eine Definition ist für die Bestimmung der Zielrichtung nicht nötig.

Zusammenfassend ist daher festzustellen, dass das GWB den Wettbewerb in seiner Funktionsfähigkeit zu schützen bestimmt ist, ohne dass es einer Konkretisierung des Begriffs bedarf.

Kapitel 2: Das Rechtsgut des § 298 StGB

Nachdem festgestellt wurde, dass das GWB den Wettbewerb schützt, ihn aber auch gleichzeitig definiert, indem das GWB die Beschränkungen bestimmt, bei deren Fehlen Wettbewerb vorliegt, muss nun geklärt werden, ob auch § 298 StGB das Phänomen des Wettbewerbs als Rechtsgut schützt oder ob vielmehr Vermögensinteressen hinter diesem Paragraphen stehen. Die Gesetzesmaterialien geben einen ersten Hinweis darauf, was der Gesetzgeber mit der Einführung des § 298 StGB schützen wollte. Geschützt werden soll in erster Linie der freie Wettbewerb, das Vermögen des Veranstalters einer Ausschreibung und der (möglichen) Mitbewerber werde allerdings mitgeschützt.[107] Diese Formulierung sorgte schon vor Inkrafttreten der Norm für Probleme und ist auch heute noch nicht vollends geklärt. Es werden im Wesentlichen drei verschiedene Ansichten vertreten. Einer zufolge soll § 298 StGB allein das Vermögen schützen. Einer anderen gemäß schützt er neben dem Vermögen auch den Wettbewerb, während die wohl herrschende Meinung inzwischen den Wettbewerb als alleiniges Schutzgut, reflexartig aber das Vermögen als „mit"geschützt ansieht. Nur wenn überzeugende Argumente gefunden werden können, warum allein der Wettbewerb Schutzgut des § 298 StGB sein muss, kommt eine Akzessorietät zum GWB in Betracht. Zielt § 298 StGB im Gegensatz zum GWB auf eine andere Schutzrichtung, kann unmöglich eine akzessorische Auslegung vorgenommen werden, da das Schutzgut ein entscheidendes Auslegungskriterium ist und sein muss.[108] Bevor der Streitstand genauer dargestellt wird, soll eine Darstellung der Geschichte des § 298 StGB und die Hintergründe seiner Einführung erfolgen, da gerade die geschichtliche Entwicklung der Strafbarkeit von wettbewerbswidrigen Absprachen und die Bestrafung vor Einführung des § 298 StGB wichtige Hinweise und Argumentationspotential für die jeweiligen Ansichten liefern.

---

[107] BT-Drucks. 13/5584, S. 12 (13).
[108] Vgl. Teil 2, vor A.

A. Die Geschichte des § 298 StGB

I. Die Entwicklung der Strafbarkeit von wettbewerbswidrigen Absprachen

Bevor mit den eigentlichen Ausführungen zu den Hintergründen für die Schaffung des § 298 StGB begonnen wird, soll kurz ein Abriss über die Strafbarkeit von wettbewerbswidrigen Absprachen in der Vergangenheit gegeben werden. Wie auch die Entwicklung des GWB macht die Entwicklung des Strafrechts deutlich, dass die Bedeutung von Wettbewerb einer starken Wandelung unterlag, die mit Schaffung des § 298 StGB seinen bisherigen Endpunkt im Strafrecht fand. Diese Entwicklung, die im Folgenden skizziert wird, kann als Indiz gewertet werden, dass der § 298 StGB vor diesem Hintergrund wohl nicht lediglich das Vermögen schützt, sondern zumindest auch dazu bestimmt ist, den Wettbewerb zu schützen.

Im Rahmen des preußischen StGB von 1851, das heißt noch vor der Annahme, dass Kartelle als positive Entwicklung wünschenswert seien[109], wurde der Wettbewerb als strafrechtlich schützenswert angesehen. So stellte § 270 preußisches StGB[110] ein Verhalten unter Strafe, das den freien Wettbewerb bei Versteigerungen der öffentlichen Behörden oder Beamten einschränkte.

Ab diesem Zeitpunkt war in jedem weiteren Gesetzesentwurf eine ähnliche Regelung enthalten[111], wurde aber nicht wieder im endgültigen Gesetz aufgenommen. Als Beispiel seien der Gesetzesentwurf für den Norddeutschen Bund (§ 283, der mit § 270 preußisches StGB nahezu wörtlich übereinstimmte[112]), die Reichsstrafrechtsnovelle von 1875/1876 (§ 287a, der ebenfalls dem § 270 preußisches StGB entsprach[113]), der Entwurf für eine Neufassung des Strafgesetzbuches aus dem Jahr

---

[109] Vgl. Teil 1
[110] § 270: *Wer andere vom Mitbieten oder Weiterbieten bei den von öffentlichen Behörden oder Beamten vorgenommenen Versteigerungen, dieselben mögen Verkäufe, Verpachtungen, Lieferungen oder Unternehmungen oder Geschäfte irgendeiner Art betreffen, durch Gewalt oder Drohung, oder durch Zusicherung oder Gewährung eines Vorteils abhält, wird mit Geldbuße bis zu dreihundert Talern oder mit Gefängnis bis zu sechs Monaten bestraft.*
[111] *Baumann*, Zum Ärgernis Submissionsbetrug, in: FS Oehler (1985), S. 291 (292); *Tiedemann*, Wettbewerb als Rechtsgut des Strafrechts, in FS Müller-Dietz (2001), S. 905 (907).
[112] *Franzen*, Submissionskartelle und Bietungsabkommen (1970), S. 77f.
[113] *Franzen*, Submissionskartelle und Bietungsabkommen (1970), S. 79f.

1913 (§ 375[114]), der Entwurf von Radbruch 1922 (§ 313[115]) oder auch der Entwurf von 1962 (§ 270 des E 1962[116]) genannt. Teile dieser Entwürfe sollen im Rahmen der einzelnen Tatbestandsmerkmale erneut aufgegriffen werden, da diese möglicherweise einen Hinweis auf die akzessorische Auslegung des Tatbestandsmerkmals geben.[117]

Die eben dargestellte Entwicklung, nämlich die Tatsache, dass keine Norm zum Schutz des Ausschreibungswettbewerbs erneut Eingang in das Gesetz fand, zeigt die Wandlung der Bedeutung des Wettbewerb nicht nur im Rahmen der Ökonomie, wie die Darstellungen bei Kleinwächter[118] belegen, sondern auch im Strafrecht. Man war der Ansicht, dass andere Tatbestände die auf Nötigung gerichteten Verhaltensweisen hinreichend erfassten und im Übrigen die Strafwürdigkeit des Verhaltens abzulehnen sei.[119] Vielfach wurde behauptet, die Bekämpfung der Wirtschaftskriminalität benötige keine neuen Tatbestände, sondern lediglich eine Per-

---

[114] § 375: *Wer einem anderen in der Absicht, ihn vom Mit- oder Weiterbieten bei einer nach den Vorschriften über die Zwangsvollstreckung oder Zwangsversteigerung stattfindenden Versteigerung abzuhalten, Geschenke oder andere Vorteile anbietet, verspricht oder gewährt, wird mit Gefängnis bis zu einem Jahr oder mit Geldstrafe bestraft. In besonders leichten Fällen kann von Strafe abgesehen werden.*

[115] § 313: *Wer einem anderen in der Absicht, ihn von der Mitbewerbung bei einer öffentlichen Versteigerung oder bei einer öffentlichen Vergebung von Lieferungen oder Leistungen abzuhalten, ein Entgelt anbietet, verspricht oder gewährt, wird mit Gefängnis bis zu einem Jahr oder mit Geldstrafe bestraft.*

[116] § 270: *(1) Wer in der Absicht,*
  1. *eine Zwangsversteigerung oder eine andere auf gesetzlicher Vorschrift beruhende Versteigerung oder*
  2. *eine von einer Behörde oder einer Körperschaft, Anstalt oder Stiftung des öffentlichen Rechts ausgehende Vergabe von Lieferungen oder Leistungen*
  zu verhindern oder ihren Erfolg zu beeinträchtigen, einem anderen ein Entgelt anbietet, verspricht oder gewährt oder ein empfindliches Übel androht und ihn dadurch dazu bestimmt, dass er sich an der Versteigerung oder der Vergabe als Bewerber nicht beteiligt oder bei einer Beteiligung unzulässiger Bindungen einhält, wird mit Gefängnis bis zu zwei Jahren, mit Strafhaft oder mit Geldstrafe bestraft.
  (2) Der Versuch ist strafbar.

[117] Vgl. Teil 3 Kap. 1 A.
[118] Vgl. Fn. 5, 6
[119] Otto, ZRP 1996, S. 300 (301).

sonalverstärkung bei Staatsanwaltschaft und Polizei, sowie deren bessere Ausbildung. Gravierende Fälle könnten durch § 263 StGB aufgefangen werden.[120]

Die Verfolgung von wettbewerbsbeschränkenden Absprachen und von Submissionskartellen fand bis dato tatsächlich jedoch allein aufgrund des Ordnungswidrigkeitenrechts statt. Es bestand die Möglichkeit einer Ahndung als Ordnungswidrigkeit nach § 38 I Nr.1 GWB a.f.[121] – für die Fälle, in denen sich der Täter über die Unwirksamkeit eines wettbewerbsbeschränkenden Vertrages nach § 1 GWB a.f.[122] hinwegsetzte – und nach § 38 I Nr. 8 GWB a.f.[123], der einen Bußgeldtatbestand für verbotene abgestimmte Verhaltensweisen nach § 25 GWB a.f.[124] bereit hielt.[125]

---

[120] *Baumann*, NJW 1992, S. 1661 (1661); *König*, JZ 1997, S. 135 (135).
[121] § 38 I Nr. 1 GWB a.F. (1990): *(1) Ordnungswidrig handelt, wer*
   1. sich über die Unwirksamkeit oder Nichtigkeit eines Vertrages oder Beschlusses hinwegsetzt, der nach den §§ 1, 15, 20 Abs. 1, §§ 21, 100 Abs. 1 Satz 3, § 103 Abs. 2 oder § 106 unwirksam oder nichtig ist, [...]
[122] § 1 GWB a.F. (1990): *(1) Verträge, die Unternehmen oder Vereinigungen von Unternehmen zu einem gemeinsamen Zweck schließen, und Beschlüsse von Vereinigungen von Unternehmen sind unwirksam, soweit sie geeignet sind, die Erzeugung oder die Marktverhältnisse für den Verkehr mit Waren oder gewerblichen Leistungen durch Beschränkung des Wettbewerbs zu beeinflussen. Dies gilt nicht, soweit in diesem Gesetz etwas anderes bestimmt ist.*
   (2)Als Beschluß einer Vereinigung von Unternehmen gilt auch der Beschluß der Mitgliederversammlung einer juristischen Person, soweit ihre Mitglieder Unternehmen sind.
[123] § 38 I Nr. 8 GWB a.F. (1990): *(1) Ordnungswidrig handelt, wer*
   8. einem Verbot des § 24 Abs. 2 Satz 4 oder § 24a Abs. 4 zuwiderhandelt oder an einer Zuwiderhandlung gegen diese Verbote mitwirkt oder einem Verbot der §§ 25 oder 26 zuwiderhandelt.
[124] § 25 GWB a.F.: *(1) Ein aufeinander abgestimmtes Verhalten von Unternehmen oder Vereinigungen von Unternehmen, das nach diesem Gesetz nicht zum Gegenstand einer vertraglichen Bindung gemacht werden darf, ist verboten.*
   (2)Unternehmen und Vereinigungen von Unternehmen dürfen andere Unternehmen keine Nachteile androhen oder zufügen und keine Vorteile versprechen oder gewähren, um sie zu einem Verhalten zu veranlassen, das nach diesem Gesetz oder nach einer auf Grund dieses Gesetzes ergangenen Verfügung einer Kartellbehörde nicht zum Gegenstand einer vertraglichen Bindung gemacht werden darf.
   (3)Unternehmen und Vereinigungen von Unternehmen dürfen andere Unternehmen nicht zwingen,
   1. einen Vertrag oder Beschluss im Sinne der §§ 2 bis 8, 29, 99 Abs. 1, § 100 Abs. 1 und 7, §§ 102 und 103 beizutreten oder
   2. sich mit anderen Unternehmen im Sinne des § 23 zusammenzuschließen oder
   3. in der Absicht, den Wettbewerb zu beschränken, sich im Markt gleichförmig zu verhalten.

Zusätzlich konnte gegen das Unternehmen gem. § 30 oder § 130 OWiG eine Geldbuße verhängt werden.[126]

Warum die Annahme einer Strafbarkeit über § 263 StGB in der Regel zu verneinen war, soll im Anschluss kurz dargestellt werden. Aus dieser Rechtssprechungsentwicklung wurden von den Vertretern der verschiedenen Ansichten hinsichtlich des Schutzguts des § 298 StGB wesentliche Argumente gezogen. Zum einen wird angeführt, dass der Gesetzgeber vor dem Hintergrund dieser Rechtsprechung einen Tatbestand mit gleicher Schutzrichtung schaffen wollte, der die bisherigen Lücken füllen kann. Zum anderen wurde dieselbe Rechtsprechung für die gegenteilige Argumentation verwandt. Der Gesetzgeber wollte aufgrund dieser Schwächen des § 263 StGB einen von diesem unabhängigen Paragraphen schaffen. Bevor allerdings einer Argumentation der Vorzug gegeben werden kann, soll kurz auf die Rechtsprechung zu § 263 StGB im Rahmen des sogenannten Submissionsbetrugs eingegangen werden. Die Rechtsprechung ist vor allem unter dem Aspekt der grundsätzlichen Abhängigkeit einer Wettbewerbsstrafnorm von außerstrafrechtlichen Normen interessant. Wie sich ergeben wird, wurde bereits vor Schaffung des § 298 StGB zur Auslegung der einzelnen Tatbestandsmerkmale des Submissionsbetrugs auf die Regelungen des Vergabe- und Kartellrechts zurückgegriffen. Auch aus diesem Grund erscheint es erstaunlich, dass bisher kaum Diskussionen über die Reichweite der Abhängigkeit geführt wurden.

II. Die Bestrafung von Absprachen über § 263 StGB

Nachfolgend soll die letzte Grundlagenentscheidung des BGH – „Rheinausbauentscheidung"[127] – diskutiert werden. Im Rahmen der Entscheidung soll auch die frühere Rechtsprechung zum Submissionsbetrug aufgegriffen werden und die Novationen durch die letzte Entscheidung hervorgehoben werden. Die Gliederung des BGH zwischen Eingehungs- und Erfüllungsbetrug wird für die Darstellung beibehalten.

---

[125] BT-Drucks. 13/5584, S. 12 (13).
[126] *Bangard*, wistra 1997, S. 161 (162); *Oldigs*, wistra 1998, S. 291 (292).
[127] BGH, NJW 1992, S. 921ff.

A. Die Geschichte des § 298 StGB

1. Eingehungsbetrug[128]

In der Rheinausbauentscheidung beschäftigte sich der BGH hauptsächlich mit dem Eingehungsbetrug, weshalb auch in der vorliegenden Arbeit mit diesem begonnen werden soll.

Unter Täuschung ist nach dem Gesetzeswortlaut die Vorspiegelung falscher oder die Entstellung oder Unterdrückung wahrer Tatsachen zu verstehen. Vorspiegeln einer falschen Tatsache bedeutet, dass ein in Wirklichkeit nicht vorliegender Umstand als vorhanden oder gegeben suggeriert wird. Eine wahre Tatsache ist entstellt, wenn das tatsächliche Gesamtbild durch Hinzufügen oder Weglassen wesentlicher Umstände verfälscht wird. Unterdrückt wird eine Tatsache, wenn ihre Kenntnisnahme verhindert wird.[129] Tatbestandsmäßig ist damit jede Handlung, die geeignet ist, so auf das intellektuelle Vorstellungsbild eines anderen einzuwirken, dass eine Fehlvorstellung über die Realität erregt wird.[130] Die Täuschungshandlung bei Submissionsabsprachen liegt in den Fällen, in denen die Anbieter bei Abgabe ihres Angebotes eine ausdrückliche Erklärung abzugeben haben, dass sie nicht an wettbewerbswidrigen Absprachen beteiligt waren, in der Abgabe dieser Erklärung. Es handelt sich um eine ausdrückliche Täuschung. Wird eine solche Erklärung nicht verlangt beziehungsweise nicht abgegeben, so liegt in der Einreichung des Angebots eine konkludente Behauptung desselben Inhalts.[131] Schon im Rahmen

---

[128] Im Rahmen des Betruges kann zwischen Eingehungs- und Erfüllungsbetrug differenziert werden. Diese Differenzierung beruht darauf, dass das Zivilrecht bei gegenseitigen Verträgen zwei verschiedene für die Vermögensverfügung relevante Zeitpunkte kennt. Der Eingehungsbetrug betrifft den Zeitpunkt des Vertragsschlusses und bestimmt den Schaden durch einen Wertevergleich der Vermögenslage des Betroffenen vor und nach Abschluss des schuldrechtlichen Verpflichtungsgeschäfts, indem es die Verpflichtung und die Gegenleistung zueinander in Verhältnis setzt. Der Erfüllungsbetrug setzt zeitlich später am Verfügungsgeschäft an und vergleicht, ob die täuschungsbedingt angenommene Leistung weniger wert ist, als die geschuldete Leistung. Vgl. dazu: RGSt 16, 1 (10); RGSt 40, 21 (27); *Cramer/Perron* in: Schönke/Schröder, StGB (2006), § 263, Rn. 128, 135.

[129] *Cramer/Perron* in: Schönke/Schröder, StGB (2006), § 263, Rn. 6; *Hefendehl* in: Joecks/Miebach, MüKo StGB (2006), § 263, Rn. 43.

[130] *Cramer/Perron* in: Schönke/Schröder, StGB (2006), § 263, Rn. 6.

[131] BGH, NStZ 2001, S. 540 (541); *Baumann/Arzt*, ZHR 134, S. 24 (35); *Oldigs*, strafrechtliche Bekämpfung von Submissionsabsprachen (1998), S. 61; *Rose*, NStZ 2002, S. 41 (41); *Rönnau*, JuS 2002, S. 545 (545).

des ersten Tatbestandsmerkmals muss damit für eine Bejahung meist auf die Unterstellung der konkludenten Abgabe einer solchen Erklärung zurückgegriffen werden. Begründet oder abgeleitet wird diese Unterstellung durch Rückgriff auf außerstrafrechtliche Regelungen. Für Submissionen nach der VOB/A[132] ergibt sich dieses Ergebnis aus §§ 2, 25 I c) VOB/A. § 2 VOB/A normiert, dass der Wettbewerb im Rahmen der Vergabe die Regel sein soll und ungesunde Begleiterscheinungen, wie zum Beispiel wettbewerbsbeschränkende Verhaltensweisen, zu bekämpfen sind. § 25 I c VOB/A bestimmt, dass Angebote von Bietern, die in Bezug auf die Ausschreibung eine Abrede getroffen haben, die eine unzulässige Wettbewerbsbeschränkung darstellt, zwingend auszuschließen sind. Aus der Zusammenschau dieser Normen wird nun abgeleitet, dass die abgegebenen Angebote auch gleichzeitig die Erklärung beinhalten, die Grundsätze der Vergabe (§ 2 VOB/A) zu beachten und ordnungsgemäß am Verfahren beteiligt werden zu können.

Für alle anderen Submissionen kann diese Regel aus dem Kartellverbot des § 1 GWB abgeleitet werden. Da der Auftraggeber die Ausschreibung nur aus dem Grund der Erzeugung von Wettbewerb durchführt, darf er davon ausgehen, dass die Angebote im Wettbewerb erfolgen.[133]

Bemerkenswert ist, dass schon im Rahmen des ursprünglichen Submissionsbetrugs eine enge Verbindung von Vergabe- beziehungsweise Kartellrecht und dem Strafrecht bejaht wurde und dass zur Begründung allgemeiner strafrechtlicher Tatbestandsmerkmale auf die Regelungen in diesen Bereichen zurückgegriffen wurde und sogar musste. Die Annahme einer konkludenten Täuschung konnte überhaupt nur dann erfolgen, wenn man mit Rückgriff auf die kartell- und vergaberechtlichen Normen davon ausging, dass eine Erklärung, an einer wettbewerbswidrigen Absprache nicht beteiligt zu sein, mit der Abgabe des Angebots konkludent mitabgegeben wurde.

Durch die Täuschungshandlung muss beim Getäuschten ein Irrtum erregt worden sein. Ein Irrtum ist jede unrichtige, der Wirklichkeit nicht entsprechende Vorstellung über Tatsachen. Ein unreflektiertes sachgedankliches Mitbewusstsein ist aus-

---

[132] Vergabe- und Vertragsordnung für Bauleistungen (VOB) Teil A – Allgemeine Bestimmungen für die Vergabe von Bauleistungen v. 20.03.2006, BAnz. Nr. 94a v. 18.05.2006.
[133] *Federmann*, Kriminalstrafen im Kartellrecht (2006), S. 117; *Best*, GA 2003, S. 157 (161).

reichend, ebenso die aus bestimmten Tatsachen abgeleitete Vorstellung, dass „alles in Ordnung" sei, nicht jedoch reines Nichtwissen ohne jede konkrete Fehlvorstellung (= ignorantia facti).[134] Im Rahmen von Ausschreibungen könnte zweifelhaft sein, ob der Anbieter sich überhaupt Gedanken darüber gemacht hat, dass die Angebote unabhängig voneinander abgegeben wurden. Allerdings liegt insoweit ein sachgedankliches Mitbewusstsein vor, das heißt, dass er sich aktuell zwar keine bewussten Gedanken zu diesem Problem gemacht hat, die grundsätzliche Kenntnis aber sein Vorstellungsbild geprägt hat.[135] Zum einen kommt dem freien Wettbewerb im Rahmen des Ausschreibungsverfahrens für dessen Funktions- und Wirkungsweise grundlegende Bedeutung zu. Zum anderen müssten abgesprochene Angebote gem. § 25 I c VOB/A von dem Verfahren ausgeschlossen werden, so dass zumindest die Vorstellung des Ausschreibenden, dass alles in Ordnung sei, gegeben ist, wenn er das fragliche Angebot nicht ausschließt. Der Irrtum ist auch nicht allein deshalb zu verneinen, weil statistisch gesehen eine hohe Absprachenquote im Bereich der Ausschreibungen vorliegt. Die Fortsetzung des Verfahrens kann als Indiz dafür gewertet werden, dass die möglicherweise bestehenden Zweifel nicht durchgedrungen sind.[136] Ein Irrtum ist in der Regel unproblematisch zu bejahen. Auch hier wird zur Begründung des Merkmals auf die außerstrafrechtlichen Normen des Vergaberechts zurückgegriffen. Insoweit spricht schon die Entwicklung der Strafbarkeit von Submissionsabsprachen für die notwendige Abhängigkeit des Tatbestandes von diesen Normen. Selbst als diese Absprachen noch unter einen klassischen Straftatbestand subsumiert wurden, ist eindeutig die Tendenz erkennbar, dass in diesem besonderen Feld die Regelungen eng ineinandergreifen und greifen müssen, um einen effektiven Schutz gewährleisten zu können.

Aufgrund des Irrtums muss eine Vermögensverfügung vorgenommen worden sein. Eine Vermögensverfügung ist jedes tatsächliche Handeln, Dulden oder Unterlassen des Getäuschten, das sich bei diesem oder einem Dritten unmittelbar vermögensmindernd auswirkt. Dies kann auch in dem Eingehen einer Verbindlichkeit beste-

---

[134] *Wessels/Hillenkamp*, Strafrecht BT/2 (2007), Rn. 508f.
[135] *Sternberg-Lieben* in: Schönke/Schröder, StGB (2006), § 15, Rn. 51.
[136] *Oldigs*, strafrechtliche Bekämpfung von Submissionsabsprachen (1998), S. 62; *Satzger*, Der Submissionsbetrug (1994), S. 64; *Best*, GA 2003, S. 157 (163).

hen.[137] Im Rahmen von Submissionsabsprachen kommt als Vermögensverfügung nur die Erteilung des Zuschlags durch die ausschreibende Stelle an den mittels Submissionsabsprache „herausgestellten" Bieter in Betracht, für die der auf der Täuschung beruhende Irrtum kausal war.[138]

Während die Bejahung der bisher besprochenen Tatbestandsmerkmale auch in den früheren Fällen kaum Schwierigkeiten bereitete, bejahte der BGH in der Rheinausbauentscheidung erstmals das Vorliegen eines Vermögensschadens. Problematisch war bis zu diesem Zeitpunkt vor allem die Nachweisbarkeit des Schadens, wobei auch die Entscheidung des BGHs keine vollständige und zufriedenstellende Lösung brachte. In der Folgezeit wurde diese Schwäche als einer der Gründe für die Einführung des § 298 StGB angeführt. Dennoch soll die Entscheidung und die Änderung, die sie gegenüber der vorher gefestigten Rechtsprechung brachte kurz skizziert werden, um das Verständnis der Problematik und der Gründe für die Einführung zu verdeutlichen.

Mit der Rheinausbauentscheidung gab der BGH seine jahrzehntelange Rechtsprechung hinsichtlich des Vorliegens eines Vermögensschadens auf. Ein Vermögensschaden lag nur dann vor, wenn der Anbietende den Veranstalter der Ausschreibung zu einer Leistung bestimmte, die mehr wert war, als die angebotene Gegenleistung. Nach Austausch von Leistung und Gegenleistung musste der Vertragsgegner in seinem Vermögen geschädigt sein und der Handelnde es genau darauf angelegt haben. Gleichgültig war dabei, ob einer der Beteiligten mit anderen Teilnehmern verabredete, günstigere Angebote zu unterlassen oder nicht ernst gemeinte höhere Angebote zu unterbreiten, da dies nichts über die Gleichwertigkeit der ausgetauschten Leistungen aussage.[139] Aus den Hinweisen des Gerichts, dass als angemessenes Angebot ein „äußerst scharf kalkuliertes" Angebot gelten soll, wurde im Folgenden geschlossen, dass bei der Beurteilung des angemessenen Angebots der Wert der Leistung mit dem angemessenen Preis gleichzusetzen sei, der

---

[137] BGHSt 14, S. 170 (171); *Cramer/Perron* in: Schönke/Schröder, StGB (2006), § 263, Rn. 55; *Ranft*, wistra 1994, S. 41 (42).
[138] *Oldigs*, strafrechtliche Bekämpfung von Submissionsabsprachen (1998), S. 63; *Satzger*, Der Submissionsbetrug (1994), S. 65.
[139] Erstmals: BGH 16, S. 367 (373).

sich nach den objektiven Kosten und einem angemessenen Gewinn bestimmte.[140] Diese Methode erfuhr jedoch zunehmend Kritik, da die Möglichkeit einer Verlustrechnung beziehungsweise die unterschiedlichen Unternehmenssituationen und Marktentwicklungen nicht berücksichtigt wurden.[141] In der Literatur wurde zum Teil vorgeschlagen, auf den Verlust der Chance ein günstigeres Angebot zu bekommen, abzustellen (Vermögensexpektanz).[142] Allerdings kann man bei diesem Blickwinkel nur dann einen Schaden bejahen, wenn sich die Möglichkeit bereits zu einer konkreten Aussicht verdichtet hat.[143] Dies ist jedoch bei Ausschreibungen schon aus der Natur der Sache heraus niemals gegeben. Es konnte und kann nicht mit Sicherheit festgestellt werden, dass die anderen Bieter ohne Kartellabsprachen niedrigere Angebote eingereicht beziehungsweise dass sie überhaupt ein eigenständiges Angebot abgegeben hätten[144] und ob bei Neuausschreibung des Projektes andere Preise hätten erzielt werden können. Eine konkrete Aussicht, die als Vermögensbestandteil dem Ausschreibenden zugeflossen wäre, bestand mithin noch nicht. Verschiedentlich wurde das Abstellen auf eine reine Vermögensgefährdung befürwortet. Die Vermögensgefährdung kann dabei in der gezielten Ausschaltung des Wettbewerbs, im Wegfall der Gewährleistung der eigenständigen Kalkulation eines jeden Bieters oder im Verlust der Möglichkeit des Ausschreibenden unter verschiedenen Angeboten zu wählen gesehen werden.[145] Problematisch an dieser

---

[140] *Satzger*, ZStW 109, S. 357 (361); *Tiedemann*, Wettbewerb und Strafrecht (1976), S. 16.
[141] *Baumann*, NJW 1992, S. 1661 (1664); *Satzger*, ZStW 109, S. 357 (362).
[142] *Eichler*, BB 1972, S. 1347 (1350).
[143] LG Frankfurt a.M., NStZ 1991, S. 86 (87); *Wolters*, JuS 1998, S. 1100 (1101).
[144] *Rönnau*, JuS 2002, S. 545 (550); *Otto*, wistra 1999, S. 41 (43).
[145] OLG Frankfurt, NJW 1990, S. 1057 (1058); *Baumann/Arzt*, ZHR 134, S. 24 (51); *Satzger*, ZStW 109, S. 357 (369). Vgl. zum Problem der Vermögensgefährdung jüngst: BGH, Beschluss v. 20.03.2008 – 1 StR 488/07, Rn. 19. In diesem Beschluss stellt der BGH im Rahmen der Untreue (mit Auswirkung auch im Rahmen des § 263 StGB) fest, dass in der Regel bei genauer Subsumtion einer für die genannten Straftaten ausreichenden gegenwärtigen Vermögensgefährdung bereits ein tatsächlicher Vermögensnachteil vorliegt. So ist beispielsweise der mit der Auszahlung eines ungesicherten Kredits an ein zahlungsunfähiges Unternehmen erlangte Rückzahlungsanspruch sofort weit über das bei jeder Kreditvergabe mögliche und zulässige Maß hinaus minderwertig. Aus der Saldierung der ausbezahlten Darlehenssumme mit dem verbleibenden Wert der Rückzahlungsforderung folgt der unmittelbar und realiter eingetretene Vermögensnachteil. Ob unter Zugrundelegung der Notwendigkeit einer so gegenwärtigen Vermögensgefährdung tatsächlich auch eine solche im Rahmen einer Ausschreibung bejaht werden kann, ist zweifelhaft,

Kapitel 2: Rechtsgut des § 298 StGB

Bestimmung des Schadens ist jedoch, dass sie lediglich über eine Unsicherheit über das derzeitige Vorliegen eines tatsächlich zu beziffernden Schadens hinweg hilft, auf einen schon eingetretenen Schaden damit verzichtet. Problematisch in den Submissionsfällen ist jedoch meist nicht der Eintritt eines Schadens, sondern vielmehr die Nachweisbarkeit des Schadens, wofür diese Ansicht keinen Lösungsansatz bietet.[146] Zu bedenken ist auch, dass diese Ansicht nicht sämtliche wettbewerbsschädigenden Absprachen erfassen kann. So kann es auch Situationen geben, in denen trotz Absprache kein erhöhter Preis verlangt wird, zum Beispiel weil es lediglich um eine gleichmäßige Auslastung der einzelnen Betriebe geht. Wenn aber ein Schaden von vornherein ausgeschlossen ist, bliebe dann nur noch die abstrakte Vermögensgefährdung übrig, die mit der Ausgestaltung des Betrugs als Erfolgsdelikt nicht in Einklang zu bringen ist. Der Vergleich des geforderten Preises mit dem Selbstkostenpreis kann ebenfalls nicht als Berechnungsgrundlage für den betrugsrelevanten Schaden angesehen werden. In der Regel rechnet jeder Unternehmer in sein Angebot einen Gewinn mit ein, weshalb der angebotene Preis stets höher als der Selbstkostenpreis ist.

In der Rheinausbauentscheidung entschied der BGH schließlich, dass für die Bestimmung eines Vermögensschadens auf den hypothetischen Wettbewerbspreis abzustellen sei. Ein Schaden sei zu bejahen, wenn der Ausschreibende einen höheren Preis verspricht oder zahlt, als nach den Erfordernissen des Marktes nötig. Die Feststellung eines solchen hypothetischen Wettbewerbspreises ist Sache der tatrichterlichen Beweiswürdigung des Einzelfalles, wobei von dem tatsächlichen Sachverhalt auszugehen ist, unter Ausblendung der verbotenen Preisabsprache.[147] Indizien für einen Schaden stellen unter anderem niedrigere interne Vorsubmissionen, der sogenannte Nullpreis, sowie vereinbarte Ausgleichszahlungen an nicht erfolgreiche Kartellmitglieder dar. Auch die Tatsache, dass Kartelle nicht gebildet oder fortgeführt werden, wenn sie den Mitgliedern keine höheren als die sonst erzielbaren Marktpreise bringen, spricht für einen überhöhten Preis und damit einen Vermögensschaden. In der Flughafenentscheidung 2001[148] und jüngst im Rahmen

---

muss allerdings hier insoweit nicht geklärt werden, da der BGH diesen Begründungsansatz mit der Rheinausbauentscheidung verworfen hat.

[146] *Satzger*, ZStW 109, S. 357 (370).
[147] BGH, NJW 1995, S. 737; so schon: OLG Frankfurt, NJW 1990, S. 1057 (1058).
[148] BGH, NStZ 2001, S. 540ff.

des Subventionsbetrugs[149] bezeichnete der BGH Schmiergeldzahlungen und Ausgleichszahlungen sogar als nahezu zwingendes Beweisanzeichen dafür, dass der ohne Preisabsprache erzielbare Preis den tatsächlich vereinbarten Preis unterschritten hätte.[150] Die Höhe des Schadens selbst könne der Tatrichter unter Beachtung des Zweifelssatzes schätzen, soweit eine genaue Ermittlung nicht möglich sei.[151]

Schon die Bezeichnung „hypothetischer Wettbewerbspreis" deutet die Schwierigkeiten an, die sich auch in der Folgezeit ergaben. Ein Schadensnachweis konnte in der Regel nur bei Ausgleichs- oder Schmiergeldzahlungen nachgewiesen werden. Vor allem bei Ringkartellen, das heißt Kartellen, die auf eine längere Zeit angelegt waren und nicht mit Zahlungen, sondern mit Punktsystemen arbeiteten, war der Nachweis eines entstandenen Schadens in der Regel nicht möglich. Gerade diese Kartelle sind aber aufgrund ihrer Dauerhaftigkeit geeignet auf einem bestimmten Markt den Wettbewerb stark zu beschränken oder sogar auszuschließen. Problematisch erscheint auch, dass der Gesetzgeber das Erfolgsdelikt „Betrug" durch die Annahme eines hypothetischen Wettbewerbspreis einem abstrakten Gefährdungsdelikt sehr stark angenähert hat. Die Bestimmung des hypothetischen Wettbewerbspreises hat mit der tatsächlichen Bestimmung eines Schadens nichts mehr gemein.

2. Erfüllungsbetrug

Eine weitere Möglichkeit um zu einer Strafbarkeit zu gelangen, sah der BGH im Erfüllungsbetrug.
Da zum Zeitpunkt der Entscheidung die VoPR 1/72 – Verordnung über die Preise für Bauleistungen bei öffentlichen oder mit öffentlichen Mitteln finanzierten Aufträgen[152] – noch galt, konnte sowohl ein täuschendes Verhalten, ein entsprechender Irrtum, eine darauf beruhende Vermögensverfügung sowie ein kausaler Vermögensschaden unproblematisch bejaht werden. Die VoPR 1/72 regelte in ihren §§ 5 III[153], 7[154] und 9[155] den Anspruch auf Reduktion des Vertragspreises auf den

---

[149] BGH, NStZ-RR 2008, S. 281 (281).
[150] BGH, NStZ 2001, S. 540 (541).
[151] BGH, NJW 1992, S. 921 (923).
[152] BGBl. 1972-I, S. 293ff.
[153] § 5 VoPR 1/72: *(1) Wettbewerbspreise im Sinne dieser Verordnung sind*

Selbstkostenfestpreis. Wurde die Rechnung in dem Bewusstsein ausgestellt, keinen Anspruch auf die volle vereinbarte Vergütung, sondern aufgrund des wettbewerbswidrigen Verhaltens nur auf Erstattung des Selbstkostenfestpreises zu haben, lagen eine Täuschung und ein darauf beruhender Irrtum vor.[156] Kam es zu einer Auszahlung, so waren auch die übrigen Tatbestandsmerkmale gegeben.

Die vorstehende Begründung des Erfüllungsbetrugs erfuhr starke Kritik, ist aber seit Aufhebung der Verordnung im Jahre 1999 ohnehin nicht mehr praktikabel. Interessant ist an diesem Lösungsweg allerdings wiederum der Rückgriff auf außerstrafrechtliche Normen. Auch hier argumentierte der BGH zur Begründung der Tatbestandmerkmale mit zivilrechtlichen Normen. Er musste, wie auch im Rahmen des Eingehungsbetrugs, sogar auf die Vorschriften der VoPR zurückgreifen, da eine konkludente Täuschung nur durch diesen Rückgriff angenommen werden konnte.

Des Weiteren ist ein Erfüllungsbetrug auch durch Verheimlichung des Bestehens etwaiger Gegenansprüche, aufgrund kartellrechtswidriger Absprachen, möglich. Diese könnten sich aus §§ 1, 38 I 1 GWB a.F. (jetzt § 81 I Nr. 1 GWB) möglicherweise in Verbindung mit § 823 II BGB, aus § 826 BGB oder aus culpa in contra-

---

1. Preise, die bei einer Ausschreibung zustande kommen,
2. Preise, die bei freihändiger Vergabe zustande kommen, wenn mehrere Unternehmer zur Angebotsabgabe aufgefordert worden sind.
(2) Wettbewerbspreise unterliegen keinen preisrechtlichen Begrenzungen nach dieser Verordnung. Dies gilt nicht für Preise, die einen nach § 9 ermittelten Preis so erheblich überschreiten, dass sie in einem auffälligen Mißverhältnis zur Leistung stehen; sie sind insoweit unzulässig.
(3) § 7 bleibt unberührt.

[154] *§7 VoPR 1/72: Ist bei Wettbewerbs- oder Listenpreisen der Wettbewerb auf der Anbieterseite beschränkt und wird die Preisbildung hierdurch beeinflußt, so ist höchstens ein nach § 9 ermittelter Preis zulässig. Dies gilt nicht für zulässige Wettbewerbsbeschränkungen, es sei denn, daß die Wettbewerbsbeschränkung mißbräuchlich ausgenutzt wird.*

[155] *§ 9 VoPR 1/72: (1) Selbstkostenfestpreise sind auf Grund einer Vorkalkulation zu ermitteln. Die Vorkalkulation ist dem Angebot beizufügen.*
(2) Die Höhe des Selbstkostenfestpreises ist bei Abschluß des Bauvertrags festzulegen, § 10 Abs. 4 bleibt unberührt.

[156] BGH, NJW 1992, S. 921 (923); *Ranft*, wistra 1994, S. 41 (44); *Tiedemann*, ZRP 1992, S. 149 (150).

hendo[157] ergeben. Für die relevante Täuschungshandlung bieten sich verschiedene Anknüpfungszeitpunkte. Nach den Ausführungen des BGHs kann eine Täuschung in der Verheimlichung des Bestehens solcher Ansprüche bei Angebotsabgabe[158], bei Vertragsschluss und bei Einforderung der Werklohnforderung liegen.[159]

Nimmt man die Abgabe des Angebots als relevante Täuschungshandlung an, käme dieser eine doppelte Wirkung in dem Sinne zu, dass sie zum einen als Anknüpfungspunkt für den Eingehungsbetrug als auch als relevanter Zeitpunkt für den Erfüllungsbetrug angesehen wird.[160] Parallelen werden in diesem Fall zu den Täuschungfällen im Kaufrecht gezogen, wenn der Verkäufer dem Käufer bei Abschluss des Vertrages vorspiegelt, die Kaufsache besitze wertsteigernde Eigenschaften, die in Wirklichkeit fehlen. Dabei ist die erhaltene Sache jedoch stets ihren Preis wert, sodass ein Eingehungsbetrug ausscheidet. Der Getäuschte hätte allein durch den Vertragsschluss eine rechtlich gesicherte Gewinnaussicht erhalten, um die er bei unredlicher Erfüllung gebracht würde. Der Erfüllungsbetrug ist dabei erst mit Annahme der Leistung als Erfüllung vollendet.[161] Diese Argumentation wurde schon frühzeitig mit der Begründung kritisiert, dass die Angebotsabgabe beziehungsweise die Täuschung vor Vertragsschluss zwei Effekte habe, die sich gegenseitig aufheben. Dem Käufer wird quasi durch die Erfüllung genommen, was er an „Gewinn" durch den Vertragsschluss erzielt hat. Er steht damit weder besser noch schlechter als vor dem Vertrag. Würde man in diesen Fällen einen Erfüllungsbetrug

---

[157] *Baumann*, NJW 1992, S. 1661 (1665).
[158] Dies fiele wohl unter die Kontruktion des sog. „unechten Erfüllungsbetrugs". Dabei wird bereits im Rahmen des Verpflichtungsgeschäfts über das Vorliegen einer Tatsache getäuscht. Im Rahmen des Schadens findet dann ein Wertvergleich von tatsächlich erbrachter Leistung und vertraglich geschuldeter Gegenleistung statt. Vgl. dazu: *Bosch*, wistra 1999, S. 410 (413); *Wessels/ Hillenkamp*, Strafrecht BT 2 (2007), § 13, Rn. 540.
[159] BGH, NJW 1992, S. 921 (923).
[160] Die Frage ob beim Erfüllungsbetrug eine eigenständige Täuschungshandlung vorliegt, und wann diese gegeben sein muss, soll hier nicht näher dargestellt werden. Insoweit sind keine Ergebnisse für die in dieser Arbeit zu untersuchende Akzessorietät zu erwarten, weshalb auf eine Darstellung verzichtet wird. Vgl. dazu: *Hefendehl* in: in: Joecks/Miebach, MüKo StGB (2006), § 263, Rn. 499ff.
[161] *Huhn*, Strafrechtliche Problematik des Submissionsbetruges (1996), S. 267; *Lenckner*, MDR 1961, S. 652 (652f.).

zulassen – so die Meinung der kritisierenden Autoren – bestünde die Gefahr der Ausweitung des Betrugstatbestands auf den Schutz vertraglicher Gewinnerwartungen.[162] Speziell im Fall der Submissionsabsprachen ist eine Ausweitung jedoch nicht zu befürchten. Während der Käufer in den angesprochenen Fällen eine vermögenswerte Aussicht durch die Vorspiegelung werterhöhender Eigenschaften der Kaufsache, erhält, erlangt der Submittent keinen vergleichbaren Vermögenswert.[163] Die Absprachefreiheit, die in diesem Fall vorgespiegelt wird, ist kein der Sache anhaftender wertbildender Faktor. Der Wert des ausgeschriebenen Objekts ist mit und ohne Absprache gleich viel wert. Der Auftraggeber hat im Zeitpunkt des Vertragsschlusses nichts erlangt, was ihm später genommen werden könnte.[164] Die ablehnende Argumentation kann im Bereich der Submissionsabsprachen daher nicht greifen.

Eine weitere mögliche Täuschungshandlung könnte in der Einforderung des vollen Werklohns gesehen werden. Allerdings würde man dann davon ausgehen, dass den an der Absprache beteiligten Unternehmer die Pflicht trifft, diese Absprache offenzulegen und den Vertragspartner auf seine Rechte hinzuweisen. Dem Einfordern würde dann der Erklärungswert beigemessen werden, dass die Forderung in dieser Höhe besteht.[165] Die herrschende Meinung sieht in der Einforderung einer Leistung aber die konkludente Behauptung, die Leistung sei nach ihren tatsächlichen Voraussetzungen geschuldet.[166] Im Falle einer verschwiegenen Submissionsabsprache beziehungsweise der Geltendmachung des vollen Werklohns trotz Absprache, ist nicht die Behauptung fehlerhaft, dass die Schuld dem Grunde nach besteht, sondern in welcher Höhe sie besteht. Es wird die Forderung in der vertraglich vereinbarten Höhe geltend gemacht und lediglich mögliche Minderungs- oder Aufrechnungsmöglichkeiten mit Gegenrechten werden verschwiegen. Dabei ist zu bedenken,

---

[162] *Bartmann*, Der Submissionsbetrug (1997), S. 92f.; *Huhn*, Strafrechtliche Problematik des Submissionsbetruges (1996), S. 267ff.; *Samson*, Strafrecht II (1985) S. 184.
[163] Unter der Prämisse, dass keine Selbstkostenabsprache, die seit Aufhebung der VoPR 1/72 nur noch vertraglich vereinbart werden kann, vorliegt.
[164] *Grützner*, Sanktionierung von Submissionsabsprachen (2003), S. 314f.; *Satzger*, Der Submissionsbetrug (1994), S. 193.
[165] *Satzger*, Der Submissionsbetrug (1994), S. 175.
[166] *Tiedemann* in: Jähnke/Laufhütte/Odersky, LK, (2005), § 263, Rn. 39; *Kindhäuser* in: Kindhäuser/Neumann/Paeffgen, NK, Band 2 (2005), § 263, Rn. 139, *Satzger*, Der Submissionsbetrug (1994), S. 194.

dass es nicht Aufgabe des einen Vertragspartners sein kann, die Gegenseite auf für sie positive Ansprüche hinzuweisen. Die Geltendmachung dieser Rechte fällt allein in den Verantwortungsbereich des jeweilig Berechtigten, weshalb diese Handlung nicht als Täuschungshandlung qualifiziert werden kann.

Als letzte mögliche Täuschungshandlung käme eine Verletzung der Aufklärungspflicht in Betracht, das heißt eine Täuschung durch Unterlassen. Durch die Abgabe eines Angebots, in dem konkludent auch die Erklärung enthalten ist, dass keine wettbewerbswidrige Absprache getroffen wurde, handelt der Täter pflichtwidrig. Es könnte möglicherweise eine Garantenstellung aus Ingerenz bestehen, so dass den Täuschenden die Pflicht träfe, die Gefahr einer „Zuvielzahlung" des Submittenten durch Aufklärung zu verhindern. Allerdings ist in diesen Fällen meist auch eine Täuschung durch aktives Tun vorhanden.[167] Ein Rückgriff auf den Unterlassenstatbestand ist dann nicht mehr möglich. Bedeutung erlangt die Unterlassensalternative daher nur, wenn die Täuschung durch aktives Tun bei Angebotsabgabe nicht vorsätzlich oder ohne Bereicherungsabsicht erfolgte.[168] Ein Eingehungsbetrug mithin ausscheidet.

Während ein Irrtum auch hier über das sachgedankliche Mitbewusstsein relativ leicht angenommen werden kann, erscheint ebenfalls die Bestimmung des Schadens als problematisch. So ist vor allem zu klären, ab welchem Zeitpunkt die Nichtgeltendmachung eines Gegenrechts in eine echte Schadensposition umschlägt.[169] Die Klärung dieser Frage würde bei der hier behandelten Themenstellung zu weit führen. Allerdings machen die aufgeworfenen Probleme deutlich, dass eine Bestrafung von Submissionsabsprachen über den § 263 StGB auch nach der Rheinausbauentscheidung des BGHs nicht ohne (Begründungs-) Schwierigkeiten möglich war. Zusammengefasst scheiterte die Strafbarkeit über § 263 StGB – sowohl in der Alternative des Eingehungs- als auch in der Alternative des Erfüllungsbetrugs in der Regel an der Nachweisbarkeit des Schadens.[170] Wegen der

---

[167] *Tiedemann* in: Jähnke/Laufhütte/Odersky, LK (2005), § 263, Rn. 69.
[168] *Grützner*, Sanktionierung von Submissionsabsprachen (2003), S. 317; *Satzger*, Der Submissionsbetrug (1994), S. 195.
[169] Ausführlich hierzu *Grützner*, Sanktionierung von Submissionsabsprachen (2003), S. 342ff.
[170] *Wolters*, JuS 1998, S. 1100 (1101); *Bartmann*, Der Submissionsbetrug (1997), S. 193.

Manipulation konnte sich kein wahrer Marktpreis bilden.[171] Aufgrund der speziellen Auftragslage konnte aber auch selten auf Vergleichsmarktpreise zurückgegriffen werden,[172] so dass die Ermittlung des hypothetischen Wettbewerbspreises Schwierigkeiten bereitete.

III. Hintergründe und Einführung des § 298 StGB

Nachdem vorstehend die Schwierigkeiten einer Bestrafung von Kartellabsprachen über den Betrugstatbestand erörtert wurden, sollen im Folgenden die weiteren Umstände, die zur Einführung des § 298 StGB geführt haben, dargestellt werden.

Obwohl in den letzten Jahrzehnten hohe Geldbußen – häufig in Millionenhöhe – gegen Unternehmen und verantwortliche Einzelpersonen verhängt wurden, konnte kein Rückgang an Verstößen verzeichnet werden. Vielmehr war auffällig, dass es sich nicht nur um Einzeltäter, sondern meist sogar um Wiederholungstäter handelte. Die alleinige Verhängung von Geldbußen hatte wenig bis keinen general- und spezialpräventiven Effekt.[173] Dem Wettbewerbsschutz des GWB konnte durch die Behandlung der Absprachen als Ordnungswidrigkeiten nicht effektiv zur Geltung verholfen werden. Als Folge der unzureichenden Verfolgung von Verstößen gegen das Kartellverbot bei Submissionen sind vor allem der öffentlichen Hand gravierende Schäden entstanden.[174]

Die genannten Umstände führten dazu, dass die Forderung nach einer effektiven strafrechtlichen Verfolgungsmöglichkeit solcher Absprachen laut wurde.[175]

---

[171] *Eichler*, BB 1972, S. 1347 (1350); *Jaath*, Sondertatbestand zum Ausschreibungsbetrug, in: FS Schäfer (1980), S. 89 (100); *Moosecker*, Submissionsabsprachen, in: FS Lieberknecht (1997), S. 407 (424).

[172] *Moosecker*, Submissionsabsprachen, in: FS Lieberknecht (1997), S. 407 (423); *Tiedemann*, ZStW 94, S. 299 (340).

[173] BT-Drucks. 13/5584, S. 12 (13); *König*, JR 1997, S. 397 (401); *Tiedemann*, Wettbewerb als Rechtsgut des Strafrechts, in FS Müller-Dietz (2001), S. 905 (912).

[174] Nach Schätzungen in diesem Zeitraum belief sich der Schaden der öffentlichen Hand in etwa auf 10 Milliarden DM pro Jahr. Vgl. *Tiedemann*, ZRP 1992, S. 149 (151); *Otto*, ZRP 1996, S. 300 (300) m.w.Nachw.

[175] *König*, JR 1997, S. 397 (401); *Baumann*, NJW 1992, S. 1661 (1663).

A. Die Geschichte des § 298 StGB

Am 03.11.1995 nahm sich der Bundesrat in seinem „Entwurf eines Gesetzes zur Änderung des Strafgesetzbuchs, des Gesetzes gegen den unlauteren Wettbewerb, der Strafprozessordnung und anderer Gesetze" (Korruptionsbekämpfungsgesetz) dieses Missstandes an. Aus Entwürfen der Länder Bayern und Berlin entwickelte der Bundesrat § 264b StGB-E[176], der einen privilegierten Spezialtatbestand im Vorfeld des Betruges vorsah. Es wurde im Vergleich zu § 263 StGB auf das Vorliegen eines Vermögensschadens und der Bereicherungsabsicht verzichtet, dafür allerdings auch der Strafrahmen niedriger angesetzt.[177] Im Vordergrund stand der Schutz des Auftraggebervermögens.[178]

Dem setzte die Bundesregierung am 19.06.1996 einen eigenen Entwurf[179] entgegen, der die Schaffung eines neuen Abschnitts zum Schutz des freien Wettbewerbs im StGB und einen eigenständigen, vom Betrug unabhängigen Paragraphen vorsah, der wettbewerbswidrige Absprachen sanktionieren sollte. Anknüpfungspunkt für diesen sollte der freie Wettbewerb sein, das Vermögen sollte lediglich mitgeschützt

---

[176] § 264b StGB-E – Ausschreibungsbetrug: *(1) Wer bei einer Ausschreibung über Waren oder Leistungen ein Angebot abgibt, das auf einer vor dem Veranstalter verheimlichten oder ihm gegenüber unterdrückten Absprache beruht, die darauf abzielt, diesen zur Annahme eines bestimmten Angebots zu veranlassen, oder wer die Abgabe eines derartigen Angebots dadurch fördert, dass er sich an einer solchen Absprache beteiligt, wird mit Freiheitsstrafe bis zu drei Jahren oder mit Geldstrafe bestraft, wenn die Tat nicht in § 263 mit Strafe bedroht ist.*
(2) Der Ausschreibung im Sinne des Absatzes 1 steht ein Teilnahmewettbewerb zur freihändigen Vergabe eines Auftrages gleich.
[177] *Bangard*, wistra 1997, S. 161 (167).
[178] *Möhrenschlager*, JZ 1996, S. 822 (829).
[179] § 298 StGB-E – wettbewerbsbeschränkende Absprachen bei Ausschreibungen: *(1) Wer bei einer Ausschreibung über Waren oder gewerbliche Leistungen ein Angebot abgibt, das auf einer rechtswidrigen Absprache beruht, die darauf abzielt, den Veranstalter zur Annahme eines bestimmten Angebots zu veranlassen, wird mit Freiheitsstrafe bis zu 5 Jahren oder mit Geldstrafe bestraft.*
(2) Der Ausschreibung im Sinne des Absatzes 1 steht die freihändige Vergabe eines Auftrags nach vorausgegangenem Teilnahmewettbewerb gleich.
(3) Nach Absatz 1, auch in Verbindung mit Absatz 2, wird nicht bestraft, wer freiwillig verhindert, dass der Veranstalter das Angebot annimmt oder dieser seine Leistung erbringt. Wird ohne Zutun des Täters das Angebot nicht angenommen oder die Leistung des Veranstalters nicht erbracht, so wird er straflos, wenn er sich freiwillig und ernsthaft bemüht, die Annahme des Angebots oder das Erbringen der Leistung zu verhindern.

werden.[180] Auch war der Tatbestand im Vergleich zum Entwurf des Bundesrates weiter, da er keine verheimlichte oder unterdrückte Absprache verlangte, sondern auch die Fälle umfasste, in denen der Ausschreibende von der Absprache Kenntnis hatte. Gemeinsam ist beiden Entwürfen, dass sie nur die Abgabe eines Angebotes voraussetzen, nicht jedoch eine Absicht oder einen tatsächlichen Vermögensschaden.[181]

Der Bundestag schloss sich am 13.08.1997 mit der Verabschiedung des „Gesetzes zur Bekämpfung der Korruption" der Bundesregierung an und erweiterte das StGB durch Einfügung eines 26. Abschnitts „Straftaten gegen den Wettbewerb" und Einführung des § 298 StGB. Dabei wurde ausdrücklich klargestellt, dass sich der Entwurf von den bisherigen Vorschlägen für Straftatbestände löst und nicht als Delikt im Vorfeld des Betruges zu sehen ist.[182] Die Änderungen traten am 20.08.1997 in Kraft.

Betrachtet man diese Entwicklung im Gesetzgebungsverfahren, so lässt sich eine klare Positionierung des Gesetzgebers in Richtung Wettbewerbsschutz erkennen.

Während bereits ein ausformulierter Normvorschlag als Vorfeldtatbestand zum Betrug bestand, entschied sich der Gesetzgeber bewusst gegen diesen Vorschlag, führte vielmehr einen eigenständigen Abschnitt und einen unabhängigen 298 StGB ein. Dieses Indiz muss in der Zusammenschau aller Argumente im Folgenden gewürdigt werden.

---

[180] *Möhrenschlager*, JZ 1996, S. 822 (829).
[181] *Bangard*, wistra 1997, S. 161 (167); *Bottke*, ZRP 1998, S. 215 (219).
[182] BT-Drucks. 13/5584, S. 12 (13).

B. Meinungsstand

Nachdem die geschichtliche Entwicklung aufgezeigt wurde, soll nun der momentane Meinungsstand mit den jeweiligen Argumenten ausgeführt werden.

I. Schutzgut Vermögen

Eine zum Teil vertretene Ansicht geht davon aus, dass § 298 StGB nur das Vermögen des Einzelnen, d.h. das individuelle Vermögen der an einer Submission beteiligten Marktteilnehmer, des Veranstalters und der möglichen Mitbewerber, schützt.[183]

Dies wird damit begründet, dass § 298 StGB die Fälle erfassen soll, die der BGH in der Rheinausbauentscheidung[184] durch die Vermögensschadensbestimmung über den hypothetischen Wettbewerbspreis schützen wollte, was wie eben aufgezeigt nur bedingt gelang.[185] Die Vertreter dieser Ansicht gehen davon aus, dass der Gesetzgeber lediglich die auch nach der Entscheidung des BGH noch bestehenden Probleme bezüglich der Nachweisbarkeit des Schadens lösen, nicht jedoch einen grundsätzlich eigenständigen Paragraphen schaffen wollte. Es müsse daher das gleiche Rechtsgut geschützt sein. Die von § 298 StGB umfassten Fälle, in denen kein Vermögensschaden feststellbar sei, würden das Vermögen vor der, in der Absprache enthaltenen abstrakten Gefahr, dass der Empfänger des Angebots übervorteilt werde, schützen.[186] Vor allem vor dem Hintergrund der Gesetzgebungsentwicklung des § 298 StGB, nämlich der Verwerfung des Betrugstatbestands und der Einführung eines neuen Abschnittes, muss dieses Argument kritisch gesehen werden.

---

[183] *Krüger*, Entmaterialisierungstendenz (2000), S. 125, 142; *Möllering*, WRP 1997, S. 933 (934); *Lüderssen*, BB 1996, S. 2525 (2527); *ders.*, StV 1997, S. 318 (320); *Stächelin*, Strafgesetzgebung im Verfassungsstaat (1998), S. 310; *Maurach/Schroeder/Maiwald*, Strafrecht BT/2 (2005), § 68 Rn. 2; *Oldigs*, strafrechtliche Bekämpfung von Submissionsabsprachen (1998), S. 131.
[184] BGH, NJW 1992, S. 921 ff.
[185] Vgl. Teil 2 B I 2.
[186] *Maurach/Schroeder/Maiwald*, Strafrecht BT/2 (2005), § 68 Rn. 2.

Ein weiteres Argument zieht diese Ansicht aus der Identität des Regelstrafrahmens von § 298 StGB und den Betrugsdelikten §§ 263, 264 und 266 StGB.[187] Es wird jeweils ein Strafrahmen von Freiheitsstrafe bis zu fünf Jahren oder Geldstrafe festgelegt. Die Übereinstimmung deute darauf hin, dass auch § 298 StGB als betrugsartiges Delikt verstanden werden müsse.

Als Hauptargument wird stets angeführt, dass der Wettbewerb nicht taugliches Schutzgut sein kann, da dieser zu unbestimmt und vielschichtig sei.[188] Die Schlagkraft dieses Arguments wird im Anschluss an die Darstellung des Meinungsstandes noch detaillierter zu diskutieren sein, ist aber vor allem im Hinblick auf das Problem eine allgemeingültige Definition des Wettbewerbsbegriffs zu finden[189], nicht von der Hand zu weisen.

II. Vermögen und Wettbewerb als gleichrangige Schutzgüter

Eine zweite Ansicht akzeptiert den Wettbewerb als mögliches Schutzgut, sieht das Vermögen allerdings als gleichrangig geschützt an.[190]

Die einen stellen zur Begründung darauf ab, dass auch der Wettbewerb in seiner konkreten Ausgestaltung durch den Gesetzgeber ein mögliches Schutzgut darstellen kann, allerdings dessen Verletzung nicht automatisch die Strafwürdigkeit des Verhaltens indiziert. Damit eine Verletzung des Wettbewerbs strafwürdig wird, bedarf es zusätzlich der Schädigung oder Gefährdung fremden Vermögens.[191] Dies führt dazu, dass eine Strafbarkeit nach § 298 StGB dann ausscheiden würde, wenn keine Vermögensschäden entstanden sind. Ob deshalb allerdings die Absprache an Gefährlichkeit einbüßt, soll an anderer Stelle geklärt werden.[192]

---

[187] *Lüderssen*, BB 1996, S. 2525 (2528).
[188] *Krüger*, Entmaterialisierungstendenz (2000), S. 125, *Lüderssen*, StV 1997, S. 318 (320); *Oldigs*, wistra 1998, S. 291 (294).
[189] Vgl. dazu Teil 2, A, II.
[190] *Otto*, wistra 1999, S. 41 (42), *Wolters*, JuS 1998, S. 1100 (1102); *Mitsch*, Strafrecht BT 2,2 (2001), § 3, Rn. 196.
[191] *Otto*, wistra 1999, S. 41 (42).
[192] Vgl. dazu: Teil 3 Kapitel 3 A II 2.

B. Meinungsstand

Die anderen sehen die Marktposition der lauteren Mitglieder als beeinträchtigt an und stellen vor allem auf die Veränderung des Preis-Leistungsverhältnisses in der konkreten Beziehung zwischen Leistungsanbieter und Leistungsempfänger zum Nachteil des letzteren ab. § 298 StGB solle auch vor diesen vermögensmindernden oder vermögensgefährdenden Auswirkungen schützen und stelle daher ebenso ein Vermögensdelikt dar.[193]

Aus diesen Erwägungen heraus, werden Wettbewerb und Vermögen als gleichrangig gesehen.

III. Schutzgut Wettbewerb

Nach der wohl herrschenden Meinung wird von § 298 StGB primär der Wettbewerb geschützt und nur rechtsreflexartig, wenn überhaupt, das Vermögen.[194] Differenziert wird zum Teil zwischen Vermögen des Mitkonkurrenten und des Veranstalters. Dabei wird die Vermögensgefährdung der Mitkonkurrenten, die im Zeitpunkt der Abgabe des Angebots noch zu unspezifisch[195] sei, als dass sie tatsächlich in den unmittelbaren Schutzbereich aufgenommen werden könne, als reiner

---

[193] *Mitsch*, Strafrecht BT 2,2 (2001), § 3, Rn. 196.

[194] Reflexartig: *Tiedemann* in: Laufhütte/Rissing-van Saan/Tiedemann, LK (2008), vor § 298, Rn. 3 § 298, Rn. 8f.; *Tiedemann*, Wirtschaftsstrafrecht BT (2008), Rn. 184; *Wiesmann*, § 298 bei Bauleistungen (2006), S. 44; *Dannecker* in: Kindhäuser/Neumann/Paeffgen, NK, Band 2 (2005), § 298, Rn. 10ff.; *Fischer*, StGB (2009), vor § 298, Rn. 6; *Kindhäuser*, Praxiskommentar StGB (2006), § 298, Rn. 1; *Lackner/Kühl*, StGB (2007), § 298, Rn. 1; *Girkens/Moosmayer*, ZfBR 1998, S. 223 (223); *Heine* in: Schönke/Schröder, StGB (2006), Vorbem. §§ 298ff., Rn. 2f. und § 298, Rn. 1; *Möhrenschlager*, JZ 1996, S. 822 (829); *König*, JR 1997, S. 397 (402); *Kleinmann/Berg*, BB 1998, S. 277 (277); *Dölling*, ZStW 112, S. 334 (348); *Hellmann/Beckemper*, Wirtschaftsstrafrecht (2004), Rn. 668; *Wedlich*, Die strafrechtliche Würdigung von Submissionsabsprachen (2003), S. 76f.; *Heindl*, NZBau 2002, S. 487 (488); *Wessels/Hillenkamp*, Strafrecht BT 2 (2007), § 16, Rn. 699.
Alleiniger Schutz: *Bosch* in: Satzger/Schmitt/Widmaier, StGB (2009), § 298 Rn. 1; *Bosch*, JA 2007, S. 70 (71, Fn. 7); *Bender*, Sonderstraftatbestände (2005), S. 41; *Greeve*, NStZ 2002, S. 505 (505); *Hohmann* in: Joecks/Miebach, MüKo StGB (2006), § 298, Rn. 1f.; *Korte*, NStZ 1997, S. 513 (516); *Kuhlen*, §298 StGB, in: FS Lampe (2003), S. 743 (745); *Rudolphi* in: Rudolphi/Horn/Günther/Samson, SK (2007), § 298, Rn. 3, 5; *Hohmann*, NStZ 2001, S. 566 (571).

[195] Vgl. Teil 2 B I 2a.

Kapitel 2: Rechtsgut des § 298 StGB

Schutzreflex angesehen.[196] Es mangele an einer hinreichend konkreten Vermögensexpektanz. Das Angebot eines jeden Konkurrenten könne aus den unterschiedlichsten Gründen ausgeschlossen oder nicht berücksichtigt werden[197], so dass zum Zeitpunkt der Abgabe noch keiner eine so konkrete Vermögensposition erworben habe, dass sie für eine Strafbarkeit ausreichend wäre.

Das Vermögen des Veranstalters gilt hingegen als direkt aber nur sekundär geschützt, da diese Vermögensgefährdung als typische Gefährdung im Rahmen von wettbewerbswidrigen Absprachen bei Ausschreibungen zu betrachten sei.[198] Eine Beschränkung des Wettbewerbs bei Ausschreibungen führt zwangsläufig dazu, dass die Vermögensinteressen des Veranstalters tangiert werden. Die zwangsläufige Berührung der Interessen deckt sich wiederum mit der Bedeutung des Begriffs „Rechtsreflex", weshalb eine Differenzierung zwischen den verschiedenen Vermögensinteressen im Ergebnis nicht zu unterschiedlichen Ergebnissen führt. Sowohl das Vermögen der Konkurrenten als auch das Vermögen des Veranstalters ist reflexartig von § 298 StGB geschützt. Im Vordergrund steht jedoch der Schutz des Wettbewerbs als Institution des Wirtschaftslebens, wobei vor allem die Funktionsfähigkeit des freien Wettbewerbs in seiner Bedeutung für die Wirtschaft und die Gesellschaft gesichert werden soll.[199] Als Erklärung wird häufig lediglich auf die Gesetzgebungsmaterialien verwiesen.[200]

Bevor das geschützte Rechtsgut bestimmt werden und damit eine Entscheidung zugunsten einer der dargestellten Ansichten getroffen werden kann, muss geklärt werden, was der Begriff „Wettbewerb" im strafrechtlichen Kontext bedeutet und ob dieser taugliches Schutzobjekt des § 298 StGB sein kann.

---

[196] *Wiesmann*, § 298 bei Bauleistungen (2006), S. 44.
[197] Vgl. dazu: Teil 3 Kap. 2 A I.
[198] *Dannecker* in: Kindhäuser/Neumann/Paeffgen, NK, Band 2 (2005), § 298, Rn. 13; *Tiedemann* in: Laufhütte/Rissing-van Saan/Tiedemann, LK (2008), § 298, Rn. 7.
[199] *Heine* in Schönke/Schröder, StGB (2006), § 298, Rn. 1; *Rudolphi* in: Rudolphi/Horn/Günther/Samson, SK (2007), § 298, Rn. 3.
[200] BT-Drucks. 13/5584, S. 12 (13).

C. Ansätze zur Bestimmung von Rechtsgütern

Für die Bestimmung eines Strafrechtsguts hat sich eine umfangreiche Dogmatik herausgebildet, die im Wesentlichen auf zwei Arten das Rechtsgut einer Strafnorm bestimmen will. Sie sollen im Folgenden beide diskutiert werden, um aus den in Betracht kommenden Schutzgütern das für § 298 StGB Relevante zu extrahieren und zu konkretisieren.

Obwohl der Begriff des Rechtsguts schon seit Mitte des 19. Jahrhunderts im Schrifttum angeregt diskutiert wird, hat sich bis heute noch keine einheitliche Definition durchgesetzt. Es lassen sich lediglich zwei Grundströmungen herausfiltern – der positivistische oder systemimmanente Ansatz auf der einen Seite und der systemkritische Ansatz auf der anderen Seite. Beide lassen sich in diverse Untermeinungen und Diversifikationen aufteilen.

I. Der positivistische oder systemimmanente Ansatz

Die Vertreter des positivistischen oder systemimmanenten Ansatzes definieren das Rechtsgut als Interesse der Gesellschaft an der Erhaltung eines bestimmten Gutes oder als Werturteil, dass bestimmte Dinge erhalten bleiben sollen.[201] Die Gesellschaft wird dabei durch den parlamentarischen Gesetzgeber verkörpert, der durch seine Wertanschauungen das Rechtsgut eines Straftatbestandes bestimmt. Aus diesem Werturteil ergeben sich dann auch die Grenzen der Normauslegung. Sie darf nicht weiter gehen, als das Ziel, dass der Gesetzgeber mit ihrer Schaffung bezweckte.[202] Während diese Art der Begriffsbestimmung zum Teil als formal und inhaltsleer beschrieben wird[203], sehen ihre Vertreter in der Weite und Unbestimmtheit den Vorteil, dass der Begriff für fast jede Wertung offen ist und somit als Bindeglied zwischen Politik und Dogmatik fungieren kann. Der Gesetzgeber kann fast jedes Interesse oder jede Wertanschauung in den Rang eines strafrechtlich ge-

---

[201] *Amelung*, Begriff des Rechtsguts, in: Hefendehl/Hirsch/Wohlers, Rechtsgutstheorie (2003), S. 155 (156); *Wessels/Beulke*, Strafrecht AT (2008), Rn. 7; *Maurach/Zipf*, Strafrecht AT/1 (1992), § 19, Rn. 4.

[202] *Amelung*, Begriff des Rechtsguts, in: Hefendehl/Hirsch/Wohlers, Rechtsgutstheorie (2003), S. 155 (156).

[203] *Rudolphi*, Aspekte des Rechtsgutsbegriffs, in: FS Honig (1970), S. 151 (154).

Kapitel 2: Rechtsgut des § 298 StGB

schützten Rechtsguts erheben.[204] Er hat nach dieser Ansicht sogar die Pflicht für die Bestimmung der strafrechtlich zu schützenden Werte zu sorgen, da in einer wertpluralistischen oder multikulturellen Gesellschaft konsensfähige und allgemein anerkannte außergesetzliche Werte schwer, wenn nicht gar unmöglich ermittelt werden können. Verschiedene Werte konkurrieren in einer solchen Gesellschaft um Vorrang.[205]

Kritisiert wurde, dass eine Beschränkung des Gesetzgebers in der Schaffung von Straftatbeständen durch eine solche Definition des Rechtsguts nicht möglich sei. Des Weiteren berge sie die Gefahr, Einfallstor für kriminalpolitischen Missbrauch zu werden.[206] Es erfolge eine Gleichsetzung mit der ratio legis[207], dem Gesetzeszweck. Das Rechtsgut erscheine daher mit Festlegung des Gesetzeszwecks endgültig bestimmt. Eine Wandlung des Rechtsguts sei nur mit hohem Begründungsaufwand möglich, was eine gewisse Statik nahelege. Dennoch hat sie den Vorteil, dass das Schutzgut einer jeden Norm zumindest abstrakt leicht bestimmt werden kann. Auch können die in den Gesetzesmaterialien genannten Rechtsgüter in sich eine gewisse Dynamik enthalten, das heißt ihren Bedeutungsgehalt, Umfang oder ihre Reichweite im Laufe der Zeit den gesellschaftlichen Gegebenheiten anpassen. Das Argument der statischen Betrachtungsweise kann somit lediglich als Scheinargument gesehen werden.

Übertragen auf § 298 StGB ergibt diese Theorie, dass in erster Linie der freie Wettbewerb Schutzgut des § 298 StGB sein soll, was den Gesetzgebungsmaterialien entnommen werden kann.[208] Dies spricht gegen die Annahme, dass das Vermögen als alleiniges Rechtsgut zu klassifizieren ist. Da der Gesetzgeber in seiner Gesetzesbegründung weiter ausführt, dass das Vermögen des Veranstalters einer Ausschreibung und der (möglichen) Mitwettbewerber durch den Straftatbestand mitge-

---

[204] *Amelung*, Begriff des Rechtsguts, in: Hefendehl/Hirsch/Wohlers, Rechtsgutstheorie (2003), S. 155 (159); *Binding*, Normen und ihre Übertretung/1,1 (1872), S. 193f.
[205] *Amelung*, Begriff des Rechtsguts, in: Hefendehl/Hirsch/Wohlers, Rechtsgutstheorie (2003), S. 155 (163); *Habermas*, Faktizität und Geltung (1994), S. 311.
[206] *Geerds*, Wirtschaftsstrafrecht (1990), S. 19.
[207] *Rudolphi*, Aspekte des Rechtsgutsbegriffs, in: FS Honig (1970), S. 151 (153); *Wohlers*, Delikts-typen (2000), S. 218; *Gaede*, Systemimmanente Rechtsgutstheorie, in: Hefendehl/Hirsch/Wohlers, Rechtsgutstheorie (2003), S. 183 (194); *Schwinge*, Begriffsbildung (1930), S. 25.
[208] BT-Drucks. 13/5584, S. 12 (13).

C. Ansätze zur Bestimmung von Rechtsgütern

schützt werden soll[209], ist sowohl die zweite als auch die dritte Ansicht – der gleichrangige Rechtsgüterschutz und der primäre Wettbewerbsschutz mit einem reflexartige Vermögensschutz – mit dem Willen des Gesetzgebers und damit mit der systemimmanenten Rechtsgutsbestimmung, grundsätzlich vereinbar. Das Problem der Bestimmtheit des Wettbewerbsbegriffs ist in dieser Ansicht nicht von Bedeutung, vielmehr geht der Gesetzgeber mit seinem Wunsch den Wettbewerb strafrechtlich zu schützen, davon aus, dass der Wettbewerb konkret genug bestimmt werden und damit taugliches Schutzgut sein kann.

II. Der systemkritische Ansatz

Auch innerhalb des systemkritischen Ansatzes herrscht Uneinigkeit bezüglich der Definition des Rechtsguts. Es wird als „Objekt" oder „Gegenstand"[210], „Zustand"[211], „Gegebenheit"[212], „Partizipationschance"[213] oder „Funktionseinheit"[214] beschrieben. Allen Ansätze gemein ist, dass sie versuchen zu umschreiben, was ausschlaggebend dafür sein kann, welche vorstrafrechtlich anerkannten Güter, Werte, Interessen und Funktionseinheiten mit strafrechtlichen Mitteln geschützt werden dürfen und in welchem Umfang.

Der Gesetzgeber ist nach dieser Ansicht nicht frei indem, was er zum Rechtsgut erhebt, sondern gebunden an das, was sich schon vorstrafrechtlich als schützenswertes Gut erweist. Es dient somit als Beschränkung und Bindung des Strafgesetzgebers an die strafrechtlichen Prinzipien.[215] Die Aufgabe des Strafgesetzgebers besteht darin, vorhandene schützenswerte Güter zu Rechtsschutzobjekten zu erheben.[216] Wichtig ist dabei, dass nicht mehr nur, wie noch im Naturrecht üblich, auf

---

[209] BT-Drucks. 13/5584, S. 12 (13).
[210] *Marx*, Rechtsgut (1972), S. 62.
[211] *Otto*, Rechtsgutsbegriff, in: Müller-Dietz, Strafrechtsdogmatik (1971), S. 1 (8).
[212] *Sternberg-Lieben*, Rechtsgut, Verhältnismäßigkeit und Freiheit, in: Hefendehl/Hirsch/Wohlers, Rechtsgutstheorie (2003), S. 65 (67); Roxin, Strafrecht AT/1 (2006), § 2, Rn. 7.
[213] *Callies*, Theorie der Strafe (1974), S. 143.
[214] *Rudolphi*, Aspekte des Rechtsgutsbegriffs, in: FS Honig (1970), S. 151 (163).
[215] *Appel*, Verfassung und Strafe (1998) S. 342; *Worms*, Lehre vom Rechtsgut (1984), S. 79; *Marx*, Rechtsgut (1972), S. 17.
[216] *Jäger*, Strafgesetzgebung und Rechtsgüterschutz (1957), S. 21; *Dohmen/Sinn*, KTS 2003, S. 205 (208).

bereits vorgefundene, metaphysische Gegebenheiten abgestellt wird[217], sondern auch die von der Gesellschaft beziehungsweise dem Recht geschaffenen Zustände und Normbefolgungspflichten umfasst werden.[218] Betont wird, dass der Strafgesetzgeber nicht Rechtsgüter bestimmen kann. Er findet diese bereits vor, sei es aufgrund allgemein anerkannter Werte, sei es aufgrund bereits bestehender und akzeptierte Rechtspflichten in anderen Rechtsgebieten. Diese Bindung des Strafgesetzgebers verhindert oder erschwert den kriminalpolitischen Missbrauch des Strafrechts, das schon per definitionem in einem hohen Maße in die Grundrechte einzelner eingreifen kann und damit ultima ratio bleiben muss.[219]

Im Gegensatz zum systemimmanenten Begriff, der den Schwerpunkt auf die Auslegungsfunktion legt, betont der systemkritische Ansatz vor allem auch die Beschränkungsfunktion. Da dem Grund für strafgesetzgeberisches Handeln in dieser Begriffsbestimmung nur, wenn überhaupt, nachrangige Bedeutung zugemessen wird, unterliegt das Rechtsgut einem ständigen Wandel, der mit dem Wandel der Gesellschaft und ihren Werten und Normen einhergeht.[220]

Der systemkritische Ansatz nähert sich der Rechtsgutsbestimmung von der gesellschaftlichen Seite. Wie bereits die Betrugs- und Diebstahlsdelikte zeigen, ist das Vermögen anerkanntes Strafrechtsgut.[221] Gesellschaftlich anerkannte Rechtsgüter, die strafrechtlich geschützt werden können, müssen aber nicht zwangsläufig aus dem bereits bestehenden Strafrecht gezogen werden, sondern können zum Beispiel auch der zivilrechtlichen Rechtsordnung und dem Ordungswidrigkeitenrecht entnommen werden.

Wie unter A. bereits dargestellt schützt das GWB den freien Wettbewerb in kartellrechtlicher Hinsicht. Verstöße gegen die Normen des GWB und damit Beeinträchtigungen des Wettbewerbs werden als Ordnungswidrigkeiten sanktioniert. Auch das UWG – Gesetz gegen unlauteren Wettbewerb – dient dem Schutz des Wettbe-

---

[217] *Welzel*, Naturalismus (1935), S. 75.
[218] *Roxin*, Strafrecht AT/1 (2006), § 2, Rn. 7.
[219] *Roxin*, Strafrecht AT/1 (2006), §2, Rn. 63.
[220] *Rudolphi*, Aspekte des Rechtsgutsbegriffs, in: FS Honig (1970), S. 151 (164); *Roxin*, Strafrecht AT/1 (2006), §2, Rn. 63.
[221] *Oldigs*, strafrechtliche Bekämpfung von Submissionsabsprachen (1998), S. 128.

C. Ansätze zur Bestimmung von Rechtsgütern

werbs, so dass im Rahmen der Zivilrechtsordnung der Wettbewerb durchaus ein anerkanntes Rechtsgut darstellt. Auch das Europarecht, als Bereich des öffentlichen Rechts, schützt in Art. 81ff. EG den Wettbewerb.[222] Der Wettbewerb kann daher als gesellschaftlich anerkanntes Rechtsgut gesehen werden, das im Rahmen des Strafrechts taugliches Schutzgut sein kann. Auch für diese Theorie ist es insoweit unerheblich, dass keine positive Definition des Wettbewerbsbegriffs gefunden werden kann.

Allerdings könnte diese Rechtsgutstheorie dahingehend verstanden werden, dass sie den Wettbewerbsbegriff als akzessorisch zu den außerstrafrechtlichen Regelungen ansieht. Da es sich bei § 298 StGB um einen Bereich handelt, der sich vom Anwendungsbereich her mit dem GWB beziehungsweise dem Europarecht überschneidet, wäre deren Schutzgut auch Schutzgut des § 298 StGB. Der Wettbewerb, wie er im Rahmen des GWB/Europarechts verstanden wird, stellt das vorstrafrechtlich existente Schutzgut dar, welches der Gesetzgeber so vorgefunden hat und durch Schaffung des § 298 StGB zu einem strafrechtlichen Schutzgut erhoben hat.

Nach dieser Ansicht erscheinen alle Meinungen zum Schutzgut des § 298 StGB vertretbar, weshalb dieser Ansatz bei der konkreten Rechtsgutsbestimmung nicht zu einem Ergebnis führt.

Abschließend kann festgehalten werden, dass eine endgültige Entscheidung allein aufgrund der Rechtsgutstheorien nicht getroffen werden kann. Dafür bedarf es einer kritischen Auseinandersetzung mit den Argumenten der jeweiligen Ansichten.

Zuerst soll auf das Hauptargument der Vertreter des reinen Vermögensschutzes eingegangen werden: der Begriff Wettbewerb sei zu unbestimmt und vielschichtig, um taugliches Schutzgut sein zu können.

---

[222] Vgl. Teil 2, A, II, 4.

D. Bestimmtheit des Wettbewerbsbegriffs als strafrechtliches Schutzgut

In einigen wenigen strafrechtlichen Literaturquellen findet sich eine Definition des Begriffs „Wettbewerb" – die Freiheit der Marktkonkurrenz von unlauteren, nicht offenbarten Einflüssen, die das Austauschverhältnis von Waren und Leistungen einseitig zugunsten eines Beteiligten verzerren.[223] Dies erinnert an die bereits im Rahmen des Kartellrechts diskutierte negative Herangehensweise. Auch hier wird auf die Abwesenheit von Beschränkungen abgestellt. Die meisten Quellen verzichten von vornherein auf einen Definitionsversuch und verweisen insoweit auf die kartellrechtlichen Auslegungen im Rahmen des GWB. Wie bereits dargestellt, lässt sich jedoch auch im Rahmen des Kartellrechts keine greifbare Definition aufstellen, weshalb sich die Frage nach der ausreichenden Bestimmtheit des Begriffs aufdrängt. Das Rechtsgut dient im Strafrecht vor allem zur Festsetzung der Reichweite, des Umfangs und der Bedeutung der einzelnen Tatbestandsmerkmale. Nur aber wenn das Rechtsgut an sich in irgendeiner Art und Weise greifbar ist und dessen Grenzen bestimmt werden können, kann es auch für die Auslegung der Tatbestandsmerkmale herangezogen werden. Ein theoretisch mögliches Schutzgut, das diese Anforderungen nicht erfüllt, kann nicht als taugliches Schutzgut angesehen werden.

Auch wenn eine einheitliche Definition von Wettbewerb nicht existiert, so besteht doch Einigkeit dahingehend, dass es sich bei Wettbewerb um ein überragendes Gemeinschaftsgut handelt, das als Grundfeste des Markt- und Wirtschaftssystems der Marktwirtschaft betrachtet werden muss. Wettbewerb fördert das kreative und innovative Potential einer Gesellschaft und ihrer Mitglieder und sichert zum einen den ökonomischen und technischen, zum anderen aber auch den sozialen, kulturellen und ökologischen Wohlstand und Fortschritt.[224] Ohne Wettbewerb befänden wir uns in einer Plan- oder Zwangswirtschaft. Grundsätzlich entschied sich der Verfassungsgesetzgeber weder unmittelbar noch mittelbar für eine bestimmte Wirtschaftsordnung[225], was das Bundesverfassungsgericht schon im Jahre 1954 im

---

[223] *Fischer*, StGB (2009), vor § 298, Rn. 6; *Dannecker* in: Kindhäuser/Neumann/Paeffgen, NK, Band 2 (2005), § 298, Rn. 10.
[224] *Mitsch*, Strafrecht BT 2,2 (2001), § 3, Rn. 195.
[225] *Lüderssen*, strafrechtliche Interventionen, in: Dahs, Kriminelle Kartelle (1998), S. 54; *Gubelt* in: v. Münch/Kunig, GG-Kommentar/1 (2000), Art. 12, Rn. 3.

D. Bestimmtheit des Wettbewerbsbegriffs als strafrechtliches Schutzgut

Investitionshilfeurteil[226] und 1979 im Mitbestimmungsurteil[227] ausdrücklich feststellte. Das Grundgesetz ist neutral. Es ist dem Gesetzgeber somit möglich, die jeweils sachgemäß erscheinende Wirtschaftspolitik zu verfolgen und ein beliebiges Marktsystem zu etablieren, solange er sich an die Vorgaben des Grundgesetzes hält.[228] Die Grundrechte des Art. 2 I, 9, 11 I und 12 GG, die Institutionsgarantie des Art. 14 GG und die Regelungen der Art. 3, 5 I, 20, 28, 109 GG geben eine gewisse Grundkonzeption vor, die aufgrund der freiheitlichen und sozialen Ausrichtung eine soziale Marktwirtschaft nahelegt, aber nicht als einzige Möglichkeit zwingend vorschreibt.[229] Da es sich bei der sozialen Marktwirtschaft auch um eine, am Markt orientierte Form des Wirtschaftssystems handelt, spielt auch hier der Wettbewerb eine entscheidende Rolle. Marktwirtschaft bezeichnet eine arbeitsteilig organisierte Wirtschaftsordnung, in der die Koordination von Produktion und Konsum über das Zusammentreffen von Angebot und Nachfrage auf Märkten erfolgt,[230] das heißt über Wettbewerb. Die soziale Marktwirtschaft unterscheidet sich von der freien Marktwirtschaft nur dahingehend, dass zugunsten von sozialen Aspekten der Markt sich nicht vollkommen selbst überlassen wird, sondern durch die Politik ein sozial orientierter Rahmen vorgegeben wird, innerhalb dessen sich der Wettbewerb entwickeln kann und soll.[231]

Auch im Hinblick auf das Europarecht scheinen die Wirtschaftsverfassungsprinzipien, wie der „Gemeinsame Markt", die „Marktgleichheit", die „wirtschaftliche Freizügigkeit" (vergleiche die Grundfreiheiten Art. 23ff. EG), die „Wettbewerbsfreiheit" (Art. 85ff. EG), die „Rechtsstaatlichkeit", das „Sozialprinzip" (zum Beispiel 117, 118a EG), die „institutionelle Sicherung der EG", die „Interventionsbefugnisse der EG" und der Grundsatz bestmöglichen Umweltschutzes (Art. 130r EG), die grundsätzliche Entscheidung für eine sozial geprägte Marktwirtschaft zu

---

[226] BVerfGE 4, S. 7ff. (Investitionshilfe).
[227] BVerfGE 50, S. 290ff. (Mitbestimmung).
[228] BVerfGE 4, S. 7 (17f.) (Investitionshilfe); BVerfGE 50, S. 290 (337) (Mitbestimmung).
[229] *Kohlhoff*, Kartellstrafrecht und Kollektivstrafe (2003), S. 123 (der allerdings davon ausgeht, dass momentan keine weitere Alternative zur Disposition steht); *Karpen*, soziale Marktwirtschaft (1990), S. 43; *Scholz* in: Maunz/Dürig, GG-Kommentar/II (2006), Art. 12, Rn. 88.
[230] Woll, Volkswirtschaftslehre (2007), S. 51.
[231] *Thieme* in: Apolte/Bender/Berg/[u.a.], Vahlens Kompendium, Band 1 (2007), S. 26

Kapitel 2: Das Rechtsgut des § 298 StGB

intendieren.[232] Das Vorliegen der sozialen Marktwirtschaft und damit die Notwendigkeit des Wettbewerbs als die wichtigste Voraussetzung ergeben sich für Deutschland allerdings konkret erst aus der Zusammenschau mit den Wettbewerbsregeln des GWB und des UWG. Durch die Etablierung dieses Systems erwächst der Wettbewerb zu einem überragenden Gemeinschaftsgut.

Ist er jedoch auch so bestimmt genug, dass er tatsächlich als strafrechtliches Rechtsgut dienen kann und seiner Funktion zur Auslegung des Tatbestandes gerecht werden kann?

Grundsätzlich werden legitime strafrechtliche Schutzgüter danach bestimmt, ob das anvisierte Schutzgut eine reale Beeinträchtigungsfähigkeit besitzt, das heißt ob dieses tatsächlich verletzt werden kann und ihre Beeinträchtigung zu einer Störung führt oder führen kann.[233]

Während bei den meisten Individualrechtsgütern, wie Leib und Leben, ein gegenständlich fassbares Angriffsobjekt gegeben ist, das unproblematisch verletzt werden kann, ist dies bei einem vergeistigten Gebilde wie dem Wettbewerb schwieriger vorzustellen. Geschützt wird kein greifbares Gut, sondern ein Interaktionszusammenhang oder ein Prozess.[234]

Fraglich ist, ob ein solcher spürbar beeinträchtigt werden kann. § 298 StGB würde, sähe man den Wettbewerb als Schutzgut an, nicht den Wettbewerb an sich und umfassend schützen, sondern begrenzt durch seinen Tatbestand den Submissionswettbewerb vor unlauteren Absprachen. Dabei ist auf den Wettbewerb im Rahmen einer bestimmten Ausschreibung abzustellen und nicht allgemein auf den globalen, europäischen oder nationalen Wettbewerb. In der Tat erscheint es schwer vorstellbar, dass der globale Wettbewerb im Rahmen einer Absprache in einer einzigen Ausschreibung spürbar verletzt werden kann. Auf diesen globalen Wettbewerb kann es jedoch nicht ankommen. Aus dem Geltungsbereich des deutschen Straf-

---

[232] *Bottke*, Legitimität des Wirtschaftsstrafrecht, in: Madrid Symposium für Klaus Tiedemann (1994), S. 109 (114).
[233] *Geerds*, Wirtschaftsstrafrecht (1990), S. 39f; *Grützner*, Sanktionierung von Submissionsabsprachen (2003), S. 434; *Sternberg-Lieben*, Rechtsgut, Verhältnismäßigkeit und Freiheit, in: Hefendehl/Hirsch/Wohlers, Rechtsgutstheorie (2003), S. 65 (70f.).
[234] *Stratenwerth*, Rechtsgut, in: FS Lenckner (1998), S. 377 (385).

D. Bestimmtheit des Wettbewerbsbegriffs als strafrechtliches Schutzgut

rechts ergibt sich bereits, dass maximal der nationale Wettbewerb durch eine deutsche Strafnorm geschützt werden kann. Wie sich bei der Überprüfung der einzelnen Merkmale zeigen wird, ist es für einen effektiven Wettbewerbsschutz entscheidend, allein den Wettbewerb zu betrachten, der bei einer bestimmten Ausschreibung vorliegt. Davon unabhängig, kann aber auch der nationale Wettbewerb durch Absprachen bei Ausschreibungen spürbar tangiert werden, wie der hohe volkswirtschaftliche Schaden, der von Kartellen in diesem Bereich ausgeht – 1996 wurde der volkswirtschaftliche Schaden allein in der Bauwirtschaft auf ca. 10 Mrd. DM geschätzt[235] – deutlich macht. Diese spürbare Beeinträchtigung entsteht direkt dem Finanzhaushalt des Staates, jedoch kann auch der einzelne Bürger durch die Auswirkung einer Kartellierung betroffen werden. Durch die Manipulation auf der Anbieterseite, das heißt durch gegenseitiges Unterbieten bis hin zum ruinösen Dumping, werden Mitbewerber verdrängt. Während in dieser Zeit die Nachfrager von sehr billigen Waren und Dienstleistungen profitieren, sehen sie sich im Anschluss an die Verdrängung, durch die Oligopolisierung oder sogar Monopolisierung des Marktes, der Willkür und dem Preisdiktat des oder der verbleibenden Anbieter ausgesetzt. Das Kontermittel der Nachfrager, der Konsumverzicht, kann nur bei nicht lebenswichtigen Gütern, einer willkürlichen Preissteigerung entgegen wirken. Wettbewerbsbeschränkungen können in ihrer letzten Konsequenz somit zu Inflation, das heißt Verteuerung der Waren und Verringerung der Kaufkraft der Bürger, führen.[236]

Festzuhalten ist damit, dass das Erfordernis der Beeinträchtigungsfähigkeit einer strafrechtlichen Legitimation des Rechtsguts „Wettbewerb" nicht entgegen steht. Wettbewerb im Rahmen des § 298 StGB ist der Wettbewerb im Rahmen von Ausschreibungen, der in Zusammenschau mit dem GWB ausreichend konkret bestimmt werden kann und damit seine Funktion zur Tatbestandsauslegung hinreichend erfüllen kann.

Das Argument, der Wettbewerb könne nicht hinreichend konkret bestimmt werden und sei damit zu unbestimmt, um taugliches Schutzobjekt sein zu können, kann im Ergebnis nicht überzeugen.

---

[235] *Tiedemann*, Wettbewerb als Rechtsgut des Strafrechts, in FS Müller-Dietz (2001), S. 905 (911); *Bangard*, wistra 1997, S. 161 (161), die sich auf einen Artikel aus „Die Zeit" beruft.
[236] *Mitsch*, Strafrecht BT 2,2 (2001), § 3, Rn. 195.

E. Zusammenfassung der Argumente und Bestimmung des Schutzguts des § 298 StGB

Um eine überzeugende Wahl des geschützten Rechtsguts vornehmen zu können sind noch einmal alle bereits gefundenen Argumente zusammenzufassen und einer Lösung zuzuführen, auch soll sich mit weiteren die Entscheidung möglicherweise beeinflussenden Argumente und Anregungen auseinandergesetzt werden.

Wie bereits dargestellt, können die Rechtsgutstheorien zur Bestimmung des Schutzguts des § 298 StGB nur zu einem geringen Teil beitragen. Während die systemimmanente Rechtsgutstheorie, die auf den Willen des Gesetzgebers zur Bestimmung des Schutzguts abstellt, zumindest den reinen Vermögensschutz als Schutzgut des § 298 StGB ausschließt[237], kann der systemkritische Ansatz, der sich der Rechtsgutsbestimmung von der gesellschaftlichen Seite nähert, zu keinerlei Klärung beitragen. Nach dieser Theorie sind sowohl der Wettbewerb als auch das Vermögen taugliches und damit mögliches Schutzgut.[238]

Eine klare Positionierung des Gesetzgebers lässt sich aus dem Gesetzgebungsverfahren ableiten.
Für die Annahme eines zumindest gleichrangigen Schutzes beider Güter, spricht die Intention des Gesetzgebers für die Einführung des § 298 StGB. Es sollten die Probleme, die die Rechtsprechung im Rahmen der Beweisbarkeit eines Vermögensschadens bei der Prüfung des § 263 StGB besaß, behoben werden.[239] Ausgehend von diesem Hintergrund liegt eine Rechtsgutsbestimmung in Verknüpfung mit dem Schutzgut des § 263 StGB nahe.[240]

Jedoch sind im Rahmen dieses Argumentationsstrangs auch die Erwägungen des Gesetzgebers hinsichtlich der Schaffung eines Vorfeldtatbestands des § 263 StGB zu beachten. Einen solchen Entwurf brachte der Bundesrat mit § 264b StGB-E in die Diskussion ein. Dieser trug dem Argument, eine Erleichterung des Nachweises

---

[237] Vgl. Teil 2 B III 1.
[238] Vgl. Teil 2 B III 2.
[239] Vgl. Teil 2 B I 2a.
[240] BT-Drucks. 13/5584, S. 12 (13); *Maurach/Schroeder/Maiwald*, Strafrecht BT/2 (2005), § 68 Rn. 2.

E. Zusammenfassung und Bestimmung des Schutzguts des § 298 StGB

eines Vermögensschadens zu erlangen, vollkommen Rechnung. Trotz eines bereits vorformulierten Entwurfs entschied sich der Gesetzgeber bewusst gegen einen solchen. Laut Gesetzgebungsmaterialien löst sich der letztendlich beschlossene Tatbestand von den bisherigen Vorschlägen, die die Schaffung eines Straftatbestandes „Ausschreibungsbetrug" als abstraktes Gefährdungsdelikt im Vorfeld des Betruges vorsahen.[241] Mit dieser Entscheidung sprach sich der Gesetzgeber für einen primären Wettbewerbsschutz des § 298 StGB aus, es sollte gerade keine Abhängigkeit oder Vorfeldstrafbarkeit zu § 263 StGB geschaffen werden.

Als weiteres Argument kann auch die systematische Stellung der Norm angeführt werden. So wurde mit Einführung des § 298 StGB ein neuer 26. Abschnitt in das StGB eingeführt. Dieser Abschnitt wurde mit „Straftaten gegen den Wettbewerb" tituliert. Durch die Einfügung des neuen Abschnitts sollte laut Gesetzgebungsmaterialien deutlich gemacht werden, „dass der Schutz des Wettbewerbs eine wichtige Aufgabe des Staates ist, zu dessen Durchsetzung nicht zuletzt auch ein verstärkter strafrechtlicher Schutz geboten ist."[242] Auch der zweite Straftatbestand des Abschnitts, § 299 StGB – „Bestechlichkeit und Bestechung im geschäftlichen Verkehr" schützt nach herrschender Meinung das Allgemeininteresse an „lauteren" Wettbewerbsbedingungen[243] und damit den Wettbewerb. Hätte § 298 StGB somit primär oder auch nur gleichrangig das Vermögen schützen sollen, so wäre seine systematische Einordnung in Abschnitt 22: Betrug und Untreue, vorzuziehen gewesen. Während häufig auch bei Delikten aus diesem Abschnitt die Diskussion über einen primären überindividuellen Rechtsgüterschutz – zum Beispiel im Rahmen des § 264a StGB bezüglich der Redlichkeit und der Funktionsfähigkeit des Kapitalmarktes – geführt wird, so hat sich der Gesetzgeber dennoch schon im Rahmen des Entwurfs der amtlichen Überschrift für einen Betrugstatbestand entschieden. So ist die Rede von Subventionsbetrug, § 264 StGB, Kapitalanlagebetrug, § 264a StGB, oder auch Kreditbetrug, § 265b StGB. Während § 298 StGB im Rahmen des Bundesratsentwurfs noch als „Ausschreibungsbetrug" geführt wurde, und im Sprachgebrauch auch mit „Submissionsbetrug" umschrieben wird, hat der Gesetzgeber in seiner amtlichen Überschrift auf die Erwähnung beziehungsweise

---

[241] BT-Drucks. 13/5584, S. 12 (13).
[242] BT-Drucks. 13/5584, S. 12 (12).
[243] *Heine* in: Schönke/Schröder, StGB (2006), § 299, Rn. 2; *Diemer/Krick* in: Joecks/Miebach, MüKo StGB (2006), § 299, Rn. 2.

Verknüpfung mit dem Betrugstatbestand verzichtet. Er hat sogar den wettbewerbsrechtlichen Aspekt akzentuiert, indem er § 298 StGB mit „wettbewerbsbeschränkende Absprachen bei Ausschreibungen" überschrieb.

Das entscheidende Argument für die primäre Schutzrichtung „Wettbewerb" kann jedoch aus der Entwicklungsgeschichte des § 298 StGB gezogen werden. So wurde mit § 298 StGB der vormalige § 38 I Nr. 1 und 8 GWB a.F. vom Nebenstrafrecht in das Kernstrafrecht übernommen. § 38 I GWB a.F., wie auch das gesamte GWB, diente dem überindividuellem Schutzgut des Wettbewerbs.[244]

Im Ergebnis sprechen die gewichtigeren Argumente mithin für die Annahme eines primären Wettbewerbsschutz.

F. Die Abhängigkeit des § 298 StGB vom GWB

Wie das letzte Argument, die Entwicklung des § 298 StGB aus den Paragraphen des GWB, zur Bestimmung des Rechtsguts zeigt, besteht eine enge Verbundenheit der Normen. Diese Tatsache aber auch die Tatsache, dass der Wettbewerbsbegriff an sich nur über die Einbeziehung des GWB konkretisiert werden kann machen deutlich, dass zur Auslegung des § 298 StGB auf das GWB zurückgegriffen werden kann. Der § 298 StGB war von Anfang an nicht losgelöst vom GWB geplant, vielmehr sollte die der vormaligen Ordnungswidrigkeit in das Strafrecht implementiert und ihre Wichtigkeit dadurch herausgestellt werden.

In welchem Maße der § 298 StGB in seinen einzelnen Tatbestandsmerkmalen von den Normen des GWB abhängig ist, ist im Folgenden zu überprüfen. Vorausgehend kann jedoch festgehalten werden, dass eine völlige Unabhängigkeit des § 298 StGB vom GWB schon aufgrund der Abhängigkeit des Schutzgutes ausscheidet. Ob diese Abhängigkeit allerdings nur für die Bestimmung des Rechtsguts entscheidend ist oder ob diese sich auch auf die Auslegung der einzelnen Tatbestandsmerkmale erstreckt, ist noch zu klären.

---

[244] *Tiedemann* in: Immenga/Mestmäcker, GWB (1992), § 38, Rn. 2; *Tiedemann*, Wettbewerb als Rechtsgut des Strafrechts, in FS Müller-Dietz (2001), S. 905 (916).

Kapitel 3: Zusammenfassung des zweiten Teils

Zur Auslegung oder besser zur Konkretisierung des Schutzguts des § 298 StGB muss auf das GWB und dessen Schutzgut zurückgegriffen werden, so dass insoweit eine Akzessorietät bejaht werden kann.

§ 298 StGB schützt primär den Wettbewerb und rechtsreflexartig das Vermögen des Veranstalters und der Mitbewerber. Dies folgt zum einen aus der historischen Entwicklung des Paragraphen. Der Gesetzgeber entschied sich bewusst gegen die Einführung eines Vorfeldtatbestands zum Betrug und schuf eine eigenständige und vom Betrug unabhängige Norm. Zum anderen stützt die systematische Stellung dieses Ergebnis. § 298 StGB steht in einem eigenen Abschnitt, indem Straftaten gegen den Wettbewerb zusammengefasst wurden. Vor allem ergibt sich dieses Schutzgut aber aus der Entstehung des § 298 StGB aus § 38 I Nr. 1 und 8 GWB a.F. Im Wesentlichen wurden die ehemaligen Ordnungswidrigkeitstatbestände übernommen, so dass kein Grund ersichtlich ist, warum mit der lediglich anderen Verortung des Tatbestands ein Schutzgutwechsel einhergehen sollte.

Welche Auswirkung die Identität der Schutzgüter des GWB und des § 298 StGB, wobei letzteres sogar als akzessorisch zu ersterem gesehen werden kann, auf die Akzessorietät des Tatbestandes zum GWB hat, soll im Folgenden geklärt werden.

Teil 3: Die Abhängigkeit der einzelnen Tatbestandsmerkmale von den Regelungen des GWB

Nachdem festgestellt wurde, dass aufgrund der Identität des Rechtsguts eine Akzessorietät grundsätzlich in Betracht kommt, soll nun eine Überprüfung der einzelnen Tatbestandsmerkmale erfolgen.

Kapitel 1: Ausschreibungen

Begonnen werden soll mit dem Merkmal der Ausschreibung. Unter Ausschreibung versteht man ein Verfahren, mit dem von einem Veranstalter Angebote einer unbestimmten Mehrzahl von Anbietern für die Lieferung bestimmter Waren oder das Erbringen bestimmter Leistungen eingeholt werden.[245] Ziel einer Ausschreibung ist es, künstlich einen Markt zu schaffen, für eine Leistung, deren Marktpreis aufgrund ihrer Individualität anders nicht bestimmt werden kann. Des Weiteren soll zwischen den potentiellen Anbietern ein Wettbewerb ausgelöst werden, der den Preis so zu Gunsten des Auftraggebers zu beeinflussen vermag, dass er den billigsten Preis erreichen kann.[246] Überprüft werden soll im Folgenden, ob für die Bestimmung des Inhalts und der Reichweite des Merkmals Ausschreibung auf die Regelungen im 4. Teil des GWB und dem Vergaberecht zurückgegriffen werden sollte oder muss, ob und inwieweit eine Akzessorietät dieses Merkmals zu den genannten Normen vorliegt.

---

[245] *Fischer*, StGB (2009), § 298, Rn. 4; *Heine* in: Schönke/Schröder, StGB (2006), § 298, Rn. 4; *Rudolphi* in: Rudolphi/Horn/Günther/Samson, SK (2007), § 298, Rn. 6.

[246] *Hohmann*, NStZ 2001, S. 566 (567); *Bartmann*, Der Submissionsbetrug (1997), S. 8; *Satzger*, Der Submissionsbetrug (1994), S. 28f.

Kapitel 1: Ausschreibungen

A. Akzessorietätsgedanken in der Geschichte

Wie in Teil 2 B I 1 dargestellt, war bis zur Einführung des § 298 StGB – seit nahezu 150 Jahren – keine Wettbewerbsstrafnorm im Strafgesetzbuch enthalten, obwohl es nicht an Entwürfen dazu mangelte. Trotz fehlender Umsetzung soll kurz auf einige der Entwürfe eingegangen werden, da sich schon bei diesen der Gedanke an eine akzessorische Ausgestaltung gerade des Merkmals Ausschreibung zeigt. Wie im vorherigen Teil ausgeführt, scheiterte die Umsetzung nicht an der akzessorischen Ausgestaltung der Entwürfe, sondern an dem Glauben, dass eine solche Norm nicht notwendig sei. Die Ausführungen können daher als Indiz gesehen werden, wie eng das Merkmal an außerstrafrechtliche Normen angelehnt ist oder sein kann.

Im Entwurf für eine Neufassung des Strafgesetzbuches aus dem Jahr 1913, wurde ausdrücklich auf das Zivilrecht verwiesen.

§ 375 des Entwurfes lautete:
Wer einem anderen in der Absicht, ihn vom Mit- oder Weiterbieten bei einer nach den Vorschriften über die Zwangsvollstreckung oder Zwangsversteigerung stattfindenden Versteigerung abzuhalten, Geschenke oder andere Vorteile anbietet, verspricht oder gewährt, wird mit Gefängnis bis zu einem Jahr oder mit Geldstrafe bestraft. In besonders leichten Fällen kann von Strafe abgesehen werden.

§ 375 des Entwurfes erklärt die Vorschriften über die Zwangsvollstreckung oder Zwangsversteigerung als entscheidend für die Auslegung des Begriffs der Versteigerung. Nicht jede Art von Versteigerung, sondern lediglich bestimmte, dem gesetzlich geregelten Verfahren folgende Versteigerungen, sollten unter strafrechtlichen Schutz gestellt werden.

Der Entwurf von 1962 (§ 270 des E 1962) griff diese Vorgehensweise auf. § 270 des E 1962 lautete:
(1) Wer in der Absicht,
  1. eine Zwangsversteigerung oder eine andere auf gesetzlicher Vorschrift beruhende Versteigerung oder

A. Akzessorietätsgedanke in der Geschichte

> *2. eine von einer Behörde oder einer Körperschaft, Anstalt oder Stiftung des öffentlichen Rechts ausgehende Vergabe von Lieferungen oder Leistungen*
> *zu verhindern oder ihren Erfolg zu beeinträchtigen, einem anderen ein Entgelt anbietet, verspricht oder gewährt oder ein empfindliches Übel androht und ihn dadurch dazu bestimmt, dass er sich an der Versteigerung oder der Vergabe als Bewerber nicht beteiligt oder bei einer Beteiligung unzulässige Bindungen einhält, wird mit Gefängnis bis zu zwei Jahren, mit Strafhaft oder mit Geldstrafe bestraft.*
> *(2) Der Versuch ist strafbar.*

Auch hier wird zur Bestimmung auf außerstrafrechtliche Normen zurückgegriffen. Zum einen auf solche der Versteigerung, zum anderen aber auch erstmals auf Vergabenormen. Wie im Folgenden noch näher dargestellt wird, sind die Vergabenormen nur auf öffentliche Auftraggeber anwendbar, wie dies auch Abs. I Nr. 2 des Entwurfes regelt. Bereits 1962 wird somit auf das Vergaberecht als Anknüpfungspunkt für die Strafbarkeit zurückgegriffen.

Der Begriff Vergaberecht umfasste damals und auch heute noch die Gesamtheit der Regeln und Vorschriften, die ein Träger öffentlicher Verwaltung bei der Beschaffung von sachlichen Mitteln und Leistungen, die er zur Erfüllung von Verwaltungsaufgaben benötigt, zu beachten hat.[247] Diese Regelungen erschienen und erscheinen notwendig, da staatliche Stellen im Gegensatz zu privaten Unternehmen im Interesse der Allgemeinheit handeln und weder einem Gewinnanreiz noch einer Existenzgefährdung unterliegen. Durch objektive Vergabekriterien werden Verschwendung oder unkontrollierte Verwendung verhindert, die Behörden mithin zur Sparsamkeit gezwungen. Zugleich ordnet das Vergaberecht die wirtschaftslenkende Wirkung der Vergabe.[248] Es wird dadurch verhindert, dass die Vergabe, die in Deutschland ungefähr ein jährliches Volumen von 200 Mrd EUR[249] erreicht, als Instrument der Wirtschaftspolitik, im Sinne einer staatlichen Beeinflussung des freien Wettbewerbs und des freien Spiels der Marktkräfte (Marktgleichgewicht), eingesetzt wird.

---

[247] BVerfGE 116, S. 135 (136); *Rudolf* in: Byok/Jaeger, Kommentar Vergaberecht (2005), Einführung, Rn. 1; *Weyand*, Praxiskommentar Vergaberecht (2007), Teil 1, Rn. 1.

[248] *Rudolf* in: Byok/Jaeger, Kommentar Vergaberecht (2005), Einführung, Rn. 1.

[249] *Rudolf* in: Byok/Jaeger, Kommentar Vergaberecht (2005), Einführung, Rn. 1; *Hopf*, Vergabemanagemenet (2002), S.3.

Dabei ist zu beachten, dass die Vergaberechtsnormen zu diesem Zeitpunkt noch nicht Teil des GWB waren, so dass zu diesem Zeitpunkt noch keine Verweisung auf Kartellrechtsnormen erfolgen konnte. Nach Ende des 1. Weltkriegs wurde das Vergaberecht nach langwierigen Verhandlungen des Reichsverdingungsausschusses, der sich aus Vertretern der Reichsministerien, der Länder, der Städte und Kreise sowie der Spitzenverbände der Wirtschaft und des Handwerks zusammensetzte, in sogenannten Verdingungsordnungen geregelt. 1926 trat die Verdingungsordnung für Bauleistungen (VOB) und 1936 die Verdingungsordnung für Lieferungen und Leistungen (VOL) in Kraft. [250] Ihrer Rechtsnatur nach, handelt es sich bei den Verdingungsordnungen weder um Gesetze noch Verordnungen oder Gewohnheitsrecht, sondern um reines Innenrecht. Dies führte dazu, dass zum einen der Staat auf diesem Gebiet nicht mehr zu hoheitlichem Handeln befugt war, andererseits dem Bürger der Rechtsschutz gegen hoheitliches Handeln versagt wurde. Bezweckt war eine Durchsetzung des Grundsatzes sparsamer Haushaltsführung durch den öffentlichen Auftraggeber (§ 55 BHO) nicht jedoch der Schutz einzelner Bieter.[251] Dieses Vergabe-Innenrecht galt auch noch zum Zeitpunkt des Entwurfes 1962, in zum Teil angepasster Form. Der Entwurf sah damit eine Akzessorietät nicht nur zu außerstrafrechtlichen Normen, vielmehr sogar zu reinem Innenrecht vor.

Erst im Zuge der Europäisierung wurden die Vergaberechtsnormen in das GWB integriert. Auch hier wird sich im Folgenden die enge Verknüpfung mit dem Europarecht zeigen, was wiederum das Problem der „doppelten Akzessorietät"[252], das heißt der möglichen Akzessorietät des § 298 StGB zum GWB und dessen Akzessorietät zum Europarecht aufwerfen könnte. Wie aber die im Anschluss darzustellende Entwicklung zeigt, hat der Gesetzgeber dem Parlamentsvorbehalt insoweit genüge getan, als dass er sich im Rahmen des GWB ausführlich mit einer Übernahme der Regelungen in das deutsche Recht auseinandergesetzt, diese bewusst umgesetzt und im Rahmen der Vergaberechtsnormen detailliert geregelt hat. Es finden sich keine dynamischen Verweisungen, so dass lediglich die Auslegungen der umge-

---

[250] *Rudolf* in: Byok/Jaeger, Kommentar Vergaberecht (2005), Einführung, Rn. 9f.; *Wagner* in: Langen/Bunte, GWB-Kommentar/1 (2006), Vor §§ 97 ff. GWB, Rn. 10.

[251] *Glahs* in: Reidt/Stickler/Glahs, Vergaberecht (2003), Einleitung, Rn. 3; *Elbel*, DÖV 1999, S. 235 (238); *Pietzcker*, Rechtsschutz bei der Auftragsvergabe, in: FS Redeker (1993), S. 501 (503).

[252] Vgl. Teil 2 A I 7.

A. Akzessorietätsgedanke in der Geschichte

setzten Normen durch die europäischen Organe von Bedeutung sein kann, Änderungen der Richtlinien aber stets eines neuen Gesetzgebungsverfahrens bedürfen. Die Ausübung des Parlamentsvorbehalts zeigt sich vor allem daran, dass eine zweifache Umsetzung der europarechtlichen Normen erfolgte. Zu Beginn wurden die Richtlinien allein in die Verdingungsordnungen implementiert und erst in einem zweiten Schritt in das GWB eingefügt. Zur Verdeutlichung, soll kurz auf die Gesetzeshistorie eingegangen werden.

Bereits 1971 erließ der europäische Rat die Richtlinie zur Koordinierung der Verfahren zur Vergabe öffentlicher Bauaufträge[253], um zum einen den Grundfreiheiten, vor allem der Dienstleistungs- und der Niederlassungsfreiheit, sowie dem Diskriminierungsverbot größtmögliche Geltung zu verschaffen, zum anderen um einen echten, europaweiten Wettbewerb im Rahmen der Vergabe öffentlicher Bauaufträge gewähren zu können.[254] Gemäß Art. 249 EG bedürfen Richtlinien der Umsetzung in nationales Recht durch die Mitgliedstaaten. Dieser Verpflichtung kam die Bundesrepublik durch eine Kodifizierung im Rahmen der VOB/A nach.[255]

---

[253] Baukoordinierungsrichtlinie: *Richtlinie 71/305/EWG* des Rates v. 26. Juli 1971 über die Koordinierung der Verfahren zur Vergabe öffentlicher Bauaufträge, ABlEG Nr. L 185 v. 16.08.1971, S. 5ff., geändert durch *Richtlinie 78/669/EWG* des Rates v. 2. August 1978 zur Änderung der Richtlinie 71/305/EWG über die Koordinierung der Verfahren zur Vergabe öffentlicher Bauaufträge, ABlEG Nr. L 225 v. 16.08.1978, S. 41ff., geändert durch *Richtlinie 89/440* des Rates v. 18. Juli 1989 zur Änderung der Richtlinie 71/305/EWG über die Koordination der Verfahren zur Vergabe öffentlicher Bauaufträge, ABlEG Nr. L 210 v. 21.07.1989, S. 1ff., geändert durch *Richtlinie 93/4/EWG* des Rates v. 8. Februar 1993 zur Änderung der Richtlinie 71/305/EWG über die Koordination der Verfahren zur Vergabe öffentlicher Bauaufträge, ABlEG Nr. L 038 v. 16.02.1993, S. 31f., neugefasst durch *Richtlinie 93/37/EWG* des Rates v. 14. Juni 1993 zur Ko-ordinierung der Verfahren zur Vergabe öffentlicher Bauaufträge, ABlEG Nr. L 199 vom 09.08.1993, S. 54ff., geändert durch *Richtlinie 97/52/EG* des Europäischen Parlaments und des Rates v. 13. Oktober 1997 zur Änderung der Richtlinien 92/50/EWG, 93/36/EWG und 93/37/EWG über die Koordinierung der Verfahren zur Vergabe öffentlicher Dienstleistungs-, Liefer- und Bauaufträge, ABlEG Nr. L 328 vom 28.11.1997, S. 1ff.
[254] Richtlinie 71/305/EWG des Rates v. 26. Juli 1971 über die Koordinierung der Verfahren zur Vergabe öffentlicher Bauaufträge, ABlEG Nr. L 185 v. 16.08.1971, S. 5 (Erwägungsgründe).
[255] Beilage Bundesanzeiger vom 19.07.1990, Nr. 132a.

Die Richtlinie über die Koordinierung der Verfahren zur Vergabe öffentlicher Lieferaufträge vom 21.12.1976[256] regelte die Vergabe öffentlicher Lieferaufträge. Sie diente dazu, das Verbot von Beschränkungen des freien Warenverkehrs gem. Art. 30ff. EG auf dem Gebiet der öffentlichen Lieferaufträge zu gewährleisten und durch die Einführung eines einheitlichen Verfahrens kontrollierbar zu machen.[257] Die Regelungen wurden im Rahmen der VOL/A umgesetzt.[258]

Als dritte allgemeine Richtlinie, erfasste die Richtlinie über die Koordinierung der Verfahren zur Vergabe öffentlicher Dienstleistungsaufträge vom 18.06.1992[259] den gesamten restlichen Bereich der öffentlichen Auftragsvergabe. Sie diente mithin als Auffangregelung für sonstige Vergabeverfahren. Umgesetzt wurde sie durch eine Änderung der VOL/A 1997 und durch den Erlass der VOF.[260]

---

[256] Lieferkoordinierungsrichtlinie: *Richtlinie 77/62/EWG* des Rates v. 21. Dezember 1976 über die Koordinierung der Verfahren zur Vergabe öffentlicher Lieferaufträge, ABlEG Nr. L 013 vom 15.01.1977, S. 1ff., geändert durch *Richtlinie 80/767/EWG* des Rates v. 22. Juli 1980 zur Anpassung und Ergänzung der Richtlinie 77/62/EWG über die Koordinierung der Verfahren zur Vergabe öffentlicher Lieferaufträge hinsichtlich bestimmter öffentlicher Auftraggeber, ABlEG Nr. L 215 v. 18.08.1980, S. 1ff., geändert durch *Richtlinie 88/295/EWG* des Rates v. 22. März 1988 zur Änderung der Richtlinie 77/62/EWG über die Koordinierung der Verfahren zur Vergabe öffentlicher Lieferaufträge und zur Aufhebung einiger Bestimmungen der Richtlinie 80/767/EWG, ABlEG Nr. L 127 vom 20.05.1988, S. 1ff., neugefasst durch *Richtlinie 93/36/EWG* des Rates v. 14. Juni 1993 über die Koordinierung der Verfahren zur Vergabe öffentlicher Lieferaufträge, ABlEG Nr. L 199 v. 09.08.1993, S. 1ff., geändert durch *Richtlinie 97/52/EG* des Europäischen Parlaments und des Rates v. 13. Oktober 1997 zur Änderung der Richtlinien 92/50/EWG, 93/36/EWG und 93/37/EWG über die Koordinierung der Verfahren zur Vergabe öffentlicher Dienstleistungs-, Liefer- und Bauaufträge, ABlEG Nr. L 328 vom 28.11.1997, S. 1ff.
[257] Richtlinie 77/62/EWG des Rates v. 21. Dezember 1976 über die Koordinierung der Verfahren zur Vergabe öffentlicher Lieferaufträge, ABlEG Nr. L 013 vom 15.01.1977, S. 1 (Erwägungsgründe).
[258] Beilage Bundesanzeiger vom 06.03.1990, Nr. 45a.
[259] Dienstleistungskoordinierungsrichtlinie: *Richtlinie 92/50/EWG* des Rates v. 18. Juni 1992 über die Koordinierung der Verfahren zur Vergabe öffentlicher Dienstleistungsaufträge, ABlEG Nr. L 209 v. 24.07.1992, S. 1ff., geändert durch *Richtlinie 97/52/EG* des Europäischen Parlaments und des Rates v. 13. Oktober 1997 zur Änderung der Richtlinien 92/50/EWG, 93/36/EWG und 93/37/EWG über die Koordinierung der Verfahren zur Vergabe öffentlicher Dienstleistungs-, Liefer- und Bauaufträge, ABlEG Nr. L 328 vom 28.11.1997, S. 1ff.
[260] Beilage Bundesanzeiger vom 02.09.1997, Nr. 163a; Beilage Bundesanzeiger vom 03.09.1997, Nr. 164a.

A. Akzessorietätsgedanke in der Geschichte

Da die Baukoordinierungsrichtlinie und die Lieferkoordinierungsrichtlinien mit Ausnahmen versehen wurden, bedurfte es der Richtlinie 90/531 EWG[261] zur Koordinierung der Auftragsvergabe durch Auftraggeber im Bereich der Wasser-, Energie- und Verkehrsversorgung sowie im Telekommunikationssektor vom 17.09.1990. Die Umsetzung erfolgte durch die Aufnahme in die verschiedensten Verdingungsordnungen. So wurde ein Teil als b-Paragraphen in Abschnitt 3 der VOB/A, ein anderer in die VOL/A und ein weiterer in die VOF integriert.[262] Während die Sektorenrichtlinie in der Version der Richtlinie 2004/17/EG, geändert durch VO Nr. 2083/2005 separat weitergilt, wurden die übrigen Richtlinien in der Richtlinie 2004/18/EG[263] zusammengefasst. Entscheidend für die doppelte Umset-

---

[261] Sektorenrichtlinie: *Richtlinie 90/531/EWG* des Rates v. 17. September 1990 betreffend die Auftragsvergabe durch Auftraggeber im Bereich der Wasser-, Energie- und Verkehrsversorgung sowie im Telekommunikationssektor, ABlEG Nr. L 297 v. 29.10.1990, S. 1ff., neugefasst durch *Richtlinie 93/38/EWG* des Rates v. 14. Juni 1993 zur Koordinierung der Auftragsvergabe durch Auftraggeber im Bereich der Wasser-, Energie- und Verkehrsversorgung sowie im Telekommunikationssektor, ABlEG Nr. L 199 v. 09.08.1993, S. 84ff.; geändert durch *Richtlinie 98/4/EG* des Europäischen Parlaments und des Rates v. 16. Februar 1998 zur Änderung der Richtlinie 93/38/EWG zur Koordinierung der Auftragsvergabe durch Auftraggeber im Bereich der Wasser-, Energie- und Verkehrsversorgung sowie im Telekommunikationssektor, ABlEG Nr. L 101 v. 01.04.1998, S. 1ff.; ersetzt durch *Richtlinie 2004/17/EG* des Europäischen Parlaments und des Rates v. 31. März 2004 zur Koordinierung der Zuschlagserteilung durch Auftraggeber im Bereich der Wasser-, Energie- und Verkehrsversorgung sowie der Postdienste, ABlEG Nr. L 134 v. 30.04.2004, S. 1ff., zuletzt geändert durch *Verordnung (EG) Nr. 2083/2005* der Kommission v. 19. Dezember 2005 zur Änderung der Richtlinien 2004/17/EG und 2004/18/EG des Europäischen Parlaments und des Rates im Hinblick auf die Schwellenwerte für die Anwendung auf Verfahren zur Auftragsvergabe (Text von Bedeutung für den EWR), ABlEG Nr. L 333 v. 20.12.2005, S. 28f.

[262] Beilage Bundesanzeiger vom 27.11.1992, Nr. 223a; Beilage Bundesanzeiger vom 17.09.1993, Nr. 175a; Beilage Bundesanzeiger vom 02.09.1997, Nr. 163a; Beilage Bundesanzeiger vom 03.09.1997, Nr. 164a.

[263] Vergabekoordinierungsrichtlinie: *Richtlinie 2004/18/EG* des Europäischen Parlaments und des Rates v. 31. März 2004 über die Koordinierung der Verfahren zur Vergabe öffentlicher Bauaufträge, Lieferaufträge und Dienstleistungsaufträge, ABlEG Nr. L 134 v. 30.04.2004, S. 114ff., geändert durch *Richtlinie 2005/75/EG* des Europäischen Parlaments und des Rates v. 16. November 2005 zur Berichtigung der Richtlinie 2004/18/EG über die Koordinierung der Verfahren zur Vergabe öffentlicher Bauaufträge, Lieferaufträge und Dienstleistungsaufträge, ABlEG Nr. L 323 v. 09.12.2005, S. 55f.; zuletzt geändert durch *Verordnung (EG) Nr. 2083/2005* der Kommission v. 19. Dezember 2005 zur Änderung der Richtlinien 2004/17/EG und 2004/18/EG des

zung in Deutschland ist allerdings das gemeinsame Merkmal aller Vergaberichtlinien – die Begründung subjektiver Rechte der Bieter, die aus ihrem bieterschützenden Charakter entnommen wird.[264] Zur Durchsetzung dieser subjektiven Bieterrechte, erließ der Rat die Richtlinie 89/665/EWG[265] und die Richtlinie 92/13/EWG[266]. Den Mitgliedstaaten wurde auferlegt, ein formelles Nachprüfungsverfahren für die Einhaltung der vorgeschriebenen Verfahren zu installieren. Die Richtlinien legen einen Mindeststandard für den zu gewährenden Rechtsschutz fest. So muss zum Beispiel einstweiliger Rechtsschutz und die Möglichkeit Schadensersatz geltend zu machen, gewährt und die Möglichkeit geschaffen werden, rechtswidrige Vergabeentscheidungen aufheben zu können.

Die Umsetzung der Richtlinien erfolgte, wie bereits angedeutet, im Wesentlichen durch die Änderung der Verdingungsordnungen. Auf diese wurde in der aufgrund des § 57a HGrG a.F.[267] erlassenen Vergabeverordnung – Verordnung über die Vergabebestimmungen für öffentliche Aufträge (VgV)[268] – verwiesen („Kaskadenlö-

---

Europäischen Parlaments und des Rates im Hinblick auf die Schwellenwerte für die Anwendung auf Verfahren zur Auftragsvergabe (Text von Bedeutung für den EWR), AblEG Nr. L 333 v. 20.12.2005, S. 28f.

[264] *Elbel*, DÖV 1999, S. 235 (238); *Pietzcker*, Rechtsschutz bei der Auftragsvergabe, in: FS Redeker (1993), S. 501 (503); *Triantafyllou*, NVwZ 1994, S. 943 (944).

[265] Rechtsmittelrichtlinie: *Richtlinie 89/665/EWG* des Rates v. 21. Dezember 1989 zur Koordinierung der Rechts- und Verwaltungsvorschriften für die Anwendung der Nachprüfungsverfahren im Rahmen der Vergabe öffentlicher Liefer- und Bauaufträge, AblEG Nr. L 395 v. 30.12.1989, S. 33ff.

[266] Rechtsmittelrichtlinie betreffend die Sektoren: *Richtlinie 92/13/EWG* des Rates v. 25. Februar 1992 zur Koordinierung der Rechts- und Verwaltungsvorschriften für die Anwendung der Gemeinschaftsvorschriften über die Auftragsvergabe durch Auftraggeber im Bereich der Wasser-, Energie- und Verkehrsversorgung sowie im Telekommunikationssektor, AblEG Nr. L 076 v. 23.03.1992, S. 14ff.

[267] BGBl. 1993-I, S. 1928f. : § 57a HGrG a.F. (1993): *(1) Zur Erfüllung der Verpflichtungen aus Richtlinien der Europäischen Gemeinschaften regelt die Bundesregierung durch Rechtsverordnung mit Zustimmung des Bundesrates die Vergabe von Liefer-, Bau- und Dienstleistungsaufträgen sowie Wettbewerbe, die zu Dienstleistungsaufträgen führen sollen [...].*

[268] BGBl., 1994-I, S. 321ff.: § 1 VgV a.F. (1994): *(1) Die in § 57a Abs. 1 Nr. 1 bis 3 des Haushaltsgrundsätzegesetzes genannten Auftraggeber haben bei der Vergabe von Lieferaufträgen den Teil A der Verdingungsordnung für Leistungen - ausgenommen Bauleistungen - (VOL/A) in der Fassung der Bekanntmachung vom 3. August 1993 (BAnz. Nr. 175a vom 17. September 1993) anzuwenden, [...].*

A. Akzessorietätsgedanke in der Geschichte

sung"). §§ 57b und c HGrG a.F.[269] enthielten zur Umsetzung der Rechtsmittelrichtlinien Regelungen bezüglich des Verfahrens der Vergabe öffentlicher Aufträge. Aufgrund dieser Normen wurde auch die Nachprüfungsverordnung[270] erlassen. Diese Umsetzung beschrieb die Fortsetzung einer deutschen Tradition, wonach das Vergaberecht primär dem Gebot der Sparsamkeit und Wirtschaftlichkeit staatlichen Handelns diene und damit im Haushaltsrecht zu verorten sei (haushaltsrechtliche Lösung).[271] Die haushaltsrechtliche Lösung hatte ausdrücklich zum Ziel keine einklagbaren subjektiven Rechte der potentiellen Auftragnehmer entstehen zu lassen.[272] Sowohl die deutsche Bundesregierung als auch der Bundesrat befürchteten, dass die Einräumung subjektiver Rechte und damit die Eröffnung des umfassenden Gerichtswegs, zu einer sehr nachteiligen Verfahrensverzögerung führen könnten.[273]

Schon vor der Einführung dieser haushaltsrechtlichen Lösung kamen Bedenken von europäischer Seite über die ordnungsgemäße Umsetzung der Richtlinien. In einem Vertragsverletzungsverfahren gegen die Bundesrepublik Deutschland wegen nicht fristgemäßer Umsetzung der Vergaberichtlinien, stellte der EuGH unter anderem fest, dass eine rechtswirksame Umsetzung der Vergaberichtlinien nur dann gegeben sei, wenn die Bieter ihre, aus den Richtlinien entspringenden Rechte, vor den nationalen Gerichten geltend machen könnten.[274] Auch die haushaltsrechtliche

---

§ 2 VgV a.F. (1994): *(1) Die in § 57a Abs. 1 Nr. 1 bis 3 und 8 des Haushaltsgrundsätzegesetzes genannten Auftraggeber haben bei der Vergabe von Bauaufträgen den Teil A der Verdingungsordnung für Bauleistungen (VOB/A) in der Fassung der Bekanntmachung vom 12. November 1992 (BAnz. Nr. 223a vom 27. November 1992) anzuwenden, [...].*

[269] Zum Wortlaut vgl. BGBl. 1993-I, S. 1928ff.
[270] BGBl., 1994-I, S. 324f.
[271] *Rudolf* in: Byok/Jaeger, Kommentar Vergaberecht (2005), Einführung, Rn. 25ff.; *Elbel*, DÖV 1999, S. 235 (239); *Bunte*, Kartellrecht (2008), S. 424.
[272] BT-Drucks. 12/4636, S. 12.
[273] *Merkel*, Vergaberecht, in FS Nordemann (1999), S. 137 (140)
[274] EuGH, Urt. v. 11.08.1995 – C-433/93, Slg. 1995, S. I-2303 (Leitsatz 2; Rn. 19) – Kommission/Deutschland
Leitsatz 2: Die Umsetzung einer Richtlinie in innerstaatliches Recht verlangt nicht notwendigerweise, dass ihre Bestimmungen förmlich und wörtlich in einer ausdrücklichen besonderen Gesetzesvorschrift wiedergegeben werden; je nach dem Inhalt der Richtlinie kann ein allgemeiner rechtlicher Rahmen genügen, wenn er tatsächlich die vollständige Anwendung der Richtlinie in so klarer und bestimmter Weise gewährleistet, daß soweit die Richtlinie Ansprüche des einzelnen begründen soll die Begünstigten in der Lage sind, von allen ihren Rechten Kenntnis zu er-

Lösung sollte keine einklagbaren subjektiven Rechte entstehen lassen, weshalb es nicht verwunderte, dass kurz nach dem Urteil des EuGH vom 11.08.1995, der Bundesrepublik ein Mahnschreiben der Kommission vom 31.10.1995 zuging, indem sie genau diesen Missstand bemängelte.[275] Der Weg, das Vergaberecht durch ein eigenständiges Gesetz oder durch Implementierung in ein bestehendes Gesetz – mit der Folge, dass sich der Einzelne im Gegensatz zum reinen Innenrecht auf die Normen berufen kann – war damit vorgezeichnet.

Zusätzlich zum Mahnschreiben der Kommission mischte sich auch die US-Regierung in die Debatte ein. Die amerikanischen Unternehmen General Electric und Westinghouse hatten sich als Anbieter für Kraftwerksaufträge an Vergabeverfahren in den neuen Bundesländern beteiligt, wobei ihre Rechte verletzt wurden. Mangels Rechtsschutzmöglichkeit konnten sie eine Diskriminierung nicht gerichtlich verhindern lassen.[276] Auf Grundlage des Omnibus Trade and Competitiveness Act 1988 drohte die USA der Bundesrepublik mit Handelssanktionen, sollte der Bieterschutz im deutschen Vergaberecht nicht deutlich verbessert werden.[277]

Um weitere Auseinandersetzungen mit der Kommission und die angedrohten Sanktionen der US-Regierung zu vermeiden, beschloss die Bundesregierung eine erneute Reform des deutschen Vergaberechts in die Wege zu leiten. Das Verfahren ende-

---

langen und diese gegebenenfalls vor den nationalen Gerichten geltend zu machen. Was die in den Richtlinien über die Koordination der Verfahren zur Vergabe öffentlicher Aufträge aufgestellten Vorschriften über die Teilnahme und die Publizität angeht, kann der mit ihnen bezweckte Schutz des Bieters vor Willkür des öffentlichen Auftraggebers nicht wirksam werden, wenn der Bieter sich nicht gegenüber dem Auftraggeber auf diese Vorschriften berufen und gegebenenfalls deren Verletzung vor den nationalen Gerichten geltend machen kann. Nationale Rechtsvorschriften, die als Verwaltungsanweisungen angewandt werden und dem einzelnen kein Recht einräumen, das er vor den nationalen Gerichten geltend machen könnte, gewährleisten daher keine vollständige Anwendung dieser Richtlinien.

[275] ZIP 1995, S. 1940ff.: *Nach Auffassung der Kommission ist diese* [die haushaltsrechtliche] *Form der Umsetzung nicht geeignet, um den Gebot des Schutzes der Bieter vor Willkür und damit dem Grundsatz des Individualrechtsschutzes, wie er auch in der Rechtsprechung des EuGH seinen Niederschlag gefunden hat Wirksamkeit zu verschaffen.*
[276] KG, EuZW 1996, S. 645 (645)
[277] *Byok*, NJW 1998, S. 2774 (2775); *Byok* in: Schriftenreihe der Europäischen Rechtsakademie Bd. 24 (1997), S. 57 (61).

A. Akzessorietätsgedanke in der Geschichte

te mit dem Erlass des Vergaberechtsänderungsgesetzes (VgRÄG)[278] vom 29.05.1998, das am 01.01.1999 als Vierter Teil „Vergabe öffentlicher Aufträge" (§§ 97-129 GWB) im Rahmen der 6. Novelle des GWB in Kraft trat. Die neuen Regelungen enthalten nun sämtliche Anforderungen, die durch die europäischen Richtlinien geschaffen wurden, vor allem gewähren sie den Bietern einen Anspruch auf Einhaltung der Verfahrensbestimmungen und eröffnen somit eine Rechtsschutzmöglichkeit (§ 97 VII GWB). In der amtlichen Begründung heißt es dahingehend: „*Das Gesetz dient der vollständigen Umsetzung der EG-Richtlinien im Bereich des öffentlichen Auftragswesens. Im Einklang mit dem europäischen Recht sollen die Bieter einen Anspruch darauf haben, dass die ihren Schutz bezweckenden Vergabevorschriften von den Vergabestellen eingehalten werden. Dies zieht im Hinblick auf Art. 19 IV GG notwendigerweise einen gerichtlichen Rechtsschutz nach sich.*"[279] Allerdings gelten die neugeschaffenen Paragraphen nur in den Fällen, in denen sie auch europarechtlich vorgeschrieben waren, das heißt nur für Ausschreibungen oberhalb der in §§ 100, 127 GWB in Verbindung mit § 2 VgV festgelegten Schwellenwerte.[280] Für alle Verfahren unterhalb verbleibt die Anwendbarkeit der Verdingungsordnungen.

---

[278] BGBl. 1998-I, S. 2512.
[279] BT-Drucks. 13/9340, S.12.
[280] Der Schwellenwert beträgt für Liefer- und Dienstleistungsaufträge im Bereich der Trinkwasser- oder Energieversorgung oder im Verkehrsbereich: *€422.000*, für Liefer- und Dienstleistungen der obersten oder oberen Bundesbehörden sowie vergleichbarer Bundeseinrichtungen mit Ausnahme von Dienstleistungen des Anhangs II Teil A Kategorie 5 der Richtlinie 2004/18/EG sowie des Anhangs II Teil A Kategorie 8 der Richtlinie 2004/18/EG oder Dienstleistungen des Anhangs II Teil B der Richtlinie 2004/18/EG *€137.000*, für alle anderen Liefer- und Dienstleistungsaufträge: *€211.000* und für Bauaufträge: *€5.278.000*. Die Schwellenwerte wurden durch Verordnung (EG) Nr. 1422/2007 der Kommission v. 04.12.2007 zur Änderung der Richtlinien 2004/17/EG und 2004/18/EG des Europäischen Parlaments und des Rates im Hinblick auf die Schwellenwerte für Auftragsvergabeverfahren erneut geändert. Die neuen Schwellenwerte betragen jetzt *€133.000*, *€206.000* und *€5.150.000*. Eine Änderung des § 2 VgV erscheint daher in absehbarer Zeit sehr wahrscheinlich. Doch auch ohne eine explizite Änderung sind die neuen Schwellenwerte anzuwenden, da die Verordnung in allen ihren Teilen verbindlich ist und unmittelbar in jedem Mitgliedstaat gilt.

Kapitel 1: Ausschreibungen

Nicht nur das GWB an sich, sondern auch das Vergaberecht ist stark europarechtlich geprägt. Im Gegensatz zu den allgemeinen Regelungen des GWB in §§ 1ff. sind diese allerdings nicht vollständig und dynamisch an das Europarecht angepasst worden, sondern als europarechtskonforme, aber eigenständige Regelungen erlassen worden. Dennoch ist auch in diesem Bereich die europarechtliche Auslegung der Vorschriften zu beachten. Vor dem eben dargestellten Hintergrund, dass der Gesetzgeber bewusst einen vollständigen Gleichlauf des deutschen mit dem europäischen Vergaberecht vorsah, ist dem Parlamentsvorbehalt Genüge getan und ein Rückgriff auf die europarechtliche Auslegung erscheint hinsichtlich des Merkmals der Ausschreibung unbedenklich.

B. Die Akzessorietät des Ausschreibungsmerkmals des § 298 StGB

Nach den allgemeinen Einführungen zum Vergaberecht kann nun geklärt werden, was der Begriff der Ausschreibung oder Vergabe im Rahmen des GWB bedeutet und ob diese Bedeutung auch auf das Merkmal des § 298 StGB übertragen werden kann. Diskutiert werden kann dieses Problem vor allem unter den Gesichtspunkten der verschiedenen Vergabearten, dem persönlichen aber auch dem sachlichen Anwendungsbereich des GWB.

I. Vergabearten

Sinn und Zweck des § 298 StGB ist, wie im zweiten Teil der Arbeit dargestellt, der Schutz des Wettbewerbs. Geschützt werden soll derjenige, der sich und seine Entscheidung dem Wettbewerb anvertraut, vor der Ausnutzung durch andere, indem diese den Wettbewerb untergraben. Dabei ist stets zu beachten, dass Wettbewerb negativ als Situation in der keine Beschränkung, die durch das GWB verboten ist, vorliegt, definiert wurde. In den Schutzbereich des § 298 StGB sind somit alle Verfahren einzubeziehen, die Wettbewerb als Ziel oder als Voraussetzung haben beziehungsweise in die durch Absprachen so eingegriffen werden kann, dass eine Beschränkung der eigentlich durch das GWB aufgezeigten Situation erfolgt. Dies ist im Folgenden für die einzelnen Verfahren zu klären.

Bevor die verschiedenen Arten der im GWB und in den Verdingungsordnungen geregelten Verfahren dargestellt werden und deren Wettbewerblichkeit untersucht

B. Die Akzessorietät des Ausschreibungsmerkmals

wird, sollen kurz die allgemeinen Verfahrensgrundsätze dargestellt werden, die für alle Verfahren gleichermaßen gelten und die Grundlage der jeweiligen Verfahren bilden. Diese Grundsätze sind als unverzichtbarer Kern eines jeden Verfahrens anzusehen und müssen stets eingehalten werden. Nur dann kann ein ordnungsgemäßes Verfahren stattfinden. Die Darstellung der Grundsätze soll zum Verständnis der einzelnen Verfahrensarten, vor allem im Bezug auf ihre Wettbewerblichkeit, beitragen. Dabei ist schon jetzt darauf hinzuweisen, dass die Verfahrensgrundsätze grundsätzlich so konzipiert sind, dass sie nicht den Auftraggeber schützen, sondern vielmehr die sich am Verfahren beteiligenden Bieter. Sie dienen damit zur Sicherstellung eines geordneten Verfahrens. Die Darstellung der Grundsätze soll nicht nur das Verständnis der einzelnen Verfahrensarten erleichtern, sondern dient auch im Rahmen des personellen Anwendungsbereichs[281] als Grundlage. Fraglich ist dann ob im Gegensatz zum Anwendungsbereich des GWB auch private Ausschreibungen vom Schutzbereich des § 298 StGB umfasst sind. Die Schutzrichtung, nämlich der Schutz anderer Bieter vor Willkürentscheidungen des Ausschreibenden, beziehungsweise die Garantie eines gewissen Verfahrens wird auch im Rahmen der Diskussion des Merkmals „Absprache" und der Einbeziehung von vertikalen Absprachen – zwischen Anbieter und einzelnen Bietern – erneut interessant werden.[282] Zur Bestimmung der in den Schutzbereich von § 298 StGB einbezogenen Verfahren ist auf das Schutzgut des § 298 StGB abzustellen. § 298 StGB schützt den Wettbewerb. Die Vergabeverfahren des GWB haben neben der Sicherung des Wettbewerbs allerdings noch weitere Ziele, die in den Grundsätzen des § 97 GWB festgelegt sind. Die nach den Grundsätzen dargestellten Verfahren sind daher auch insoweit auf ihre Zielsetzung zu untersuchen. Beachtlich für § 298 StGB kann nur deren Grad der Wettbewerblichkeit sein. Sollte sich herausstellen, dass bestimmte Verfahrensarten zugunsten anderer Ziele auf einen Teil der Wettbewerblichkeit verzichten, ist genau zu untersuchen, ob sie noch in den Schutzbereich des § 298 StGB fallen können oder ob die Wettbewerblichkeit derart in den Hintergrund gedrängt wurde, dass unmöglich der gleiche Schutzgedanke zugrunde liegen kann. Muss eine Einbeziehung in § 298 StGB verneint werden, so ist eine Akzessorietät des § 298 StGB zum GWB insoweit ausgeschlossen.

---

[281] Vgl. Teil 3 Kap. 1 B II.
[282] Vgl. Teil 3 Kap. 3 A II.

1. Die Vergabegrundsätze (§ 97 GWB, § 2 VOB/A, § 2 VOL/A)

Für alle Arten von Vergaben (§ 100 GWB, § 3 VOB/A, § 3 VOL/A) gelten gewisse Grundsätze. Diese sind in § 97 GWB, § 2 VOB/A, § 2 VOL/A und § 4 VOF geregelt. Die im § 97 GWB angesprochenen Prinzipien erfahren ihre konkrete Ausformung in den einzelnen Regelungen der VOB, der VOL und der VOF, auf die an den relevanten Stellen verwiesen wird. Dabei ist stets zu beachten, dass die Vergabegrundsätze nicht lediglich Vergabeziele statuieren, sondern materielle Vergaberechtsgrundsätze darstellen und rechtlich bindende Anforderungen an die Vergabeverfahren und die Verhaltensweisen der daran Beteiligten enthalten.[283] Die Darstellung soll zeigen, dass allen Vergabeverfahren des GWB eine gewisse Wettbewerblichkeit zugrunde liegt, da die Vergabegrundsätze bei alle Verfahren zu beachten sind. Mit Hilfe dieser Grundsätze – vor allem hinsichtlich ihres Gewichtes in den einzelnen Verfahren – lässt sich im Anschluss die Wettbewerblichkeit der einzelnen Verfahren präzisieren und eine Überprüfung vornehmen, welche Verfahren von § 298 StGB umfasst sind.

a) Wettbewerbsgrundsatz (§ 97 I GWB, § 2 Nr. 1 VOB/A, § 2 Nr. 1 VOL/A, § 4 I VOF)

Das Wettbewerbsprinzip ist als erster Grundsatz in § 97 I GWB, § 2 Nr. 1 VOB/A, § 2 Nr. 1 VOL/A und § 4 I VOF geregelt und ist das grundlegende Prinzip des gesamten neuen Vergaberechts. Während schon vor Implementierung des Vergaberechts in das GWB grundsätzlich eine wettbewerbliche Vergabe stattzufinden hatte – was aus den Regelungen in den Verdingungsordnungen deutlich wird –, erfuhr der Wettbewerb im Rahmen einer Submission eine erhebliche Aufwertung durch die Europäisierung des Vergaberechts.

Der Wettbewerbsgrundsatz leitet sich im Europarecht vor allem aus den Marktfreiheiten – Art. 28ff. EG: freier Warenverkehr, Art. 43ff. EG: Niederlassungsfreiheit und Art. 49ff. EG: freier Dienstleistungsverkehr – und dem allgemeinen Diskriminierungsverbot des Art. 12 EG ab.[284]

---

[283] *Dreher* in Immenga/Mestmäcker, GWB (2001), § 97, Rn. 2; *Bunte*, Kartellrecht (2008), S. 431.
[284] *Boesen*, Vergaberecht (2000), § 97, Rn. 6; *Stickler* in: Reidt/Stickler/Glahs, Vergaberecht (2003), § 97, Rn. 5.

B. Die Akzessorietät des Ausschreibungsmerkmals

Aufgrund des Wettbewerbsprinzips soll zum einen das Leitziel der EG, nämlich die Errichtung eines gemeinsamen Marktes (Art. 2 EG) verwirklicht werden, zum anderen soll allen potentiellen Bietern freier Zugang zu den Beschaffungsmärkten der öffentlichen Hand garantiert und die Gefahr einer Bevorzugung heimischer Bieter ausgeschlossen werden.[285] Auch soll verhindert werden, dass sich der Auftraggeber von anderen als wirtschaftlichen Überlegungen leiten lässt.[286]
Der bis dato geltende deutsche Wettbewerbsgrundsatz beinhaltete als Ziel vor allem die kostengünstige und wirtschaftliche Beschaffungsmöglichkeit der öffentlichen Hand. Dieses Ziel erscheint nun nur noch als Nebenfolge beachtlich.[287] Das Wettbewerbsprinzip dient daher primär dem Schutz der Bieter vor der Willkür des öffentlichen Auftraggebers und ist als subjektives Recht im Sinne des § 97 VII GWB anzusehen.[288]

b) Transparenzgebot (§ 97 I GWB)

Das Transparenzgebot soll einen fairen und offenen Wettbewerb sicherstellen und die missbräuchliche Bevorzugung nationaler, regionaler und lokaler Unternehmen verhindern („Hoflieferantentum").[289] Es will eine möglichst umfangreiche Information der Bieter und eine durchschaubare und nachvollziehbare Gestaltung des Vergabeverfahrens gewährleisten.[290] Dabei soll ein gewisser Grad an Öffentlichkeit hergestellt werden, der den Markt öffnet und es ermöglicht, nachzuprüfen, ob das Verfahren unparteiisch durchgeführt wurde.[291] So ist aufgrund des Transparenzgebots der öffentliche Auftraggeber zum Beispiel verpflichtet, eine Ausschreibung so zu gestalten, dass der potentielle Bieter sich entscheiden kann, ob er daran teilneh-

---

[285] EuGH, Urt. v. 27.11.2001 – verbundene Rechtssache C-285/99 und C-286/99, Slg. 2001, S. I-9233 (Rn. 34f.) – Impresa Lombardini.
[286] EuGH, Urt. v. 27.02.2003 – C-373/00, Slg. 2003, S. I-1931 (Rn. 42) – Adolf Truly.
[287] *Boesen*, Vergaberecht (2000), § 97, Rn. 7f.
[288] *Boesen*, Vergaberecht (2000), § 97, Rn. 12; *Stickler* in: Reidt/Stickler/Glahs, Vergaberecht (2003), § 97, Rn. 6a.
[289] *Wagner* in: Langen/Bunte, GWB-Kommentar/1 (2006), § 97, Rn. 12.
[290] *Boesen*, Vergaberecht (2000), § 97, Rn. 16
[291] EuGH, Urt. v. 12.12.2002 – C-470/99, Slg. 2002, S. I-11617 (Rn. 92) – Universale-Bau; EuGH, Urt. V. 07.12.2000 – C-324/98, Slg. 2000, S. I-10745 (Rn. 62) – Telaustria and Telefonadress.

men möchte und mit welchem Gebot. Auch müssen in der Bekanntmachung bereits die wesentlichen Entscheidungskriterien enthalten sein.[292]

Der Transparenzgrundsatz steht in einem zwiespältigen Verhältnis zum allgemeinen Wettbewerbsprinzip. Da Wettbewerb in diesem Bereich ohne eine gewisse Transparenz nicht denkbar wäre, weil kein „Markt" für die sehr speziellen Aufträge besteht, stehen die Prinzipien auf der einen Seite in einem Komplementärverhältnis. Auf der anderen Seite aber kann eine Überbetonung des Transparenzgrundsatzes zu einer Beschränkung des Wettbewerbsprinzips führen. Eine umfassende Information aller Bieter, auch über die Angebote der Anderen, würde zu einer Einschränkung oder gar einem Ausschluss von Wettbewerb führen, weshalb der Grundsatz des Geheimwettbewerbs als Schranke des Transparenzgebotes zu beachten ist.[293]

Im Gegensatz zum Wettbewerbsprinzip finden sich für das Transparenzgebot keine ausdrücklichen Regelungen in den Verdingungsordnungen. Allerdings wird es durch die verschiedenen Publizitätspflichten[294] im Rahmen des Vergabeverfahrens auch von diesen vorausgesetzt. Auch das Transparenzgebot ist aufgrund seiner überragenden Bedeutung für einen fairen, diskriminierungsfreien Wettbewerb als bieterschützend im Sinne des § 97 VII GWB anzusehen.[295]

c) Der Gleichbehandlungsgrundsatz (§ 97 II GWB, §§ 2 Nr. 2, 8 Nr. 1 VOB/A, §§ 2 Nr. 2, 7 Nr. 1 I VOL/A, § 4 II VOF)

Der Gleichbehandlungsgrundsatz, der verfassungsrechtlich in Art. 3 GG verankert ist, zählt bereits seit Einführung des Vergaberechts zu den wesentlichen Grundsätzen. Es ist mithin nicht verwunderlich, dass er sowohl im GWB als auch in sämtlichen Verdingungsordnungen eine Normierung erfahren hat. Auch im Europarecht findet der Gleichbehandlungsgrundsatz eine primärrechtliche Ausgestaltung, vor allem in Art. 12 EG sowie spezieller in den Grundfreiheiten.

---

[292] BGH, NJW 1998, S. 3644 (3646); *Stickler* in: Reidt/Stickler/Glahs, Vergaberecht (2003), § 97, Rn. 7.
[293] *Boesen*, Vergaberecht (2000), § 97, Rn. 16f.
[294] Vgl. z.B. §§ 16, 17 VOB/A und VOL/A, § 9 VOF.
[295] *Boesen*, Vergaberecht (2000), § 97, Rn. 29.

B. Die Akzessorietät des Ausschreibungsmerkmals

Während europarechtlich hauptsächlich auf die unterschiedslose Behandlung verschiedener Staatsangehöriger Wert gelegt wird[296], ist bei innerdeutschen Vergaben vor allem entscheidend, dass der Gleichbehandlungsgrundsatz vor der Bevorzugung regionaler Anbieter schützt.[297] Wichtigste Funktion ist sicherzustellen, dass die Vergabeentscheidung im Interesse eines funktionierenden Wettbewerbs auf willkürfreie sachliche Erwägungen gestützt wird.[298] Das bedeutet, dass der Auftraggeber alle Teilnehmer am Vergabeverfahren gleich zu behandeln hat, es sei denn, ihm ist ausnahmsweise eine Ungleichbehandlung gestattet.[299] Dies ist der Fall, wenn ein sachlich gerechtfertigter Differenzierungsgrund angeführt werden kann, die Entscheidung daher nicht willkürlich getroffen wird. Das zwingende Allgemeininteresse, das als Rechtfertigung im Europarecht gilt, ist dem gleichzusetzen.

Eine entscheidende Bedeutung kommt diesem Grundsatz bei der Entscheidung zu, ob auch private Vergaben und wenn ja, welche privaten Vergaben von § 298 StGB geschützt werden. Insoweit ist auf die Ausführungen unter II.2. zu verweisen.

Eine Verletzung dieses Grundsatzes liegt vor allem bei vertikalen Absprachen[300] – Vereinbarungen zwischen dem Ausschreibenden und dem Bieter – nahe. Ob diese auch im Rahmen des § 298 StGB verboten sind, muss noch geklärt werden. Dafür wird auf die Ausführungen in Kapitel 3 verwiesen.

---

[296] Niemand darf aufgrund seiner Staatsangehörigkeit direkt oder indirekt, unmittelbar oder mittelbar, rechtlich oder tatsächlich diskriminiert werden. Vgl. dazu: EuGH, Urt. v. 29.10. 1980 – C-22/80, Slg. 1980, S. 3427 (Rn. 9) – Boussac / Gerstenmeier; EuGH, Urt. v. 05.12.1989 – C-3/88, Slg. 1989, S. 4035 (Rn. 8) – Commission / Italy.

[297] EuGH, Urt. v. 20.03.1990 – C-21/88, Slg. 1990, S.I-889 (Rn. 11f.) – Du Pont de Nemours Italiana / USL di Carrara; *Stickler* in: Reidt/Stickler/Glahs, Vergaberecht (2003), § 97, Rn. 9.

[298] *Weyand*, Praxiskommentar Vergaberecht (2007), Teil 1, Rn. 254.

[299] *Wagner* in: Langen/Bunte, GWB-Kommentar/1 (2006), § 97, Rn. 23

[300] Vgl. Teil 3 Kap. 3 A II.

d) Berücksichtigung mittelständischer Interessen (§ 97 III GWB, § 4 Nr. 2, 3 VOB/A, §§ 5 Nr. 1, 7 Nr. 3, 10 Nr. 2 I VOL/A, § 4 V VOF/A)

§ 97 III GWB schreibt vor, dass mittelständische Interessen vornehmlich durch Teilung der Aufträge in Fach- und Teillose angemessen zu berücksichtigen sind.[301] Dieser Grundsatz, der den staatlichen Auftraggeber anhalten soll, Wettbewerb auf allen Ebenen zu gewährleisten und auch kleineren Unternehmen die Chance auf die Teilnahme an einer Ausschreibung zu ermöglichen, wird vor allem bei der Frage, ob auch Ausschreibungen Privater in den Schutzbereich des § 298 StGB einbezogen werden können, von Bedeutung sein.

Trotz der Regelung, dass mittelständische Interessen zu berücksichtigen sind, ist § 97 III GWB nicht dahingehend auszulegen, dass er als „allgemeine Mittelstandsklausel" einen allgemeinen Auslegungsgrundsatz festschreibt, das heißt er bietet keine Rechtsgrundlage für eine generelle Bevorzugung mittelständischer Unternehmen. Gegen eine solche Interpretation spricht auch die Unbestimmtheit der Regelung, aus der keine konkreten Vorgaben für eine Bevorzugung des Mittelstandes abgeleitet werden können. § 97 III GWB ist im Gegensatz eher restriktiv auszulegen, so dass er lediglich die bereits vorhandenen mittelstandsfördernden Vorschriften in den Verdingungsordnungen einfachgesetzlich legitimieren will.[302]

§ 97 III GWB enthält keine Definition für mittelständische Unternehmen, so dass insoweit schon die Unbestimmtheit der Regelung deutlich wird.

Die Europäische Kommission erließ am 06.05.2003 eine Empfehlung bezüglich einer möglichen Definition von mittleren und kleinen Unternehmen, die allerdings keine Rechtssatzqualität aufweist und somit nur als Anhaltspunkt dienen kann.

---

[301] Vgl. auch die landesrechtlichen Regelungen in den Gesetzen über die Förderung mittelständischer Unternehmen, z.B. Art. 18 I 2 bayerisches Gesetz über die Förderung der mittelständischen Unternehmen sowie der Freien Berufe (Mittelstandsförderungsgesetz - MfG) vom 20. Dezember 2007, GVBl. 2007, S. 926.

[302] *Boesen*, Vergaberecht (2000), § 97, Rn. 44; *Wagner* in: Langen/Bunte, GWB-Kommentar/1 (2006), § 97, Rn. 37; *Weyand*, Praxiskommentar Vergaberecht (2007), Teil 1, Rn. 270; *Rittner*, VgR 4/1998, S. 30 (31).

B. Die Akzessorietät des Ausschreibungsmerkmals

Nach Art. 1 des Anhangs ist unter einem Unternehmen im Allgemeinen jede Einheit zu verstehen, *„die eine wirtschaftliche Tätigkeit ausübt. Dazu gehören insbesondere auch jene Einheiten, die eine handwerkliche Tätigkeit oder andere Tätigkeiten als Einpersonen- oder Familienbetriebe ausüben, sowie Personengesellschaften oder Vereinigungen, die regelmäßig einer wirtschaftlichen Tätigkeit nachgehen."*[303]

Innerhalb dieser allgemeinen Definition wird dann nach Mitarbeiterzahlen und finanziellen Schwellenwerten zwischen mittleren, kleinen und Kleinstunternehmen unterschieden.

Mittlere Unternehmen sind gemäß Art. 2 I des Anhangs, alle Unternehmen, *„die weniger als 250 Personen beschäftigen und die entweder einen Jahresumsatz von höchstens 50 Mio. EUR erzielen oder deren Jahresbilanzsumme sich auf höchstens 43 Mio. EUR beläuft."*

Kleinunternehmen sind Unternehmen mit weniger als 50 Beschäftigten und einem Jahresumsatz beziehungsweise einer Jahresbilanz von unter 10 Mio. EUR, Art. 2 II des Anhangs, während nach Abs. III Kleinstunternehmen weniger als 10 Arbeitnehmer und einen Jahresumsatz beziehungsweise eine Jahresbilanz von weniger als 2 Mio. EUR aufweisen. Auch die deutsche Rechtsprechung greift diesen Definitionsansatz auf.[304]

Die Interessen des Mittelstandes sollen, unabhängig von dessen genauer Bestimmung, durch Teilung der Aufträge in Fach- und Teillose berücksichtigt werden. Das GWB enthält keine Legaldefinition der Fach- und Teillose, es kann allerdings insoweit auf die Legaldefinitionen des § 4 Nr. 2 und 3 VOB/A zurückgegriffen werden. § 4 Nr. 2 VOB/A bestimmt, dass umfangreiche Bauleistungen möglichst in

---

[303] Empfehlung der Kommission vom 6.Mai 2003 betreffend die Definition der Kleinstunternehmen sowie der kleinen und mittleren Unternehmen, KOM 2003 (361), L124/36 (39).

[304] LAG Hamm, Urt. v. 28.06.2006 - 13 TaBV 9/06 a.A. Teile der Literatur, die eine quantitative Definition des Mittelstandes als wenig sinnvoll erachtet. Die Bestimmung sollte vielmehr abhängig von der Struktur des Marktes im Einzelfall erfolgen und die Zahl der Marktteilnehmer, ihre Größe hinsichtlich Umsatz, Beschäftigung, Finanzkraft, etc. berücksichtigen. Vgl. dazu: *Dreher* in: Immenga/Mestmäcker, Wettbewerbsrecht GWB (2007), § 97, Rn. 109; *Dreher*, NZBau 2005, S. 427 (428).

Kapitel 1: Ausschreibungen

Lose geteilt und nach Losen vergeben werden sollen. Teillose sind mengenmäßige oder räumliche Unterteilungen der Gesamtleistung.[305] Diese bieten sich vor allem bei Leistungen an, die eindeutig in Teile getrennt werden können, so zum Beispiel bei der Erstellung von Autobahnabschnitten.

Fachlose hingegen sind gem. § 4 Nr. 3 VOB/A die Teilung von Bauleistungen verschiedener Handwerks- oder Gewerbezweige nach Fachgebieten oder Gewerbezweigen. So können zum Beispiel die Malerarbeiten unabhängig von den Elektroarbeiten vergeben werden, oder die Dachdeckerarbeiten unabhängig von den Fliesenlegerarbeiten.

Die Zerlegung von sehr umfangreichen Bauvorhaben in Lose soll auch kleinen oder mittleren Unternehmen ermöglichen an den Ausschreibungen teilzunehmen, wodurch eine starke Mittelstandsförderung erreicht wird. Allerdings muss ein Auftrag nicht soweit zerlegt werden, dass alle potentiellen Bewerber sich an der Ausschreibung beteiligen können. Dies würde den Wettbewerb unnötig beschränken beziehungsweise die Beschaffungsfreiheit und das Wirtschaftlichkeitsgebot des § 97 V GWB untergraben und die öffentliche Auftragsvergabe für größere Unternehmen unrentabel gestalten.[306]

Die angemessene Berücksichtigung mittelständischer Unternehmen ist allerdings nicht lediglich als politischer Programmsatz zu verstehen, sondern als subjektives Recht im Sinne des § 97 VII GWB.[307]

Neben der Losvergabe als vornehmliches Mittel zur Mittelstandsförderung kann auch auf andere Maßnahmen zurückgegriffen werden. Als Beispiele können die Zulassung von Bietergemeinschaften und der Vorrang der Leistungsbeschreibung

---

[305] *Boesen*, Vergaberecht (2000), § 97, Rn. 47; *Schranner* in: Ingenstau/Korbion, VOB-Kommentar (2007), § 4, Rn. 10; *Wagner* in: Langen/Bunte, GWB-Kommentar/1 (2006), § 97, Rn. 35; *Weyand*, Praxiskommentar Vergaberecht (2007), Teil 1, Rn. 284.

[306] *Weyand*, Praxiskommentar Vergaberecht (2007), Teil 1, Rn. 286; *Dreher* in: Immenga/Mestmäcker, Wettbewerbsrecht GWB (2007), § 97, Rn. 121.

[307] *Wagner* in: Langen/Bunte, GWB-Kommentar/1 (2006), § 97, Rn. 41; *Hailbronner* in: Byok/Jaeger, Kommentar Vergaberecht (2005), § 97, Rn. 223; *Weyand*, Praxiskommentar Vergaberecht (2007), Teil 1, Rn. 268; *Byok*, NJW 2008, S. 559 (559).

B. Die Akzessorietät des Ausschreibungsmerkmals

mit Leistungsverzeichnis vor der komplexeren funktionalen Leistungsbeschreibung genannt werden.[308]

Dieser Grundsatz, der im Rahmen der Strukturpolitik des Staates eine wichtige Rolle spielt, gründet sich zumindest nicht primär auf den Grundsatz der Wettbewerblichkeit. Er dient vielmehr dazu, auch die kleineren Handwerksbetriebe an öffentlichen Aufträgen partizipieren zu lassen. Dieser Grundsatz wird vor allem im Rahmen des personellen Anwendungsbereichs des GWB und der Diskussion, ob auch Ausschreibungen von Privaten in den Schutzbereich des § 298 StGB einbezogen werden sollten, zu erörtern sein.[309]

e) Maßgebliche Eignungskriterien (§ 97 IV GWB, §§ 2 Nr. 1, 25 Nr. 2 VOB/A, §§ 3 Nr. 3, 25 Nr. 2 VOL/A, § 4 I VOF)

§ 97 IV GWB bestimmt, dass Aufträge nur an fachkundige, leistungsfähige und zuverlässige Unternehmen vergeben werden dürfen. Andere oder weitergehende Anforderungen dürfen an Auftragnehmer nur gestellt werden, wenn diese durch Bundes- oder Landesgesetz vorgesehen sind. Durch diese Bestimmung werden die Kriterien festgelegt, die zur Eignungsprüfung der anbietenden Unternehmen herangezogen werden dürfen.

Ziel dieser Regelung ist es, die Eignungsprüfung als Teil des Vergabeverfahrens für die Bieter vorhersehbar und nachvollziehbar zu gestalten, sowie eine Instrumentalisierung des Vergaberechts für politische Ziele zu verhindern.[310] Es soll verhindert werden, dass sich Unternehmen auf regional unterschiedliche und aus verschiedenen politischen Vorstellungen resultierenden und dadurch bedingt einem raschen Wandel unterworfenen Anforderungen stets neu einstellen müssen, was zu einer Zersplitterung der Märkte und einer Verteuerung des Einkaufs führen würde.[311] Durch diesen Grundsatz kann allerdings – wie später noch näher auszuführen sein wird – das Ausschreibungsverfahren bereits zu diesem Zeitpunkt zur Zielscheibe von wettbewerbswidrigen Absprachen werden. Die sich absprechenden

---

[308] *Dreher*, NZBau 2005, S. 427 (428).
[309] Vgl. Teil 3 Kap. 1 II.
[310] *Dreher* in: Immenga/Mestmäcker, Wettbewerbsrecht GWB (2007), § 97, Rn. 132.
[311] BT-Drucks. 13/9340, S. 14; *Stickler* in: Reidt/Stickler/Glahs, Vergaberecht (2003), § 97, Rn. 14.

Bieter können eine ordnungsgemäße Eignungsprüfung durch die Manipulation ihrer Eignungskriterien verhindern und bereits zu diesem Zeitpunkt den Wettbewerb beschränken oder völlig ausschließen.[312]

Die in § 97 IV GWB geregelten Eignungskriterien sind streng von den Zuschlagskriterien in § 97 V GWB zu unterscheiden. Erstere betreffen die Anforderungen an die persönliche und fachliche Eignung des Bieters und dienen damit der Überprüfung der Eigenschaften des Unternehmens, während die Zuschlagskriterien zur Auswahl des wirtschaftlichsten Angebots heranzuziehen sind und damit die Eigenschaften der angebotenen Leistung betreffen.[313]

Die Einordnung in eine Kategorie ist nach neuester EuGH-Rechtsprechung zwingend und kann nicht verändert werden. Das bedeutet, dass ein im Wesentlichen die Eignung betreffendes Kriterium nicht als Zuschlagskriterium deklariert und damit zu einem späteren Zeitpunkt im Vergabeverfahren geprüft werden darf. Alle Kriterien betreffend die Eignung des Bieters für die Ausführung des Auftrags sind zwingend im Rahmen der Eignungsprüfung zu beachten.[314]

Sowohl die Differenzierung nach Eignungs- und Zuschlagskriterien als auch die konkreten Eignungskriterien beruhen auf europarechtlichen Vorgaben. Art. 44 der Richtlinie 2004/18/EG bestimmt, dass die *„Auftragsvergabe [...] aufgrund der in den Artikeln 53 und 55 festgelegten Kriterien unter Berücksichtigung des Artikels 24 [erfolgt], nachdem die öffentlichen Auftraggeber die Eignung der Wirtschaftsteilnehmer, die nicht aufgrund von Artikel 45 und 46 ausgeschlossen wurden, geprüft haben."*

Das Kriterium der Leistungsfähigkeit kann direkt aus Art. 44 I, Art. 45 I Unterabsatz 4 und Art. 47 der Richtline herausgelesen werden. Sie spricht von *„wirtschaftlicher und finanzieller Leistungsfähigkeit"* und der *„persönlichen Lage"*. Art. 44 I und vor allem Art. 48 der Richtlinie beziehen sich auf die Fachkunde, indem sie Regelungen über die technische und berufliche Leistungsfähigkeit enthalten. Als

---

[312] Vgl. Teil 3 Kap. B I 2 b cc
[313] *Wagner* in: Langen/Bunte, GWB-Kommentar/1 (2006), § 97, Rn. 43.
[314] EuGH, Urt. v. 24.01.2008 – C-532/06, NVwZ 2008, S. 400 (Rn. 30ff.) – Lianakis AE u.a./Planitiki AE; dazu: *Hölzl/Friton*, NZBau 2008, S. 307 (307).

B. Die Akzessorietät des Ausschreibungsmerkmals

einziges Merkmal ist die Zuverlässigkeit nicht direkt in der europarechtlichen Regelung enthalten. Allerdings decken sich die Ausschlussgründe des Art. 45 der Richtlinie mit dem Inhalt des Begriffs „Zuverlässigkeit".[315]

Ein Bewerber gilt als fachkundig, wenn er die erforderlichen Kenntnisse, Erfahrungen und Fertigkeiten besitzt, um die zu vergebende Leistung fachgerecht vorzubereiten und auszuführen.[316] Es findet mithin eine weitgehend personenbezogene Prüfung statt. Dabei kommt es nicht unbedingt auf die Fachkenntnis des Unternehmensinhabers an, vielmehr ist die fachliche Kenntnis des mit der Ausführung hauptsächlich Beauftragten maßgeblich.

Das Merkmal der Leistungsfähigkeit ist im Wesentlichen sach- und betriebsbezogen und liegt vor, wenn der Betrieb in technischer, kaufmännischer, personeller und finanzieller Hinsicht so ausgestattet ist, dass die Ausführung des Auftrags gewährleistet erscheint.[317] Technisch leistungsfähig ist ein Unternehmen, wenn die für die Auftragsdurchführung erforderlichen Geräte, Werkzeuge etc. vorhanden sind. Die kaufmännische Leistungsfähigkeit bezieht sich auf die Führung des Unternehmens unter Einhaltung der entsprechenden Vorschriften in kaufmännischer Art und Weise. Verfügt ein Unternehmen über eine ausreichende Zahl fachlich geeigneter gewerblicher und kaufmännischer Mitarbeiter und besitzt es genügend Betriebskapital um sämtliche finanzielle Verpflichtungen gegenüber seinem Personal, dem Staat und sonstigen Gläubigern zu erfüllen, ist es auch personell und finanziell leistungsfähig.[318]

Ein Unternehmen erfüllt das Kriterium der Zuverlässigkeit, wenn es eine Gewähr dafür bietet, dass der Auftrag in sorgfältiger Art und Weise ausgeführt wird. Dies

---

[315] *Dreher* in: Immenga/Mestmäcker, Wettbewerbsrecht GWB (2007), § 97, Rn. 135.
[316] *Stickler* in: Reidt/Stickler/Glahs, Vergaberecht (2003), § 97, Rn. 15; *Wagner* in: Langen/Bunte, GWB-Kommentar/1 (2006), § 97, Rn. 60; *Weyand*, Praxiskommentar Vergaberecht (2007), Teil 1, Rn. 401.
[317] *Stickler* in: Reidt/Stickler/Glahs, Vergaberecht (2003), § 97, Rn. 16; *Dreher* in: Immenga/Mestmäcker, Wettbewerbsrecht GWB (2007), § 97, Rn. 171; *Weyand*, Praxiskommentar Vergaberecht (2007), Teil 1, Rn. 404; *Wagner* in: Langen/Bunte, GWB-Kommentar/1 (2006), § 97, Rn. 61.
[318] *Stickler* in: Reidt/Stickler/Glahs, Vergaberecht (2003), § 97, Rn. 16; *Boesen*, Vergaberecht (2000), § 97, Rn. 79ff.

Kapitel 1: Ausschreibungen

setzt voraus, dass es seinen gesetzlichen Verpflichtungen nachgekommen ist und aufgrund der Erfüllung früherer Verträge eine einwandfreie Ausführung der Leistung, einschließlich Gewährleistung, erwarten lässt.[319] Unzuverlässig im Sinne dieser Vorschrift ist zum Beispiel ein Unternehmen, wenn es sich in der Liquidation befindet, über sein Vermögen ein Konkurs- oder Insolvenzverfahren eröffnet wurde oder wenn ihm, seiner Geschäftsleitung oder deren Mitarbeiter eine schwere Verfehlung nachgewiesen werden kann[320], sowie bei Verstößen gegen das GWB, insbesondere bei unzulässigen Submissionsabsprachen.[321]

Bei den einzelnen Eignungskriterien handelt es sich um unbestimmte Rechtsbegriffe, die der Vergabestelle insoweit einen Beurteilungsspielraum einräumen, der nicht vollgerichtlich nachprüfbar ist. Allerdings kann eine Nachprüfung dahingehend stattfinden, dass die Entscheidung auf eine Überschreitung des Beurteilungsspielraums hin, überprüft wird. Eine solche liegt vor, wenn das vorgeschriebene Verfahren nicht eingehalten wurde, wenn nicht von einem zutreffenden und vollständig ermittelten Sachverhalt ausgegangen wurde, wenn sachwidrige Erwägungen in die Wertung einbezogen wurden oder wenn der, sich im Rahmen der Beurteilungsermächtigung haltende Beurteilungsmaßstab nicht zutreffend angewandt wurde.[322]

Ist die Eignung nach den vorstehenden Kriterien zu verneinen, so handelt es sich um einen zwingenden Ausschlussgrund, den der öffentliche Auftraggeber bis zum Abschluss des Vergabeverfahrens – bis zur rechtswirksamen Zuschlagserteilung – zu beachten hat.[323]

§ 97 IV HS 2 GWB regelt die Heranziehung vergabefremder Kriterien, das heißt Kriterien, die weder die fachliche Eignung der Unternehmen betreffen noch der

---

[319] *Wagner* in: Langen/Bunte, GWB-Kommentar/1 (2006), § 97, Rn. 62; *Dreher* in: Immenga/Mestmäcker, Wettbewerbsrecht GWB (2007), § 97, Rn. 157; *Stickler* in: Reidt/Stickler/Glahs, Vergaberecht (2003), § 97, Rn. 17.
[320] *Hailbronner* in: Byok/Jaeger, Kommentar Vergaberecht (2005), § 97, Rn. 244; *Battis/Kersten*, NZBau 2004, S. 303 (303).
[321] *Boesen*, Vergaberecht (2000), § 97, Rn. 84.
[322] *Weyand*, Praxiskommentar Vergaberecht (2007), Teil 1, Rn. 396; *Hailbronner* in: Byok/Jaeger, Kommentar Vergaberecht (2005), §97, Rn. 231; *Boesen*, Vergaberecht (2000), § 97, Rn. 68.
[323] OLG Düsseldorf, Beschluss v. 05.05.2004 – Az.: VII-Verg 10/04; *Weyand*, Praxiskommentar Vergaberecht (2007), Teil 1, Rn. 437.

B. Die Akzessorietät des Ausschreibungsmerkmals

Ermittlung des wirtschaftlich günstigsten Angebots dienen.[324] Als vergabefremde Kriterien im Sinne des § 97 IV HS 2 GWB zählen zum Beispiel die Förderung von Frauen, die Beschäftigung von Lehrlingen oder Langzeitarbeitlosen und die Abgabe einer Tariftreueerklärung. Aufgrund der Beschränkung auf Bundes- und Landesgesetze findet die früher häufig vertretene Kriterienfestlegung im Rahmen von Verwaltungsrichtlinien, Rundschreiben oder Erlassen keine Anwendung mehr.[325] Durch die Erweiterung der Kriterien soll über den Beschaffungsvorgang hinaus zugleich der Erfüllung wirtschafts- und sozialpolitischer Aufgaben Rechnung getragen werden.[326]

Obwohl die Einführung vergabefremder Aspekte in das Vergaberecht durch § 97 IV HS 2 GWB nur eine rein formelle Einschränkung erhält – indem eine gesetzliche Regelung erforderlich ist – können diese nicht unbeschränkt angenommen werden. Der gesetzgeberische Handlungsspielraum ist insoweit durch höherrangiges Recht eingeschränkt. Für bundesgesetzliche Regelungen muss daher sowohl das Verfassungsrecht als auch das Europarecht gewahrt werden, während das Landesrecht wegen Art. 31 GG auch am Bundesrecht zu messen ist.[327] Fraglich ist mithin, ob solche wirtschafts- oder sozialpolitisch motivierten Kriterien zulässig sind. Der EuGH hat sich insoweit bereits 1988, noch zur Richtlinie 71/305/EWG[328], für den abschließenden Charakter der Eignungskriterien ausgesprochen. So entschied er, dass aus den Bestimmungen dieser Richtlinie[329] hervorginge, *„dass die öffentlichen Auftraggeber die fachliche Eignung der Unternehmer nur auf der Grundlage*

---

[324] *Boesen*, Vergaberecht (2000), § 97, Rn. 100.

[325] *Wagner* in: Langen/Bunte, GWB-Kommentar/1 (2006), § 97, Rn. 65; *Boesen*, Vergaberecht (2000), § 97, Rn. 111.

[326] *Boesen*, Vergaberecht (2000), § 97, Rn. 101.

[327] *Boesen*, Vergaberecht (2000), § 97, Rn. 110.

[328] Baukoordinierungsrichtlinie: *Richtlinie 71/305/EWG* des Rates v. 26. Juli 1971 über die Koordinierung der Verfahren zur Vergabe öffentlicher Bauaufträge, ABlEG Nr. L 185 v. 16.08.1971, S. 5ff.

[329] Art. 20 Richtlinie 71/305/EWG: *Der Zuschlag des Auftrags erfolgt auf Grund der in Kapitel 2 dieses Abschnitts vorgesehenen Zuschlagskriterien, nachdem die öffentlichen Auftraggeber die fachliche Eignung der Unternehmer, die nicht auf Grund von Artikel 23 ausgeschlossen sind, nach den in den Artikeln 25 bis 28 genannten Kriterien der wirtschaftlichen, finanziellen und technischen Leistungsfähigkeit geprüft haben.*

von Kriterien prüfen können, die sich auf die wirtschaftliche, finanzielle und technische Leistungsfähigkeit der Betroffenen beziehen."[330]

Art. 44 III der Richtlinie 2004/18/EG gibt für das nicht offene Verfahren, das Verhandlungsverfahren und den wettbewerblichen Dialog die Möglichkeit andere, in der Bekanntmachung angegebene, objektive und nicht diskriminierende Kriterien anzuwenden. Daraus kann gefolgert werden, dass Regelungen, die das offene Verfahren betreffen, auf § 97 IV HS 2 GWB gestützt werden und nicht unter einen der genannten Eignungskriterien subsumiert werden können, europarechtswidrig sind. § 97 IV HS 2 GWB besitzt daher im Anwendungsbereich der EG-Richtlinie – das heißt bei Vergaben oberhalb der Schwellenwerte[331] – im Rahmen des offenen Verfahrens keine eigenständige Bedeutung. Findet ein offenes Verfahren statt, dürfen somit keine vergabefremden Aspekte in die Eignungsprüfung einbezogen werden.

Bei den anderen Verfahren verbleibt § 97 IV HS 2 GWB auch oberhalb der Schwellenwerte ein möglicher Anwendungsbereich, so dass hier vergabefremde Kriterien herangezogen werden dürfen, solange es zu keiner auch nur mittelbaren Benachteiligung ausländischer Bieter kommt. Unterhalb der Schwellenwerte ist das europarechtliche Primärrecht zu beachten, das ebenfalls in Art. 12 EG und den Grundfreiheiten eine Benachteiligung verbietet. Das Verbot der Benachteiligung ausländischer Bieter ist somit für sämtliche Vergabearten äußerste Grenze bei der Einbeziehung vergabefremder Kriterien.

---

[330] EuGH, Urt. v. 20.09.1988 – C-31/87, Slg. 1988, S. 4635 (Rn. 17) – Beentjes; EuGH, Urt. V. 26.04.1994 – C-272/91, Slg. 1994, S. I-1409 (Rn. 35) – Kommission/Italien: das Urteil erging zu den wortgleichen Artikeln der Lieferkoordinierungsrichtlinie *Richtlinie 77/62/EWG* des Rates v. 21. Dezember 1976 über die Koordinierung der Verfahren zur Vergabe öffentlicher Lieferaufträge, ABlEG Nr. L 013 vom 15.01.1977, S. 1ff.; ebenso: OLG Jena, NZBau 2001, S. 39 (42); *Wagner* in: Langen/Bunte, GWB-Kommentar/1 (2006), §97, Rn. 68; *Ziekow*, NZBau 2001, S. 72 (74); keine strikte Trennung von Eignungs- und Zuschlagskriterien findet sich bei *Benedict*, NJW 2001, S. 947 (948), der zu Unrecht die Frage nach dem abschließenden Charakter der EG-Richtlinien als letztverbindlich negativ geklärt ansieht. Die von ihm als Beweis angeführten Urteile beziehen sich lediglich auf verschiedene Zuschlagskriterien, für die der abschließende Charakter des EG-Rechts verneint wurde.

[331] Vgl. Teil 3 Kap. 1 B III 2.

B. Die Akzessorietät des Ausschreibungsmerkmals

f) Zuschlagskriterium des wirtschaftlichsten Angebots (§ 97 V GWB, § 25 Nr. 3 VOL/A, § 25 Nr. 3 III VOB/A, § 17 III VOF)

Nachdem in der ersten Phase des Wertungsverfahrens die mit inhaltlichen und formellen Mängeln versehenen Angebote ausgeschlossen wurden und die Eignung der Bieter überprüft wurde, folgen als weitere Schritte die Prüfung der Angemessenheit des Angebotspreises und die Auswahl des wirtschaftlichsten Angebots.[332] In dieser Phase des Vergabeverfahrens kommen die abgesprochenen Angebote in aller Regel am ehesten und gravierendsten zum Tragen, insoweit soll auf die Ausführungen im Rahmen der Absprache verwiesen werden.[333]

Innerhalb der Angemessenheit des Preises schließt der Auftraggeber Angebote aus, die im Preisprüfungsverfahren ergeben haben, dass sie in einem offenbaren Missverhältnis zur Leistung stehen und zu erwarten ist, dass der Bieter wegen dieses Missverhältnisses zwischen dem angebotenen Preis und den ihm selbst bei Leistungserbringung entstehenden Kosten in so große wirtschaftliche Schwierigkeiten gerät, dass er den Auftrag nicht ordnungsgemäß durchführen kann.[334] Ein offenbares Missverhältnis, mit der Folge der genauen Prüfung der Möglichkeit der ordnungsgemäßen Durchführung, wird dann angenommen, wenn eine erhebliche Abweichung – das heißt von mehr als 10% – von dem nächst niedrigen Angebot vorliegt.[335]

Das Kernstück des Wertungsverfahrens bildet jedoch die vierte Phase, in der das wirtschaftlichste Angebot ausgewählt wird. Art. 53 I der Vergabekoordinierungsrichtlinie 2004/18/EG und Art. 55 I der Sektorenrichtlinie 2004/17/EG enthalten eine Wahlmöglichkeit zwischen dem Kriterium des „niedrigsten Preises" und dem Kriterium des „wirtschaftlich günstigsten Angebots" als mögliche Zuschlagskriterien.

In Deutschland sieht § 97 V GWB als maßgebliches Zuschlagskriterium das wirtschaftlichste Angebot vor. Dies führt die haushaltsrechtliche Tradition bezüglich

---

[332] *Boesen*, Vergaberecht (2000), § 97, Rn. 141.
[333] Vgl. Teil 3 Kap. 2 B I 2 a bb.
[334] BGH, wistra 2001, S. 103 (103).
[335] *Wagner* in: Langen/Bunte, GWB-Kommentar/1 (2006), § 97, Rn. 83ff.

Kapitel 1: Ausschreibungen

der Grundsätze der Wirtschaftlichkeit und Sparsamkeit fort.[336] Nach den Gesetzesmaterialien bedeutet das, dass der Zuschlag unter den zur Wertung zuzulassenden mehreren Angeboten auf das Angebot zu erteilen ist, das unter Berücksichtigung aller im konkreten Fall wesentlichen und zuvor angegebenen Aspekte das beste Preis-Leistungs-Verhältnis bietet.[337]

Trotz dieser eindeutigen Regelung ist es deutschen Ausschreibenden nicht verwehrt, allein aufgrund des günstigsten Preises einen Zuschlag zu erteilen. Dies ist vor allem dann zulässig, wenn die Leistung hinsichtlich Qualität und Ausführungsfrist so genau beschrieben ist, dass wesentlicher Unterschied der Angebote nur der Preis sein kann. Auch ist der niedrigste Preis alleiniges Kriterium, wenn andere Kriterien in den Verdingungsunterlagen nicht bekannt gemacht wurden.[338] Im Rahmen des wirtschaftlichsten Angebots können verschiedene Aspekte zum Tragen kommen, die Art. 53 I a Richtlinie 2004/18/EG beispielhaft aufzählt. Innerhalb der Abwägung können Qualität, Preis, technischer Wert, Ästhetik, Zweckmäßigkeit, Umwelteigenschaften, Betriebskosten, Rentabilität, Kundendienst und technische Hilfe, Lieferzeitpunkt und Lieferungs- oder Ausführungsfrist, sowie Zusagen hinsichtlich der Ersatzteile und Versorgungssicherheit eine Rolle spielen.

Diese Kriterien sind weder abschließend noch zwingend, so dass der Auftraggeber weder verpflichtet ist, alle genannten Aspekte zugrunde zu legen, noch ist es ihm verboten, weitere beziehungsweise andere in die Wertung einfließen zu lassen.[339] Allerdings kommen insoweit nur Kriterien in Betracht, die der Ermittlung des wirtschaftlich günstigsten Angebots dienen und dem öffentlichen Auftraggeber bei der Vergabe des Auftrags an einen Bieter keine uneingeschränkte Entscheidungsfreiheit einräumen.[340]

---

[336] *Hailbronner* in: Byok/Jaeger, Kommentar Vergaberecht (2005), § 97, Rn. 261; *Wagner* in: Langen/Bunte, GWB-Kommentar/1 (2006), § 97, Rn. 72.
[337] BT-Drucks. 13/9340, S. 14.
[338] *Wagner* in: Langen/Bunte, GWB-Kommentar/1 (2006), § 97, Rn. 72, 79; *Byok*, NJW 2008, S. 559 (561).
[339] *Hopf,* Vergabemanagement (2002), S. 194.
[340] EuGH, Urt. v. 20.09.1988 – C-31/87, Slg. 1988, S. 4635 (Rn. 18) – Beentjes; EuGH, Urt. v. 17.09.2002 – C-513/99, Slg. 2002, S. I-7213 (Leisatz) – Concordia Bus Finland; EuGH, Urt. v. 18.10.2001 – C-19/00, Slg. 2001, S. I-7725 (Leitsatz 2, Rn.36f.) – SIAC Construction Ltd;

B. Die Akzessorietät des Ausschreibungsmerkmals

Ein von den genannten Kriterien abweichender Aspekt muss auch nicht zwangsläufig rein wirtschaftlicher Art sein, so dass zum Beispiel auch Umweltkriterien, die sich nicht direkt auf die zu erstellende Leistung beziehen, einbezogen werden dürfen. *„Es kann nämlich nicht ausgeschlossen werden, dass Faktoren, die nicht rein wirtschaftlich sind, sich auf den Wert eines Angebots für diesen Auftraggeber auswirken können."*[341] Diese Feststellung wird auch durch die ausdrückliche Nennung der Ästhetik als mögliches Kriterium bekräftigt.[342]

Es ist jedoch darauf zu achten, dass das Kriterium mit dem Gegenstand des Auftrags zusammenhängt, ausdrücklich im Leistungsverzeichnis oder in der Bekanntmachung des Auftrags genannt ist und dass alle wesentlichen Grundsätze des Gemeinschaftsrechts, insbesondere das Diskriminierungsverbot, beachtet werden.[343]

Ein Kriterium kann dabei nur entweder Eignungs- oder Zuschlagskriterium sein. Entscheidend ist, ob es im Wesentlichen mit der Beurteilung des wirtschaftlich günstigsten Angebots oder mit der Beurteilung der fachlichen Eignung der Bieter für die Ausführung des betreffenden Auftrags zusammenhängt.[344]

EuGH, Urt. v. 19.06.2003 – C-315/01, Slg. 2003, S. I-6351 (Rn. 63f.) – GAT; EuGH, Urt. v. 24.01.2008 – C-532/06, NVwZ 2008, S. 400 (Rn. 29) – Lianakis AE u.a./Planitiki AE.

[341] EuGH, Urt. v. 17.09.2002 – C-513/99, Slg. 2002, S. I-7213 (Rn. 55) – Concordia Bus Finland.

[342] Die Möglichkeit, dass solche Kriterien in die Ausschreibung mit einbezogen werden, ist vor dem Hintergrund, dass in dieser Arbeit davon ausgegangen wird, dass § 298 StGB allein den Wettbewerb schützt, unproblematisch. Sähe man in § 298 StGB lediglich einen Vorfeldtatbestand zum Betrug und damit das Vermögen als Schutzgut an, wären diese nicht wirtschaftlichen Zwecksetzungen des Auftraggebers nicht schützenswert. Eine Absprache in diesem Bereich könnte dann nicht oder nur unter großen Schwierigkeiten – möglicherweise über den Gedanken der Zweckverfehlungslehre – unter § 298 StGB subsumiert werden.

[343] EuGH, Urt. v. 17.09.2002 – C-513/99, Slg. 2002, S. I-7213 (Leitsatz, Rn. 59ff., 64) – Concordia Bus Finland; EuGH, Urt. v. 04.12.2003 – C-448/01, Slg. 2003, S. I-14527 (Rn. 32f.) – EVN und Wienstrom; EuGH, Urt. v. 24.01.2008 – C-532/06, NVwZ 2008, S. 400 (Rn. 30) – Lianakis AE u.a./Planitiki AE.

[344] EuGH, Urt. v. 24.01.2008 – C-532/06, NVwZ 2008, S. 400 (Rn. 30) – Lianakis AE u.a./Planitiki AE.

Kapitel 1: Ausschreibungen

National müssen diese Kriterien sich am Gleichheitsgrundsatz nach Art. 3 GG und am Rechtsstaatsprinzip (Art. 20 III, 28 I GG) messen lassen.[345]

Wie bei der zusätzlichen Heranziehung von Bewertungskriterien, ist der Auftraggeber auch hinsichtlich der Gewichtung der unterschiedlichen Kriterien grundsätzlich frei, solange sie eine Gesamtwürdigung der Kriterien ermöglicht.[346] Auch die Gewichtungsregeln müssen bereits vor Angebotsabgabe den Bietern bekannt gemacht werden, so dass diese ihr Angebot danach ausrichten können.[347] Diese Gewichtung ist im Einzelnen auch nicht gerichtlich überprüfbar. Lediglich wenn der Beurteilungsmaßstab den Rahmen der Beurteilungsermächtigung überschreitet, kann die Gewichtung insoweit nachgeprüft werden. Dies liegt immer dann vor, wenn die einzelnen Kriterien in einer Weise gewertet wurden, die zur objektiven Gewichtung dieser Kriterien außer Verhältnis steht.[348]

Der Auftraggeber wird nach diesen Regelungen in die Lage versetzt, aufgrund qualitativer und quantitativer Kriterien eine Ermessensentscheidung zu treffen[349], die lediglich auf Ermessensfehlgebrauch, Ermessensüberschreitung, Ermessensunterschreitung oder sachfremde Erwägungen hin überprüft werden kann.[350]

Ist nach dieser Klassifizierung ein angewandtes Kriterium weder als Eignungs- noch als Zuschlagskriterium im Sinne der Ermittlung des wirtschaftlichsten Angebotes zu qualifizieren[351], so wird dieses nach der Rechtsprechung des EuGH im

---

[345] *Hopf*, Vergabemanagement (2002), S. 195; das Kriterium des wirtschaftlichsten Angebot wird vor allem in Bezug auf die Bedeutung des Gleichbehandlungsgrundsatzes auch im Rahmen einer Einbeziehung von Ausschreibungen durch Private erneut aufzugreifen sein.
[346] EuGH, Urt. v. 04.12.2003 – C-448/01, Slg. 2003, S. I-14527 (Rn. 39) – EVN und Wienstrom.
[347] EuGH, Urt. v. 24.01.2008 – C-532/06, NVwZ 2008, S. 400 (Rn. 37f.) – Lianakis AE u.a./Planitiki AE.
[348] *Boesen*, Vergaberecht (2000), § 97, Rn. 152.
[349] EuGH, Urt. v. 28.03.1985 – C-274/83, Slg. 1985, S. 1077 (Leitsatz 2, 29) – Kommission/Italien.
[350] OLG Jena, NZBau 2001, S. 39 (42).
[351] Als Beispiel kann das zusätzliche Zuschlagskriterium der Beschäftigung von Langzeitarbeitslosen dienen, das keinerlei Bezug zur Ermittlung eines wirtschaftlichen Angebots, dennoch als Ausschlusskriterium die Folgen eines Zuschlagskriteriums aufweist, und somit als „zusätzliches Zuschlagskriterium" zu bezeichnen ist.

B. Die Akzessorietät des Ausschreibungsmerkmals

Falle *Beentjes*[352] von der Koordinierungswirkung der Vergaberichtlinien nicht erfasst. Dennoch sind solche Kriterien nicht allgemein europarechtswidrig und können in einem Vergabeverfahren durchaus Berücksichtigung finden.[353] Sie sind dann rechtmäßig, wenn sie als zusätzliches Zuschlagskriterium formuliert sind, in der Bekanntmachung des Auftrags ausdrücklich angegeben werden und die wesentlichen Grundsätze des Gemeinschaftsrechts einhalten.[354] Sie müssen vor allem das Verbot der mittelbaren und unmittelbaren Diskriminierung aus Gründen der Staatsangehörigkeit beachten, was häufig zu einer Unzulässigkeit des Kriteriums führen wird. Eine mittelbare Diskriminierung aus Gründen der Staatsangehörigkeit wird bereits dann angenommen, wenn eine Bedingung zwar auch von Bietern aus anderen Mitgliedstaaten erfüllt werden kann, diese jedoch nur mit größeren Schwierigkeiten als von den einheimischen Bietern.[355]

2. Arten der Vergabe (§ 101 GWB)

Die eben dargestellten Grundsätze gelten für sämtliche Verfahrensarten des GWBs und den Verdingungsordnungen. Im Rahmen der Eignungs- und Zuschlagskriterien ist bereits kurz das Verfahren dargestellt worden, das in diesem Bereich zu beachten ist. Im Folgenden sollen nun die unterschiedlichen Vergabearten und deren Kennzeichen aufgezeigt werden, dabei ist vor allem der Grad der Wettbewerblichkeit zu untersuchen und zu prüfen, ob eine Einbeziehung des Verfahrens in den Schutzbereich des § 298 StGB sinnvoll oder zwingend erscheint und welche Auswirkungen diese Einteilung auf die allgemein zu untersuchende Frage der Akzessorietät des § 298 StGB zum GWB hat.

---

[352] EuGH, Urt. v. 20.09.1988 – C-31/87, Slg. 1988, S. 4635 (Rn. 20) – Beentjes; bestätigt in: EuGH, Urt. v. 26.09.2000 – C-225/98, Slg. 2000, S. I-7445 (Rn. 50ff.) – Nord-Pas-de-Calais.
[353] EuGH, Urt. v. 20.09.1988 – C-31/87, Slg. 1988, S. 4635 (Rn. 20) – Beentjes: *Es ist darauf hinzuweisen, dass die Richtlinie kein einheitliches und erschöpfendes Gemeinschaftsrecht schafft, sondern daß es den Mitgliedstaaten vorbehaltlich der Beachtung aller einschlägigen Vorschriften des Gemeinschaftsrechts und insbesondere der Verbote, die aus den vom Vertrag aufgestellten Grundsätzen auf dem Gebiet des Niederlassungsrechts und des freien Dienstleistungsverkehrs folgen, unbenommen bleibt, materiellrechtliche oder verfahrensrechtliche Bestimmungen auf dem Gebiet der öffentlichen Bauaufträge aufrechtzuerhalten oder zu erlassen.*
[354] *Ziekow*, NZBau 2001, S. 72 (76).
[355] EuGH, Urt. v. 20.09.1988 – C-31/87, Slg. 1988, S. 4635 (Rn. 20) – Beentjes.

§ 101 GWB regelt die Vergabeverfahren des GWBs, in Umsetzung der europäischen Vergaberichtlinien, abschließend.[356] Als zwingend umzusetzende Verfahren wurden das offene Verfahren (Abs. II), das nicht offene Verfahren (Abs. III) und das Verhandlungsverfahren (Abs. IV) eingeführt. Durch das „Gesetz zur Beschleunigung der Umsetzung von Öffentlich-Privaten-Partnerschaften"[357] (ÖPP-BeschleunigungsG) vom 01.09.2005 wurde in Abs. V der wettbewerbliche Dialog eingeführt, der als reine Option in Art. 29 I der Richtlinie 2004/18/EG vorgesehen war.

a) Das offene Verfahren (§ 101 II GWB)

§ 101 II GWB normiert das wichtigste deutsche Vergabeverfahren – das offene Verfahren. Offene Verfahren sind Verfahren, in denen eine unbeschränkte Anzahl von Unternehmen öffentlich zur Abgabe von Angeboten aufgefordert werden.[358] Diese Definition deckt sich insoweit mit der Definition in den europarechtlichen Vergaberichtlinien, die offene Verfahren als Verfahren, bei denen alle interessierten Wirtschaftsteilnehmer ein Angebot abgeben können, bezeichnen.[359]

Ziel dieses Verfahrens ist es, einen unbeschränkten Vergabewettbewerb unter allen Interessierten hervorzurufen. Da der einzelne Wettbewerber einer hohen Unsicherheit über mögliche Konkurrenten und deren Angebote unterliegt, ist die Wettbewerbsintensität bei diesem Verfahren am höchsten und den Grundsätzen des Wettbewerbs, der Transparenz und der Gleichbehandlung wird am besten Rechnung getragen.[360]

Der deutsche Gesetzgeber räumt dem Verfahren in § 101 VI 1 GWB aus diesen Gründen auch Priorität ein. Es ist somit grundsätzlich vorrangig anzuwenden. Das offene Verfahren des GWB entspricht dem Verfahren der öffentlichen Ausschrei-

---

[356] *Dreher* in: Immenga/Mestmäcker, Wettbewerbsrecht GWB (2007), §101, Rn. 5; *Bungenberg* in Loewenheim/Meessen/Riesenkampff, Kartellrecht Band 2 (2006), § 101, Rn. 1.
[357] BGBl. 2005- I, S. 2676ff.
[358] Legaldefinition des § 101 II GWB.
[359] Art. 1 XI a Richtlinie 2004/18/EG; Art. 1 IX a Richtlinie 2004/17/EG.
[360] *Dreher* in: Immenga/Mestmäcker, Wettbewerbsrecht GWB (2007), § 101, Rn. 7, 17; *Bungenberg* in Loewenheim/Meessen/Riesenkampff, Kartellrecht Band 2 (2006), § 101, Rn. 13.

B. Die Akzessorietät des Ausschreibungsmerkmals

bung, das in den § 3 Nr. 1 I VOL/A und § 3 Nr. 1 I VOB/A geregelt ist.[361] Nachdem das GWB keine Verfahrensregeln für die einzelnen Vergabearten vorschreibt, ist auf die Regelungen der Verdingungsordnungen zurückzugreifen. Diese setzen die Regelungen der europäischen Vergaberichtlinien in nationales Recht um.

aa) Das Verfahren

Die Verdingungsordnungen enthalten – neben den allgemeinen Verfahrensgrundsätzen – einige wichtige spezielle Verfahrensgrundsätze für das stark formalisierte offene Verfahren. Die Ausnahmebereiche mit Sonderregeln können für eine allgemeine Darstellung ausgeklammert werden. Als Vergabegrundsätze sind folgende Verpflichtungen zu beachten: die Veröffentlichung von Vorinformation und Vergabebekanntmachung[362], die unbeschränkte Teilnahmemöglichkeit[363], die Bindung an bestimmte Mindestfristen[364], die eindeutige und erschöpfende Leistungsbeschreibung[365], die Geheimhaltung der Angebote bis zu einem Öffnungstermin[366] und das Nachverhandlungsverbot[367].

Das Vergabeverfahren beginnt mit der Absendung der Vergabebekanntmachung an das EU-Amtsblatt, nicht jedoch schon mit Absendung der Vorinformation.[368] Durch die Pflicht der Vorinformation soll der Nachteil der relativ kurzen Fristbemessung bis zum Ende der Angebotsfrist, der häufig ausländische Bewerber härter trifft, ausgeglichen werden. Es soll ein möglicherweise vorhandener Standortnachteil beseitigt und so einem großen Kreis von Bietern die Teilnahme an einem Vergabeverfahren ermöglicht werden. Im Unterschied zur Vergabebekanntmachung

---

[361] § 3 Nr. 1 I VOB/A / § 3 Nr. 1 I VOL/A: *Bei Öffentlicher Ausschreibung werden (Bau-) Leistungen im vorgeschriebenen Verfahren nach öffentlicher Aufforderung einer unbeschränkten Zahl von Unternehmen zur Einreichung von Angeboten vergeben.*
[362] Vgl. Abschnitt 2 §§ 17a Nr. 1 und 2 VOB/A; Abschnitt 2 § 17a VOL/A.
[363] Vgl. Abschnitt 2 § 3 Nr. 1 I VOB/A; Abschnitt 2 § 3 Nr. 1 I VOL/A.
[364] Vgl. Abschnitt 2 §§ 18, 18a, 19 VOB/A; Abschnitt 2 §§ 18,18a,19 VOL/A.
[365] Vgl. Abschnitt 2 § 9 Nr. 1 VOB/A; Abschnitt 2 § 8 Nr. 1 I VOL/A.
[366] Vgl. Abschnitt 2 § 22 Nr. 1 S.2 VOB/A; Abschnitt 2 § 22 Nr. 1 S.1 VOL/A.
[367] Vgl. Abschnitt 2 § 24 Nr. 1 I, Nr. 3 VOB/A; Abschnitt 2 § 24 Nr. 1 I, Nr. 2 VOL/A.
[368] *Dreher* in: Immenga/Mestmäcker, Wettbewerbsrecht GWB (2007), § 101, Rn. 16; Loewenheim/Meessen/Riesenkampff, Kartellrecht Band 2 (2006), § 101, Rn. 12.

Kapitel 1: Ausschreibungen

enthält die Vorinformation lediglich vorläufige und geschätzte und damit unverbindliche Angaben bezüglich der auszuschreibenden Leistung.[369]

Nach der offiziellen Vergabebekanntmachung stellen interessierte Unternehmen einen Antrag auf Teilnahme, woraufhin sie die Vergabeunterlagen mit Anschreiben – der Aufforderung zur Angebotsabgabe – und den Verdingungsunterlagen erhalten. Eine beispielhafte Aufzählung der Einzelangaben, die im Anschreiben enthalten sein müssen, findet sich in Abschnitt 2 §§ 10 Nr. 5 II, 10a VOB/A beziehungsweise §§ 17 Nr. 3 II VOL/A.[370] Die Verdingungsunterlagen selbst enthalten alle Elemente, die Vertragsbestandteil werden sollen, das heißt eine genaue Leistungsbeschreibung – es gilt der Grundsatz der eindeutigen und erschöpfenden Leistungsbeschreibung[371] – und die Vertragsbedingungen. Auf dieser Grundlage geben die Unternehmen im Anschluss ihre Angebote ab. In der Regel steht ihnen dabei eine Angebotsfrist von mindestens 52 Kalendertagen, gerechnet vom Tag nach Absendung der Bekanntmachung (§ 18a Nr. 1 I VOB/A; § 18a Nr. 1 I VOL/A) zur Verfügung.

Die eingegangenen Angebote bleiben versiegelt, bis sie im Eröffnungstermin geöffnet und verlesen werden. Anschließend tritt die vergebende Stelle in die Wertungsphase ein. Sie prüft die Angebote auf formale und inhaltliche Richtigkeit, die Eignung der Bieter und die Angemessenheit des Preises und ermittelt schließlich das wirtschaftlichste Angebot[372]. Diesem erteilt sie dann den Zuschlag. Im Folgenden sind alle Bieter über den Ausgang der Vergabe zu benachrichtigen, die Auf-

---

[369] *Boesen*, Vergaberecht (2000), § 101, Rn. 11ff.
[370] In dem Anschreiben sind insbesondere anzugeben: Art und Umfang der Leistung sowie der Ausführungsort, etwaige Bestimmungen über die Ausführungszeit, Art der Vergabe, Ort und Zeit des Eröffnungstermins sowie Angabe, welche Personen zum Eröffnungstermin zugelassen sind, vom Auftraggeber zur Vorlage für die Beurteilung der Eignung des Bieters verlangte Unterlagen, etwaige Vorbehalte wegen der Teilung in Lose und Vergabe der Lose an verschiedene Bieter, Zuschlags- und Bindefrist, sonstige Erfordernisse, die die Bewerber bei der Bearbeitung ihrer Angebote beachten müssen, die wesentlichen Zahlungsbedingungen oder Angabe der Unterlagen, in denen sie enthalten sind, die Stelle, an die sich der Bewerber oder Bieter zur Nachprüfung behaupteter Verstöße gegen die Vergabebestimmungen wenden, die maßgebenden Wertungskriterien im Sinne von § 25 Nr. 3 VOB/A.
[371] § 9 Nr. 1 VOB/A, § 8 Nr. 1 I VOL/A.
[372] Vgl. Teil 3 Kap. 1 B I 1 f.

B. Die Akzessorietät des Ausschreibungsmerkmals

tragserteilung bekanntzumachen und ein Vergabevermerk über den Ablauf des Verfahrens und die Gründe der Entscheidung zu verfassen.[373]

bb) Die Einbeziehung des offenen Verfahrens in den Schutzbereich des § 298 StGB

Das offene Verfahren, das von einer sehr starken Wettbewerbsintensität geprägt ist, ist unzweifelhaft vom Schutzbereich des § 298 StGB erfasst. Wie dargestellt ist das offene Verfahren ein sehr formalisiertes Verfahren, das vor allem durch den absoluten Geheimwettbewerb und der Möglichkeit einer Beteiligung von jedermann eine starke Wettbewerblichkeit erfährt. Sämtliche Auswahlkriterien müssen im Vorfeld bekannt sein, so dass der Anbieter kaum Wahlmöglichkeit besitzt. Sind die Angebote eingereicht und werden sie dann geöffnet, verbleibt dem Ausschreibenden kaum Spielraum, welches Angebot er tatsächlich annehmen will. Er muss sich an die im Rahmen der Ausschreibungsunterlagen festgelegten Kriterien und Gewichtungen halten. Absprachen in diesem Verfahren führen zu der klassischen Situation, die von § 298 StGB sanktioniert werden soll. Der Ausschreibende wird durch Angebote, die nicht eigenständig kalkuliert wurden und damit nicht dem tatsächlichen Marktpreis (Wettbewerbsangebot) entsprechen, zur Annahme eines übertreuerten Angebots veranlasst. Der Wettbewerb, der durch das gewählte Verfahren geschaffen werden sollte, wird durch dieses Verhalten konterkariert und je nach dem ob noch weitere unabhängige Angebote vorliegen, beschränkt oder sogar ausgeschlossen. Der Schutzzweck der Norm gebietet es mithin dieses Verfahren von § 298 StGB zu umfassen.

b) Das nicht offene Verfahren (§ 101 III GWB)

§ 101 III GWB regelt die zweite Verfahrensart des GWB, das nicht offene Verfahren. Bei nicht offenen Verfahren wird öffentlich zur Teilnahme, aus dem Bewerberkreis sodann eine beschränkte Anzahl von Unternehmen zur Angebotsabgabe aufgefordert. Diese Definition deckt sich mit der europarechtlichen Definition in Art. 1 XI b Richtlinie 2004/18/EG und Art. 1 IX b Richtlinie 2004/17/EG, die unter

---

[373] Vgl. die Ausführungen bei *Boesen*, Vergaberecht (2000), § 101, Rn. 19ff.; *Werner* in: Byok/Jaeger, Kommentar Vergaberecht (2005), § 101, Rn. 596ff.

nicht offenen Verfahren, Verfahren versteht, bei denen sich alle Wirtschaftsteilnehmer um die Teilnahme bewerben können und bei denen nur die vom öffentlichen Auftraggeber aufgeforderten Wirtschaftsteilnehmer ein Angebot abgeben können.

Gemäß Abschnitt 2 § 3a Nr. 1b VOB/A und Abschnitt 2 § 3a Nr. 1 I VOL/A entspricht dem nicht offenem Verfahren, das in den Verdingungsordnungen genannte Verfahren der beschränkten Ausschreibung mit öffentlichem Teilnahmewettbewerb.

aa) Anwendungsbereich des nicht offenen Verfahrens

Aufgrund der Vorrangklausel des § 97 VI 1 GWB ist das nicht offene Verfahren nur sekundär anzuwenden.

§ 3 Nr. 3 VOB/A und § 3 Nr. 3 VOL/A regeln die Fälle, in denen normalerweise ein nicht offenes Verfahren möglich und nützlich ist. Dies ist zum einen der Fall, wenn die öffentliche Ausschreibung für den Auftraggeber oder die Bewerber einen Aufwand verursachen würde, der zu dem erreichbaren Vorteil oder dem Wert der Leistung im Missverhältnis stehen würde.

Der Leistungswert bestimmt sich dabei aus dem Wert, der dem Bewerber voraussichtlich an Vermögenszuwachs dadurch entsteht, dass er den Auftrag ausführt. Dabei ist ein objektiver Maßstab anzulegen. Subjektive Aspekte können innerhalb der Bestimmung des Missverhältnisses zwischen dem Leistungswert oder dem erreichbaren Vorteil und den Aufwendungen für eine öffentliche Ausschreibung berücksichtigt werden.[374]

Eine weitere Möglichkeit zur Anwendung dieser Verfahrensart besteht, wenn eine öffentliche Ausschreibung kein annehmbares Ergebnis gehabt hat. Die fehlende Annehmbarkeit kann sich dabei aus verschiedensten Gründen ergeben. Zum einen kann sämtlichen Bewerbern die Eignung fehlen, oder aber die Angebote sind unan-

---

[374] *Werner* in: Byok/Jaeger, Kommentar Vergaberecht (2005), § 101, Rn. 628f.; *Jasper* in: Motzke/Prietzcker/Prieß, VOB Teil A (2001), § 3, Rn. 40ff.

B. Die Akzessorietät des Ausschreibungsmerkmals

gemessen hoch oder niedrig berechnet oder in sonst einer Art und Weise nicht wirtschaftlich annehmbar.[375]

Weiterhin besteht die Möglichkeit eines nicht offenen Verfahrens, wenn die Leistung nach ihrer Eigenart nur von einem beschränkten Kreis von Unternehmen in geeigneter Weise ausgeführt werden kann, besonders wenn außergewöhnliche Zuverlässigkeit oder Leistungsfähigkeit erforderlich ist. Besondere Anforderungen liegen vor, wenn die im Rahmen der normalen Ausbildungsgänge vermittelten Kenntnisse nicht ausreichen, um die benötigte Leistung zu erbringen, wenn Spezialkenntnisse erforderlich sind, die nur im Wege einer Spezialausbildung erworben werden können. Diese Alternative kann dann bejaht werden, wenn nur eine objektiv feststehende Zahl von Fachunternehmen zur Leistungserbringung in der Lage ist. Sei es aufgrund des Know-hows oder aufgrund ihrer technischen Ausstattung.[376]

Auch wenn die Bearbeitung des Auftrags wegen der Eigenart der Leistung einen außergewöhnlichen hohen Aufwand erfordert, kann von einem offenen Verfahren abgesehen werden. Der Bieter soll in einem solchen Fall die hohen Kosten der Angebotserstellung nur dann aufwenden müssen, wenn er zugleich aufgrund geringerer Konkurrenz auch eine größere Chance auf den Zuschlag erhält. Zum anderen soll aber auch der Auftraggeber davor geschützt werden, zu einer unkalkulierbaren Höhe an Entschädigungszahlungen für die Angebotsbearbeitung in Anspruch genommen zu werden. Zu beachten ist, dass der Aufwand und der Vorteil beziehungsweise der Wert der Leistung dennoch in einem angemessenen Verhältnis stehen, da ansonsten die erste Variante vorrangig gegeben wäre. Ein solch aufwendiges Angebot liegt häufig bei Großprojekten, wie Großbrücken, Bahn- oder Straßenbauwerken, und bei Funktionalausschreibungen vor.[377]

---

[375] *Werner* in: Byok/Jaeger, Kommentar Vergaberecht (2005), § 101, Rn. 631; *Stickler* in: Kapellmann/Messerschmidt, VOB Teile A und B, VgV (2007), § 3 Rn. 42ff.

[376] *Jasper* in: Motzke/Prietzcker/Prieß, VOB Teil A (2001), § 3, Rn. 57f.; *Werner* in: Byok/Jaeger, Kommentar Vergaberecht (2005), § 101, Rn. 635; *Stickler* in: Kapellmann/Messerschmidt, VOB Teile A und B, VgV (2007), § 3 Rn. 58ff..

[377] *Stickler* in: Kapellmann/Messerschmidt, VOB Teile A und B, VgV (2007), § 3 Rn. 62ff.; *Werner* in: Byok/Jaeger, Kommentar Vergaberecht (2005), § 101, Rn. 627; *Jasper* in: Motzke/Prietzcker/Prieß, VOB Teil A (2001), § 3, Rn. 59ff.

Als letzte Möglichkeit bleibt noch die Auffangklausel, die ein nicht offenes Verfahren dann zulässt, wenn ein offenes Verfahren aus anderen Gründen unzweckmäßig ist.[378]

bb) Das Verfahren

Der Ablauf des nicht offenen Verfahrens hat zweiphasig zu erfolgen.

Zuerst ist ein öffentlicher Teilnahmewettbewerb durchzuführen, der dem Auftraggeber die Möglichkeit geben soll, den Markt zu erkunden und die Eignungsvoraussetzungen der Fachkunde, Leistungsfähigkeit und Zuverlässigkeit bei den Bewerbern zu ermitteln.[379]

Anschließend wird eine beschränkte Ausschreibung durchgeführt, das heißt nachdem der Auftraggeber die eingegangenen Teilnahmebewerbungen einer Eignungsprüfung unterzogen hat, verschickt er an ausgewählte Unternehmen die Verdingungsunterlagen und fordert sie zur Angebotsabgabe auf. Die Auswahlentscheidung, wie viele und welche Unternehmen zur Angebotsabgabe aufgefordert werden sollen, darf nur auf sachlichen, auftragsbezogenen Erwägungen beruhen. Dies gebieten die Grundsätze der Transparenz und Gleichbehandlung.[380] Ob der Gleichbehandlungsgrundsatz auch verlangt, dass geeignete Unternehmen nach Größe, Herkunft und Eigenart proportional Berücksichtigung finden müssen, ist umstritten, aber wohl zu verneinen.[381] Es muss einem Auftraggeber möglich bleiben, seinen

---

[378] Als Beispiele der Unzweckmäßigkeit können Dringlichkeit und Geheimhaltungsbedürftigkeit genannt werden. Vgl. dazu ausführlich: *Jasper* in: Motzke/Prietzcker/Prieß, VOB Teil A (2001), § 3, Rn. 51ff.; *Werner* in: Byok/Jaeger, Kommentar Vergaberecht (2005), § 101, Rn. 632; *Stickler* in: Kapellmann/Messerschmidt, VOB Teile A und B, VgV (2007), § 3 Rn. 53.

[379] *Weyand*, Praxiskommentar Vergaberecht (2007), Teil 1, Rn. 1360; *Dreher* in: Immenga/Mestmäcker, Wettbewerbsrecht GWB (2007), § 101, Rn. 19; *Bungenberg* in Loewenheim/Meessen/Riesenkampff, Kartellrecht Band 2 (2006), § 101, Rn. 16; *Werner* in: Byok/Jaeger, Kommentar Vergaberecht (2005), § 101, Rn. 623.

[380] *Dreher* in: Immenga/Mestmäcker, Wettbewerbsrecht GWB (2007), § 101, Rn. 21; *Bungenberg* in Loewenheim/Meessen/Riesenkampff, Kartellrecht Band 2 (2006), § 101, Rn. 17; *Wagner* in: Langen/Bunte, GWB-Kommentar/1 (2006), § 101, Rn. 36.

[381] *Wagner* in: Langen/Bunte, GWB-Kommentar/1 (2006), § 101, Rn. 36; a.A. *Boesen*, Vergaberecht (2000), § 101, Rn. 38.

B. Die Akzessorietät des Ausschreibungsmerkmals

Beurteilungsspielraum ermessensfehlerfrei ausschöpfen zu können, ohne weitergehenden Bindungen zu unterliegen. Während § 8 Nr. 2 II VOB/A drei bis acht Unternehmen vorschreibt, die zur Angebotsabgabe aufgefordert werden müssen, gilt für oberhalb der Schwellenwerte Abschnitt 2 § 8a Nr. 3 VOB/A und damit mindestens fünf geeignete Bewerber. Dies soll einen echten Wettbewerb sicherstellen. Im Sektorenbereich, d.h. im Anwendungsbereich der VOL/A ist eine Reduktion bis auf drei Teilnehmer möglich (§ 7 Nr. 2 II VOL/A), solange der Wettbewerb noch gewährleistet ist.

Die ausgewählten Unternehmen können, innerhalb einer Angebotsfrist, ihr Angebot einreichen. Kommen außer den aufgeforderten Angeboten auch Angebote von anderen Unternehmen beim Auftraggeber an, so sind diese zwingend auszuschließen.[382]

Das sich daran anschließende Verfahren entspricht dem des offenen Verfahrens. Es gelten die gleichen Grundsätze, nämlich der Grundsatz der eindeutigen und erschöpfenden Leistungsbeschreibung, der Grundsatz der Geheimhaltung bis zum Öffnungstermin und das Nachverhandlungsverbot. Der Zuschlag ist auch in diesem Fall auf das wirtschaftlichste Angebot zu erteilen.[383]

cc) Die Einbeziehung des nicht offenen Verfahrens in den Schutzbereich des § 298 StGB

Entscheidend für die Einbeziehung dieser Vergabeart in den Schutzbereich des § 298 StGB ist wiederum die Wettbewerblichkeit des Verfahrens.

Beim nicht offenen Verfahren findet ein Teilnahmewettbewerb statt, das eigentliche Angebot wird anschließend nur von einzelnen, im Teilnahmewettbewerb ausgewählten, Anbietern abgegeben. Dennoch erfolgt auch die Abgabe der Angebote, nach Abschnitt 2 § 8a Nr. 3 VOB/A von mindestens fünf Anbietern, unter Beachtung der Vergabegrundsätze. Die Angebote sind eigenständig kalkuliert, das heißt wettbewerblich, und geheim abzugeben.

---

[382] *Weyand*, Praxiskommentar Vergaberecht (2007), Teil 1, Rn. 1362; *Kulartz* in: Kulartz/Kus/Portz, GWB-Vergaberecht (2006), § 101, Rn. 8.
[383] *Bungenberg* in Loewenheim/Meessen/Riesenkampff, Kartellrecht Band 2 (2006), § 101, Rn. 19.

Kapitel 1: Ausschreibungen

Durch die Wahl dieses Verfahrens, will der Auftraggeber einen Angebotswettbewerb zwischen bestimmten – zuverlässigen - Unternehmen hervorrufen. Auch dieser Teil des Ausschreibungsverfahrens ist typischerweise dem Wettbewerb, beschränkt auf eine bestimmte Anzahl von Unternehmen, unterworfen. Durch die Beschränkung im Bereich des teilnehmenden Personenkreises ist die Wettbewerblichkeit gegenüber dem offenen Verfahren vermindert, allerdings ist auch hier Wettbewerb festzustellen. Zum einen besteht Wettbewerb vor der Eignungsprüfung (Teilnahmewettbewerb). Teilnahmewettbewerb soll dem Auftraggeber ermöglichen, den Markt zu erforschen und ihm einen Überblick über die Anbieter geben. Dieser Abschnitt steht jedermann offen, so dass zu diesem Zeitpunkt noch unbeschränkter Wettbewerb herrscht oder herrschen sollte. Durch eine Absprache in diesem Bereich wird dieser Zweck unmöglich gemacht. Absprachen können in diesem Bereich auf zweierlei Art erfolgen. Zum einen kann die Tatsache der Teilnahme an sich abgesprochen werden. Dadurch kann die Auswahlmöglichkeit des Auftraggebers, welche Unternehmen er zu einem Angebot auffordern möchte, im Vorhinein beschränkt werden. Findet eine solche Absprache statt, stellt sich im Rahmen des § 298 StGB das Problem einer Abgrenzung von mittäterschaftlicher Begehung oder Beihilfe.[384] Eine Absprache kann aber auch bezüglich der einzureichenden Unterlagen für die Eignungsprüfung erfolgen. Durch das bewusste Weglassen bestimmter Unterlagen oder falsche Angaben zum Beispiel bezüglich Kapazitäten, etc., kann der Anbieter dazu bewegt werden, den betreffenden Unternehmer nicht zu einer Angebotsabgabe aufzufordern beziehungsweise nur bestimmte andere Unternehmen aufzufordern. Eine Absprache in diesem Bereich kann mithin die Auswahl der Anbieter steuern.

Nach der Eignungsprüfung wird die Teilnehmerzahl begrenzt. Dennoch, vor allem im Hinblick auf das nun formalisierte Verfahren, das dem des offenen Verfahrens entspricht, besteht auch zu diesem Zeitpunkt noch Wettbewerb – allerdings beschränkt auf die noch teilnehmenden Unternehmen. Da auch in diesem Verfahren der Entscheidungsspielraum des Ausschreibenden durch die, in den Ausschreibungsunterlagen bekanntzumachenden Zuschlagskriterien und deren Gewichtung stark verkürzt ist, bietet auch dieses Verfahren eine Angriffsfläche, die durch § 298 StGB geschützt werden soll. Für den Fall, dass bestimmte Unternehmen zur Angebotsabgabe aufgefordert werden, steht bereits im Vorhinein fest, welcher An-

---

[384] Vgl. dazu: Teil 3 Kap. 2, A, II.

B. Die Akzessorietät des Ausschreibungsmerkmals

bieter das günstigste Angebot einreichen und somit den Zuschlag erhalten soll. Nach Auswahl der Teilnehmer gleicht das nicht öffentliche Verfahren dem öffentlichen Verfahren. Den Zuschlag erhält das wirtschaftlich günstigste Angebot unter Zugrundelegung des Preises und der vorher bekannt gegebenen Zuschlagskriterien. Eine willkürliche Abweichung des Ausschreibenden kann in diesem formalisierten Verfahren nicht erfolgen, weshalb auch hier Absprachen zwischen den teilnehmenden Unternehmen zu einer Veränderung der vom GWB gewollten Wettbewerbsintensität führen müssen, den Wettbewerb möglicherweise sogar vollkommen ausschließen. Die strafrechtliche Erfassung sämtlicher genannter Verhaltensweisen ist somit auch im nicht öffentlichen Verfahren angezeigt.

c) Das Verhandlungsverfahren (§ 101 IV GWB)

§ 101 IV GWB regelt das Verhandlungsverfahren, das heißt Verfahren, bei denen sich der Auftraggeber mit oder ohne vorherige öffentliche Aufforderung zur Teilnahme an ausgewählte Unternehmen wendet, um mit einem oder mehreren über die Auftragsbedingungen zu verhandeln. Diese Definition deckt sich mit der europarechtlichen Bestimmung in Art. 1 XI d der Richtlinie 2004/18/EG und Art. 1 IX c der Richtlinie 2004/17/EG, die Verhandlungsverfahren als Verfahren, bei denen der öffentliche Auftraggeber sich an Wirtschaftsteilnehmer seiner Wahl wendet und mit einem oder mehreren von ihnen über die Auftragsbedingungen verhandelt, beschreibt.

aa) Das Verfahren

Das Verhandlungsverfahren unterscheidet sich in wesentlichen Punkten von den beiden vorherigen Verfahren. So ist in der Regel in der Ausschreibung selbst noch nicht die komplette Leistungsbeschreibung in allen Einzelheiten enthalten. Über diese wird erst im Folgenden konkret verhandelt. Des Weiteren können und sollen sogar die abgegebenen Angebote nachträglich noch verändert werden.[385]
Bezüglich des Verfahrens können zwei unterschiedliche Arten von Verhandlungs-

---

[385] *Kulartz* in: Kulartz/Kus/Portz, GWB-Vergaberecht (2006), § 101, Rn. 17, 21; *Weyand*, Praxiskommentar Vergaberecht (2007), Teil 1, Rn. 1377; *Boesen*, Vergaberecht (2000), § 101, Rn. 43; *Werner* in: Byok/Jaeger, Kommentar Vergaberecht (2005), § 101, Rn. 642.

verfahren unterschieden werden, das Verhandlungsverfahren mit öffentlichem Teilnahmewettbewerb und das Verfahren ohne öffentlichen Teilnahmewettbewerb.

Bei ersterem ist dem eigentlichen Verhandlungsverfahren ein, dem nicht offenem Verfahren entsprechender, förmlicher Teilnahmewettbewerb vorgeschaltet. Es handelt sich dann um ein gemischt-förmliches / nicht förmliches Verfahren.[386]

Das eigentliche Verhandlungsverfahren stellt sich als dynamischer Prozess dar, in dem sich durch Verhandlungen sowohl auf Nachfrage- als auch auf Angebotsseite Veränderungen ergeben können. Dies impliziert schon das Präfix „Verhandlungs-". Verhandeln bedeutet, dass Auftraggeber und potenzielle Auftragnehmer den Auftragsinhalt und die Auftragsbedingungen solange besprechen, bis klar ist, wie die Leistung konkret beschaffen sein soll, zu welchen Konditionen der Auftragnehmer beliefert und insbesondere auch zu welchem Preis geliefert wird. Dabei ist allerdings stets zu beachten, dass die Identität des Beschaffungsvorgangs gewahrt bleiben muss.[387]

Trotz der weitreichenden Verhandlungsmöglichkeiten entsteht kein wettbewerbsfreier Raum. Die Grundsätze des Wettbewerbs, der Transparenz und der Nichtdiskriminierung gelten auch innerhalb dieser Verfahrensart.[388] So schreiben diese Grundsätze zum Beispiel vor, dass in der Regel mit allen aufgeforderten Bietern, deren Angebote zuschlagsfähig sind, Verhandlungen aufgenommen werden müssen.[389]

---

[386] *Kulartz* in: Kulartz/Kus/Portz, GWB-Vergaberecht (2006), § 101, Rn. 17; *Boesen*, Vergaberecht (2000), § 101, Rn. 43.

[387] OLG Celle, Beschluss v. 16.01.2002 – 13 Verg 1/02, Rn. 45; *Weyand*, Praxiskommentar Vergaberecht (2007), Teil 1, Rn. 1377f.; *Kulartz* in: Kulartz/Kus/Portz, GWB-Vergaberecht (2006), § 101, Rn. 21; *Werner* in: Byok/Jaeger, Kommentar Vergaberecht (2005), § 101, Rn. 642; *Müller-Wrede* in Ingenstau/Korbion, VOB-Kommentar (2007), § 3a, Rn. 31; *Schütte*, ZfBR 2004, S. 237 (239).

[388] BGH, NZBau 2006, S. 797 (798); *Kulartz* in: Kulartz/Kus/Portz, GWB-Vergaberecht (2006), § 101, Rn. 18; *Noch*, Vergaberecht (1999), S. 145; *Weyand*, Praxiskommentar Vergaberecht (2007), Teil 1, Rn. 1379; *Boesen*, Vergaberecht (2000), § 101, Rn. 44; *Kramer*, NZBau 2005, S. 138 (139); *Müller-Wrede* in Ingenstau/Korbion, VOB-Kommentar (2007), § 3a, Rn. 31; *Schütte*, ZfBR 2004, S. 237 (237).

[389] *Willenbruch*, NZBau 2003, S. 422 (424).

B. Die Akzessorietät des Ausschreibungsmerkmals

Um einen praktikablen, effizienten und zügigen Ablauf gewährleisten zu können, ist es dem Auftraggeber möglich, Fristen zu setzen, zu denen bestimmte Angebote abzugeben sind. Verspätete Angebote sind zwingend auszuschließen.

Der Auftraggeber fordert die Anbieter schließlich zu einem optimierten abschließenden Angebot auf (Last and Final Offer), um eine lange Verhandlungsdauer abzukürzen. Anhand der Auswertung dieser Angebote benennt der Ausschreibende mindestens zwei[390] „preferred-bidder", soweit vorhanden, mit denen er die letzten Feinheiten des Vertrages schlussverhandelt.[391] Auch in dieser letzten Phase schreibt Art. 44 IV 2 Richtlinie 2004/18/EG (ebenso: Abschnitt 2 § 3a Nr. 7 II 2 VOB/A) damit effektiven Wettbewerb vor. Art. 44 IV 2 lautet: *In der Schlussphase müssen noch so viele Angebote vorliegen, dass ein echter Wettbewerb gewährleistet ist, sofern eine ausreichende Anzahl von Lösungen oder geeigneten Bewerbern vorliegt.*

bb) Anwendungsbereich

Aufgrund seiner Flexibilität ist das Verhandlungsverfahren bei Auftraggebern beliebt, vor allem in Fällen, in denen es um komplexe Vergaben geht.[392] Da es den Wettbewerb jedoch stark einschränkt und damit auch für Submissionsabsprachen – in der Regel vertikale Absprachen[393] – sehr anfällig ist, ist dieses Verfahren nur in sehr eng auszulegenden Ausnahmefällen zulässig.[394] Die abschließenden europa-

---

[390] *Wagner* in: Langen/Bunte, GWB-Kommentar/1 (2006), § 101, Rn. 60; *Dreher* in: Immenga/Mestmäcker, Wettbewerbsrecht GWB (2007), § 101, Rn. 29; a.A. *Müller-Wrede* in Ingenstau/Korbion, VOB-Kommentar (2007), § 3a, Rn. 32; *Weyand*, Praxiskommentar Vergaberecht (2007), Teil 1, Rn. 1392, die mindestens drei Bieter verlangen; veraltet: *Kulartz* in: Kulartz/Kus/Portz, GWB-Vergaberecht (2006), § 101, Rn. 29 und *Schütte*, ZfBR 2004, S. 237 (237), die entgegen dem eindeutigen Wortlaut des Art. 44 IV 2 der Richtlinie 2004/18/EG und Abschnitt 2 § 3a Nr. 7 II 2 VOB/A nur einen Bieter zulassen.
[391] *Kulartz* in: Kulartz/Kus/Portz, GWB-Vergaberecht (2006), § 101, Rn. 26, 29.
[392] *Willenbruch*, NZBau 2003, S. 422 (423).
[393] Zur Erfassung im Rahmen des § 298 StGB vgl. Teil 3 Kap. 3, A II.
[394] EuGH, Urt. v. 10.03.1987 – C-199/85, Slg. 1987, S. 1039 (Rn. 14) – Kommission/Italien; EuGH, Urt. v. 28.03.1996 – C-318/94, Slg. 1996, S. I-1949 (Rn. 13) – Kommission/Deutschland; EuGH, Urt. v. 13.01.2005 – C-84/03, Slg. 2005, S. I-139 (Rn. 48) – Kommission/Spanien; EuGH, Urt. v. 18.11.2004 – C-126/03, Slg. 2004, S. I-11197 (Rn. 23) – Kommission/Deutsch-

rechtlichen Vorgaben der Art. 30 und 31 Richtlinie 2004/18/EG und Art. 40 Richtlinie 2004/17/EG wurden in den Abschnitten 2 §§ 3a Nr. 5 und Nr. 6 VOB/A und §§ 3a Nr. 1 V und Nr. 2 VOL/A umgesetzt. Sie regeln die Voraussetzungen unter denen vom Offenen oder Nichtoffenen Verfahren abgewichen werden kann und das Verhandlungsverfahren mit oder ohne öffentliche Vergabebekanntmachung, das heißt mit oder ohne Teilnahmewettbewerb zulässig ist.[395]
Das Verhandlungsverfahren ohne Öffentliche Vergabebekanntmachung enthält noch weniger wettbewerbliche Elemente, weshalb dieses nur unter noch strengeren Voraussetzungen zulässig sein kann.[396]

---

land; *Boesen*, Vergaberecht (2000), § 101, Rn. 45; *Byok*, Verhandlungsverfahren (2006), S. 46; *Schütte*, ZfBR 2004, S. 237 (238).

[395] Das Verhandlungsverfahren nach öffentlicher Vergabebekanntmachung ist gem. § 3a Nr. 5 VOB/A zulässig, wenn bei einem Offenen Verfahren oder Nichtoffenen Verfahren keine annehmbaren Angebote abgegeben worden sind, sofern die ursprünglichen Verdingungsunterlagen nicht grundlegend geändert werden, wenn die betroffenen Bauvorhaben nur zu Forschungs-, Versuchs- oder Entwicklungszwecken und nicht mit dem Ziel der Rentabilität oder der Deckung der Entwicklungskosten durchgeführt werden oder wenn im Ausnahmefall die Leistung nicht eindeutig und so erschöpfend beschrieben werden kann, dass eine einwandfreie Preisermittlung möglich ist.
Das Verhandlungsverfahren nach öffentlicher Vergabebekanntmachung ist gem. § 3a Nr. 1 V VOL/A zulässig, wenn in einem Offenen oder einem Nichtoffenen Verfahren oder einem Wettbewerblichen Dialog nur Angebote im Sinne der §§ 23 Nr. 1 oder 25 Nr. 1 abgegeben worden sind, sofern die ursprünglichen Bedingungen des Auftrags nicht grundlegend geändert werden und alle bietenden Unternehmen einbezogen werden, wenn eine vorherige Festlegung eines Gesamtpreises nicht möglich ist und wenn die zu erbringenden Dienstleistungsaufträge nicht hinreichend genau festgelegt werden können, um diese in einem anderen Verfahren zu vergeben.

[396] Das Verhandlungsverfahren ohne Teilnahmewettbewerb ist nach § 3a Nr. 6 VOB/A zulässig, wenn bei einem Offenen Verfahren oder Nichtoffenen Verfahren keine annehmbaren Angebote abgegeben worden sind, sofern die ursprünglichen Verdingungsunterlagen nicht grundlegend geändert werden und am nachfolgenden Verfahren alle Bieter beteiligt werden, wenn keine oder nur auszuschließende Angebote abgegeben wurden, wenn die Arbeiten aus technischen oder künstlerischen Gründen oder aufgrund des Schutzes von Ausschließlichkeitsrechten nur von einem bestimmten Unternehmer ausgeführt werden können, wenn wegen der Dringlichkeit der Leistung aus zwingenden Gründen durch nicht verursachte und unvorhersehbare Ereignisse, die Fristen nicht eingehalten werden könnten, wenn zusätzliche Leistungen aufgrund eines unvorhersehbaren Ereignisses zur Ausführung der im Hauptauftrag beschriebenen Leistung erforderlich sind und diese nicht vom Hauptauftrag getrennt werden können, wenn gleichartige Bauleistungen innerhalb einer bestimmten Frist wiederholt werden oder, wenn zusätzliche Leistungen, die zur teilweisen Erneuerung oder zur Erweiterung der bestehenden Einrichtung bestimmt sind.

B. Die Akzessorietät des Ausschreibungsmerkmals

Das Verhandlungsverfahren ist vor allem im Bereich der nicht eindeutig und erschöpfend beschreibbaren freiberuflichen Leistungen von großer Bedeutung, da diese mangels Vergleichbarkeit der Angebote nicht im Offenen oder Nichtoffenen Verfahren vergeben werden können.[397] Die VOF, als Verdingungsordnung für freiberufliche Leistungen, kennt ausschließlich das Verhandlungsverfahren als Verfahrensart.[398] Obwohl das Verhandlungsverfahren der freihändigen Vergabe in den Verdingungsordnungen sehr ähnlich ist, kann dieses nicht gleichgesetzt werden. Der Wortlaut des Abschnitt 2 § 3a Nr. 1 d VOB/A, der von „ersetzt" spricht, ist insoweit eindeutig. Die freihändige Vergabe ist ein nicht förmliches Verfahren, innerhalb dessen dem Auftraggeber ein weiter Gestaltungsspielraum zusteht. Insbesondere ist die Zulässigkeit der freihändigen Vergabe nicht abschließend geregelt. Sie kann auch in den § 3 Nr. 4 VOB/A, § 3 Nr. 4 VOL/A vergleichbaren Fällen angewandt werden. Ein weiterer Unterschied besteht darin, dass die Verdingungsordnungen im Rahmen der freihändigen Vergabe keinen vorgeschalteten Teilnahmewettbewerb vorsehen, so dass dieser auf freiwilliger Basis nur in den seltensten

---

Das Verhandlungsverfahren ohne Teilnahmewettbewerb ist nach § 3a Nr. 2 VOL/A, zulässig wenn, in einem Offenen oder einem Nichtoffenen Verfahren keine oder keine wirtschaftlichen Angebote abgegeben worden sind, wenn es sich um die Lieferung von Waren handelt, die nur zum Zwecke von Forschungen, Versuchen, Untersuchungen, Entwicklungen oder Verbesserungen hergestellt werden, wenn der Auftrag wegen seiner technischen oder künstlerischen Besonderheiten oder aufgrund des Schutzes eines Ausschließlichkeitsrechts (z. B. Patent-, Urheberrecht) nur von einem bestimmten Unternehmen durchgeführt werden kann, wenn aus dringlichen zwingenden Gründen, die der Auftraggeber nicht voraussehen konnte, die Fristen nicht eingehalten werden können, bei zusätzlichen Lieferungen, die entweder zur Erneuerung oder zur Erweiterung von Lieferungen oder bestehenden Einrichtungen bestimmt sind, wenn zusätzliche Dienstleistungen, aufgrund eines unvorhersehbaren Ereignisses zur Ausführung der im Hauptauftrag beschriebenen Leistung erforderlich sind und diese nicht vom Hauptauftrag getrennt werden können, wenn gleichartige Bauleistungen innerhalb einer bestimmten Frist wiederholt werden, wenn ein Auftrag an den Gewinner eines Wettbewerbs iSd §31a Nr. 1 zu vergeben ist, bei auf einer Warenbörse notierten und gekauften Ware, oder wenn Waren zu besonders günstigen Bedingungen bei Lieferanten, die ihre Geschäftstätigkeit endgültig einstellen, oder bei Insolvenzverwaltern oder Liquidatoren im Rahmen eines Insolvenz-, Vergleichs- oder Ausgleichsverfahrens oder eines in den Vorschriften eines anderen Mitgliedstaates vorgesehenen gleichartigen Verfahrens erworben werden.

[397] *Byok*, Verhandlungsverfahren (2006), S. 71.
[398] § 5 I 1 VOF: *Aufträge über freiberufliche Leistungen sind im Verhandlungsverfahren mit vorheriger Vergabebekanntmachung zu vergeben.*

Fällen durchgeführt wird.[399] Aufgrund des Vorrangs des Europarechts, kann eine freihändige Vergabe nur noch unterhalb der Schwellenwerte erfolgen.

cc) Die Einbeziehung des Verhandlungsverfahrens in den Schutzbereich des § 298 StGB

Die Einbeziehung des Verhandlungsverfahren, als Verfahren, bei dem sich der Auftraggeber mit oder ohne vorherige öffentliche Aufforderung zur Teilnahme an ausgewählte Unternehmen wendet, um mit einem oder mehreren über die Auftragsbedingungen zu verhandeln, richtet sich wiederum nach der Intensität seiner Wettbewerblichkeit. Beachtlich wird im Folgenden aber auch die Wortlautgrenze des § 298 II StGB sein.

Um die Frage der Einbeziehung in den Schutzbereich des § 298 StGB zu untersuchen, muss eine Trennung zwischen dem Verhandlungsverfahren mit Teilnahmewettbewerb (wörtlich: mit öffentlicher Vergabebekanntmachung) und dem Verhandlungsverfahren ohne Teilnahmewettbewerb (wörtlich: ohne öffentliche Vergabebekanntmachung) erfolgen.

Dem Verhandlungsverfahren mit vorangegangenem Teilnahmewettbewerb ist ein Verfahren entsprechend dem nicht öffentlichen Verfahren vorgeschaltet. Die Leistung wird so konkret wie möglich ausgeschrieben und interessierte Unternehmen können sich für die Teilnahme am Verhandlungsverfahren bewerben. Sie geben somit ein Angebot ab, an dem Verfahren teilzunehmen. Diesem Angebot fügen sie die vom Auftraggeber in der Bekanntmachung geforderten Eignungsnachweise bei. Eignungsnachweise können dabei zum Beispiel Erklärungen über den Umsatz der letzten Jahre, Nachweise von vergleichbaren erbrachten Leistungen, Beschreibungen von technischen Ausrüstungen des Unternehmens und auch freie Kapazitäten, technisches Know-how etc. sein.[400]

Wie bereits im Rahmen des nicht öffentlichen Verfahrens beschrieben[401], kann ein Absehen von einer Bewerbung vereinbar werden, womit auf die Anzahl der teil-

---

[399] *Müller-Wrede* in Ingenstau/Korbion, VOB-Kommentar (2007), § 3, Rn. 34, 37.
[400] *Byok*, Verhandlungsverfahren (2006), S. 89, 90.
[401] Vgl. Teil 3 Kap 1 B I 2 b cc.

B. Die Akzessorietät des Ausschreibungsmerkmals

nehmenden Unternehmen Einfluss genommen, der hier herrschende Teilnahmewettbewerb damit ausgeschlossen werden kann.

Zum anderen, können aber auch im Rahmen der Eignungsangaben Absprachen getroffen werden. Eine denkbare Absprache könnte z.b. die Angabe der freien Kapazitäten betreffen. Dadurch, dass bestimmte Unternehmen nur sehr geringe freie Kapazitäten angeben, kann der Kreis der ausgewählten Unternehmen gesteuert werden und somit bewusst bestimmte Bewerbungen herausgehoben werden. Sinn und Zweck des Teilnahmewettbewerbs ist es dem Auftraggeber zu ermöglichen, den Markt zu erforschen und sich einen Überblick über die Anbieter zu verschaffen. Dies wird mit einer Absprache unmöglich gemacht. Ein Teilnahme„wettbewerb" findet nicht mehr statt.

Im Folgenden wird innerhalb des Verhandlungsverfahrens über die Angebote diskutiert und diese können noch verändert werden. Die genaue Leistungsbeschreibung wird erst im Rahmen der Verhandlungen mit den einzelnen Bietern bestimmt. Aufgrund des Geheimhaltungsgrundsatzes, das heißt, dass es dem Ausschreibenden verwehrt ist, die übrigen Bieter vom Verhandlungsstand beziehungsweise -ergebnis mit den anderen Bietern zu informieren, kommt es in der Regel sogar zu verschiedenen Angeboten, die nicht vollständig vergleichbar sind. Eine direkte Einflussnahme auf diesen Bereich des Verfahrens kann durch vorherige Absprachen kaum genommen werden. Es ist denkbar, dass sich Teilnehmer des Verfahrens zu einer erneuten Absprache zusammenfinden, allerdings kann diese Absprache nicht mehr vom Schutzbereich des § 298 StGB umfasst sein. In dem Moment, in dem die endgültigen Angebote abgegeben werden, besteht kein schützenswerter Wettbewerb im Sinne des Strafrechts mehr, da sich zu diesem Zeitpunkt das Verhandlungsverfahren nicht mehr von privaten Vertragsverhandlungen unterscheiden lassen, die aufgrund der individuellen und persönlichen Verhandlungsbasis nicht in einen wettbewerblichen Straftatbestand einzubeziehen sind. In diesem Bereich ist jedoch stets an eine mögliche Betrugsstrafbarkeit zu denken.

Dieses Ergebnis stützt auch die Tatsache, dass sich der Ausschreibende bei der Wahl des Verhandlungsverfahrens bewusst gegen ein Verfahren mit hoher Wettbewerbsintensität zugunsten eines flexibleren Modells entschieden hat.[402] Während

---

[402] Weitergehend noch: *Tiedemann* in: Laufhütte/Rissing-van Saan/Tiedemann, LK (2008), § 298,

bei Vornahme eines Teilnahmewettbewerbs noch eine gewisse Ausprägung des wettbewerblichen Gedankens einer Ausschreibung erkennbar wird, fehlt diese im Bereich des Verhandlungsverfahrens ohne Teilnahmewettbewerb. In diesem Fall haben die Unternehmen keinerlei Einfluss auf die Auswahl der teilnehmenden Unternehmen. Die ausschreibende Stelle entscheidet allein, welche Unternehmen sie zur Angebotsabgabe auffordern möchte. Mit diesen Unternehmen steigt sie dann in individuelle Verhandlungsrunden ein, ohne formalistischen Verfahrensregeln zu unterliegen. Sie muss zwar auch in diesem Verfahren die Grundsätze der Gleichbehandlung und Transparenz wahren, allerdings erinnert das Verfahren eher an eine privatrechtliche Angebotseinholung als eine öffentliche Ausschreibung. Eine Absprache wäre nur zwischen den ausgewählten Unternehmen und erst ab dem Zeitpunkt der Auswahl denkbar. Da aber wie gerade dargestellt, zum Zeitpunkt der endgültigen Angebotsabgabe kein strafrechtlich schützenswerter Wettbewerb mehr vorliegt, kommt lediglich eine Betrugsstrafbarkeit in Betracht. Außerdem kann eine Geldbuße nach den Vorschriften des GWB verhängt werden.

Des Weiteren ist nicht ersichtlich, warum einem Auftraggeber der Schutz des Wettbewerbsstrafrechts zugute kommen sollte, entscheidet er sich bewusst dagegen.[403]

Auch der Gesetzgeber sah für den Schutz eines Verfahrens ohne Teilnahmewettbewerb kein Bedürfnis, was die Einführung des § 298 II StGB deutlich macht. § 298 II StGB dient der Klarstellung, welche vergaberechtlichen Verfahren der Gesetzgeber unter den Begriff der Ausschreibung in § 298 I StGB subsumiert sehen wollte. Die freihändige Vergabe ist kein typisches Beispiel für eine Ausschreibung, da das eigentliche Angebot, wie bereits im Rahmen des Verhandlungsverfahrens dargestellt, das oberhalb der Schwellenwerte an die Stelle der freihändigen Vergabe tritt[404] – mithin gleich zu behandeln ist –, erst nach individuellen Verhand-

---

Rn. 21, der das Verhandlungsverfahren nicht als Wettbewerbsverfahren sieht und damit schon das Vorliegen einer Ausschreibung verneint.

[403] Zu einem anderen Ergebnis könnte man nur kommen, sieht man neben dem Wettbewerb das Vermögen des Veranstalters als geschütztes Rechtsgut an. Ist dieses gleichrangig geschützt, so kann trotz der Verneinung der Verletzung des Wettbewerbs eine Verletzung des § 298 StGB angenommen werden. Eine Verletzung des Veranstaltervermögens kommt auch im Rahmen eines Verhandlungsverfahrens ohne Teilnahmewettbewerb in Betracht.

[404] Vgl. Abschnitt 2 § 3a Nr. 1 d VOB/A.

B. Die Akzessorietät des Ausschreibungsmerkmals

lungen abgegeben wird. Durch die Einführung des § 298 II StGB legte der Gesetzgeber jedoch fest, dass auch ein Verfahren, das als Ausschreibungselement allein den Teilnahmewettbewerb, das heißt die Aufforderung zur Bewerbung um Teilnahme, besitzt, unter den Schutz des § 298 I StGB fallen soll, mithin eine Ausschreibung im Sinne der Vorschrift ist.

Das Verhandlungsverfahren mit Teilnahmewettbewerb ist daher strafrechtlich geschützt, während das Verhandlungsverfahren ohne Teilnahmewettbewerb nicht von § 298 StGB erfasst wird.

Zu beachten ist allerdings, dass der Gesetzgeber selbst in § 298 StGB die Grenzen für eine Übertragbarkeit setzt, so dass dennoch von einer Akzessorietät des § 298 I StGB zum GWB, was den Bereich der Ausschreibung betrifft, gesprochen werden kann. § 298 II StGB schränkt nicht die grundsätzliche Akzessorietät ein, sondern nimmt bewusst gewisse Verfahren aus dem Anwendungsbereich heraus. Die Nicht-Einbeziehung des Verhandlungsverfahrens ohne Teilnahmewettbewerb steht somit einer weiteren Untersuchung der Akzessorietät nicht entgegen, vielmehr muss diese gerade im Hinblick darauf vorgenommen werden, ob das noch verbleibende Verfahren des wettbewerblichen Dialogs unter die Ausnahme des § 298 II StGB fallen muss oder ob dieses vielmehr eine Ausschreibung im Sinne des § 298 I StGB darstellt.

d) Der wettbewerbliche Dialog

Das Verfahren des wettbewerblichen Dialogs wurde erstmals durch das „Gesetz zur Beschleunigung der Umsetzung von Öffentlich Privaten Partnerschaften und zur Verbesserung gesetzlicher Rahmenbedingungen für Öffentlich Private Partnerschaften"[405] vom 01.09.2005 in das deutsche Vergaberecht eingeführt. Ein entsprechendes Verfahren war und ist in keiner Verdingungsordnung geregelt, so dass es sich um ein Verfahren handelt, dass nur oberhalb der Schwellenwerte, im Geltungsbereich des GWB, Anwendung finden kann.[406]

---

[405] BGBl. 2005-I, S. 2676.
[406] Eine mit § 6a VgV deckungsgleiche Regelung findet sich seit 2006 in Abschnitt 2 § 3a VOB/A, wobei auch diese Regelung nur für die von der Richtlinie 2004/18/EG umfassten Bereiche gilt, d.h. oberhalb der Schwellenwerte; Abschnitt 2, § 3a Nr. 1 III VOL/A trifft nur indirekte und an-

Die Einführung erfolgte auf freiwilliger Basis, Art. 29 I der Richtlinie 2004/18/EG konstituiert keine Pflicht der Mitgliedstaaten auf Einführung eines solchen Verfahrens. Aufgrund mangelnder Flexibilität der vorhandenen Vergabearten, vor allem bei schwierigen Vergaben, entschied sich Deutschland 2005 zur Einführung des sehr freien Verfahrens.

Der wettbewerbliche Dialog wurde in § 101 V GWB geregelt und ist demnach ein Verfahren zur Vergabe besonders komplexer Aufträge durch staatliche Auftraggeber, in dem eine Aufforderung zur Teilnahme und anschließend Verhandlungen mit ausgewählten Unternehmen über alle Einzelheiten des Auftrags erfolgt. Art. 1 XI c Richtlinie 2004/18/EG beschreibt das Verfahren etwas genauer, als Verfahren, bei dem sich alle Wirtschaftsteilnehmer um die Teilnahme bewerben können und bei dem der öffentliche Auftraggeber einen Dialog mit den zu diesem Verfahren zugelassenen Bewerbern führt, um eine oder mehrere seinen Bedürfnissen entsprechenden Lösungen herauszuarbeiten, auf deren Grundlage beziehungsweise Grundlagen die ausgewählten Bewerber zur Angebotsabgabe aufgefordert werden.

aa) Das Verfahren

Beim wettbewerblichen Dialog handelt es sich um ein dreistufiges Verfahren, das in Teilnahmewettbewerb, Dialogphase und Angebotsphase untergliedert ist.[407]

Wie auch bei den anderen Verfahren mit Teilnahmewettbewerb, beginnt das Verfahren mit einer Bekanntmachung, in der – oder in der zusätzlichen Beschreibung[408] – auch die Mindestkriterien für eine Eignungsprüfung und die Zuschlagskriterien festzulegen sind. Diese grundlegenden Regelungen dürfen während des

---

satzweise Regelungen. Auch dieser § gilt nur oberhalb der Schwellenwerte.

[407] *Dreher* in: Immenga/Mestmäcker, Wettbewerbsrecht GWB (2007), § 101, Rn. 36; *Wagner* in: Langen/Bunte, GWB-Kommentar/1 (2006), § 101, Rn. 66; *Osebold/Loskant*, Baumarkt und Bauwirtschaft 2007, S.43 (43); *Knauff*, NZBau 2005, S. 249 (251); *Opitz*, VergabeR 2006, S. 451 (452).

[408] Die Beschreibung entspricht den Verdingungsunterlagen in den anderen Verfahren. Durch die andere Wortwahl soll jedoch herausgestellt werden, dass keine detaillierte Leistungsbeschreibung enthalten ist. Vgl. dazu Europäische Kommission, Generaldirektion Binnenmarkt und Dienstleistungen, Vergabewesen, Erläuterungen – Wettbewerblicher Dialog – Klassische Richtlinie (CC/2005/04_rev1), Fn. 9.

B. Die Akzessorietät des Ausschreibungsmerkmals

Verfahrens nicht geändert werden,[409] allerdings ist eine Ausfüllung der Kriterien mit Unterkriterien möglich, soweit sie erforderlich werden, um die abgegebenen Angebote unterscheiden zu können und solange sie nicht diskriminierend gegenüber einem oder mehreren Bietern wirken.[410]

Art. 29 III Richtlinie 2004/18/EG und dessen Umsetzung in § 6a III VgV[411] regelt den Ablauf der Dialogphase. Nach Abschluss des Teilnahmewettbewerbs, beginnt mit den ausgewählten Unternehmen ein Dialog, in dem der Auftraggeber ermittelt und festlegt, wie seine Bedürfnisse am besten erfüllt werden können. Dabei können alle Einzelheiten, das heißt sowohl technische, als auch wirtschaftliche (zum Beispiel Preis, Kosten, Einkünfte) oder rechtliche (zum Beispiel Risikoverteilung, Risikobegrenzung, Garantien) Aspekte, des Auftrages erörtert werden. Die einzige Grenze bildet die Aufrechterhaltung der Identität des Auftrages. Die Vergabestelle darf während des Dialogs ihre Bedürfnisse nicht komplett modifizieren und damit den eigentlichen Ausschreibungsgegenstand ändern.[412] Auch in dieser sehr wenig regulierten und formalistischen Phase gelten aber der Gleichbehandlungsgrundsatz, das Diskriminierungsverbot und der Verschwiegenheitsgrundsatz.[413]

Nach Beendigung der Dialogphase ergeht eine Aufforderung zur endgültigen Angebotsabgabe an die beteiligten Unternehmen, Art. 29 VI Richtlinie 2004/18/EG, § 6a V 2 VgV. An dieses Angebot sind die Unternehmen gebunden und es können nur noch *„Präzisierungen, Klarstellungen oder Ergänzungen"* nicht jedoch eine *„Änderung der grundlegenden Elemente des Angebots oder der Ausschreibung"*

---

[409] Vgl. § 6a II VgV; *Dreher* in: Immenga/Mestmäcker, Wettbewerbsrecht GWB (2007), §101, Rn. 37; Bundesministerium für Verkehr, Bau und Stadtentwicklung und Finanzministerium des Landes Nordrhein-Westfalen, PPP im Hochbau – Vergaberechtsleitfaden – (2007), S. 29, 35; *Heiermann*, ZfBR 2005, S. 766 (771f.).

[410] *Trautner*, CuR 2006, S. 88 (92).

[411] Verordnung über die Vergabe öffentlicher Aufträge, BGBl. 2003-I, S. 169; zuletzt geändert durch Artikel 1 und 2 der Verordnung vom 23.10.2006, BGBl. 2006-I, S. 2334.

[412] *Knauff*, NZBau 2005, S. 249 (251); *Opitz*, VergabeR 2006, S. 451 (454); *Heiermann*, ZfBR 2005, S. 766 (773).

[413] § 6a III 3-5 VgV: *Die staatlichen Auftraggeber haben dafür zu sorgen, dass alle Unternehmen bei dem Dialog gleich behandelt werden. Insbesondere dürfen sie nicht Informationen so weitergeben, dass bestimmte Unternehmen begünstigt werden könnten. Die staatlichen Auftraggeber dürfen Lösungsvorschläge oder vertrauliche Informationen eines Unternehmens nicht ohne dessen Zustimmung an die anderen Unternehmen weitergeben und diese nur im Rahmen des Vergabeverfahrens verwenden.*

vorgenommen werden.[414] Die abgegebenen Angebote werden dann anhand der Zuschlagskriterien beurteilt und das wirtschaftlich günstigste Angebot angenommen, § 6a VI VgV, Art. 29 VII Richtlinie 2004/18/EG. Dabei ist zu beachten, dass die Angebote nicht nur preislich, sondern auch inhaltlich zu bewerten sind, da sie aufgrund unterschiedlicher Absprachen auch inhaltlich differieren. Sobald der Auftraggeber erkennt, dass keine der diskutierten Lösungen oder keines der abgegebenen Angebote seine Bedürfnisse erfüllt, so hat er den Dialog für beendet zu erklären (§ 6a V 1 Nr. 2 VgV) und die teilnehmenden Unternehmen davon zu informieren.

bb) Anwendungsbereich

Neben der Flexibilität hat das Verfahren des wettbewerblichen Dialogs noch weitere Vorteile für den Auftraggeber. So kann er die Problemlösungs- und Planungskompetenzen der Unternehmen nutzen, durch einen kooperativen und weitestgehend schnittstellenfreien Planungsprozess den Ablauf optimieren und Kosten einsparen, die Projektdauer durch verzahnte Projektphasen verkürzen, die Kosten- und Terminrisiken, sowie Projektstörungen reduzieren, Claims und Konfliktpotential durch eine gemeinsame Festlegung des Bausolls vermeiden und die gesamten Bau- und Betriebskosten reduzieren.[415]

Diesen Vorteilen steht aber eine nicht zu vernachlässigende Gefahr der Wettbewerbsbeschränkung gegenüber. Diese hat auch der Gesetzgeber gesehen und hat die Zulässigkeit des wettbewerblichen Dialogs streng reguliert. Art. 1 XI c der Richtlinie und § 6a I VgV regeln die Voraussetzungen, wann ein solcher durchgeführt werden darf. Die Auftraggeber sind dazu berechtigt, sofern sie objektiv nicht in der Lage sind, die technischen Mittel, mit denen ihre Bedürfnisse und Ziele erfüllt werden können, oder die rechtlichen oder finanziellen Bedingungen des Vorhabens anzugeben. Eine etwas deutlichere Beschreibung, was unter diesen Voraussetzungen verstanden werden kann, gibt der 31. Erwägungsgrund der Richtlinie 2004/18/EG: *„Für öffentliche Auftraggeber, die besonders komplexe Vorhaben durchführen, kann es – ohne dass ihnen dies anzulasten wäre –*

---

[414] Vgl. Art. 29 VI 2. Unterabsatz, S. 2 der Richtlinie 2004/18/EG; § 6a V 4 VgV.
[415] *Osebold/Loskant*, Baumarkt und Bauwirtschaft 2007, S.43 (45).

B. Die Akzessorietät des Ausschreibungsmerkmals

objektiv unmöglich sein, die Mittel zu bestimmen, die ihren Bedürfnissen gerecht werden können, oder zu beurteilen, was der Markt an technischen bzw. finanziellen/rechtlichen Lösungen bieten kann. Eine derartige Situation kann sich insbesondere bei der Durchführung bedeutender integrierter Verkehrsinfrastrukturprojekte, großer Computernetzwerke oder Vorhaben mit einer komplexen und strukturierten Finanzierung ergeben, deren finanzielle und rechtliche Konstruktion nicht im Voraus vorgeschrieben werden kann."

Diesen Gedanken greift der nationale Gesetzgeber in seiner Begründung zum ÖPP-Beschleunigungsgesetz auf. Demnach sind besonders komplexe Aufträge „*z.B. bedeutende integrierte Verkehrsinfrastrukturprojekte, große Computernetzwerke oder Vorhaben mit komplexer Finanzierung, deren rechtliche und finanzielle Konstruktionen im Voraus nicht beschrieben werden können.*"[416]

Bei solchen Vorhaben kann es sinnvoll sein, mit den einzelnen Bewerbern vorerst zu erarbeiten, welche technischen/rechtlichen/finanziellen Möglichkeiten es auf dem Markt gibt und welches Modell den Bedürfnissen der Auftraggeber am nächsten kommt.

Zu beachten ist allerdings, dass bei der Bewertung der objektiven Unmöglichkeit[417] ein sehr strenger Maßstab anzulegen ist. Dies wird durch den Einschub „ohne dass ihnen dies anzulasten wäre" in Erwägungsgrund 31 der Richtlinie verdeutlicht. Der deutsche Gesetzgeber definiert die objektive Unmöglichkeit in diesem Zusammenhang in gleicher Weise.[418] Es ist somit zu prüfen, ob der Auftraggeber mit zumutbarem Aufwand in der Lage wäre, die erforderlichen technischen Mittel oder die

---

[416] BT-Drucks. 15/5668, S. 11.
[417] Die Verwendung des Begriffs „objektive Unmöglichkeit" in diesem Zusammenhang erscheint missver-ständlich. Nach deutschem Verständnis ist hier vielmehr eine „subjektive Unmöglichkeit" gemeint, da es lediglich dem Auftraggeber selbst unter Aufbietung aller zumutbaren Möglichkeiten, z.B. die Einschaltung von Sachverständigen, nicht möglich ist, die Lösung seiner Bedürfnisse zu konkretisieren. Den einzelnen Wirtschaftsteilnehmer ist dies sehr wohl möglich und wird von diesen gerade erwartet. Allerdings ist eine subjektive Unmöglichkeit in dem Sinne, dass es dem Auftraggeber unmöglich ist aufgrund von Unzulänglichkeiten oder fehlendem Willen keine ausreichende Voraussetzung. Vgl. BT-Drucks. 15/5668, S. 13.
[418] BT-Drucks. 15/5668, S. 13: „*Objektiv unmöglich heißt, dass dies dem Auftraggeber nicht anzulasten ist.*"

rechtlich/finanzielle Konstruktion festzulegen.[419] Unzumutbar wird eine Auftragsspezifizierung in der Regel dann, wenn der hierfür anfallende finanzielle Aufwand über 10% der voraussichtlich anfallenden Gesamtkosten liegt.[420] Eine rechtlich oder finanzielle komplexe Situation ergibt sich häufig im Zusammenhang mit öffentlich-privaten Partnerschaften (Public Private Partnership oder PPP-Modelle). Ein PPP-Modell liegt vor, wenn sowohl private als auch öffentlich-rechtliche Personen beteiligt sind, die im weitesten Sinne miteinander kooperieren. Im Gesetzesentwurf wird eine ÖPP als *„Kooperation von öffentlicher Hand und privater Wirtschaft beim Entwerfen, bei der Planung, Erstellung, Finanzierung, dem Management, dem Betreiben und dem Verwerten von bislang in staatlicher Verantwortung erbrachten öffentlichen Leistungen"* beschrieben.[421] Es sind dabei die verschiedensten Ausprägungen denkbar. Beispiele sind etwa Formen der Beteiligungsfinanzierung, Entwicklungs-, Betreiber- Management oder Factoringmodelle.[422]

cc) Einbeziehung des wettbewerblichen Dialogs in den Schutzbereich des § 298 StGB

Der wettbewerbliche Dialog ist – wie eben dargestellt – ein Verfahren zur Vergabe besonders komplexer Aufträge durch staatliche Auftraggeber, in dem eine Aufforderung zur Teilnahme und anschließend Verhandlungen mit ausgewählten Unternehmen über alle Einzelheiten des Auftrags erfolgt.

Es handelt es sich um ein dreistufiges Verfahren, wobei auf erster Stufe ein Teilnahmewettbewerb, wie er auch im Rahmen des nicht öffentlichen und des Verhandlungsverfahren mit Teilnahmewettbewerb zu finden ist, stattfindet.
Zum Zeitpunkt der Schaffung des § 298 StGB bestand keine vergleichbare Verfahrensart. Diese wurde 2005 erstmalig in deutsches Recht implementiert. Fraglich ist

---

[419] Europäische Kommission, Generaldirektion Binnenmarkt und Dienstleistungen, Vergabewesen, Erläuterungen – Wettbewerblicher Dialog – Klassische Richtlinie (CC/2005/04_rev1), S. 2; ebenso: Bundesministerium für Verkehr, Bau und Stadtentwicklung und Finanzministerium des Landes Nordrhein-Westfalen, PPP im Hochbau – Vergaberechtsleitfaden – (2007), S. 29; *Schröder*, NZBau 2007, S. 216 (218).
[420] *Pünder/Franzius*, ZfBR 2006, S. 20 (22).
[421] BT-Drucks. 15/5668, S. 10.
[422] *Schröder*, NZBau 2007, S. 216 (219); *Knauff*, NZBau 2005, S. 249 (253).

B. Die Akzessorietät des Ausschreibungsmerkmals

mithin, ob auch dieses Verfahren vom Schutz des § 298 StGB umfasst werden kann, sollte oder muss. Dies erfasst gleichzeitig die Frage der dynamischen und damit flexiblen Ausgestaltung des § 298 StGB. Sollte auch der wettbewerbliche Dialog in den Ausschreibungsbegriff des § 298 StGB einbezogen werden können, stellt sich der § 298 StGB insoweit als dynamisch dar.

Wesentliches Merkmal des wettbewerblichen Dialogs ist, dass die gewünschte Leistung nicht beschrieben werden kann. Der Auftraggeber kennt nur das gewünschte Ergebnis, den bestmöglichen Weg möchte er über den Markt herausfinden. Die Bekanntmachung enthält mithin lediglich eine Zielbeschreibung und ungefähre Angaben zu dessen Erreichung, so detailliert wie es der Vergabestelle möglich ist. Als Beispiel kann die Ausschreibung einer Straße über einen Fluss dienen. Dabei ist noch nicht entschieden, ob diese via Tunnel oder Brücke gebaut werden sollte, aus welchem Material sie sein sollte etc.
Doch auch hier werden die Eignungskriterien bereits zu diesem frühen Stadium festgelegt und können im Nachhinein nicht mehr verändert werden. Eine Einflussnahme durch eine wettbewerbswidrige Absprache ist mithin auch hier möglich. Zwar kann aufgrund der unbestimmten Leistungsbeschreibung nicht der gesamte Markt reguliert werden, da dieser in seiner Dimension nicht unbedingt bestimmt werden kann, allerdings kann der Auftraggeber zumindest in den einzelnen Segmenten zur Auswahl bestimmter Unternehmen, durch Einflussnahme auf den Teilnahmewettbewerb, veranlasst werden.[423] Eine Beschränkung des Wettbewerbs ist mithin auch hier durchaus vorstellbar.

Eine in der Literatur vertretene Ansicht[424], sieht den wettbewerblichen Dialog als eine Art Vorverfahren an. Auch habe das ÖPP nicht den Wortlaut des § 298 II StGB geändert. Eine Gleichstellung mit der freihändigen Vergabe sei somit nicht erfolgt. Dem ist entgegenzuhalten, dass auch das Verhandlungsverfahren nicht ausdrücklich in § 298 II StGB genannt ist, nach herrschender Meinung und auch nach Ansicht von Hohmann selbst, jedoch umfasst sein soll. Auch im Verhandlungsverfahren kann noch eine Änderung der Angebote erfolgen, dennoch wird dies nicht als Vorverfahren einer Ausschreibung angesehen. Auch im wettbewerblichen Dia-

---

[423] Vgl. zum Vorliegen von Wettbewerb im Rahmen des Teilnahmewettbewerbs und zu möglichen Eingriffen Teil 3 Kap. 1 B I 2 b.
[424] *Hohmann* in: Joecks/Miebach, MüKo StGB (2006), § 198, Rn. 49.

log erfolgt nach dessen Abschluss keine gesonderte Ausschreibung mehr. Des Weiteren ist auf den Schutzzweck des § 298 StGB abzustellen, der bereits den Teilnahmewettbewerb schützt. Dieser findet aber sowohl im Verhandlungsverfahren als auch im wettbewerblichen Dialog statt. Es besteht somit kein Grund, den wettbewerblichen Dialog vom Schutzbereich des § 298 StGB auszunehmen.

Mit dem Teilnahmewettbewerb beinhaltet das Verfahren ein für § 298 StGB ausreichendes Ausschreibungsmoment, wie auch der Vergleich mit § 298 II StGB zeigt. § 298 II StGB macht den Willen des Gesetzgebers deutlich, welche Verfahren er unter den Begriff der Ausschreibung subsumiert haben möchte. Da wie auch im § 298 II StGB ausdrücklich genannten Verfahren der freihändigen Vergabe mit Teilnahmewettbewerb beim wettbewerblichen Dialog der Wettbewerb im Rahmen des Teilnahmewettbewerbs als ausreichendes Wettbewerbs- und Ausschreibungskriterium anzusehen ist, steht einer Einbeziehung dieses Verfahrens in den strafrechtlichen Schutz des § 298 StGB nichts entgegensteht.

Als Zwischenergebnis ist festzuhalten, dass die Vergabeverfahren des GWB in weiten Teilen von § 298 StGB umfasst sind. Eine Ausnahme bildet das Verhandlungsverfahren ohne vorausgegangenen Teilnahmewettbewerb.

II. Der personelle Anwendungsbereich

Nachdem geklärt wurde welche Ausschreibungsarten vom Schutzbereich des § 298 StGB umfasst sind, ist im Folgenden auf den personellen Anwendungsbereich einzugehen. Das GWB enthält in den §§ 97 und 98 GWB eine Beschränkung des personellen Anwendungsbereich der Vergabenormen. Ob auch der Anwendungsbereich des § 298 StGB dadurch beschränkt wird, oder ob dieser auch die Vergaben durch Private schützen soll, ist nun zu klären. Der BGH nimmt eine Erstreckung auf Private unproblematisch an.[425] Dieses Ergebnis wird von der Literatur unreflektiert übernommen[426], wobei es vor allem bei Annahme einer Ausgestaltung des § 298 StGB in Anlehnung an das GWB doch überrascht oder zumindest Erklä-

---

[425] BGH, NStZ 2003, S. 548 (548).
[426] *Dannecker* in: Wabnitz/Janovsky (2007), 16.Kapitel, Rn. 34; *Heine* in: Schönke/Schröder, StGB (2006), § 298, Rn. 4; *Lackner/Kühl*, StGB (2007), § 298, Rn. 2;*Tiedemann* in: Laufhütte/ Ris-sing-van Saan/Tiedemann, LK (2008), § 298, Rn. 20.

B. Die Akzessorietät des Ausschreibungsmerkmals

rungsbedarf eröffnet. Zur Erläuterung des angesprochenen Problems, soll zuerst eine kurze Darstellung des genauen Anwendungsbereichs des GWB erfolgen, bevor die Notwendigkeit und die Möglichkeit einer erweiterten Schutzwirkung des § 298 StGB diskutiert und die Einbeziehung von Ausschreibungen Privater überprüft wird.

1. personeller Anwendungsbereich des GWB

§ 97 I GWB, als erste Norm innerhalb des Vergaberechtsteils (4.Teil) des GWB, spricht von „öffentlichen Auftraggebern", während § 98 GWB die verschiedenen öffentlichen Auftraggeber enumerativ regelt.

Bis zum Jahre 1990, das heißt bis zur Änderung der Vergaberichtlinien[427] legte man den Begriff des „öffentlichen Auftraggebers" institutionell aus. Dieser umfasste mithin lediglich den Staat, die Gebietskörperschaften und die juristischen Personen des öffentlichen Rechts, in Deutschland sind das die Körperschaften, Anstalten und Stiftungen.[428] Mit der Änderung der Vergaberichtlinien und deren Umsetzung in nationales Recht, wurde der personelle Anwendungsbereich des Vergaberechts auf Einrichtungen des öffentlichen Rechts erstreckt. Umfasst sind nun auch private Unternehmen, die eine besondere Staatsnähe aufweisen, und rein private Unternehmen, die in bestimmten Wirtschaftssektoren auf der Basis besonderer oder ausschließlicher Rechte tätig sind. Vor allem um eine transparente und diskriminierungsfreie Beschaffung durchzusetzen, war es wichtig auch solche Stellen einzubinden, die hinsichtlich ihrer Funktion staatliche Aufgaben wahrnehmen, in formaler Sicht jedoch keine staatlichen Stellen im engeren Sinne sind,[429] mithin eine Weiterentwicklung des institutionellen Auftraggeberbegriffs hin zum funktionalem Auftragsgeberbegriff zu vollziehen.[430]

---

[427] Vgl. dazu Teil 3 Kap. 1 A.
[428] *Dreher* in: Immenga/Mestmäcker, Wettbewerbsrecht GWB (2007), § 98, Rn. 4.
[429] *Dreher* in: Immenga/Mestmäcker, Wettbewerbsrecht GWB (2007), § 98, Rn. 5; *Boesen*, Vergaberecht (2000), § 98, Rn. 8; *Weyand*, Praxiskommentar Vergaberecht (2007), Teil 1, Rn. 830.
[430] EuGH, Urt. v. 20.09.1988 – C-31/87, Slg. 1988, S. 4635 (Rn. 11) – Beentjes; EuGH, Urt. v. 17.12.1998 – C-353/96, Slg. 1998, S. I-8565 (Rn. 36) – Kommission/Irland; EuGH, Urt. v. 10.11.1998 – C-360/96, Slg. 1998, S. I-6821 (Rn. 62) – Gemeente Arnhem; EuGH, Urt. v. 01.02.2001 – C-237/99, Slg. 2001, S. I-939 (Rn. 43) – Kommission/Frankreich; EuGH, Urt. v.

Dieser Wandel im Begriffsverständnis macht die Unterscheidung zwischen rein privaten Vergaben, für die die GWB-Normen nicht gelten und öffentlichen Ausschreibungen durch private, die den öffentlichen Auftraggebern gleichgestellt werden, schwierig. Um eine Trennlinie finden zu können und im Anschluss die mögliche Notwendigkeit einer weiteren Auslegung des Schutzbereichs des § 298 StGB diskutieren zu können, sollen im Folgenden kurz auf die dem GWB unterliegenden „öffentlichen Auftraggeber" eingegangen werden.

a) § 98 Nr. 1 GWB – Gebietskörperschaften und deren Sondervermögen

Im Einzelnen führt § 98 GWB in seinen sechs Nummern die Auftraggeber auf, für die das Vergaberecht Anwendung findet. Angelehnt an den institutionellen Auftraggeberbegriff nennt Nr. 1 die klassischen öffentlichen Auftraggeber, die Gebietskörperschaften und deren Sondervermögen.

Gebietskörperschaften sind Körperschaften des öffentlichen Rechts, die sich jeweils durch die rechtliche Zuordnung zu einem räumlich abgegrenzten Teil des Staatsgebiets definieren und für diese Fläche eigene hoheitliche Rechte geltend machen können. Umfasst sind der Bund, die Bundesländer, Regierungsbezirke, Landkreise, Gemeinden und Gemeindeverbände.[431]
Sondervermögen sind unselbständige, aufgrund einer Rechtsnorm gegründete besondere Vermögensmassen. Diese sind von dem sonstigen Vermögen einer Gebietskörperschaft getrennt und mit einer rechtlichten Sonderstellung versehen. Sie sind allerdings unselbständig. Darunter fallen zum Beispiel kommunale öffentlichrechtliche nicht rechtsfähige Stiftungen, rechtlich unselbständige Eigenbetriebe und nicht rechtsfähige Anstalten.[432]

16.10.2003 – C-283/00, Slg. 2003, S. I-11697 (Rn. 76) – Kommission/Spanien (SIEPSA); BKartA, 2. VK, Beschluss v. 08.06.2006 – VK 2 -114/05, Rn. 34.

[431] *Boesen*, Vergaberecht (2000), § 98, Rn. 20; *Weyand*, Praxiskommentar Vergaberecht (2007), Teil 1, Rn. 839; *Dreher* in: Immenga/Mestmäcker, Wettbewerbsrecht GWB (2007), § 98, Rn. 16; *Stickler* in: Reidt/Stickler/Glahs, Vergaberecht (2003), § 98, Rn. 4; *Werner* in: Byok/Jaeger, Kommentar Vergaberecht (2005), § 98, Rn. 299.

[432] *Dreher* in: Immenga/Mestmäcker, Wettbewerbsrecht GWB (2007), § 98, Rn. 16; *Weyand*, Praxiskommentar Vergaberecht (2007), Teil 1, Rn. 844; *Boesen*, Vergaberecht (2000), § 98, Rn. 24; *Stickler* in: Reidt/Stickler/Glahs, Vergaberecht (2003), § 98, Rn. 7; *Werner* in: Byok/Jaeger,

B. Die Akzessorietät des Ausschreibungsmerkmals

Im Rahmen des § 98 Nr. 1 GWB muss dabei nicht unterschieden werden, ob der zu vergebende Auftrag dazu dient, die im Allgemeininteresse liegenden Aufgaben zu erfüllen oder ob er in keinem Zusammenhang mit derartigen Aufgaben steht.[433] Es ist mithin gleichgültig, zu welchem Zweck die Gebietskörperschaft oder deren Sondervermögen handeln, allein die Tatsache, dass es sich um ein/e solche/s handelt, genügt um diese/n als öffentlichen Auftraggeber anzusehen.

b) § 98 Nr. 2 GWB – juristische Personen des öffentlichen und privaten Rechts

§ 98 Nr. 2 GWB deklariert juristische Personen des öffentlichen und privaten Rechts, die gegründet wurden, um im Allgemeininteresse liegende Aufgaben nicht gewerblicher Art zu erfüllen, und die eine besondere Staatsnähe aufweisen, als öffentliche Auftraggeber. Durch die Bezeichnung „juristische Personen des öffentlichen und privaten Rechts" wird der in der Vergaberichtlinie enthaltene Begriff der „öffentlichen Einrichtung" in deutsches Recht umgesetzt.[434]

Juristische Personen des öffentlichen Rechts sind im deutschen Recht Körperschaften, Stiftungen und Anstalten[435], das heißt auch die nach institutionellem Auftraggeberverständnis umfassten Organisationen. Beispielhaft können Einrichtungen

---

Kommentar Vergaberecht (2005), § 98, Rn. 303.
[433] EuGH, Urt. v. 18.11.2004 – C-126/03, Slg. 2004, S. I-11197 (Rn. 18) – Kommission/Deutschland.
[434] BKartA, 2. VK, Beschluss v. 08.06.2006 – VK 2 -114/05, Rn. 34; auch das Europarecht fasst unter den Begriff „Einrichtung des öffentlichen Rechts" Einrichtungen, die in privatrechtlicher Rechtsform organisiert sind. Der EuGH sieht in der Art der Organisation kein Kriterium, „*das [die] Einstufung als öffentlichen Auftraggeber[im Sinne des Art. 1 IX der Richtlinie 2004/18/ EG] ausschließen könnte, da die drei dort genannten Tatbestandsmerkmale – Gründung der Einrichtung speziell zur Erfüllung im Allgemeininteresse liegender Aufgaben nichtgewerblicher Art, Rechtspersönlichkeit und enge Verbindung mit dem Staat, Gebietskörperschaften oder anderen öffentlich-rechtlichen Einrichtungen – erfüllt, nicht bereits dadurch der Anwendung dieser Richtlinie entzogen werden kann, dass sie in der für sie geltenden nationalen Rechtsordnung nach ihrer Rechtsform und der für sie einschlägigen Regelungen dem Privatrecht untersteht.*" Vgl. EuGH, Urt. v. 15.05.2003 – C-214/00, Slg. 2003, S. I-4667 (Leitsatz 1; Rn. 55-57) – Kommission/Spanien; EuGH, Urt. v. 13.01.2005 – C-84/03, Slg. 2005, S. I-139 (Rn. 28) – Kommission/Spanien.
[435] Weyand, Praxiskommentar Vergaberecht (2007), Teil 1, Rn. 847; Werner in: Byok/Jaeger, Kommentar Vergaberecht (2005), § 98, Rn. 318.

Kapitel 1: Ausschreibungen

wie Hochschulen, Kammern, Wirtschaftsvereinigungen und Sozialversicherungen genannt werden.[436]

Als juristische Personen des Privatrechts gelten vor allem eingetragene Vereine, Handelsgesellschaften wie Gesellschaften mit beschränkter Haftung (GmbH), Aktiengesellschaften (AG), Kommanditgesellschaften auf Aktien (KGaA), der Versicherungsverein auf Gegenseitigkeit und die Genossenschaften. Auch die Vor-GmbH, die nach herrschender Meinung eine Rechtsnatur sui generis besitzt und damit keine juristische Person ist, ist von § 98 Nr. 2 GWB umfasst, da es sich bei diesem Vorstadium um ein notwendiges Durchgangsstadium zur endgültigen Gesellschaft handelt.[437] Des Weiteren müssen, um eine umfassende Geltung der Vergabevorschriften zu gewähren und Umgehungsversuche zu unterbinden, auch Personengesellschaften, wie die offene Handelsgesellschaft (OHG), die Kommanditgesellschaft (KG) und die Gesellschaft bürgerlichen Rechts (GbR oder BGB-Gesellschaft) in den Regelungsbereich einbezogen werden. Dies kann durch eine weite Auslegung oder im Wege analoger Anwendung erreicht werden.[438] Bei den eben genannten Gebilden handelt es sich um private Formen, die mit dem Staat oder der öffentlichen Hand grundsätzlich nichts zu tun haben. Vielmehr richtet sich deren Verfassung und Auftreten am Markt allein nach Privatrechtsregelungen.

Um den Bezug zu einem öffentlichen Auftraggeber herstellen zu können, müssen die aufgezählten juristische Personen des Privatrechts zum Zweck der Erfüllung von im Allgemeininteresse liegenden Aufgaben gegründet worden sein. Der Gründungszweck ergibt sich dabei meist aus der Satzung oder aus dem Gesellschaftsvertrag. Allerdings ist dieses Merkmal auch dann anzunehmen, wenn die juristische Person erst nach Gründung solche Aufgaben übernommen hat und diese seither tatsächlich wahrnimmt. Es ist mithin auf die tatsächlich ausgeübte Tätigkeit abzustellen.[439]

---

[436] Vgl. Anhang III der Richtlinie 2004/18/EG.
[437] BKartA, 1.VK, Beschluss v. 12.12.2002 – VK 1 - 83/02, Rn. 72; *Weyand*, Praxiskommentar Vergaberecht (2007), Teil 1, Rn. 855f.; *Eschenbruch* in: Kulartz/Kus/Portz, GWB-Vergaberecht (2006), § 98, Rn. 99; *Dreher* in: Immenga/Mestmäcker, Wettbewerbsrecht GWB (2007), § 98, Rn. 41; *Werner* in: Byok/Jaeger, Kommentar Vergaberecht (2005), § 98, Rn. 321.
[438] *Strickler* in: Reidt/Stickler/Glahs, Vergaberecht (2003), § 98, Rn. 12; *Boesen,* Vergaberecht (2000), § 98, Rn. 35ff.; *Weyand*, Praxiskommentar Vergaberecht (2007), Teil 1, Rn. 859.
[439] EuGH, Urt. v. 12.12.2002 – C-470/99, Slg. 2002, I-11617 (Rn. 56f., 63) – Universale Bau AG; BKartA, 2. VK, Beschluss v. 08.06.2006 – VK 2 -114/05, Rn. 34; OLG Düsseldorf, Beschluss v.

B. Die Akzessorietät des Ausschreibungsmerkmals

Eine Umgehung wäre sehr leicht möglich, würde eine Festschreibung im Gesellschaftsvertrag zwingende Voraussetzung sein. Im Gegensatz dazu muss es allerdings aus Gründen der Rechtssicherheit genügen, wenn eine Festschreibung im Gesellschaftsvertrag vorliegt; auch dann, wenn die Einrichtung momentan nur Aufgaben zu anderen Zwecken wahrnimmt.[440]
Das Allgemeininteresse beziehungsweise Aufgaben, die im Allgemeininteresse liegen, erfahren weder im Europarecht noch im deutschen Vergaberecht eine Konkretisierung. Nach herrschender Meinung liegt eine Aufgabe im Allgemeininteresse, wenn sie objektiv mehreren Personen zugute kommt und im Dienste der allgemeinen Öffentlichkeit wahrgenommen wird. Sie muss hoheitliche Befugnisse oder die Wahrnehmung der Belange des Staates und damit letztlich Aufgaben betreffen, die der Staat selbst erfüllen oder bei denen er einen entscheidenden Einfluss behalten möchte.[441] Anders formuliert handelt es sich um Aufgaben, die sich dem Kernbereich staatlicher Tätigkeit zuordnen lassen, weil sie mit dem institutionellen Funktionieren des Staates eng verknüpft sind und der Wohlfahrt der Gesellschaft als Ganzes dienen.[442] Um eine Flucht aus der Staatlichkeit zu vermeiden wird diese Definition sehr weit gefasst. Vor allem auf dem Gebiet der Daseinsvorsorge ist häufig von einer im Allgemeininteresse liegenden Aufgabe auszugehen.[443]

Im Bereich der juristischen Personen des öffentlichen Rechts kann mit der tatsächlichen Vermutung gearbeitet werden, dass ein öffentlich-rechtlicher Rechtsträger grundsätzlich im Allgemeininteresse liegende Aufgaben verfolgt.[444] Handelt es sich

---

09.04.2003 – VII-Verg 66/02, Rn. 11; *Weyand*, Praxiskommentar Vergaberecht (2007), Teil 1, Rn. 860f.; *Dreher* in: Immenga/Mestmäcker, Wettbewerbsrecht GWB (2007), § 98, Rn. 46; a.A. *Boesen*, Vergaberecht (2000), § 98, Rn. 61.

[440] *Dreher* in: Immenga/Mestmäcker, Wettbewerbsrecht GWB (2007), § 98, Rn. 48; *Jochum*, NZBau 2002, S. 69 (72); *Werner* in: Byok/Jaeger, Kommentar Vergaberecht (2005), § 98, Rn. 330.

[441] EuGH, Urt. v. 10.11.1998 – C-360/96, Slg. 1998, S. I-6821 (Rn. 51) – Gemeente Arnhem; EuGH, Urt. v. 16.10.2003 – C-283/00, Slg. 2003, S. I-11697 (Rn. 80) – Kommission/Spanien (SIEPSA); OLG Düsseldorf, Beschluss v. 06.07.2005 – VII-Verg 22/05, Rn. 20; BayObLG, NZBau 2003, S. 348 (348); *Weyand*, Praxiskommentar Vergaberecht (2007), Teil 1, Rn. 862.

[442] *Jochum*, NZBau 2002, S. 69 (70); *Boesen*, Vergaberecht (2000), § 98, Rn. 44.

[443] *Jochum*, NZBau 2002, S. 69 (70).

[444] BayObLG, NZBau 2003, S. 348 (348); *Dreher* in: Immenga/Mestmäcker, Wettbewerbsrecht GWB (2007), § 98, Rn. 70; *Werner* in: Byok/Jaeger, Kommentar Vergaberecht (2005), § 98, Rn. 336.

um eine juristische Person des Privatrechts, so geht eine Vermutung dahin, dass private Rechtsträger immer dann eine Aufgabe im Allgemeininteresse erfüllen, wenn sie vom Staat für die Erfüllung ihrer Aufgaben eine marktbezogene, tatsächliche, wirtschaftliche oder rechtliche Sonderstellung in Abweichung von den Prinzipien des Wettbewerbs und der Gleichheit erhalten.[445]

Die Aufgabe darf nicht gewerblicher Art sein. Dies ergibt sich vor allem aus dem Zweck der Vergaberichtlinien. Diese dienen dazu, Hemmnisse für den freien Waren- und Dienstleistungsverkehr abzubauen, das heißt, Wettbewerb zu schaffen. Ist ein Auftraggeber den freien Kräften des Marktes ausgesetzt und dadurch zu einer Beschaffung rein nach Wirtschaftlichkeitskriterien veranlasst, so bestehen in der Regel keine Hemmnisse für den Waren- und Dienstleistungsverkehr. Allerdings reicht allein das Vorhandensein eines echten Wettbewerbs nicht aus, um schon dann eine gewerbliche Aufgabenerfüllung annehmen zu können. Vielmehr ist neben der Intensität des Wettbewerbs zusätzlich das Vorliegen einer vordergründigen Gewinnerzielungsabsicht, die Übernahme der mit der Tätigkeit verbundenen Risiken und die Finanzierung maßgeblich zu berücksichtigen. Zusammenfassend kann festgestellt werden, dass es sich um eine gewerbliche Aufgabenerfüllung handelt, wenn das Unternehmen bei seiner gesamten Geschäftstätigkeit im Wettbewerb steht und dem Insolvenzrisiko ausgesetzt ist und nicht mit einem Wertausgleich durch den öffentlichen Anteilseigner rechnen kann.[446]

Um eine Umgehung der strengen Vergabenormen durch die öffentliche Hand zu vermeiden, darf allerdings nicht gefordert werden, dass sämtliche Aufgaben der Einrichtung im Allgemeininteresse zu liegen haben und diese nicht gewerblicher Art sind. Eine Umgehung wäre dann bereits möglich, wenn dem Unternehmen zugleich Aufgaben übertragen werden, die gewerblich zu erfüllen sind. Auch wenn diese nur einen geringen Prozentsatz der eigentlichen Tätigkeit ausmachen wür-

---

[445] *Dreher* in: Immenga/Mestmäcker, Wettbewerbsrecht GWB (2007), § 98, Rn. 71; *Werner* in: Byok/Jaeger, Kommentar Vergaberecht (2005), § 98, Rn. 337.
[446] EuGH, Urt. v. 16.10.2003 – C-283/00, Slg. 2003, S. I-11697 (Rn. 81) – Kommission/Spanien (SIEPSA); KG Berlin, Beschluss v. 27.07.2006 – 2 Verg 5/06, Rn. 21, 30; *Weyand*, Praxiskommentar Vergaberecht (2007), Teil 1, Rn. 867ff; *Stickler* in: Reidt/Stickler/Glahs, Vergaberecht (2003), § 98, Rn. 17aff; den funktionsfähigen und staatlich unbeeinflussten Wettbewerb als ausreichend ansehend, hingegen *Jochum*, NZBau 2002, S. 69 (73).

B. Die Akzessorietät des Ausschreibungsmerkmals

den.[447] Sowohl der EuGH[448] als auch deutsche Vergabesenate beziehungsweise Vergabekammern[449] ließen es daher ausreichen, wenn auch Aufgaben im Allgemeininteresse nicht gewerblicher Art erfüllt werden. Welchen Umfang diese in Anspruch nehmen, ist insoweit irrelevant (Infizierungsthese).[450] Als letzte Voraussetzung der öffentlichen Einrichtung bzw. der juristischen Person des privaten Rechts muss entweder eine überwiegende staatliche Finanzierung vorliegen (finanzieller Einfluss), der Staat die Aufsicht über ihre Leitung ausüben (struktureller Einfluss) oder aber mehr als die Hälfte der Mitglieder eines ihrer zur Geschäftsführung oder zur Aufsicht berufenen Organe bestimmt haben (personeller Einfluss).

Diese Kriterien legen typisierend fest, wann, wegen der Einflussmöglichkeit auf die laufenden Geschäfte durch die öffentliche Hand, von einer besonderen Staatsgebundenheit ausgegangen werden kann.[451]

---

[447] *Dreher* in: Immenga/Mestmäcker, Wettbewerbsrecht GWB (2007), § 98, Rn. 49; *Eschenbruch* in: Kulartz/Kus/Portz, GWB-Vergaberecht (2006), § 98, Rn. 116 stellt insoweit auf die Spürbarkeit ab, d.h. die Sonderstellung des Unternehmens muss einzelfallbezogen geeignet sein, eine Veränderung von Marktverhältnissen mit einer gewissen Wahrscheinlichkeit herbeizuführen.

[448] EuGH, Urt. v. 15.01.1998 – C-44/96, Slg. 1998, S. I-73 (Rn. 25,26) – Mannesmann Anlagenbau Austria AG; EuGH, Urt. v. 10.11.1998 – C-360/96, Slg. 1998, S. I-6821 (Rn. 55, 58) – Gemeente Arnhem; EuGH, Urt. v. 22.05.2003 – C-18/01, Slg. 2003, S. I-5321 (Rn. 51) – Korhonen.

[449] BKartA, 1.VK, Beschluss v. 12.12.2002 – VK 1 - 83/02, Rn. 76; OLG Düsseldorf, Beschluss v. 09.04.2003 – VII-Verg 66/02, Rn. 11.

[450] a.A.: VK Bremen, Beschluss v. 23.08.2001 – VK 3/01, Rn. 80, die eine **überwiegende** Erfüllung von Aufgaben im Allgemeininteresse nicht gewerblicher Art verlangt, diese aber auch für ausreichend hält. *Jochum*, NZBau 2002, S. 69 (73) schränkt die Infizierungstheorie des EuGH insoweit ein, als dass sie eine bloß geringfügige Erfüllung öffentlicher Aufgaben aus dem Anwendungsbereich herausnimmt. *Werner* in: Byok/Jaeger, Kommentar Vergaberecht (2005), § 98, Rn. 332 setzt die Grenze der Spürbarkeit bei 10% der gesamten Geschäftstätigkeit. Diese Ansichten sind allerdings nicht mit der europarechtlichen Rechtsprechung vereinbar. Der EuGH entschied in C-44/96, Slg. 1998, S. I-73 (Rn. 34) – Mannesmann Anlagenbau Austria AG, dass eine Auslegung dahingehend, dass die Anwendung davon abhinge, *„ob dem der Erfüllung von im Allgemeininteresse liegenden Aufgaben nicht gewerblicher Art dienenden Teil der ausgeübten Tätigkeit mehr oder weniger große Bedeutung zukommt, gegen den Grundsatz der Rechtssicherheit verstoßen [würde], der verlangt, dass eine Norm [...] klar und in ihrer Anwendung für alle Betroffenen vorhersehbar sein muss."*

[451] OLG des Landes Sachsen-Anhalt, Beschluss v. 17.03.2005, Az.: 1 Verg 3/05, Rn. 29; *Weyand*, Praxiskommentar Vergaberecht (2007), Teil 1, Rn. 880.

Eine überwiegend staatliche Finanzierung kann bei einer Unterstützungsleistung des Staates von über 50% angenommen werden, wobei darauf zu achten ist, dass nur die Leistungen zu berücksichtigen sind, die als Finanzhilfe ohne spezifische Gegenleistung erbracht werden.[452] Zur Berechnung des Anteils der öffentlichen Finanzierung einer Einrichtung sind dabei alle Mittel zu berücksichtigen, über die diese Einrichtung verfügt, einschließlich derer, die aus gewerblicher Tätigkeit stammen.[453]

Übt die öffentliche Hand die Aufsicht über die Leitung der juristischen Person aus, so ist dies vergaberechtlich nur dann relevant und zu bejahen, wenn dadurch eine Verbindung der Einrichtung mit der öffentlichen Hand geschaffen wurde, die es letzterer ermöglicht, die Entscheidungen dieser Einrichtung in Bezug auf öffentliche Aufträge zu beeinflussen. Besitzt die öffentliche Hand lediglich nachprüfende Kontrollmöglichkeiten so genügt dies nicht, um die Öffentlichkeit zuzurechnen.[454] Diese Voraussetzung ist in der Regel bei juristischen Personen des Privatrechts nicht gegeben. Die Aufsicht über die Leitung ihrer Organe üben die gesetzlich vorgesehenen Organe aus. Besetzt die öffentliche Hand diese Organe, so ist die speziellerer Variante 3 einschlägig.[455] Die Variante greift bei einer mehrheitlichen Organbesetzung. „Bestimmen" im Sinne von § 98 Nr. 2 GWB bedeutet dabei das Bestellen einer Person zum Organmitglied. Unabhängig davon ist die Frage nach dem Anstellungsakt zu behandeln, die nicht von Nr. 3 umfasst wird.[456]

Welche Einrichtungen in der Regel als solche des öffentlichen Rechts gelten, ist nicht abschließend und nicht verbindlich in Anhang III der Richtlinie 2004/18/EG

---

[452] EuGH, Urt. v. 03.10.2000 – C-380/98, Slg. 2000, S. I-8035 (Rn. 21; 30) – University of Cambridge; OLG des Landes Sachsen-Anhalt, Beschluss v. 17.03.2005 – 1 Verg 3/05, Rn. 34; *Weyand*, Praxiskommentar Vergaberecht (2007), Teil 1, Rn. 886; *Dreher* in: Immenga/Mestmäcker, Wettbewerbsrecht GWB (2007), § 98, Rn. 94; *Stickler* in: Reidt/Stickler/Glahs, Vergaberecht (2003), § 98, Rn. 23.
[453] EuGH, Urt. v. 03.10.2000 – C-380/98, Slg. 2000, S. I-8035 (Rn. 36) – University of Cambridge; OLG des Landes Sachsen-Anhalt, Beschluss v. 17.03.2005 – 1 Verg 3/05, Rn. 33.
[454] OLG Düsseldorf, Beschluss v. 06.07.2005 – VII-Verg 22/05, Rn. 22, 24; OLG des Landes Sachsen-Anhalt, Beschluss v. 17.03.2005 – 1 Verg 3/05, Rn. 36; EuGH, Urt. v. 01. 02. 2001 – C-237/99, Slg. 2001, S. I-939 (Rn. 48) – Kommission/Französische Republik.
[455] *Dreher* in: Immenga/Mestmäcker, Wettbewerbsrecht GWB (2007), § 98, Rn. 99.
[456] *Dreher* in: Immenga/Mestmäcker, Wettbewerbsrecht GWB (2007), § 98, Rn. 102.

B. Die Akzessorietät des Ausschreibungsmerkmals

geregelt. Ist eine Einrichtung dort aufgeführt, so besteht für deren Charakter eine Vermutung, jedoch schließt eine Nichtbenennung den öffentlichen Charakter nicht aus. Es bedarf stets einer Einzelfallabwägung.[457]

c) § 98 Nr. 3 GWB – Verbände

§ 98 Nr. 3 GWB umfasst Verbände, deren Mitglieder unter Nummer 1 und 2 fallen. Grundsätzlich werden, aufgrund der dem Vergaberecht eigenen funktionalen Betrachtungsweise und damit der weiten Auslegung des Begriffs, alle Arten von Zusammenschlüssen umfasst, ungeachtet der jeweiligen Rechtsform.[458] In der Praxis sind unter dieser Nummer häufig kommunale Zweckverbände, wie zum Beispiel Abwasserzweckverbände, Wasserversorgungsverbände und Abfallwirtschaftsverbände, aber auch Verbände der juristischen Personen des öffentlichen oder privaten Rechts, wie zum Beispiel Caritasverbände zu subsumieren.[459]

d) § 98 Nr. 4 GWB – Sektorenauftraggeber

§ 98 Nr. 4 GWB bezieht die Sektorenauftraggeber im Bereich der Trinkwasser- und Energieversorgung und des Verkehrs in den Kreis der öffentlichen Auftraggeber ein. Die Norm nennt auch den Bereich der Telekommunikation als Sektor. Dieser ist seit dem 31.01.2006 aufgrund weitreichender Liberalisierungsfortschritte, in der europarechtlichen Sektorenrichtlinie 2004/17/EG entfallen. Er ist mithin auch im deutschen Recht aufgrund richtlinienkonformer Auslegung nicht mehr zu berücksichtigen.[460]

---

[457] EuGH, Urt. v. 27.02.2003 – C-373/00, Slg. 2003, S. I-1931 (Rn. 39) – Adolf Truly; KG Berlin, NZBau 2005, S. 538 (539); *Dreher* in: Immenga/Mestmäcker, Wettbewerbsrecht GWB (2007), § 98, Rn. 26; *Weyand*, Praxiskommentar Vergaberecht (2007), Teil 1, Rn. 835f.; *Werner* in: Byok/Jaeger, Kommentar Vergaberecht (2005), § 98, Rn. 312.
[458] OLG Düsseldorf, Beschluss v. 06.07.2005 – VII-Verg 22/05, Rn. 17.
[459] *Weyand*, Praxiskommentar Vergaberecht (2007), Teil 1, Rn. 915; *Dreher* in: Immenga/Mestmäcker, Wettbewerbsrecht GWB (2007), § 98, Rn. 155; *Werner* in: Byok/Jaeger, Kommentar Vergaberecht (2005), § 98, Rn. 367.
[460] *Dreher* in: Immenga/Mestmäcker, Wettbewerbsrecht GWB (2007), § 98, Rn. 157; mit dem Gesetz zur Modernisierung des Vergaberechts vom 20.04.2009, BGBl. 2009-I, S. 790 wurde das deutsche Recht durch Streichung der Worte „oder der Telekommunikation" an das europäische Recht angepasst.

Kapitel 1: Ausschreibungen

Es handelt sich bei den genannten Auftraggebern meist um private Unternehmen, weshalb eine Einbeziehung als öffentliche Auftraggeber auf den ersten Blick verwirrt. Die Richtlinie 2004/17/EG selbst nennt in ihrem 3. Erwägungsgrund den Grund für deren Einbeziehung.
Aufgrund der Gewährung von besonderen oder ausschließlichen Rechten für die Versorgung, Bereitstellung oder das Betreiben von Netzen, mit denen die betreffenden Dienstleistungen erbracht werden, kommt es zu einer Abschottung der Märkte, die das Vergaberecht verhindern soll.

Die in § 8 VgV[461] konkretisierten Tätigkeiten müssen auf der Grundlage von besonderen oder ausschließlichen Rechten ausgeübt werden. Art. 2 III der Richtlinie 2004/17/EG definiert „besondere oder ausschließliche Rechte" legal als *„Rechte, die von einer zuständigen Behörde eines Mitgliedstaats mittels Rechts- oder Verwaltungsvorschriften gewährt wurden und dazu führen, dass die Ausübung einer der [...] genannten Tätigkeiten einem oder mehreren Unternehmen vorbehalten wird und dass die Möglichkeit anderer Unternehmen, diese Tätigkeit auszuüben, erheblich beeinträchtigt wird."* Die Unternehmen handeln somit aufgrund staatlicher Privilegierung außerhalb jeglicher marktmäßiger Mechanismen.
Als Alternative zu der Ausübung aufgrund besonderer oder ausschließlicher Rechte, kommt eine Beherrschung durch die unter Nummer 1-3 fallenden Auftraggeber in Betracht. Gemäß Art. 2 I b 2. Unterabsatz der Richtlinie 2004/17/EG wird vermutet, dass ein Auftraggeber einen beherrschenden Einfluss auf ein Unternehmen ausübt, wenn er *„unmittelbar oder mittelbar die Mehrheit des gezeichneten Kapitals des Unternehmens hält oder über die Mehrheit der mit den Anteilen am Unternehmen verbundenen Stimmrechte verfügt oder mehr als die Hälfte der Mitglieder des Verwaltungs-, Leitungs- oder Aufsichtsorgans des Unternehmens ernennen kann."* Die gleiche Definition findet sich in § 10 II 3 VgV und § 18 II 3 VgV. Da es sich allerdings lediglich um eine Vermutung handelt, kann diese widerlegt werden.

---

[461] Verordnung über die Vergabe öffentlicher Aufträge (Vergabeverordnung – VgV) vom 09.01.2001 (BGBl. 2001-I, S. 110; neugefasst durch Verordnung über die Vergabe öffentlicher Aufträge (Vergabeverordnung – VgV) vom 11.02.2003, BGBl. 2003-I, S. 169; zuletzt geändert durch die Verordnung vom 23.10.2006, BGBl. 2006-I, S. 2334.

B. Die Akzessorietät des Ausschreibungsmerkmals

Wie auch bei den anderen Varianten des § 98 GWB ist eine juristische Person auch dann als Sektorenauftraggeber zu qualifizieren, wenn sie nur teilweise im Bereich eines Sektors aktiv ist, jedoch nur, wenn ein Auftrag aus dem Sektorenbereich vergeben werden soll.[462]

e) § 98 Nr. 5 GWB – Drittvergaben

§ 98 Nr. 5 GWB bezieht die Drittvergaben in den Anwendungsbereich des Vergaberechts mit ein, das heißt Aufträge, die überwiegend von einem öffentlichen Auftraggeber finanziert werden und die generell im Zusammenhang mit der Erstellung von Bauvorhaben für einen gemeinnützigen Zweck stehen.[463]

Bei einer Drittvergabe werden Mittel als Subventionen an Dritte weitergegeben, die dann selbst einen Auftrag vergeben. Der Verwendung des Begriffs „finanziert" ist im Wege europarechtskonformer Auslegung wie „subventioniert" zu verstehen. Dabei ist entscheidend, dass die gewährten Zuschüsse, Kredite, Bürgschaften oder sonstigen Leistungen zu besseren als den marktüblichen Konditionen erfolgen, das heißt der Schuldner muss einen reellen ökonomischen Vorteil im Vergleich zu einer konventionellen Finanzierung erhalten.[464] Durch diese Regelung soll verhindert werden, dass sich der Staat seinen vergaberechtlichen Verpflichtungen durch Zwischenschaltung von durch ihn subventionierten Auftraggebern entzieht.

Solche subventionierten Bauvorhaben sind allerdings nur in den gesetzlich verankerten Fällen vergaberechtlich relevant. Der Katalog in § 98 Nr. 5 ist abschließend. Umfasst sind somit Tiefbaumaßnahmen, Errichtung von Krankenhäuser, Sport-, Erholungs- oder Freizeiteinrichtungen und Schul-, Hochschul- oder Verwaltungsgebäude.[465] Nicht erfasst werden trotz Gemeinnützigkeit alle kulturellen Einrichtungen wie zum Beispiel Museen, Opernhäuser oder Theater.[466]

---

[462] *Boesen*, Vergaberecht (2000), § 98, Rn. 108.
[463] *Boesen*, Vergaberecht (2000), § 98, Rn. 113.
[464] *Dreher* in: Immenga/Mestmäcker, Wettbewerbsrecht GWB (2007), § 98, Rn. 193, 197.
[465] BKartA, Beschluss v. 08.06.2006 – VK 2 – 114/05, Rn. 39; *Dreher* in: Immenga/Mestmäcker, Wettbewerbsrecht GWB (2007), § 98, Rn. 195; *Weyand*, Praxiskommentar Vergaberecht (2007), Teil 1, Rn. 935.
[466] *Werner* in: Byok/Jaeger, Kommentar Vergaberecht (2005), § 98, Rn. 385.

f) § 98 Nr. 6 GWB – Baukonzessionen

Als letzte Variante fasst § 98 Nr. 6 GWB auch sogenannte Baukonzessionäre unter den Begriff des öffentlichen Auftraggebers. Um Konzessionsverträge handelt es sich nach dieser Norm, wenn ein Vertrag über die Erbringung von Bauleistungen abgeschlossen wurde, bei dem die Gegenleistung für die Bauarbeiten statt in einer Vergütung in dem Recht auf Nutzung der baulichen Anlage gegebenenfalls zuzüglich der Zahlung eines Preises besteht. Mit der Konzession werden die sich aus der Natur der Nutzung ergebenden Risiken auf den Konzessionär übertragen. Die Vergabe von Baukonzessionen ermöglicht es der öffentlichen Hand, mit geringem eigenen Mitteleinsatz Infrastruktur zu Verfügung zu stellen.[467]

Zusammengefasst will § 98 GWB verhindern, dass der öffentliche Auftraggeber sich seiner Pflicht zur Ausschreibung entzieht, indem er Umgehungen wählt; sei es durch die Übertragung von Aufgaben auf juristische Personen des Privatrechts, sei es durch Gewährung von Sonderstellungen oder Subventionen.

2. Einschränkung des personellen Anwendungsbereich des § 298 StGB

Nachdem festgehalten wurde, für wen die Normen des GWB gelten, kann geklärt werden, ob auch der Anwendungsbereich des § 298 StGB auf diese Ausschreibungen beschränkt ist oder ob möglicherweise eine andere Interpretation zulässig oder sogar nötig ist, um dem Schutzzweck – Schutz des Wettbewerbs – genüge zu tun. Das Ergebnis berührt auch die Frage inwieweit der § 298 StGB akzessorisch zum GWB zu verstehen ist.

Einen ersten Hinweis, dass auch private Vergaben von § 298 StGB umfasst sein sollen, gibt die Gesetzesbegründung zu § 298 StGB. Dort heißt es dazu wörtlich: *„Die Absätze 1 und 2 erfassen nicht nur Vergabeverfahren der öffentlichen Hand, sondern auch Ausschreibungen und freihändige Vergaben nach Teilnahmewettbewerben durch private Unternehmen. Auch wenn diese Unternehmen bei ihren Vergabeverfahren nicht an die Bestimmungen der VOB/A und VOL/A gebunden sind, können für die Auslegung der Tatbestandsmerkmale „Ausschreibung", „freihändi-*

---

[467] *Bungenberg* in: Loewenheim/Meessen/Riesenkampff, Kartellrecht Band 2 (2006), § 98, Rn. 51.

B. Die Akzessorietät des Ausschreibungsmerkmals

ge Vergabe" und „Teilnahmewettbewerb" die in den VOB/A und VOL/A verwendeten Begriffe herangezogen werden, soweit die Unternehmen ihre Vergabeverfahren zumindest ähnlich ausgestalten." [468]

Auch der BGH hat zu diesem Punkt bereits Stellung genommen und sieht auch Ausschreibungen durch private Veranstalter als von § 298 StGB geschützt an, wenn das Vergabeverfahren in Anlehnung an die Bestimmungen der VOB/A ausgestaltet ist.[469]

Folgt man der historischen Auslegung, so ist § 298 StGB auf Private zu erstrecken, wobei zu beachten ist, dass nur eine Einbeziehung erfolgt, wenn die Vergabeverfahren zumindest ähnlich, der im GWB oder den Verdingungsordnungen geregelten Verfahren ausgestaltet sind. Dabei sind wiederum die bereits dargestellten Vergabegrundsätze von Bedeutung.[470]

Dieses Ergebnis ist auch mit dem Sinn und Zweck des § 298 StGB zu vereinbaren, wird von diesem sogar gefordert. § 298 StGB schützt den freien Wettbewerb im Rahmen von Ausschreibungen. Wettbewerb besteht unabhängig davon, wer der Auftraggeber ist. Die Beschränkung auf die Situation der „Ausschreibung" verlangt allerdings die Einhaltung gewisser Regeln, damit man bei einem Vergabeverfahren noch von einer Ausschreibung sprechen kann. Obwohl der Private grundsätzlich frei in der Wahl seines Auftragnehmers ist, somit keiner Verpflichtung zur Ausschreibung unterliegt, muss, um die Strafbarkeitsfolge des § 298 StGB auszulösen, eine gewisse Vergleichbarkeit mit den gesetzlichen Vergabeverfahren bestehen. Nur wenn der Private eine der „normalen" oder „regulären" Ausschreibung vergleichbare Situation schafft, liegt der von § 298 StGB geschützte Wettbewerb vor, kann verletzt werden und bedarf somit des strafrechtlichen Schutzes. Ansonsten kann nicht von einer Ausschreibung im Sinne der Norm gesprochen werden.

Inwieweit die Einhaltung sämtliche Vergabegrundsätze für das Ähnlichkeitserfordernis zu verlangen ist, ist bislang noch nicht abschließend geklärt. Strittig ist vor

---

[468] BT-Drucks. 13/5584, S. 14.
[469] BGH, NStZ 2003, S. 548 (548).
[470] Vgl. Teil 3 Kap. 1 B I 1.

allem das Erfordernis des Grundsatzes der Erteilung des Zuschlags an das wirtschaftlichste Angebot[471] und die Berücksichtigung mittelständischer Interessen. Ersterer entstammt dem Grundsatz der sparsamen Haushaltsführung, der in den Haushaltsgesetzen für die öffentliche Hand festgeschrieben ist. Fraglich ist, ob dies wirklich auf Private übertragen werden kann. Während die öffentliche Hand ihre Gelder hauptsächlich aus Steuern erhält und somit dem Steuerzahler in gewisser Weise Rechenschaft ablegen muss, unterliegt der Private keinerlei Kontrolle. Für ihn gilt vielmehr die Vertragsfreiheit. Er kann die Ausschreibung zur Ermittlung des günstigsten Angebots nutzen, dass er diesem auch den Zuschlag erteilen muss, würde wohl zu stark in dessen Vertragsfreiheit eingreifen.

Dafür besteht allerdings auch keinerlei Notwendigkeit. Ausgeschlossen werden muss, dass willkürliche Entscheidungen getroffen werden und Unternehmen beziehungsweise deren Angebote aus nicht gerechtfertigten Gründen ungleich behandelt werden. Diese Grundsätze sind aber unstrittig zu beachten, um eine Erstreckung des strafrechtlichen Schutzes auf Private überhaupt in Betracht ziehen zu können. Auf den Grundsatz des zwingenden Zuschlags auf das wirtschaftlichste Angebot kann bei privaten Ausschreibungen dabei grundsätzlich verzichtet werden, wobei bei konsequenter Anwendung des Gleichberechtigungsgrundsatzes und der Tatsache, dass sämtliche Eignungs- und Zuschlagskriterien bereits im Voraus feststehen müssen, kaum Fälle denkbar sind, in denen gerechtfertigt das wirtschaftlichste Angebot abgelehnt werden kann. Sollten jedoch Fälle vorkommen, in denen aus gerechtfertigten Erwägungen heraus, unter Einhaltung sämtlicher anderer Vergabegrundsätze, ein anderes Angebot als das wirtschaftlichste Angebot angenommen wird, so führt allein die Missachtung dieses Grundsatzes nicht zur Verneinung einer Ausschreibung im Sinne des § 298 StGB.

Ebenso verhält es sich mit dem Grundsatz der Berücksichtigung mittelständischer Interessen. Dieses Prinzip spricht eine besondere Pflicht der öffentlichen Hand an, den Mittelstand zu fördern. Ein Privater unterliegt keiner solchen Verpflichtung. Es wäre ihm auch nicht zuzumuten solche Überlegungen in seine Entscheidung einzu-

---

[471] Bejahend: *Hohmann* in: Joecks/Miebach, MüKo StGB (2006), § 298, Rn. 53; *Greeve* in: Greeve/Leipold, Handbuch des Baustrafrechts (2004), § 10, Rn. 23; verneinend: *Tiedemann* in: Laufhütte/Rissing-van Saan/Tiedemann, LK (2008), § 298, Rn. 20, unentschlossen: *Dannecker* in: Kindhäuser/Neumann/Paeffgen, NK, Band 2 (2005), § 298, Rn. 29; *Bender*, Sonderstraftatbestände (2005), S. 75.

B. Die Akzessorietät des Ausschreibungsmerkmals

beziehen. Der Einzelne ist nicht für die wirtschaftliche Struktur einer Region oder eines Landes verantwortlich und hat keine Verpflichtung diese aufrecht zu erhalten oder zu fördern. Im eigenen Interesse wird er möglicherweise sehr große Aufträge selbst in Lose aufteilen, um für die einzelnen Bereiche möglichst günstige Angebote zu erhalten. Eine Verpflichtung dahingehend kann aber nicht angenommen werden, weshalb auch die Einhaltung dieses Grundsatzes nicht als Voraussetzung für den strafrechtlichen Schutz genommen werden kann.

Zu den gezwungenermaßen zu beachtenden Grundsätzen gehören aber auf jeden Fall der Gleichbehandlungsgrundsatz und der Transparenzgrundsatz. Nur, wenn sämtliche Wettbewerbsteilnehmer gleich behandelt werden, kann auch Wettbewerb entstehen. Sobald einer bevorzugt oder mit unterschiedlichen Maßstäben gemessen wird, kommt es zu einer Wettbewerbsverzerrung, die keinen echten Wettbewerb mehr aufkommen lässt und daher nicht schützenswert sein kann.

Die transparente Ausgestaltung des Verfahrens führt dazu, dass die Gleichbehandlung von den einzelnen Teilnehmern auch überprüft werden kann und willkürliche Entscheidungen erkennbar werden.

Bedient sich aber ein Privater unter Einhaltung dieser Grundsätze der Ausschreibung als Möglichkeit einen privaten Auftrag zu vergeben und zwar mit dem gleichen Ziel, wie es der öffentliche Auftraggeber verfolgt, nämlich der Schaffung eines künstlichen Marktes mit Wettbewerb, für eine Leistung, für die ein solcher Markt möglicherweise noch nicht existiert und damit der Ermittlung des günstigsten Angebots, so ist nicht ersichtlich warum dessen Vertrauen in den Wettbewerb weniger schützenswert sein sollte, als das der öffentlichen Hand in dieser Situation. Auch er verlässt sich auf die Existenz eines echten Wettbewerbs, was durch eine Absprache konterkariert würde.

Des Weiteren gebietet es der Schutzzweck der Norm sogar, auch die Ausschreibung eines Privaten von § 298 StGB zu umfassen. § 298 StGB möchte den freien Wettbewerb schützen. Bezöge man nur die Aufträge, die durch öffentliche Auftraggeber vergeben werden, in den Schutzbereich ein, würde dieser erheblich und unnötig verkürzt. Ein umfassender Schutz kann nur mit der Einbeziehung erreicht werden. Allerdings ist darauf zu achten, dass nur ein strafrechtlicher Schutz gegeben sein kann, solange Wettbewerb besteht. Schließt der private Auftraggeber einen freien Wettbewerb zum Beispiel durch bewusste Einbeziehung ungeeigneter

Kandidaten oder ungerechtfertigte Bevorzugung bestimmter Angebote aus, so kommt der besondere Schutz des § 298 StGB nicht mehr in Betracht.

Die Anwendbarkeit des § 298 StGB auf Ausschreibungen durch Private ergibt sich auch bereits aus dem Tatbestand des § 298 StGB selbst. § 298 StGB enthält im Gegensatz zum GWB keinen Verweis beziehungsweise keine Beschränkung auf den öffentlichen Auftraggeber. Während der Gesetzgeber durch § 298 II StGB der Akzessorietät von sich aus Grenzen setzt, erweitert er den Anwendungsbereich hier bewusst.

Als Zwischenergebnis kann somit festgehalten werden, dass die Erstreckung des § 298 StGB auch auf Ausschreibungen von Privaten nicht zu einem Ausschluss der Akzessorietät des Ausschreibungsbegriffs führt, sondern als Erweiterung zum Kartellrecht gesehen werden muss, der sich aus der Norm selbst ergibt.

III. sachlicher Anwendungsbereich

Als letzter Aspekt, der auf die Akzessorietät des Ausschreibungsbegriffs zum GWB Einfluss haben könnte, ist die Beschränkung des sachlichen Anwendungsbereichs des Vergaberechts im Rahmen des GWB zu nennen. Zum einen gelten die Vergabenormen des GWB nur für öffentliche Aufträge, zum anderen nur für solche, die oberhalb bestimmter Schwellenwerte liegen. Fraglich ist, ob diese, vom Gesetzgeber im Rahmen des GWB gemachten Einschränkungen, auch Auswirkungen auf den Tatbestand des § 298 StGB haben können.

1. Auftragsart

Nach § 99 I GWB sind die Vergaberechtsnormen des GWB lediglich auf öffentliche Aufträge anwendbar (sachliche Anwendungsbereich). § 99 I GWB definiert den Begriff „öffentliche Aufträge" legal, als „entgeltliche Verträge zwischen öffentlichen Auftraggebern und Unternehmen, die Liefer-, Bau- oder Dienstleistungen zum Gegenstand haben, und Auslobungsverfahren, die zu Dienstleistungsaufträgen führen sollen." Diese Definition deckt sich inhaltlich mit der europarechtlichen Grundlage in Art. 1 II a der Richtlinie 2004/18/EG, die öffentliche Aufträge als zwischen einem oder mehreren Wirtschaftsteilnehmern und einem oder mehreren öffentlichen Auftraggebern geschlossene schriftliche entgeltliche Verträ-

B. Die Akzessorietät des Ausschreibungsmerkmals

ge über die Ausführung von Bauleistungen, die Lieferung von Waren oder die Erbringung von Dienstleistungen, beschreibt.

Da bereits festgestellt wurde, dass § 298 StGB auch auf Ausschreibungen von Privaten anwendbar ist, muss die Definition insoweit bereits modifiziert werden. Es kann eine Übertragung – wenn überhaupt – aus den bereits ausgeführten Gründen[472], nur mit der Einschränkung erfolgen, dass es sich um entgeltliche Verträge handeln muss, die Liefer-, Bau- oder Dienstleistungen zum Gegenstand haben, und Auslobungsverfahren, die zu Dienstleistungsaufträgen führen sollen, unabhängig davon, wer der Auftraggeber ist, solange er ein den in §§ 97ff GWB geregelten Verfahren ähnliches Verfahren anwendet.

§ 298 StGB betrifft seinem Wortlaut nach nur Ausschreibungen über Waren und gewerbliche Leistungen. In den Gesetzesmaterialien heißt es dazu wörtlich: *„Da es sich bei dem neuen Tatbestand um die Hochstufung eines Teilbereichs der bisherigen Ordnungswidrigkeit nach §§ 1, 25, 38 I Nr. 1 und 8 GWB handelt, sind hinsichtlich der Auslegung der Begriffe „Waren" und „gewerbliche Leistungen" die kartellrechtlichen Bestimmungen (§ 1 I, § 5 IV 2 GWB[473] [a.F.]) heranzuziehen."*
Diese Aussage übernimmt das Schrifttum und überträgt diese auch auf die geänderten GWB-Paragraphen. Während § 1 GWB a.F. noch ausdrücklich vom „Verkehr mit Waren oder gewerblichen Leistungen" sprach, ist diese Formulierung im neuen § 1 GWB nicht mehr enthalten. Dennoch herrscht Einigkeit darüber, dass „§ 1 GWB n.F. dasselbe meint". Erfasst wird im Prinzip alles, was Gegenstand des Wirtschaftsverkehrs sein kann.

Waren werden dabei als alles, was Gegenstand des Geschäftsverkehrs sein kann beschrieben. Umfasst ist jeder Gegenstand, der geeignet ist, im Geschäftsverkehr

---

[472] Teil 3 Kap. 1 B II 2.
[473] § 1 I GWB (1990): *Verträge, die Unternehmen oder Vereinigungen von Unternehmen zu einem gemeinsamen Zweck schließen, und Beschlüsse von Vereinigungen von Unternehmen sind unwirksam, soweit sie geeignet sind, die Erzeugung oder die Marktverhältnisse für den Verkehr mit Waren oder gewerblichen Leistungen durch Beschränkung des Wettbewerbs zu beeinflussen.*
§ 5 IV 2 GWB (1990): *Dies gilt für Wirtschaftsbereiche, in denen bei Ausschreibungen Waren oder gewerbliche Leistungen nur auf Grund von Beschreibungen angeboten werden können, die eine Prüfung der Beschaffenheit bei Vertragsabschluss nicht ermöglichen.*

veräußert (übertragen) zu werden, das heißt neben beweglichen Sachen sind insbesondere auch Immobilien, Wohnungseigentum, Immaterialgüter sowie sonstige Rechte aller Art insbesondere auch Nutzungsrechte, Gewinnchancen und Ideen als unkörperliche Gegenstände, die keine Rechte sind, als Waren zu bezeichnen. Gewerbliche Leistungen sind hingegen Tätigkeiten für einen anderen, dem der Erfolg zufällt und die im geschäftlichen Verkehr erbracht werden. Dabei muss es sich nicht unbedingt um eine Leistung durch einen Gewerbebetrieb handeln, sondern kann durch jedes Unternehmen oder jedem Freiberufler erbracht werden (funktionaler Unternehmensbegriff).[474]

Problematisch erscheint diese unreflektierte Übernahme der Aussagen in den Gesetzesmaterialien vor allem vor dem Hintergrund der Einführung des Vergaberechts in das GWB. Das Vergaberecht gilt ausdrücklich für Aufträge, die Liefer-, Bau- oder Dienstleistungen zum Gegenstand haben, und Auslobungsverfahren, die zu Dienstleistungsaufträgen führen sollen. Der Ausdruck „Waren und gewerbliche Leistungen" wird nicht aufgegriffen. Auch im restlichen GWB erscheint dieser Begriff nicht mehr, wobei diese Tatsache für die Beurteilung der Abhängigkeit des § 298 StGB vom GWB unerheblich ist, da der Begriff „Waren und gewerbliche Leistungen" nicht unabhängig von dem Begriff „Ausschreibung" gesehen werden darf. Der Gesetzeswortlaut des § 298 StGB lässt eindeutig eine Abhängigkeit der beiden Begriffe erkennen. Eine Akzessorietät kann somit überhaupt nur mit dem, im GWB geregeltem Vergaberecht bestehen. Aus anderen Normen, die vielleicht die gleiche Wendung benutzen, kann und darf keine Abhängigkeit herausgelesen werden, da ansonsten der Sinnzusammenhang verzerrend aufgespalten würde.

Um eine Abhängigkeit des § 298 StGB vom GWB bestimmen zu können, bedarf es mithin der Überprüfung der Übereinstimmung von „Ausschreibungen betreffend Liefer-, Bau- oder Dienstleistungen" und „Ausschreibungen betreffend Waren und gewerblichen Leistungen".

---

[474] Vgl. zu allem: *Tiedemann* in: Laufhütte/Rissing-van Saan/Tiedemann, LK (2008), § 298, Rn. 23ff.; *Heine* in: Schönke/Schröder, StGB (2006), § 298, Rn. 5; *Hohmann* in: Joecks/Miebach, MüKo StGB (2006), § 298, Rn. 56-59; *Lackner/Kühl*, StGB (2007), § 298, Rn. 2; *Greeve* in: Greeve/Leipold, Handbuch des Baustrafrechts (2004), § 10, Rn. 44-46; *Dannecker* in: Kindhäuser/Neumann/Paeffgen, NK, Band 2 (2005), § 298, Rn. 36-38.

B. Die Akzessorietät des Ausschreibungsmerkmals

a) Lieferaufträge

Lieferaufträge sind nach der Legaldefinition des § 99 II GWB „*Verträge zur Beschaffung von Waren, die insbesondere Kauf oder Ratenkauf oder Leasing, Miet- oder Pachtverhältnisse mit oder ohne Kaufoption betreffen. Die Verträge können auch Nebenleistungen umfassen.*"

Es handelt sich dabei nicht um eine abschließende Aufzählung, so dass auch andere, den genannten Verträgen ähnliche Abkommen unter diesen Absatz subsumiert werden können.[475] Lieferaufträge sind allgemein Aufträge, bei denen sich der Auftraggeber für einen – wenn auch nur vorübergehenden – Zeitraum die tatsächliche Verfügungsgewalt über eine Ware gegen Zahlung eines Entgelts verschafft.[476]

Schon die Definition des Lieferauftrags nimmt auf den Begriff der Waren Bezug. Ein Lieferauftrag ist ein Vertrag zur Beschaffung von Waren. Mit dem Begriff des Lieferauftrags wird damit nur der Vertrag bezeichnet, der Vertragsgegenstand deckt sich mit der Bezeichnung im § 298 StGB, der nur auf den Vertragsgegenstand abstellt.

Die unterschiedliche Terminologie, inhaltsgleicher Begriffe, ist aufgrund der unterschiedlichen Herkunft zu erklären. Während der Begriff „Lieferauftrag" den europäischen Richtlinien entnommen wurde und mit deren Umsetzung in das GWB implementiert wurde, übernahm der Strafgesetzgeber bei Schaffung des § 298 StGB die damals verwendete Bezeichnung im allgemeinen GWB, um Auslegungsprobleme zu vermeiden. Da beide Begriffe aber letztendlich Waren als Anknüpfungspunkt besitzen, sind diese als gleich anzusehen und können beziehungsweise sollten gleich ausgelegt werden. Die unterschiedliche Terminologie schadet einer Akzessorietät insoweit nicht.

---

[475] *Wagner* in: Langen/Bunte, GWB-Kommentar/1 (2006), § 99, Rn. 43; *Stickler* in: Reidt/Stickler/Glahs, Vergaberecht (2003), § 99, Rn. 8; *Bungenberg* in: Loewenheim/Meessen/Riesenkampff, Kartellrecht Band 2 (2006), § 99, Rn. 15.

[476] *Stickler* in: Reidt/Stickler/Glahs, Vergaberecht (2003), § 99, Rn. 8; *Weyand*, Praxiskommentar Vergaberecht (2007), Teil 1, Rn. 1086.

Kapitel 1: Ausschreibungen

b) Bauaufträge und Dienstleistungsaufträge

aa) Bauaufträge

Bauaufträge sind gem. § 99 III GWB *"Verträge entweder über die Ausführung oder die gleichzeitige Planung und Ausführung eines Bauvorhabens oder eines Bauwerks, das Ergebnis von Tief- oder Hochbauarbeiten ist und eine wirtschaftliche oder technische Funktion erfüllen soll, oder einer Bauleistung durch Dritte gemäß den vom Arbeitgeber genannten Erfordernissen."*

Einen Anhaltspunkt welche Tätigkeiten unter den Begriff „Bauaufträge" fallen, gibt Anhang I der Richtlinie 2004/18/EG, der zwar nicht abschließend ist, als Auslegungshilfe für das deutsche Recht aber genutzt werden kann.

Unter Bauvorhaben versteht man sämtliche notwendige Arbeiten im Zusammenhang mit der und für die bauliche Anlage. „Bauwerke" werden in § 99 III GWB selbst bestimmt, nämlich als Ergebnis von Tief- oder Hochbauarbeiten, das eine wirtschaftliche oder technische Funktion erfüllt. Das bedeutet, dass jede unbewegliche, durch Verwendung von Arbeit und Material in Verbindung mit dem Erdboden hergestellte Sache, soweit diese eine funktionsfähige Anlage darstellt, ein Bauwerk im Sinne der Vorschrift ist.

Handelt es sich um Bauleistungen durch Dritte, ist es wichtig, dass der öffentliche Auftraggeber auf die Bauleistung maßgeblich Einfluss genommen hat und das Bauwerk auf die speziellen Bedürfnisse des Auftraggebers zugeschnitten ist.[477]

bb) Dienstleistungsaufträge

Dienstleistungsaufträge sind Aufträge über Leistungen, die nicht als Bau- oder Lieferaufträge einzuordnen sind (§ 99 IV GWB), und keine Auslobungsverfahren sind. Eine positive Definition gibt es weder im europäischen noch im deutschen Vergaberecht.

---

[477] *Bungenberg* in: Loewenheim/Meessen/Riesenkampff, Kartellrecht Band 2 (2006), § 99, Rn. 16-19; *Stickler* in: Reidt/Stickler/Glahs, Vergaberecht (2003), § 99, Rn. 17ff.

B. Die Akzessorietät des Ausschreibungsmerkmals

Eine nicht abschließende Auflistung der Tätigkeiten, die als Dienstleistung zu verstehen sind, findet sich in Anhang II der Richtlinie 2004/18/EG, die auch hier als Auslegungshilfe herangezogen werden kann.

§ 99 VI GWB gibt schließlich die Einordnung von gemischten Verträgen vor. Wie im allgemeinen Zivilrecht, kommt auch hier die Schwerpunkttheorie zum Tragen.[478]

„Ein öffentlicher Auftrag, der sowohl den Einkauf von Waren als auch die Beschaffung von Dienstleistungen zum Gegenstand hat, gilt als Dienstleistungsauftrag, wenn der Wert der Dienstleistung den Wert der Waren übersteigt. Ein öffentlicher Auftrag, der neben Dienstleistungen Bauleistungen umfasst, die im Verhältnis zum Hauptgegenstand Nebenarbeiten sind, gilt als Dienstleistungsauftrag."

Wann der Bauleistungsteil lediglich als Nebenarbeit zu verstehen ist, kann nur im Einzelfall bestimmt werden, allerdings ist bei einer Bauleistung von zumindest 40% regelmäßig von einem Bauauftrag auszugehen.[479] Als Abgrenzungshilfe kann auch die Frage dienen, ob die Bauleistung bloß gelegentlich der im Vordergrund stehenden Dienstleistung erbracht wird oder ob die Dienstleistung durch sie überhaupt erst ermöglicht wird. Ist letzteres der Fall, kann man nicht davon ausgehen, dass die Bauleistung lediglich eine untergeordnete Rolle spielt.[480]

cc) Gewerbliche Leistungen im Sinne des § 298 StGB

Gewerbliche Leistungen sind Tätigkeiten für einen anderen, dem der Erfolg zufällt und die im geschäftlichen Verkehr erbracht werden.[481] Sie beziehen sich somit auf die Vornahme von Handlungen.

---

[478] EuGH, Urt. v. 18.01.2007 – C-220/05, Slg. 2007, I-385 (Rn. 37) – Auroux; *Stickler* in: Reidt/Stickler/Glahs, Vergaberecht (2003), § 99, Rn. 39.
[479] *Stickler* in: Reidt/Stickler/Glahs, Vergaberecht (2003), § 99, Rn. 39.
[480] *Wagner* in: Langen/Bunte, GWB-Kommentar/1 (2006), § 99, Rn. 54.
[481] *Immenga* in: Immenga/Mestmäcker, GWB (1992), § 1, Rn. 318; *Burkhardt*, Kartellrecht (1995), Rn. 129; *Hoth*, WRP 1956, S. 261 (268); BT-Drucks. 13/5584, S. 14.

Kapitel 1: Ausschreibungen

Auch Bauaufträge betreffen schwerpunktmäßig auszuführende Handlungen. Die Lieferung der erforderlichen Baustoffe fällt dabei nicht ins Gewicht. Abzustellen ist auf die Ausführung des Auftrags. Da Bauaufträge stets entgeltlich erbracht werden, stellen sie gewerbliche Leistungen dar.

Allerdings ist damit der Begriff der gewerblichen Leistungen nicht erschöpfend beschrieben. Vielmehr umfasst er alle Tätigkeiten für einen anderen, unabhängig vom Gewerbe.

Diese anderen Tätigkeiten werden qua definicione von dem Auffangtatbestandsmerkmal des Dienstleistungsauftrags erfasst. Insoweit sind auch diese Begriffe deckungsgleich. Die unterschiedlichen Bezeichnungen rühren auch hier von der unterschiedlichen Geschichte der Normen her. Während auch die Begriffe der Bau- und Dienstleistungsaufträge von den europarechtlichen Regelungen übernommen wurden, gründete der § 298 StGB auf die vormalige Bezeichnung des GWB. Diese unterschiedliche Bezeichnung führt aber aufgrund gleicher Bedeutung nicht zu einer unterschiedlichen Auslegung der Merkmale. Eine Übertragbarkeit der Auslegung der GWB-Begriffe kann für den Begriff der „gewerblichen Leistung" übernommen werden.

c) Auslobungsverfahren

Neben den drei Vertragsarten wird auch die Vorstufe des Dienstleistungsauftrags als öffentlicher Auftrag anerkannt. Das Auslobungsverfahren ist in § 99 V GWB für das Kartellvergaberecht definiert als Verfahren, *„die dem Auftraggeber auf Grund vergleichender Beurteilung durch ein Preisgericht mit oder ohne Verteilung von Preisen zu einem Plan verhelfen sollen."* Art. 1 IX e der Richtlinie 2004/18/EG ergänzt diese Definition um die Hauptanwendungsgebiete. Ein Auslobungsverfahren – im Europarecht als „Wettbewerbe" bezeichnet – wird insbesondere auf den Gebieten der Raumplanung, der Stadtplanung, der Architektur und des Bauwesens oder der Datenverarbeitung angewandt.

Auslobungsverfahren stellen keine eigene Auftragsart dar, sondern sind lediglich Vorstufen zu den eben überprüften Arten. Sie müssen daher nicht eigenständig untersucht werden.

B. Die Akzessorietät des Ausschreibungsmerkmals

Eine Akzessorietät kann trotz unterschiedlicher Begrifflichkeiten bejaht werden.

2. Schwellenwerte

Als zweite Voraussetzung des sachlichen Anwendungsbereichs sind die Schwellenwerte zu beachten.
§ 100 I GWB verweist über § 127 Nr. 1 GWB auf die VgV (§ 2 VgV), die die genauen Schwellenwerte beinhaltet. § 2 VgV setzt die europarechtlichen Regelungen in nationales Recht um.[482]
Die Schwellenwerte betragen für Liefer- und Dienstleistungsaufträge im Bereich der Trinkwasser- oder Energieversorgung oder im Verkehrsbereich 422.000 €, für Liefer- und Dienstleistungen der obersten oder oberen Bundesbehörden sowie vergleichbarer Bundeseinrichtungen mit Ausnahme von Dienstleistungen des Anhang II Teil A Kategorie 5 und 8 der Richtlinie 2004/18/EG und Dienstleistungen des Anhang II Teil B der Richtlinie 2004/18/EG, 133.000 €, für alle anderen Liefer- und Dienstleistungsaufträge 206.000 € und für Bauaufträge 5.150.000 €.

Eine genauere Beschreibung der im Anhang II genannten Tätigkeiten findet sich in den CPV Codes.[483] Die Common Procurement Vocabulary Codes dienen, wie der

---

[482] Art. 7 der Richtlinie 2004/18/EG geändert durch Verordnung (EG) Nr. 1874/2004 der Kommission vom 28. Oktober 2004 zur Änderung der Richtlinien 2004/17/EG und 2004/18/EG des Europäischen Parlaments und des Rates im Hinblick auf die Schwellenwerte für die Anwendung auf Verfahren zur Auftragsvergabe (Amtsblatt L 326 vom 29.10.2004, S. 17); geändert durch Verordnung (EG) Nr. 2083/2005 der Kommission vom 19. Dezember 2005 zur Änderung der Richtlinien 2004/17/EG und 2004/18/EG des Europäischen Parlaments und des Rates im Hinblick auf die Schwellenwerte für die Anwendung auf Verfahren zur Auftragsvergabe (Amtsblatt Nr. L 333 vom 20.12.2005 S. 28); geändert durch Verordnung (EG) Nr. 1422/2007 der Kommission v. 04.12.2007 zur Änderung der Richtlinien 2004/17/EG und 2004/18/EG des Europäischen Parlaments und des Rates im Hinblick auf die Schwellenwerte für Auftragsvergabeverfahren. In § 2 VgV sind momentan noch die alten Schwellenwerte, eingeführt durch die Änderung der Verordnung 2005. Doch auch ohne eine explizite Änderung der nationalen Vorschrift sind die neuen Schwellenwerte anzuwenden, da die Verordnung in allen ihren Teilen verbindlich ist und unmittelbar in jedem Mitgliedsstaat gilt.
Art. 7 setzt seinerseits die Vorgaben des Government Procurement Agreement (GPA) der WTO um, dem die EG mit Wirkung zum 01.01.1996 beigetreten ist.

[483] Verordnung (EG) Nr. 2195/2002 des Europäischen Parlaments und des Rates vom 5. November 2002 über das Gemeinsame Vokabular für öffentliche Aufträge (CPV) (Amtsblatt Nr. L 340

Kapitel 1: Ausschreibungen

Name bereits andeutet, zur Vereinheitlichung der Tätigkeitsbezeichnungen in der Europäischen Union, um Zuordnungen international einfacher zu gestalten.

Der EG-Richtliniengeber ging davon aus, dass bei Vergaben unterhalb dieser Werte keine Gefährdung des grenzüberschreitenden Sachverhalts bestünde, das europäische Primärrecht, vor allem das Diskriminierungsverbot und die Grundsätze der Transparenz und der Verhältnismäßigkeit, somit ausreichende Regelungen träfen.[484] Überdies stünde der Aufwand der gemeinschaftsweiten Ausschreibung in keinem Verhältnis zu dem Wert der zu vergebenden Leistungen.[485]

Für Vergaben unterhalb der Schwellenwerte gelten mithin die Regelungen der europäischen Richtlinie und da das GWB diese umsetzt, die Normen des GWB nicht. Dennoch unterliegt der öffentliche Auftraggeber auch dann weitreichenden Bindungen. Er muss die haushaltsrechtlichen Grundsätze, die Gebote der Wirtschaftlichkeit und Sparsamkeit (§ 6 I HGrG) und den Vorrang zur öffentlichen Ausschreibung (§ 30 HGrG) beachten. Einzelheiten zu den Vergaben sind dabei in den Basisparagraphen (Abschnitt 1) der Verdingungsordnungen zu finden auf die in den auf Grundlage des Haushaltsrechts erlassenen Verwaltungsanweisungen verwiesen wird.[486] Materiell entsprechen diese Regelungen weitgehend dem Kartellvergaberecht. Unterschiede ergeben sich vor allem im Bereich des Rechtsschutzes. Während das Kartellvergaberecht einen umfassenden Rechtsschutz und Nachprüfungsmöglichkeiten vorsieht, kann eine Entscheidung in einer Vergabe unterhalb der Schwellenwerte nur im Rahmen einer Gegenvorstellung, Dienst- oder Fachaufsicht angegriffen werden.[487]

---

vom 16.12.2002 S. 1) geändert durch Verordnung (EG) Nr. 2151/2003 der Kommission vom 16. Dezember 2003 zur Änderung der Verordnung (EG) Nr. 2195/2002 des Europäischen Parlaments und des Rates über das Gemeinsame Vokabular für öffentliche Aufträge (CPV) (Amtsblatt Nr. L 329 vom 17.12.2003 S. 1).

[484] EuGH, Urt. v. 7. 12. 2000 – C-324/98; Slg. 2000 Seite I-10745 (Rn. 60) - Telaustria und Telefonadress; EuGH, Urt. v. 03.12.2001 – C-59/00; Slg. 2001, S. I-9505 (Rn. 20) – Vestergaard.

[485] *Eschenbruch/Röwekamp* in Kulartz/Kus/Portz, GWB-Vergaberecht (2006), § 100, Rn. 5; *Stickler* in: Reidt/Stickler/Glahs, Vergaberecht (2003), § 100, Rn. 4.

[486] BVerfG, Beschluss v. 13.6.2006 – 1 BvR 1160/03, Rn. 4, 15; *Eschenbruch/Röwekamp* in Kulartz/Kus/Portz, GWB-Vergaberecht (2006), § 100, Rn. 12; *Stickler* in: Reidt/Stickler/Glahs, Vergaberecht (2003), § 100, Rn. 9; *Bungenberg* in: Loewenheim/Meessen/Riesenkampff, Kartellrecht Band 2 (2006), § 100, Rn. 14.

[487] *Stickler* in: Reidt/Stickler/Glahs, Vergaberecht (2003), § 100, Rn. 11. Diese Aufteilung ist gem.

B. Die Akzessorietät des Ausschreibungsmerkmals

§ 3 VgV enthält detaillierte Regelungen zur Schätzung des Auftragwertes. Nach § 3 I VgV ist bei der Schätzung des Auftragswertes von der geschätzten Gesamtvergütung für die vorgesehene Leistung einschließlich etwaiger Prämien oder Zahlungen an Bewerber oder Bieter auszugehen. Sie ist nach objektiven Kriterien unter Berücksichtigung der Marktsituation und auf der Grundlage sorgfältiger betriebswirtschaftlicher Finanzplanung durchzuführen.[488] Die Gesamtvergütung ergibt sich aus dem Verkehrs- oder Marktwert, zu dem die Leistungen zum maßgebenden Zeitpunkt bezogen werden können.[489]

§ 100 II GWB enthält einen abschließenden Ausnahmenkatalog, der bestimmte Vergaben dem Anwendungsbereich des Kartellvergaberechts völlig entzieht. Dieser ist als Ausnahmevorschrift eng auszulegen. Auch hier gelten das primäre EG-Recht und der Gleichbehandlungsgrundsatz.
Die Schwellenwerte stellen die zweite sachliche Beschränkung des Anwendungsbereichs des Vergaberechts dar. Fraglich ist, ob diese auf § 298 StGB übertragen werden können, ob sie den Tatbestand im Sinne einer restriktiven Auslegung beschränken können.

Dagegen spricht der Wortlaut des § 298 II StGB, der von „freihändigen Vergaben" spricht. Wie dargestellt[490], finden freihändigen Vergaben aber nur unterhalb der Schwellenwerte statt.

Auf der anderen Seite spricht der Gesetzgeber in den Gesetzesmaterialien ausdrücklich davon, dass durch diesen Absatz „eine Beschränkung des Tatbestandes auf Fälle einer gewissen Größenordnung und Bedeutung erreicht"[491] werden soll. Dies entspricht von der Intention her, genau der Intention der Schwellenwerteregelung. Auch diese wurden eingeführt, um Vorhaben, die weniger bedeutungsvoll

---

BVerfG, Beschluss v. 13.6.2006 – 1 BvR 1160/03 verfassungsgemäß.
[488] OLG München, Beschluss v. 28.08.2005 – Verg 19/05, Rn. 25; OLG Düsseldorf, NZBau 2002, S. 697 (698); *Dreher* in: Immenga/Mestmäcker, Wettbewerbsrecht GWB (2007), § 100, Rn. 17; *Weyand*, Praxiskommentar Vergaberecht (2007), Teil 2, Rn. 3159.
[489] *Weyand*, Praxiskommentar Vergaberecht (2007), Teil 2, Rn. 3173.
[490] Vgl. Teil 3 Kap. 1 B I 2 c bb.
[491] BT-Drucks. 13/5584, S. 14.

beziehungsweise kostspielig sind, von den formalisierten, internationalen Ausschreibungsbedingungen freizustellen.

Zum Zeitpunkt der Einführung des § 298 StGB bestand kein zweigeteiltes Vegaberechtssystem in Deutschland. Es galten die Verdingungsordnungen und das Haushaltsgrundsätzegesetz. Das Kartellvergaberecht wurde erst danach in das GWB integriert. Während seinen Debatten hatte der Gesetzgeber somit genau dieses Recht, dass jetzt nur noch unterhalb der Schwellenwerte Anwendung findet, im Blick. Dies erklärt auch den Wortlaut des § 298 II StGB.

Dennoch bestand bereits die Verpflichtung europäische Vorgaben ins nationale Recht umzusetzen, so dass der Gesetzgeber auch diese Pflicht zu bedenken hatte beziehungsweise über deren Inhalt informiert war. Hätte er daher nur den Wettbewerb oberhalb der Schwellenwerte als schützenswert empfunden, hätte er dies eindeutig festschreiben können und müssen. Auch die Wortwahl bezüglich des Abs. II hätte dann anders ausfallen müssen. Der Verweis auf die Vorhaben einer bestimmten Größenordnung in den Gesetzgebungsmaterialien erscheint somit zweifelhaft und verwirrend.

Die freihändige Vergabe ist in § 3 Nr. 4 VOB/A, § 3 Nr. 4 VOL/A geregelt und nur unter den Voraussetzungen zulässig, dass eine *„Öffentliche Ausschreibung oder Beschränkte Ausschreibung unzweckmäßig ist, besonders weil für die Leistung aus besonderen Gründen (z. B. Patentschutz, besondere Erfahrung oder Geräte) nur ein bestimmter Unternehmer in Betracht kommt, weil die Leistung nach Art und Umfang vor der Vergabe nicht eindeutig und erschöpfend festgelegt werden kann, weil sich eine kleine Leistung von einer vergebenen größeren Leistung nicht ohne Nachteil trennen lässt, weil die Leistung besonders dringlich ist, weil nach Aufhebung einer Öffentlichen Ausschreibung oder Beschränkten Ausschreibung eine erneute Ausschreibung kein annehmbares Ergebnis verspricht, weil die auszuführende Leistung Geheimhaltungsvorschriften unterworfen ist."*

Eine gesonderte Regelung für freihändige Vergaben mit oder ohne Teilnahmewettbewerb existiert nicht. Diese Voraussetzungen sind mithin für beide Arten der Vergabe zwingend einzuhalten.

Aus der Aufzählung, wann eine freihändige Vergabe zulässig ist, wird allerdings deutlich, dass auf den Wert der Leistung beziehungsweise deren Bedeutung oder

B. Die Akzessorietät des Ausschreibungsmerkmals

Größe, in keiner Variante abgestellt wird. Auch wenn die Aufzählung wie bereits erwähnt, nicht abschließend ist, muss ein mit den geregelten Varianten vergleichbarer Sachverhalt vorliegen. Allein der Wert der Ausschreibung ist keine vergleichbare Sachlage und damit für die Anwendung des Verfahrens nicht entscheidend, geht man davon aus, dass dieser sich unterhalb der Schwellenwerte befindet, um das Verfahren an sich anwendbar zu machen. Die Gesetzgebungsmaterialien können damit nicht die Anwendbarkeit des § 298 StGB nur für Ausschreibungen oberhalb der Schwellenwerte rechtfertigen.

Des Weiteren ist auch hier der Schutzzweck beziehungsweise das Schutzgut zu beachten und für eine endgültige Entscheidung heranzuziehen. § 298 StGB schützt den freien Wettbewerb bei Ausschreibungen innerhalb gewisser Rahmenbedingungen, die durch das Vergaberecht geschaffen werden. Auch die Verfahren unterhalb der Schwellenwerte, mit Ausnahme der freihändigen Vergabe ohne Teilnahmewettbewerb, dienen dazu einen Wettbewerb für Leistungen zu schaffen, die meist keinen eigenen Markt besitzen. Der Ausschreibende möchte auch hier den für sich günstigsten Preis ermitteln und benötigt dafür unabhängige, marktrepresentative Angebote. Allein die Tatsache, dass das Auftragsvolumen geringer ist, führt nicht dazu, dass der Wettbewerb weniger wichtig oder weniger schützenswert ist. Dabei ist auch zu beachten, dass – wie bereits festgestellt wurde – § 298 StGB nicht den Wettbewerb im Allgemeinen oder auf einem bestimmten Markt schützt, sondern den Wettbewerb bezogen auf eine bestimmte Ausschreibung. Um eine Verletzung des Schutzguts des § 298 StGB annehmen zu können, muss nicht der Wettbewerb insgesamt bedroht sein. Ausreichend ist die Bedrohung des Wettbewerbs einer konkreten Ausschreibung. Die Schwellenwerte kommen somit nicht als Begrenzung des sachlichen Anwendungsbereichs der Strafnorm in Betracht. Vielmehr muss der Anwendungsbereich, um einen effektiven Schutz des Wettbewerbs im Rahmen von Ausschreibungen gewährleisten zu können, gegenüber dem GWB weiter sein.

Als praktisches Argument kann angeführt werden, dass bei geringem Auftragswert in der Regel ein formloser Preisvergleich mit anschließender freihändiger Vergabe stattfindet[492], das heißt, es wird auf eine Ausschreibung, zum Teil auch auf einen

---

[492] Dazu: *Schaller*, KommunalPraxis BY 2006, S. 56ff.: Das bayerische Staatsministerium des Inneren hat im Einvernehmen mit dem Bayerischen Staatsministerium der Finanzen mit Be-

Kapitel 1: Ausschreibungen

Teilnahmewettbewerb, vollkommen verzichtet. Bei Verzicht auf Teilnahmewettbewerb, fällt diese Art der Vergabe schon aufgrund der Bestimmung des Gesetzgebers in § 298 II StGB nicht in den Anwendungsbereich des § 298 I StGB, so dass schon die Praxis zeigt, dass nicht jeder unbedeutende Auftrag von § 298 StGB umfasst ist. Allerdings ist dies nicht das Resultat einer wertmäßigen Beschränkung des Anwendungsbereichs, sondern des angewendeten Verfahrens. Allein diese Beschränkung genügt, um eine gewisse Restriktion des Tatbestandes zu erlangen.

Die Beschränkung der Strafbarkeit auf Ausschreibungen oberhalb der Schwellenwerte ist schließlich mit dem hier zugrunde gelegten Schutzgut des § 298 StGB nicht vereinbar. Eine wertmäßige Restriktion käme nur dann in Betracht, wenn man als Hauptschutzzweck oder zumindest als gleichrangigen Schutzzweck das Vermögen einbezöge. Allerdings hätte der Gesetzgeber dann eine Art „Bagatellklausel" einführen können und müssen. Wie § 298 II StGB zeigt, hat sich der Gesetzgeber nämlich durchaus Gedanken darüber gemacht, was er in den Schutzbereich des § 298 I StGB einbezogen sehen wollte und was er als nicht strafwürdig empfand. Auch wenn die Schwellenwerte veränderlich sind und zu diesem Zeitpunkt völlig andere Werte beinhalteten als heute, wäre entweder eine dynamische Verweisung auf die jeweils geltenden Werte oder aber eine dem § 248a StGB ähnliche Klausel oder ein Verweis auf diese Norm – wie er in § 263 IV StGB enthalten ist – möglich gewesen.

Eine Übertragbarkeit der Schwellenwerte ist mithin abzulehnen.

IV. Ergebnis

Betrachtet man die Vergabearten des GWB und ihre Relevanz bei § 298 StGB so ist festzustellen, dass der Strafgesetzgeber der umfassenden Anwendung durch § 298 II StGB Grenzen setzt, diese aber auch in einer gewissen Weise erweitert.

---

kanntmachung vom 14.10.2005 Wertgrenzen für die Kommunen eingeführt, ab welchen unterhalb der Schwellenwerte eine beschränkte Ausschreibung beziehungsweise eine freihändige Vergabe ohne weitere Einzelbegründung möglich ist. Im Rahmen des Tiefbaus liegt die Wertgrenze bei *300.000 €* bei Rohbauarbeiten im Hochbau bei *150.000 €* und bei Ausbaugewerke und sonstige Gewerke im Hochbau, Pflanzungen und Straßenausstattungen bei *75.000 €*. Die Wertgrenze bei freihändigen Vergaben liegt bei *30.000 €*

§ 298 StGB ist bezüglich der erfassten Verfahren weiter als das Kartellvergaberecht ausgestaltet, da es auch die Vergaben unterhalb der Schwellenwerte und durch Private erfasst. Diese Folge lässt sich durch den Wunsch des Gesetzgebers an den Verdingungsordnungen festzuhalten, erklären. Die Einführung des Vergaberechts in das GWB erfolgte nur soweit es europarechtlich notwendig war, während alle übrigen Verfahren in den Verdingungsordnungen belassen wurden.

Wünschenswert wäre insoweit auch ein Gleichlauf mit dem Europarecht, wie er im übrigen GWB bereits hergestellt wurde. Die Abschaffung der Übernahmeregelung für die Schwellenwerte würde zu einer Einbeziehung sämtlicher Verfahren in das GWB führen, so dass keine Zweiteilung des Verfahrens mehr bestünde, die inhaltlich längst überholt wurde. Jedoch widerspricht diese Abweichung nicht der grundsätzlichen Akzessorietät. Durch die Wortwahl des § 298 II StGB zum einen unter Bezugnahme auf eine Vergabeart unterhalb der Schwellenwerte, zum anderen durch den Ausschluss bestimmter Verfahren, setzt der Strafgesetzgeber bewusst Grenzen, einer Sanktionierung, die trotz der Akzessorietät einzuhalten sind.

Die Anwendbarkeit des § 298 StGB auf Ausschreibungen durch Private ergibt sich bereits aus dem Tatbestand des § 298 StGB selbst. § 298 StGB enthält im Gegensatz zum GWB keinen Verweis auf den öffentlichen Auftraggeber. Während der Gesetzgeber durch § 298 II StGB der Akzessorietät von sich aus Grenzen setzt, erweitert er den Anwendungsbereich hier bewusst. Diese Erweiterung steht einer grundsätzlichen Akzessorietät nicht im Wege. Eine Akzessorietät in Bezug auf das GWB ist für dieses Tatbestandsmerkmal zu bejahen, die jedoch ihre Grenze im Wortlaut des § 298 StGB findet.

C. Zusammenfassung

Das offene Verfahren, das nicht offene Verfahren, das Verhandlungsverfahren mit Teilnahmewettbewerb und der wettbewerbliche Dialog sind Ausschreibungen im Sinne des § 298 StGB, wie auch § 298 II StGB zeigt. Diese Norm macht deutlich, wie weit der Gesetzgeber den Ausschreibungsbegriff verstanden haben wollte. Nicht vom Ausschreibungsbegriff des § 298 I StGB umfasst, ist das Verhandlungsverfahren ohne Teilnahmewettbewerb sowie die freihändige Vergabe ohne Teilnahmewettbewerb. Bezüglich des Anwendungsbereichs können weder die Beschränkung auf öffentliche Auftraggeber noch die Schwellenwerte übertragen werden. Dennoch steht dies einer Akzessorietät nicht entgegen, da sich die Beschränkung direkt aus § 298 StGB ergibt. § 298 StGB ist bezüglich des Merkmals Ausschreibung akzessorisch innerhalb der von ihm selbst gesetzten Grenzen.

Kapitel 2: Abgabe eines Angebots

Nachdem die Abhängigkeit des Merkmals der Ausschreibung von Waren und gewerblichen Leistungen vom GWB bejaht wurde, kann im Folgenden das Merkmal der Abgabe eines Angebotes auf ihre Akzessorietät überprüft werden. Für die Überprüfung sollen die einzelnen Teile des Merkmals, nämlich das Angebot und die Abgabe, gesondert behandelt werden.

A. Angebot

Fraglich ist, ob auch das Merkmal des Angebots vergaberechtsakzessorisch ausgelegt werden kann und sollte. Dabei ist auch zu klären, was mit vergaberechtswidrigen Angeboten im Rahmen des § 298 StGB geschehen muss. Sind diese entgegen einer akzessorischen Auslegung auch als Angebote im Sinne der Strafnorm zu sehen, können diese, wie auch das abgesprochene Unterlassen von Angeboten durch die Regelungen der Täterschaft und Teilnahme bestraft werden oder sind sie vielleicht sogar straffrei.

Der Wortlaut des § 298 StGB deutet eine Akzessorietät des Merkmals des Angebots bereits an. So wird das Tatbestandsmerkmal „Angebot" mit dem Tatbestandsmerkmal „Ausschreibung" durch „bei" verknüpft. Es besteht somit eine inhaltliche Verbindung der beiden Tatbestandsmerkmale. Da eine Übertragbarkeit des kartellrechtlichen Ausschreibungsbegriffs auf das Strafrecht in weiten Teilen bejaht wurde, spricht vieles dafür auch hier dem Kartellrecht zu folgen. Allerdings kann dies nur als erstes Indiz gesehen werden, das nun zu verifizieren oder falsifizieren ist.

Entscheidend für eine Übertragung der vergaberechtlichen Bestimmung des Angebots, die wie im Anschluss dargestellt wird, aufgrund des kaskadenartigen Aufbaus des Vergaberechts, aus den Verdingungsordnungen erfolgen muss, ist das von § 298 StGB geschützte Rechtsgut und dessen Gefährdung. § 298 StGB dient dem Schutz des Wettbewerbs im Rahmen von Ausschreibungen. Fraglich ist damit, wann ein Angebot den Wettbewerb gefährden kann.

Unstreitig liegt eine direkte Gefährdung vor, wird das Angebot im Rahmen des Entscheidungsprozesses durch den Ausschreibenden geprüft und in die Auswahlmöglichkeit mit einbezogen. Eine konkrete Untersuchung des Angebots und eine sachliche Prüfung, die möglicherweise zu einem Zuschlag führt, sind nur bei „ordnungsgemäßen" Angeboten, das heißt bei „Angeboten im vergaberechtlichem Sinne", durchzuführen.

I. Das Angebot im Vergaberecht

Das allgemeine Kartellrecht und insbesondere das Kartellvergaberecht enthalten keinerlei Regelungen bezüglich der Bestimmung des Angebots. Da § 298 StGB von der Abgabe eines Angebots im Rahmen einer Ausschreibung spricht, wäre das Kartellvergaberecht lex specialis zum allgemeinen Kartellrecht. Dieses regelt allerdings nur die Verfahren an sich – nicht deren Ablauf und Erfordernisse – und die Rechtschutzmöglichkeiten. Der genaue Ablauf der einzelnen Verfahrensarten kann den Verdingungsordnungen entnommen werden. Diese regeln auch die Umstände unter denen ein Angebot im Sinne des Vergaberechts anzunehmen ist. Sie sind dem vergaberechtlichen Kaskadensystem folgend gemäß § 6 I VgV beziehungsweise § 4 I VgV auch auf die kartellrechtlichen Vergabeverfahren anzuwenden.

Die § 21 Nr. 1 VOB/A in Verbindung mit §§ 6, 9-20 VOB/A und § 21 Nr. 1 VOL/A in Verbindung mit §§ 8-20 VOL/A regeln förmliche und inhaltliche Anforderungen an ein wirksames Angebot im Rahmen von Ausschreibungen. §§ 21 Nr. 1 VOB/A und VOL/A regeln dabei die grundsätzlich zu beachtenden Anforderungen, während die §§ 9-20 VOB/A beziehungsweise §§ 8-20 VOL/A nur dann als zwingende Anforderungen gesehen werden können, wenn der Auftraggeber sie in die Verdingungsunterlagen aufnimmt. Nach §§ 21 Nr. 1 VOB/A und VOL/A legt der Auftraggeber fest, in welcher Form die Angebote einzureichen sind. Ihm stehen dabei die schriftliche und die elektronische Form zur Verfügung. Unterhalb der Schwellenwerte sind schriftliche Angebote stets zuzulassen, §§ 21 Nr. 1 I 2 VOB/A und VOL/A, wobei grundsätzlich die Eintragung der Angebotspreise in die Urschrift des Leistungsverzeichnisses zulässig und ausreichend ist.[493] Oberhalb der Schwellenwerte ist die zwingende Zulassung von schriftlichen Angeboten, die insbesondere Rücksicht auf kleine und mittlere Unternehmen

---

[493] *Weyand*, Praxiskommentar Vergaberecht (2007), Teil 3, Rn. 5008.

A. Angebot

nimmt[494], gemäß Abschnitt 2 § 21a und Abschnitt 3 § 21b VOB/A und VOL/A ausgeschlossen.
Als wichtigste Formvorschriften schreiben §§ 21 Nr. 1 I 3 VOB/A und VOL/A vor, dass schriftliche Angebote stets unterzeichnet sein müssen. Angebote ohne Unterschrift sind nicht als Angebote im Sinne des Vergaberechts zu werten und müssen daher gemäß § 25 Nr. 1 I b VOB/A ausscheiden.[495] Da das Merkmal der „rechtsverbindlichen" Unterschrift seit der Fassung 2000 der Verdingungsordnungen entfallen ist, ist vom Auftraggeber nicht mehr die Wirksamkeit der Unterzeichnung, das heißt ob tatsächlich die gesetzlichen Vertreter der Bieter oder wirksam Bevollmächtigte gehandelt haben, zu prüfen. Ein Bieter muss grundsätzlich ein unterschriebenes Angebot, im Zweifel nach den Grundsätzen der Anscheinsvollmacht, gegen sich gelten lassen.[496] Allerdings kann auch weiterhin der Auftraggeber selbst eine rechtsverbindliche Unterschrift fordern. Er hat dann von der Möglichkeit einer Ermessensausübung Gebrauch gemacht, die den Vergabevorschriften nicht entgegensteht.[497] Auch der Ort der Unterschrift ist für ein wirksames Angebot entscheidend. So muss die Unterschrift auf dem Angebot derart erfolgen, dass deutlich wird, dass sich der Unterzeichner das gesamte Angebot mit seiner Unterschrift zu eigen macht. Dafür genügt die Unterschrift am Ende des Angebots oder auf dem Anschreiben, das auf das beigefügte Angebot Bezug nimmt.[498] Eine fehlerhaft angebrachte Unterschrift führt ebenfalls zum Ausschluss des Angebots.[499]

Will eine Bietergemeinschaft mit einem Angebot an der Ausschreibung teilnehmen, liegt eine rechtsverbindliche Unterschrift nur dann vor, wenn alle am Angebot

---

[494] *Weyand*, Praxiskommentar Vergaberecht (2007), Teil 3, Rn. 5007.
[495] BKartA, 3. VK, Beschluss v. 27.04.2006 – VK 3-21/06, S. 12; VK Düsseldorf, Beschluss v. 21.04.2006 – VK-16/2006 – L, S. 9, 10.
[496] VK Hessen, Beschluss v. 27.02.2003 – 69d VK – 70/2002, S. 13; *Weyand*, Praxiskommentar Vergaberecht (2007), Teil 3, Rn. 5014; sich widersprechend: *Kratzenberg* in: Ingenstau/Korbion, VOB-Kommentar (2007), § 21 VOB/A, Rn. 4, der zum einen eine Bindungswirkung für den Bieter verneint, zum anderen aber die allgemeinen Vorschriften des BGB anwenden will.
[497] VK Halle, Beschluss v. 12.07.2001 – VK Hal 09/01, Rn. 42.
[498] OLG Celle, Beschluss v. 19.8.2003 – 13 Verg 20/03, Rn. 20f.; VK Düsseldorf, Beschluss v. 21.04.2006 – VK – 16/2006 – L, S. 9; VK Lüneburg, Beschluss v. 28.07.2003 – 203-VgK-13/2003, Leitsatz 2.
[499] VK Düsseldorf, Beschluss v. 21.04.2006 –VK – 16/2006 – L, S. 10; VK Lüneburg, Beschluss v. 28.07.2003 –203-VgK-13/2003, Leitsatz 3.

Kapitel 2: Abgabe eines Angebots

beteiligten Unternehmer unterschrieben haben. Dies folgt allein aus der Tatsache, dass die Bietergemeinschaften in der Praxis als Gesellschaften bürgerlichen Rechts auftreten und jedem beteiligten Unternehmen Außenvollmacht zukommt. Von der Möglichkeit des § 714 BGB, das heißt der alleinigen Geschäftsführungsbefugnis wird in der Regel kein Gebrauch gemacht.[500]

Die Angebote müssen ihren Aussteller erkennen lassen. Eine Ermittlung erfolgt im Streitfall durch Auslegung. Abzustellen ist dabei auf den objektiven Empfängerhorizont, das heißt, wie ein mit den Umständen des bestimmten Falls vertrauter Dritter in der Lage des Ausschreibenden die Erklärung nach Treu und Glauben mit Rücksicht auf die Verkehrssitte verstehen musste oder durfte.[501]

Neben der Abgabe eines schriftlichen Angebots ist auch ein elektronisches Angebot zulässig. Die elektronische Angebotsabgabe ist Teil des umfassenden und ganzheitlichen Prozesses der elektronischen Ausschreibung und Vergabe (E-Vergabe).[502] Da sowohl in der e-commerce-Richtlinie[503] als auch in der Vergabekoordinierungsrichtlinie lediglich geregelt ist, dass die Auftraggeber elektronische Angebote zulassen können, besteht kein Recht des Bieters auf Abgabe eines elektronischen Angebots. Anstelle der Unterschrift tritt bei elektronischen Angeboten gemäß § 21 Nr. 1 I 4 VOB/A und § 21 Nr. 1 II 4 VOL/A nach Wahl des Auftraggebers die fortgeschrittene elektronische Signatur nach dem Signaturgesetz[504] in Verbindung mit den Anforderungen des Auftraggebers oder die qualifizierte elektronische Signatur nach dem Signaturgesetz. Bisher spielte das elektronische Angebot in

---

[500] *Weyand*, Praxiskommentar Vergaberecht (2007), Teil 3, Rn. 5025.
[501] OLG Düsseldorf, Beschluss v. 03.01.2005 – VII – Verg 82/04, Rn. 4; VK Südbayern, Beschluss v. 10.11.2003 – 49-10/03, Leitsatz 2; *Weyand*, Praxiskommentar Vergaberecht (2007), Teil 3, Rn. 5019.
[502] *Weyand*, Praxiskommentar Vergaberecht (2007), Teil 3, Rn. 5037.
[503] Richtlinie 2000/31/EG des Europäischen Parlaments und des Rates vom 8. Juni 2000 über bestimmte rechtliche Aspekte der Dienste der Informationsgesellschaft, insbesondere des elektronischen Geschäftsverkehrs, im Binnenmarkt ("Richtlinie über den elektronischen Geschäftsverkehr"), ABlEG. L 178 v. 17.07.2000 S. 1ff.
[504] Gesetz über Rahmenbedingungen für elektronische Signaturen (Signaturgesetz – SigG) v. 16.05.2001, BGBl. 2001-I, S. 876, zuletzt geändert durch Art. 4 des Gesetzes v. 26.02.2007, BGBl. 2007-I, S. 179.

A. Angebot

der Praxis noch eine geringe Rolle, was sich auch in der fehlenden Rechtssprechung wiederspiegelt.

Das Angebot ist gemäß § 21 Nr. 1 II 2 VOB/A und § 21 Nr. 1 II 2 VOB/A in einem verschlossenen Umschlag oder einer ähnlichen Vorrichtung einzureichen. Sinn und Zweck der Regelung ist die Möglichkeit einer Einsichtnahme in Angebote vor Angebotseröffnung im Submissionstermin auch seitens der Vergabestelle auszuschließen.[505] Eine Einreichung von Angeboten via Fax oder einfacher E-Mail sind unzulässig und zwingend auszuschließen.

Inhaltlich muss ein vollständiges Angebot die Preise und geforderten Erklärungen enthalten, § 21 Nr. 1 II 5 VOB/A und § 21 Nr. 1 I 1 VOL/A. Diese Vorschriften dienen der leichteren Vergleichbarkeit der Angebote durch den Auftraggeber und garantieren somit echten Wettbewerb. Dem Auftraggeber sollen alle, für seine Vergabeentscheidung wesentlichen Angaben vorliegen und es ihm ermöglichen, sämtliche Angebote in allen Punkten miteinander zu vergleichen. Dafür ist es notwendig, dass nicht nur ein Gesamtpreis genannt wird, sondern eine Aufschlüsselung in die geforderten Einzelpreise vorgenommen wird.[506] Der Bieter darf dabei nicht Angaben oder Erklärungen als bekannt voraussetzen. Dem Auftraggeber obliegt insoweit keine Erkundigungs- oder Nachforschungspflicht.[507] Angebote, die diese Anforderungen nicht erfüllen, sind nach h.M. gemäß § 25 Nr. 1 I b VOB/A auszuschließen.[508]

---

[505] *Weyand*, Praxiskommentar Vergaberecht (2007), Teil 3, Rn. 5057.
[506] *Kratzenberg* in: Ingenstau/Korbion, VOB-Kommentar (2007), § 21 VOB/A, Rn. 10.
[507] *Weyand*, Praxiskommentar Vergaberecht (2007), Teil 3, Rn. 5067f.
[508] BGH, Urt. v. 07.06.2005 – X ZR 19/02, Rn. 13; grundsätzlich auch schon BGH, Urt. v. 08.09.1998 – X ZR 85/97, Rn. 30f.; ebenso: OLG Düsseldorf, Beschluss v. 05.04.2006 – VII – Verg 3/06, Rn. 21; OLG Düsseldorf, Beschluss v. 26.11.2003 – VII – Verg 53/03, Rn. 6; 2.VK Sachsen-Anhalt, Beschluss v. 06.03.2006 – VK 2-LVwA LSA 3/06, S. 12; weitere Nachweise bei: *Weyand*, Praxiskommentar Vergaberecht (2007), Teil 3, Rn. 5321; a.A.: *Kratzenberg* in: Ingenstau/Korbion, VOB-Kommentar (2007), § 21 VOB/A, Rn. 10, der mit einem Teil der Rechtsprechung die Ansicht vertritt, dass ein nicht vollständig aufgegliedertes Angebot nur dann zum Ausschluss führt, wenn sich das Angebot wegen seiner Unvollständigkeit nicht mehr zu einer ordnungsgemäßen Wertung eignet (BayObLG, NZBau 2001, S. 643 (644)) beziehungsweise die „scharfe" Sanktion eines zwingenden Angebotsausschlusses nur bei Fehlen solcher Erklärungen oder Erklärungsteilen greift, die kalkulationserheblich sind und sich im Wettbewerb auswirken (OLG Schleswig, Beschluss v. 10.03.2006 - 1 (6) Verg 13/05, Leitsatz 5). Hat das Fehlen gefor-

Kapitel 2: Abgabe eines Angebots

Nach dem BGH bestimmt „*§ 25 Nr. 1 Abs. 1 Buchst. b VOB/A [...], daß Angebote, die § 21 Nr. 1 Abs. 1 und 2 VOB/A nicht entsprechen, zwingend von der Wertung der Angebote auszuschließen sind. Nach § 21 Nr. 1 Abs. 1 VOB/A sollen die Angebote nur die Preise und die geforderten Erklärungen enthalten. Werden in den Ausschreibungsunterlagen geforderte Erklärungen nicht abgegeben, führt dies zwingend dazu, daß ein solches Angebot gemäß § 25 Nr. 1 Abs. 1 Buchst. b VOB/A von der Wertung auszuschließen ist.[509] Dem steht nicht entgegen, daß die die geforderte Erklärungen betreffende Bestimmung in § 21 Nr. 1 Abs. 1 VOB/A als Sollvorschrift formuliert ist. Der Ausschlußtatbestand ist nicht erst dann gegeben, wenn das betreffende Angebot wegen fehlender Erklärungen im Ergebnis nicht mit den anderen abgegebenen Angeboten verglichen werden kann. Denn ein transparentes, auf Gleichbehandlung aller Bieter beruhendes Vergabeverfahren ist nur zu erreichen, wenn lediglich in jeder sich aus den Verdingungsunterlagen ergebenden Hinsicht vergleichbare Angebote gewertet werden. Dies erfordert, daß hinsichtlich jeder Position der Leistungsbeschreibung alle zur Kennzeichnung der insoweit angebotenen Leistung geeigneten Parameter bekannt sind, deren Angabe den Bieter nicht unzumutbar belastet und ausweislich der Ausschreibungsunterlagen gefordert war, so daß sie als Umstände ausgewiesen sind, die für die Vergabeentscheidung relevant sein sollen.*"[510] Wie das OLG Düsseldorf daraufhin feststellte, hat *der Auftraggeber [nach dieser Rechtsprechung] [...] kein Recht zu einer wie auch immer gearteten großzügigen Handhabe, sondern muss das betreffende Angebot aus der Wertung nehmen.*[511]

---

derter Angaben oder Erklärungen keinen Einfluss auf den Wettbewerb und die Eindeutigkeit des Angebotsinhalts, so besteht kein Anlass, das Angebot von vornherein auszuschließen. Unerheblich ist es daher, wenn Erklärungen fehlen, die ohne Einfluss auf die Preise und damit auf das Wettbewerbsergebnis sind, so dass ihre nachträgliche Ergänzung die Wettbewerbsstellung des Bieters nicht verändert. Diese Argumentation, die allein auf die Gefährdung des Wettbewerbs abstellt, wird im Rahmen der Diskussion, welches Angebot ein Angebot im Sinne des § 298 StGB darstellt, entscheidend sein, da stets auf die mögliche Gefährdung des Schutzguts abzustellen ist. In der vergaberechtlichen Praxis wird dieses Verständnis von § 25 Nr. 1 I b VOB/A wegen der eindeutigen Rechtsprechung des BGH nicht herangezogen.

[509] Fraglich ist, die Auswirkung einer solchen Rechtsprechung auf die Auslegung des Merkmals Angebot im Rahmen des § 298 StGB. Zu klären wird sein, ob ein Angebot, dass von vornherein auszuschließen ist, weil es gewisse Mängel besitzt, den Wettbewerb gefährden kann. Vgl. dazu Teil 3, Kap. 2, II.

[510] BGH, Urt. v. 07.06.2005 – X ZR 19/02, Rn. 13.

[511] OLG Düsseldorf, Beschluss v. 26.11.2003 – VII – Verg 53/03, Rn. 6.

A. Angebot

Sind die eben dargestellten Voraussetzungen für ein Angebot im vergaberechtlichen Sinne erfüllt, nimmt das Angebot am Ausschreibungsverfahren teil, kann den Ausgang des Verfahrens und den Ausschreibenden bei seiner Entscheidung beeinflussen und damit direkt auf den Wettbewerb einwirken. Ist dieses abgesprochen beschränkt es den Wettbewerb, so dass ein solches Angebot in den Schutzbereich des § 298 StGB fallen muss.

II. Notwendigkeit der Einbeziehung eines vergaberechtswidrigen Angebots

Problematisch ist jedoch der Fall, wenn ein Angebot nicht ordnungsgemäß erstellt wurde und nach § 25 Nr. 1 VOB/A auszuschließen ist. Fraglich ist, ob auch dieses in den Schutzbereich des § 298 StGB einzubeziehen ist, obwohl es vergaberechtlich kein wirksames Angebot darstellt. Entscheidend dafür ist wiederum die wettbewerbsgefährdende Eigenschaft beziehungsweise die Möglichkeit überhaupt wettbewerbsbeschränkend wirken zu können.

Ist ein Angebot nach § 25 VOB/A auszuschließen, so prüft der Ausschreibende das Angebot sachlich nicht.[512] Bevor in die sachliche Prüfung eingestiegen wird, werden die eingegangenen Angebote auf ihre formale Richtigkeit und offensichtlich inhaltliche Vollständigkeit[513], wie die Nennung sämtlicher Einzelpreise, überprüft. Treten dabei schon Mängel auf, die zwingend oder aber tatsächlich zu einem Ausschluss führen, wird das Angebot im Folgenden nicht mehr geprüft und beachtet. Es hat mithin keinerlei Auswirkungen mehr auf den anschließenden Auswahlprozess. Eine aktive Beeinflussung des Wettbewerbs kommt einem solchen Angebot nicht zu.

Eine gewisse Einflussmöglichkeit auf den Wettbewerb kann aber einem solchen Angebot auch nicht vollständig abgesprochen werden, wird es abredegemäß unvollständig abgegeben, um die Chance des Herausgestellten den Auftrag zu erhalten, zu erhöhen. Ziel einer solchen Handlung wäre somit den Wettbewerb im Vorhinein zu beschränken.

---

[512] *Kratzenberg* in: Ingenstau/Korbion, VOB-Kommentar (2007), § 25 VOB/A, Rn. 1.
[513] Vgl. Teil 3 Kap. 2 A I.

Fraglich ist, ob diese in gewisser Weise passive Beeinflussung des Wettbewerbs, durch Nichtteilnahme, für die Annahme des Tatbestandes ausreichen kann.

1. Vergleichsfall: Absprachegemäßes Unterlassen der Angebotsabgabe

Die Fälle des sofortigen zwingenden Ausschlusses, noch vor Beginn der sachlichen Prüfung, das heißt der Nichtteilnahme am tatsächlichen Vergabeverfahren, stehen, vom Ergebnis gesehen, den Fällen des Unterlassens einer Angebotsabgabe gleich. Allerdings ist deren Behandlung im Rahmen des § 298 StGB umstritten. Vor allem die Frage, ob diejenigen Unternehmen, die absprachegemäß kein Angebot abgegeben haben als Mittäter bestraft werden können, wird diskutiert.

Eine Bestrafung über Mittäterschaft kann nur dann bejaht werden, wenn die Voraussetzungen des § 25 II StGB vorliegen. Nach § 25 II StGB ist Mittäter, wer eine Straftat gemeinschaftlich mit mindestens einem anderen begeht. Mittäter ist, wer im bewussten und gewollten Zusammenwirken mit einem oder mehreren anderen einen Tatbestand so erfüllt, dass die Tätermerkmale in der Person eines jeden Mitwirkenden vorliegen und dass jeder den Tatentschluss mitträgt.[514] Mittäterschaft liegt somit vor, wenn ihre drei Voraussetzungen erfüllt sind. Objektiv muss jeder Täter einen Tatbeitrag geleistet haben, der subjektiv auf einen gemeinsamen Tatplan oder Tatentschluss beruht. Des Weiteren müssen sämtliche für den Tatbestand erforderlichen täterschaftsbegründenden Merkmale bei jedem einzelnen Mittäter vorliegen.[515]

Problematisch im Fall der abredegemäßen Nichtabgabe eines Angebots im Rahmen einer Ausschreibung sind weder das subjektive Merkmal, noch die täterschaftsbegründenden Merkmale. Durch die Absprache entstand ein gemeinsamer Tatplan und alle, die theoretisch ein Angebot abgeben könnten – alle, für die es von Interesse sein kann, an einer Absprache beteiligt zu sein – sind auch als geeignete Täter anzusehen. Allein fraglich ist der objektive Tatbeitrag. Es ist somit vorerst allgemein zu bestimmten, was darunter zu verstehen ist.

---

[514] *Otto*, Jura 1987, S. 246 (252).
[515] *Welzel*, deutsches Strafrecht (1969), S. 110; *Wessels/Beulke*, Strafrecht AT (2008), Rn. 528, 530.

A. Angebot

Typisches Merkmal der Mittäterschaft ist die Arbeitsteilung. Eine Mittäterschaft kann deshalb nicht bereits aufgrund des Umstands abgelehnt werden, dass eine eigenhändige Angebotsabgabe gefordert wird. Würde jeder Tatbeteiligte den gesamten objektiven Tatbestand erfüllen, bedürfte es des § 25 II StGB nicht. Die jeweiligen Tatbeiträge werden im Rahmen der Mittäterschaft gegenseitig zugerechnet, so dass im Ergebnis jeder Tatbeteiligte so behandelt wird, als hätte er den vollen Tatbestand selbst verwirklicht. Umstritten ist, was als ausreichender Tatbeitrag zur Verwirklichung des Tatbestandes zu verstehen ist. Es kann dabei im Wesentlichen zwischen Literatur und Rechtsprechung unterschieden werden.

Die Literatur vertritt die sogenannte Tatherrschaftslehre. Nach dieser liegt Mittäterschaft vor, wenn die Verwirklichung des gesetzlichen Tatbestands von mehreren gemeinsam beherrscht wird, das heißt mehrere bei der zweckbewußten Lenkung des Kausalgeschehens auf den tatbestandsmäßigen Erfolg hin in der Weise zusammenwirken, dass sie gemeinsam als Herr der Tatbestandsverwirklichung erscheinen. Eine solche Herrschaft über die Tatbestandsverwirklichung kann aber nur dann angenommen werden, wenn dem einzelnen Tatbeteiligten aufgrund seiner Herrschaft über seinen eigenen Tatbeitrag zugleich die Mitherrschaft über die Tatbestandsverwirklichung als Ganzes zukommt, das heißt er muss den Tatablauf insoweit beherrschen, als dass er die Verwirklichung des Tatbestands nach seinem Willen durch Leisten seines Tatbeitrags ablaufen lassen und durch Nichtleisten diesen hemmen kann (funktionelle Tatherrschaft).[516]

Ein mittäterschaftlicher Tatbeitrag oder ein „gemeinschaftliches Begehen" ist daher gegeben, wenn mehrere gemeinsam die Tatherrschaft ausüben, das heißt arbeitsteilig zusammenwirken. Wieweit das arbeitsteilige Zusammenwirken gehen muss, wird innerhalb dieser Lehre nicht einheitlich beantwortet. Während zum Teil ein Zusammenwirken im Ausführungsstadium der Straftat gefordert wird[517], lässt eine

---

[516] *Stoffers*, MDR 1989, S. 208 (210); *Seelmann*, JuS 1980, S. 571 (573).
[517] *Schünemann* in: Laufhütte/Rissing-van Saan/Tiedemann, LK (2007), § 25, Rn. 182ff.; *Bloy*, GA 1996, 424 (436f.); *Herzberg*, ZStW 99 (1987), S. 49 (58); *Rudolphi*, Tatbestandsbezogenheit des Tatherrschaftsbegriffs in: FS Bockelmann (1979), S. 369 (374); *Zieschang*, ZStW 107 (1995), S. 361(368ff) ; *Roxin*, JA 1979, S. 519 (522); *Roxin*, Strafrecht AT/2 (2003), § 25, Rn. 198; *Roxin*, Täterschaft und Tatherrschaft (2006), S. 294f. *Buttel/Rotsch*, JuS 1995, S. 1096 (1101); *Eschenbach*, Jura 1992, S. 637 (644); *Hardwig*, JZ 1965, S. 667 (667).

andere Ansicht eine stärkere Beteiligung im Vorfeld der Tat genügen, um Defizite bei der eigentlichen Tatbegehung zu kompensieren.[518]

Nach der ersten Ansicht kann Mittäterschaft, das heißt Mitherrschaft bei Verwirklichung der Tatbestandshandlung, nur dann angenommen werden, wenn ein Tatbeitrag bei der Ausführung selbst erfolgt. Derjenige, der nur bei der Vorbereitung mitwirke, könne das Geschehen zwar beeinflussen, jedoch nicht beherrschen. Es verbleibe stets eine Abhängigkeit von der Initiative, den Entschlüssen und der Tatgestaltung des unmittelbar Handelnden.[519] Folgt man der ersten Ansicht, so muss bei der Nichtabgabe eines Angebots meist eine Mittäterschaft abgelehnt werden. Tathandlung ist die Abgabe des Angebots, mit dessen Beginn auch das Ausführungsstadium beginnt. In diesem Stadium ist es aber wohl eher selten, dass Außenstehende Einblick oder sogar Einfluss auf diesen innerbetrieblichen Vorgang nehmen können. Einflussmöglichkeit und Mitarbeit findet nur im Rahmen der Absprache statt, die in § 298 StGB aber lediglich als Vorbereitungsstadium zu qualifizieren ist. Die Absprache allein, ohne folgende Angebotsabgabe, ist nicht strafbar. Eine Mittäterstrafbarkeit ist nach dieser Ansicht wohl niemals gegeben. Derjenige, der abredegemäß kein Angebot abgibt, wäre dann als Gehilfe zu bestrafen.

Nach der anderen Auffassung innerhalb der Tatherrschaftslehre braucht der Tatbeitrag nicht unbedingt in der Verwirklichung eines objektiven Tatbestandsmerkmals zu liegen. Es genügt, wenn die Mitwirkung des fraglichen Beteiligten an dem Gesamtgeschehen als wesentliches Teilstück zur Erreichung des Ziels gesehen werden kann, sogenannte funktionelle Tatherrschaft. Entscheidend ist nicht der Zeitpunkt der Ausführung dieses Tatbeitrags, sondern vielmehr ob der geleistete Beitrag wäh-

---

[518] *Schmidt*, Strafrecht AT (2007), Rn. 1007; *Wessels/Beulke*, Strafrecht AT (2008), Rn. 528; *Jescheck/Weigend*, Strafrecht AT (1996), § 63, S. 680; *Baumann*, JuS 1963, S. 85 (86); *Maurach/Gössel/Zipf*, Strafrecht AT/2 (1989), § 49 Rn,. 29ff; *Cramer/Heine* in: Schönke/Schröder, Vorbem. §§ 25ff, Rn. 83, § 25, Rn. 66; *Otto*, Strafrecht AT (2004), §21, Rn. 61; *Fischer*, StGB (2009), § 25, Rn. 13; *Arzt*, JZ 1984, S. 428 (429); *Beulke*, JR 1980, S. 423 (424); *Cramer*, Abgrenzung Täterschaft und Teilnahme in: FS Bockelmann (1979), S. 398 (403); *Küpper*, JR 1993, S. 292 (293); *Otto*, Jura 1987, S. 246 (253); *Seelmann*, JuS 1980, S. 571 (573); *Welzel*, deutsches Strafrecht (1969), S. 110f.; *Stoffers*, MDR 1989, S. 208 (211).
[519] *Schünemann* in: Laufhütte/Rissing-van Saan/Tiedemann, LK (2007), § 25, Rn. 182ff.; *Rudolphi*, Tatbestandsbezogenheit des Tatherrschaftsbegriffs in: FS Bockelmann (1979), S. 369 (374); *Buttel/Rotsch*, JuS 1995, S. 1096 (1101); *Roxin*, Strafrecht AT/2 (2003), § 25, Rn. 198.

A. Angebot

rend des Tatgeschehens fortwirkt und das Geschehen wesentlich mitbestimmt. Die fehlende Tatunmittelbarkeit muss durch das Gewicht der Handlung im Vorbereitungsstadium ausgeglichen werden, so dass auch diese Handlung als Teil des arbeitsteilig verwirklichten Gesamtplans erscheint.[520]

Die Rechtsprechung vertrat von je her eine eher subjektive Theorie, konkretisiert die erforderliche subjektive Komponente aber anhand objektiver Umstände. Sie hält auch eine Mitwirkung im Vorbereitungsstadium für ausreichend, solange diese mit „Täterwillen" (animus auctoris) geleistet wurde.

Dabei konnten nach der älteren Rechtsprechung, die eine rein subjektive Abgrenzung vornahm, auch schon relativ geringfügige Beiträge – *„die geringste Mitwirkung"* [521] bei der Ausführung unter der Voraussetzung, dass der Mittätervorsatz vorliegt – ausreichen.[522] Jeder Mittäter musste zwar mit Täterwillen in irgendeiner Weise zur Ausführung mitwirken,[523] allerdings war es nicht notwendig, dass sich jeder Mittäter bei der Straftat an der eigentlichen Ausführungshandlung selbst körperlich beteiligte und dadurch selbst ein Tatbestandsmerkmal verwirklichte. Ein Beitrag konnte vielmehr auch in einer Handlung bestehen, die sich äußerlich als eine bloße Vorbereitungs- oder Beihilfehandlung darstellte, zum Beispiel in einer nur geistigen Mitwirkung.[524] Abgrenzungsmittel zur Beihilfe war allein die Art des Vorsatzes. Je nachdem, ob der Betreffende lediglich die Tat eines anderen unterstützen wollte, oder aber die Tat als eigene wollte, konnte dieselbe Handlung als Gehilfenhandlung oder mittäterschaftlicher Tatbeitrag gewertet werden.[525]

Der BGH schloss sich dieser Ansicht in weiten Teilen an, indem er *„eine geistige Mitwirkung, auch eine Vorbereitungshandlung in der Weise, dass der Mittäter dem ausführenden Tatgenossen durch einen vor der Ausführung gegebenen Rat zur Sei-*

---

[520] *Maurach/Gössel/Zipf*, Strafrecht AT/2 (1989), § 49, Rn. 31; *Beulke*, JR 1980, S. 423 (424); *Schmidt*, Strafrecht AT (2007), Rn. 1007; *Otto*, Jura 1987, S. 246 (253); *Seelmann*, JuS 1980, S. 571 (573).
[521] RGSt 54, S. 152 (153); RGSt 63, S. 101 (102).
[522] RGSt 14, S. 28 (29); RGSt 35, S. 13 (17); RGSt 54, S. 152 (153); RGSt 63, S. 101 (102); RGSt 66, S. 236 (240); RGSt 67, S. 392 (392); RGSt 71, S. 23 (24).
[523] RGSt 66, S. 236 (240).
[524] RGSt 71, S. 23 (24f.); RGSt 66, S. 236 (240).
[525] RGSt 14, S. 28 (29).

te steht oder in irgendeinem Zeitpunkt in sonstiger Weise dessen [...] Willen stärkt [, ausreichen lässt]; dabei muß [der Täter] zur Zeit dieser geistigen Mitwirkung den ganzen Erfolg der Straftat als eigenen mitverursachen [...] wollen.[526]

Mittäter ist nach der Definition des BGH, *„wer nicht nur fremdes Tun fördert, sondern einen eigenen Tatbeitrag derart in eine gemeinschaftliche Tat einfügt, daß sein Beitrag als Teil der Tätigkeit des anderen und umgekehrt dessen Tun als Ergänzung seines eigenen Tatanteils erscheint".*[527] Ob ein solch enges Verhältnis zur Tat besteht, ist nach den gesamten Umständen, die von seiner Vorstellung umfasst sind, in wertender Betrachtung zu beurteilen. Wesentliche Anhaltspunkte dafür können der Grad des eigenen Interesses am Taterfolg, der Umfang der Tatbeteiligung und die Tatherrschaft oder wenigstens der Wille zur Tatherrschaft sein.[528]

Der BGH betrachtet somit das Gesamtgeschehen. Diese Sichtweise und die objektiven Kriterien zur Tätervorsatzbestimmung decken sich im Wesentlichen mit den Gedanken der Tatherrschaftslehre[529], vor allem da auch der BGH auf einen fortwirkenden oder noch wirksam werdenden Tatbeitrag, der im Vorbereitungsstadium erbracht wurde[530], abstellt, so dass eine Unterscheidung in den folgenden Ausführungen überflüssig erscheint.

Fraglich ist, ob nach diesen Kriterien die Teilnahme an der Absprache oder aber die abredegemäße Nichtabgabe eines Angebots als Tatbeitrag für eine Mittäterschaft ausreicht. Dies wird in der strafrechtlichen Literatur kontrovers diskutiert[531]

---

[526] BGHSt 11, S. 268 (272); ebenso in: BGH, Urt. v. 15.01.1991 – 5 StR 492/90 (Rn. 6) – BGHSt 37, 289ff., BGH, NStZ 1984, S. 413 (413); BGH, StV 1986, S. 384 (384); kritisch dazu: *Roxin*, NStZ 1986, S. 384f.; BGH, NStZ 1995, S. 285 (285).

[527] BGH, StV 1998, S. 540 (540).

[528] BGHSt, 28, S. 346 (348f.); BGH, wistra 1992, S. 181(182); BGH, wistra 1994, S. 57 (57); BGH, NStZ 1995, S. 285 (285); BGH, StV 1995, S. 624 (625); BGH, StV 1998, S. 540 (540); BGH, Urt.v. 29.11.2007 – 4 StR 425/07.

[529] *Schmidt*, Strafrecht AT (2007), Rn. 1009; *Roxin*, JA 1979, S. 519 (521); *Jescheck/Weigend*, Strafrecht AT (1996), § 63, S. 675; *Kudlich*, JA 2008, S. 310 (312).

[530] BGHSt 28, S. 346 (347).

[531] Nicht ausreichend: *Kindhäuser*, Praxiskommentar StGB (2006), § 298, Rn. 11; *Tiedemann* in: Laufhütte/Rissing-van Saan/Tiedemann LK (2008), § 298, Rn. 46; *Dannecker* in: Kindhäuser/Neumann/Paeffgen, NK, Band 2 (2005), § 298, Rn. 63; *Dannecker*, JZ 2005, S. 49 (52); *Bender*,

A. Angebot

und ist höchstrichterlich noch nicht entschieden. Der Gesamtplan im Rahmen des § 298 StGB besteht darin, den Ausschreibenden zur Annahme eines bestimmten Angebots zu bewegen. Um dies zu erreichen werden zum einen Schutzangebote abgegeben, zum anderen wird auf eine Teilnahme völlig verzichtet. Beides trägt damit zur Verwirklichung des Gesamtplanes bei. Allerdings ermöglicht oder erleichtert auch eine Gehilfenhandlung in der Regel die Straftat, so dass alleiniges Entscheidungskriterium die Einflussnahme auf die Tatverwirklichung sein kann. Die Tat wird mit Abgabe des Angebots verwirklicht. Tathandlung ist somit die Abgabe, an der jedoch wohl niemals ein Zweiter beteiligt sein wird. Allerdings gehört zur Tatbestandsverwirklichung die Abgabe eines „Angebots", das auf einer rechtswidrigen Absprache beruhen muss.[532]

Fraglich ist, ob die Einflussnahme auf die Gestaltung des Angebots oder auf das Zustandekommen an sich für die Bejahung eines wesentlichen Tatbeitrags und da-

---

Sonderstraftatbestände (2005), S. 87.
Ausreichend: *Fischer*, StGB (2009), § 298, Rn. 17; *Heine* in: Schönke/Schröder, StGB (2006), § 298, Rn. 17; *Achenbach*, WuW 1997, S. 958 (959).

[532] Davon zu unterscheiden ist die Frage, wie ein Angebot zu behandeln ist, dass in Kenntnis des Inhalts der Absprache durch einen Außenstehenden oder Kartellaussteiger abgegeben wird. Dies stellt kein Problem der Abgabe eines Angebots dar, vielmehr ist hier das Merkmal des „beruhens auf einer Absprache" zu diskutieren. In der Literatur wird häufig lediglich auf die Wertungen des § 298 StGB abgestellt, wonach ein Außenstehender nicht, ein Kartellaussteiger hingegen schon erfasst werden sollen. Vgl. dazu: *Tiedemann* in: Laufhütte/Rissing-van Saan/Tiedemann LK (2008), § 298, Rn. 15; *Hohmann* in: Joecks/Miebach, MüKo StGB (2006), § 298, Rn. 103. Für eine Lösung des Problems ist aber auch hier auf das Rechtsgut des § 298 StGB und die Frage abzustellen, wann dieses gefährdet oder verletzt wird. Gibt ein Außenstehender oder ein Kartellaussteiger trotz Kenntnis der Kartellabsprache ein eigenständig kalkuliertes Angebot ab, so beruht sein Angebot nicht auf der Absprache. Macht er sich die Absprache jedoch insoweit zu eigen, als dass er sein Angebot daraufhin abstimmt, in der Regel einen Preis über dem Marktpreis aber noch unterhalb des Kartellpreises wählt, so beruht sein Angebot auf dem Inhalt der Absprache. Der Wettbewerb wird auch durch ein solches Angebot verzerrt. Ein wettbewerblicher Marktpreis konnte sich nicht bilden, weil keine eigenständig kalkulierten Angebote vorlagen. Es ist nicht ersichtlich warum eine solche Angebotsabgabe aus dem Anwendungsbereich des § 298 StGB ausscheiden soll. Tathandlung ist die Abgabe des Angebots, nicht die Teilnahme an einer rechtswidrigen Absprache. Diese ist nicht einmal Vorbereitungshandlung. Allein zwingend ist, dass das Angebot auf einer Absprache beruhen muss, zwischen wem eine solche Absprache stattfand ist irrelevant. Im Ergebnis ebenso: *Mitsch*, Strafrecht BT 2,2 (2001), § 3, Rn. 211; *Fischer*, StGB (2009), § 298, Rn. 14

mit einer Mittäterschaft ausreichen kann. Entscheidend ist damit, wie wesentlich die Einflussnahme auf die Gestaltung des Angebots angesehen wird.

Im Rahmen einer Absprache gibt es auch für diejenigen, die kein Angebot abgeben werden, verschiedene Möglichkeiten, die Inhalte des herausgestellten und darauf beruhender Schutzangebote mitzubestimmen. Die Forderung von Ausgleichszahlungen führt zum Beispiel dazu, dass diese in das abzugebende Angebot mit einzupreisen sind. Zumindest der Höhe nach, besteht dann ein nicht unerheblicher Einfluss. Wie dargestellt ist aber die Höhe des Preises ein entscheidendes, zum Teil sogar das einzige Kriterium zur Auswahl des wirtschaftlichsten Angebots. Der Beitrag bestimmt folglich wesentlich den Verlauf und das äußere Erscheinungsbild des weiteren Geschehens, auch wenn dieses zum Teil bereits nach der Deliktsverwirklichung liegt, obwohl an der Tathandlung als solche nicht eigenhändig mitgewirkt wurde.[533]

Als weitere Einflussnahmemöglichkeit auf die Gestaltung des Angebots, kann die Initiierung oder Koordinierung der Absprache selbst gesehen werden. So tritt der Initiator und Überwacher des Kartells gleich einem Bandenchef gegenüber den Mitgliedern auf, indem er die Struktur und Koordinationsmöglichkeiten bereitstellt, ein wirksames Sanktionennetzwerk aufbaut und damit die Verwirklichung der Delikte erst ermöglicht. Dies rechtfertigt im Ergebnis eine Behandlung vergleichbar mit der des Bandenchefs, so dass eine Bestrafung als Mittäter möglich erscheint.

Agiert der betroffene Unternehmer lediglich innerhalb eines gefestigten Netzwerkes oder besitzt er bei einmaligen Kartellen keinen nennenswerten Einfluss auf das herausgestellte Angebot, indem er weder besondere Zahlungen noch Beteiligungen verlangt, so erscheint eine Gehilfenstrafbarkeit näher liegend. Zwar wird das Delikt unterstützt, direkten Einfluss auf die Verwirklichung und damit Tatherrschaft wird allerdings nicht ausgeübt. Letztendlich kann somit keine allgemeingültige Regel gefunden werden. Es muss stets eine Einzelfallabwägung erfolgen, in der die Einflussmöglichkeit auf die Gestaltung der Angebote entscheidend ist.

---

[533] Tatbeitrag des Mittäters wäre insoweit die Nichtabgabe eines Angebots, das heißt ein Unterlassen. Ob Mittäterschaft zwischen aktiv Handelnden und Unterlassungstäter möglich ist, ist umstritten, aber wohl zu bejahen vgl. dazu: BGH, NJW 1952, 552 (552); BGH, NJW 1966, S. 1763 (1763) *Cramer/Heine* in: Schönke/Schröder, § 25, Rn. 79; *Lackner/Kühl*, StGB (2007), § 25, Rn. 11.

A. Angebot

2. Übertragbarkeit auf den Fall der Abgabe eines auszuschließenden Angebots

Fraglich ist, ob das eben gefundene Ergebnis für eine Nichtabgabe auf die unvollständige Angebotsabgabe übertragen werden kann und sollte.

Die Auswirkungen auf das weitere Vergabeverfahren sind in beiden Fällen gleich. Allerdings besteht ein gravierender Unterschied in der Handlung. Während der Unternehmer, der kein Angebot abgibt, ein Unterlassen verwirklicht, gibt der unvollständig Anbietende ein Angebot ab und handelt damit aktiv. Während der kein Angebot abgebende Unternehmer Desinteresse signalisiert, bleibt der aktiv Handelnde dem Ausschreibenden im Gedächtnis, selbst wenn sein Angebot bei dieser Ausschreibung nicht verwertet werden kann.

Für die Frage der Übertragbarkeit sind wiederum das Rechtsgut und dessen Gefährdungsgrad heranzuziehen. Dabei ist ebenso ein Vergleich mit der dritten Möglichkeit eines abgesprochenen Angebots, nämlich der Abgabe eines überhöhten Angebots, anzustellen.

Wie bereits dargestellt, betreffen die Nichtabgabe und die Abgabe eines unvollständigen Angebots den Wettbewerb in ähnlicher Weise, das heißt durch Nichtteilnahme. Da aber bei der Abgabe eines unvollständigen Angebots bereits eine Art von Angebot in den Machtbereich des Ausschreibenden gelangt ist, muss von einem höheren Gefährdungsgrad ausgegangen werden. Die Gefahr für das Rechtsgut ist durch den Gang an die Öffentlichkeit näher gerückt. Es besteht somit ein qualitativer Unterschied zum Fall einer Nichtabgabe.

Im Falle der Abgabe eines überhöhten Angebots, sogenanntes Schutzangebot, nimmt der Abgebende mit einem wirksamen Angebot am Wettbewerb teil. Es erfolgt eine aktive Beeinflussung des Vergabeverfahrens. Er suggeriert dem Veranstalter, dass ein echter Wettbewerb zwischen den Anbietern vorliegt und das Angebot unter dem Einfluss dieses Wettbewerbs kalkuliert wurde. Das Vertrauen in den Wettbewerb wird in diesem Fall wesentlich stärker betroffen, als es bei einem sofortigen Ausschluss denkbar wäre. Der Gefährdungsgrad ist in diesem Fall sehr ausgeprägt und steht demjenigen gleich, der bei der Abgabe des zuschlagsbestimmten Angebots vorliegt. In diesen Fällen wird der Handelnde als Täter des § 298 StGB angesehen. Er verwirklicht den kompletten Tatbestand des § 298 StGB.

Kapitel 2: Abgabe eines Angebots

Eine Abstufung zu den Bietern, die ein unvollständiges oder aus sonstigen Gründen formal unzulässiges Angebot abgeben, erscheint daher sachgerecht, auch wenn dies absichtlich beziehungsweise aufgrund einer Absprache erfolgt. Dem kann dadurch Rechnung getragen werden, dass dieses „Angebot", wie auch im Vergaberecht, nicht als „Angebot" gesehen wird[534], so dass § 298 StGB zumindest alleintäterschaftlich nicht verwirklicht ist.

In Fällen in denen die Voraussetzungen des § 25 II StGB vorliegen, kann aber von einer Mittäterschaft ausgegangen werden. Tatherrschaft kann dabei ebenso bestimmt werden, wie es im Rahmen des Verzichts einer Angebotsabgabe erfolgte. Liegen diese Voraussetzungen nicht vor, so erscheint es sachgerecht und zweckmäßig denjenigen als Gehilfen zu bestrafen. Es ist mithin davon auszugehen, dass in der Abgabe eines unvollständigen Angebots kein Angebot im Sinne des § 298 StGB gesehen werden kann, egal ob dies ungewollt oder absichtlich erfolgt. Allerdings ist stets die Möglichkeit einer Zurechnung der Handlung des Haupttäters beziehungsweise eine Gehilfenstrafbarkeit zu bedenken.

3. Abgabe eines Schein- oder Scherzangebots

Anders ist der Fall zu behandeln, indem lediglich ein Schein- oder Scherzangebot abgegeben wird. Zivilrechtlich bestünde nach §§ 116-118 BGB die Möglichkeit, dass der Anbietende eines Schein- oder Scherzangebots nicht an sein Angebot gebunden wäre. § 116 BGB sieht als Normalfall zwar an, dass der geheime Vorbehalt (Mentalreservation), das Erklärte nicht zu wollen, ohne Einfluss auf die Wirksamkeit der Willenserklärung sei, dennoch gibt es in S. 2 die Möglichkeit einer Nichtigkeit. Wie auch bei §§ 117 und 118 BGB muss der Empfänger Kenntnis haben, einverstanden sein oder fahrlässig verkennen, dass keine Bindung an die Willenserklärung gewünscht ist.[535]

Dies ist im Rahmen von Ausschreibungsbeschränkungen wohl nur selten der Fall, aber dennoch denkbar, da eine Absprache nicht vor dem Ausschreibenden verheimlicht werden muss, um unter § 298 StGB zu fallen. Ein solcher Fall kann stets bei

---

[534] So jetzt auch: *Tiedemann* in: Laufhütte/Rissing-van Saan/Tiedemann LK (2008), § 298, Rn. 27.
[535] *Musielak*, Grundkurs BGB (2007), Rn. 322ff.

A. Angebot

Beteiligung des Ausschreibenden an der Absprache oder dessen Kenntnis davon auftreten.

Allerdings kann diese zivilrechtliche Folge für das Strafrecht nicht maßgeblich sein. So käme man zu dem absurden Ergebnis, dass ein besonders dreistes oder besonders wettbewerbsschädigendes Vorgehen, indem zwischen Anbieter und Ausschreibenden kollusiv zusammengewirkt wird, mangels Angebot nicht strafbar wäre.

Solange ein Angebot innerhalb der Ausschreibung Beachtung finden kann, weil es nicht von vornherein auszuschließen ist, stellt es eine Gefahr für das Rechtsgut dar und ist als wirksames Angebot im Sinne des § 298 StGB zu werten. Abzustellen ist damit allein auf den vergaberechtlichen Angebotsbegriff, wobei die zivilrechtlichen Nichtigkeitsgründe außer Betracht zu bleiben haben.

Eine Übertragung des vergaberechtlichen Angebotsbegriffs erscheint daher auch fürs Strafrecht sachgerecht, da dieses genügend Differenzierungsmöglichkeiten nach der Betroffenheit des Rechtsguts und dem Unrechtsgehalt der Tat bietet.

III. Zusammenfassung

Ein vergaberechtlich wirksames Angebot muss vor allem die Voraussetzungen des § 21 Nr. 1 VOB/A erfüllen. § 21 Nr. 1 VOB/A legt die Form der abzugebenden Angebote fest, etabliert vor allem ein Unterschriftserfordernis und bestimmt auch die Art und Weise der Einreichung.
Die Anforderungen sind auf den Angebotsbegriff des § 298 StGB zu übertragen. Dies folgt zum einen aus der inhaltlichen Verknüpfung mit dem Begriff der Ausschreibung, der wie gezeigt kartellrechtsakzessorisch ausgestaltet ist.[536] Zum anderen ist diese Beschränkung sachgerecht und dem verwirklichten Unrechtsgehalt angemessen. Während die Gefahr der Beeinträchtigung des geschützten Rechtsguts bei Schutzangeboten sehr hoch und die Gefahr bei Nichtabgabe eines Angebots eher gering ist, bewegt sich die Abgabe eines auszuschließenden Angebots dazwischen. Dabei ist ihr Gefährdungsgrad aber wohl stärker an die zweite Alternative

---

[536] Vgl. Teil 3 Kap. 1.

Kapitel 2: Abgabe eines Angebots

angenähert. Auch im Rahmen dieser Alternative kann eine täterschaftliche Bestrafung im Rahmen einer Mittäterschaft erfolgen, so dass sachgerechte, schuld- und tatangemessene Ergebnisse gefunden werden können.
Es ist somit nicht erforderlich ein Angebot das vergaberechtlich nicht als Angebot eingestuft wird, strafrechtlich als Angebot im Sinne des § 298 StGB zu werten. Auch der Angebotsbegriff ist mithin akzessorisch auszulegen.

B. Abgabe

Nachdem im Hinblick auf die Bestimmung des Angebots eine Vergaberechtsakzessorietät bejaht werden konnte, ist fraglich, ob eine Akzessorietät auch hinsichtlich der Abgabe angenommen werden kann oder sollte. Da das Vergaberecht selbst keine Definition der Abgabe oder überhaupt die Verwendung dieses Begriffes nutzt, sowie auch das GWB im Allgemeinen nicht die Abgabe eines Angebotes regelt, scheidet eine Akzessorietät zum GWB von vornherein aus. Möglich wäre lediglich eine zivilrechtsakzessorische Ausgestaltung zum allgemeinen Zivilrecht, auf das auch im Rahmen des Kartellrechts bei Regelungslücken zurückgegriffen wird. Es soll daher kurz die zivilrechtliche Bestimmung der Abgabe skizziert werden, bevor diese hinsichtlich ihrer Praktikabilität für das Vergabeverfahren und den § 298 StGB überprüft wird. Dabei ist zum einen wieder die Gefährdung des Rechtsguts beachtlich, zum anderen aber auch die besondere Situation der Ausschreibung. Zu bedenken wird auch sein, dass das Delikt des § 298 StGB bereits mit „Abgabe" vollendet ist. Die Abgabe ist daher der entscheidende Zeitpunkt für eine Strafbarkeit.

I. Zivilrechtliche Bestimmung

Das Zivilrecht regelt den Zeitpunkt der Abgabe nicht ausdrücklich. In § 130 BGB, indem es heißt, dass eine Willenserklärung, die einem anderen gegenüber abzugeben ist, mit ihrem Zugang wirksam wird, wird eine solche jedoch vorausgesetzt.

Grundsätzlich gilt im allgemeinen Zivilrecht eine Erklärung dann als abgegeben, wenn der Erklärende seinen rechtsgeschäftlichen Willen erkennbar so geäußert hat,

B. Abgabe

dass an der Endgültigkeit der Äußerung kein Zweifel möglich ist[537] und der Erklärende alles getan hat, was für das Wirksamwerden der Willenserklärung erforderlich ist.[538] Bei empfangsbedürftigen Willenserklärungen muss zusätzlich der Wille des Erklärenden vorliegen, diese in Richtung Empfänger auch in Verkehr zu bringen (sogenannte Begebung).[539] Erforderlich ist mithin, dass der Erklärende bewusst und gewollt alles getan hat, damit die Erklärung an den Empfänger gelangen kann und unter normalen Umständen mit dem Zugang zu rechnen ist.[540] Besitzt der Erklärende keinen solchen Willen, ist ihm aber das Inverkehrbringen seiner Erklärung zuzurechnen, gilt sie dennoch als abgegeben, ist jedoch anfechtbar. Zugerechnet wird das Inverkehrbringen, wenn er bei Anwendung der im Verkehr erforderlichen Sorgfalt hätte erkennen und vermeiden können, dass die Erklärung in Richtung auf den Empfänger auf den Weg gebracht wird.[541]

Zu unterscheiden ist die Abgabe der Willenserklärung von ihrem Zugang. Der Zugang der Willenserklärung bestimmt den Zeitpunkt ihres Wirksamwerdens.[542] Da es sich im Rahmen einer Ausschreibung stets um eine verkörperte Willenserklärung handelt, die unter Abwesenden abgegeben wird, genügt es im Folgenden diesen Fall zugrunde zu legen.

Zugegangen ist eine Willenserklärung, wenn sie so in den Machtbereich beziehungsweise die tatsächliche Verfügungsgewalt des Empfängers gelangt ist, dass es nur noch an ihm liegt, von ihr Kenntnis zu nehmen und mit seiner Kenntnisnahme

---

[537] *Heinrichs/Ellenberger* in: Palandt (2008), § 130, Rn. 4; *Wendtland* in: Bamberger/Roth, BGB/1 (2007), § 130, Rn. 5; *Ahrens* in: Prütting/Wegen/Weinreich, BGB (2007), §130, Rn. 6; *Larenz/ Wolf*, BGB AT (2004), § 26, Rn. 2; *Hefermehl* in: Wolf, Soergel, BGB/1 (1999), § 130, Rn. 5; *Reichold* in: Vieweg, BGB/1 (2007), § 130, Rn. 5.
[538] BGH, NJW-RR 03, 384 (384); *Einsele* in Säcker, MüKO BGB AT/1 (2006), § 130, Rn. 13; *Wendtland* in: Bamberger/Roth, BGB/1 (2007), § 130, Rn. 5; *Ahrens* in: Prütting/Wegen/Weinreich, BGB (2007), §130, Rn. 6.
[539] BGHZ 65, S. 13 (14); BGH, NJW-RR 2003, S. 384 (384); BGH, NJW-RR 2005, S. 1470 (1471); *Heinrichs/Ellenberger* in: Palandt, § 130, Rn. 4; *Einsele* in Säcker, MüKO BGB AT/1 (2006), § 130, Rn. 13; *Larenz/Wolf*, BGB AT (2004), § 26, Rn. 2; *Ultsch*, NJW 1997, S. 3007 (3007); *Reichold* in: Vieweg, BGB/1 (2007), § 130, Rn. 5.
[540] *Reichold* in: Vieweg, BGB/1 (2007), § 130, Rn. 5.
[541] *Wendtland* in: Bamberger/Roth, BGB/1 (2007), § 130, Rn. 6.
[542] § 130 I 1 BGB.

unter normalen Umständen gerechnet werden kann (sogenannte Empfangstheorie).[543]
Dabei trägt der Erklärende grundsätzlich die Risiken, die sich aus seiner Sphäre ergeben und auch das Transportrisiko, wie zum Beispiel die Gefahr des Verlusts auf dem Weg zum Empfänger, das Fehlgehen oder auch die Rechtzeitigkeit.

Der Empfänger trägt die Gefahren in seinem Bereich, das heißt, sämtliche Gefahren innerhalb seines Organisations- und Machtbereichs, die dazu führen können, dass ihn gewisse Erklärungen nicht erreichen oder er nicht rechtzeitig Kenntnis nehmen kann.[544]

Zu ihrem Wirksamwerden ist es nicht erforderlich, dass der Empfänger tatsächlich, gar nicht oder erst nach Ablauf einer gewissen Zeit von der Erklärung Kenntnis nimmt. Ein anderes Ergebnis kann sich möglicherweise ergeben, wenn der Erklärende die hindernden Umstände kannte.[545] Der Zugang erfolgt dann erst mit Ablauf des Hindernisses.

---

[543] BGH, NJW-RR 1996, S. 641 (642); BGH, NJW 1983, S. 929 (930); BGH, NJW 1980, S. 990 (990); BGH, NJW 1977, S. 194 (194); BGH, NJW 2004, S. 1320 (1320); BAG, NJW 1989, 606 (606); BAG, NJW 1993, S. 1093 (1093); BAG, NZA 2004, S. 1330 (1331); *Einsele* in Säcker, MüKO BGB AT/1 (2006), § 130, Rn. 16; *Wendtland* in: Bamberger/Roth, BGB/1 (2007), § 130, Rn. 9; *Heinrichs/Ellenberger* in: Palandt, § 130, Rn. 5; *Ahrens* in: Prütting/Wegen/Weinreich, BGB (2007), §130, Rn. 8; *Medicus*, Bürgerliches Recht (2007), Rn. 46; *Hefermehl* in:Wolf, Soergel, BGB/1 (1999), § 130, Rn. 5; *Ultsch*, NJW 1997, S. 3007 (3007); *Reichold* in: Vieweg, BGB/1 (2007), § 130, Rn. 8.
[544] *Einsele* in Säcker, MüKO BGB AT/1 (2006), § 130, Rn. 16; *Wendtland* in: Bamberger/Roth, BGB/1 (2007), § 130, Rn. 10; *Larenz/Wolf*, BGB AT (2004), § 26, Rn. 21f.
[545] So: *Wendtland* in: Bamberger/Roth, BGB/1 (2007), § 130, Rn. 9; *Medicus*, Bürgerliches Recht (2007), Rn. 51; BAG, NJW 1981, S. 1470 (1470); a.A. BAG, NJW 1989, 606 (607), die ausdrücklich ihre alte Rechtsprechung (noch in NJW 1982, S. 1470 (1470)) aufgeben, in der sie das zusätzliche Zugangserfordernis „wenn und sobald der Erklärende die Kenntnisnahme des Adressaten vom Erklärungsinhalt berechtigterweise erwarten kann" konstituierten. Seit diesem Urteil gilt vielmehr folgendes: *„Zur Erreichung einer sachgerechten, den Interessen beider Beteiligter gerecht werdenden Verteilung des Transportrisikos des Erklärenden und des Kenntnisnahmerisikos des Empfängers, wie sie der Empfangstheorie und der traditionellen Zugangsdefinition zugrunde liegt, ist [...] davon auszugehen, daß grundsätzlich auch bei Kenntnis des Arbeitgebers von der urlaubsbedingten Ortsabwesenheit des Arbeitnehmers diesem ein an die Heimatanschrift gerichtetes Kündigungsschreiben wirksam zu gehen kann. Dies gilt in aller Regel selbst*

B. Abgabe

Die Willenserklärung ist insbesondere in den Machtbereich des Empfängers gelangt, wenn sie dessen zur Entgegennahme von Erklärungen bereitgehaltene Empfangseinrichtung erreicht hat. Empfangseinrichtungen sind dabei der Briefkasten, das Postfach, der Anrufbeantworter oder das Telefaxgerät, aber auch die Mailbox bei elektronischen Willenserklärungen.[546] Der Zugang liegt nach Eingang in den Machtbereich des Empfängers vor, wenn unter gewöhnlichen Umständen mit einer Kenntnisnahme zu rechnen ist, bei Briefkästen zum Beispiel zu dem Zeitpunkt zu dem mit der nächsten Entleerung gerechnet werden kann.[547]

II. Abgabe im Sinne des § 298 StGB

Fraglich ist, ob die zivilrechtliche Bestimmung so übertragen werden kann, oder ob möglicherweise auch vergaberechtlich- oder schutzzweckbedingte Änderungen vorgenommen werden müssen.

Die strafrechtliche Literatur lehnt eine Übertragung des zivilrechtlichen Begriffs ab. Abgegeben sei ein Angebot im Sinne des § 298 StGB vielmehr erst dann, wenn es aufgrund einer Handlung des Täters selbst oder auf seine Veranlassung durch die Handlung eines Dritten in den Machtbereich des Empfängers gelangt, wobei nach den konkreten Umständen zu erwarten ist, dass dieser davon Kenntnis nimmt und zwar zu einem Zeitpunkt, zu dem es bei ordnungsgemäßem Ablauf der Ausschreibung berücksichtigt werden könnte.[548] Dieser Zeitpunkt deckt sich insoweit mit dem zivilrechtlichen Zeitpunkt des Zugangs.

---

dann, wenn der Arbeitnehmer seine Urlaubsanschrift dem Arbeitgeber mitgeteilt hat."; BAG, NJW 1993, S. 1093 (1094); BAG, NZA 2004, S. 1330 (1331); ebenso: *Heinrichs/Ellenberger* in: Palandt, § 130, Rn. 5; *Reichold* in: Vieweg, BGB/1 (2007), § 130, Rn. 12; *Ahrens* in: Prütting/Wegen/Weinreich, BGB (2007), §130, Rn. 10.

[546] *Einsele* in Säcker, MüKO BGB AT/1 (2006), § 130, Rn. 17f.; *Reichold* in Vieweg, BGB/1 (2007), § 130, Rn. 11; *Ultsch*, NJW 1997, S. 3007 (3008).

[547] *Einsele* in Säcker, MüKO BGB AT/1 (2006), § 130, Rn. 19.

[548] *Hohmann* in: Joecks/Miebach, MüKo StGB (2006), § 298, Rn. 69; *Otto*, wistra 1999, S. 41 (42); *Greeve* in: Greeve/Leipold, Handbuch des Baustrafrechts (2004), § 10, Rn. 50; *Lackner/Kühl*, StGB (2007), § 298, Rn. 3 und 7; *Tiedemann* in: Laufhütte/Rissing-van Saan/Tiedemann LK (2008), § 298, Rn. 29; *Heine* in: Schönke/Schröder, StGB (2006), § 298, Rn. 8; *Rudolphi* in: Rudolphi/Horn/Günther/Samson, SK (2007), § 298 , Rn. 7; *Fischer*, StGB (2009), § 298, Rn. 15; *Dannecker* in: Kindhäuser/Neumann/Paeffgen, NK, Band 2 (2005), § 298, Rn. 41.

Kapitel 2: Abgabe eines Angebots

Diese Ansicht blieb jedoch nicht ohne Kritik.

Wolters lehnt das Abstellen auf die Angebotsabgabe wie auch die herrschende Literaturmeinung ab und stellt ebenfalls auf den Zugang ab. Dennoch erwägt er, ob nicht der Zeitpunkt des Ablaufs der Angebotsfrist nach § 18 VOB/A oder der Eröffnungstermin nach § 22 VOB/A sachgerechter wäre.[549] Als Argument kann die Bindungswirkung des Angebots angeführt werden. Gemäß § 18 Nr. 3 VOB/A können Angebote bis zum Ablauf der Angebotsfrist, das heißt bis zum Beginn der Öffnung der Angebote im Eröffnungstermin (§ 18 Nr. 2 VOB/A) zurückgenommen werden. Eine Bindungswirkung tritt somit erst zu diesem Zeitpunkt ein. Die Bindungswirkung ist aber typische Zugangswirkung, so dass theoretisch erst zu diesem Zeitpunkt ein zivilrechtlicher Zugang beziehungsweise eine Abgabe im Sinne des § 298 StGB angenommen werden könnte.

Sowohl die Erwägungen von *Wolters* als auch das Abstellen auf die zivilrechtliche Angebotsabgabe sind für die Bestimmung des Abgabezeitpunkts für § 298 StGB abzulehnen.

Tathandlung des § 298 StGB ist die Abgabe eines Angebots, das heißt mit dem Zeitpunkt der Abgabe ist die Tat vollendet.[550] Der Versuch ist nicht strafbar. Ein Abstellen auf den zivilrechtlichen Abgabezeitpunkt würde dazu führen, dass der Strafbarkeitszeitpunkt sehr weit nach vorne verlagert wird. Zu diesem Zeitpunkt kann unter keinen Umständen der Veranstalter schon von dem Angebot Kenntnis nehmen. Es ist erst auf dem Weg zu ihm. Eine sehr abstrakte Wettbewerbsgefährdung kann zwar zu diesem Zeitpunkt bereits konstruiert werden, allerdings erscheint eine Gefährdung, die für eine Strafbarkeit wegen eines vollendeten Delikts ausreicht, erst mit Zugang beim Veranstalter hinreichend zu sein. Zu diesem Zeitpunkt besteht die abstrakte Gefahr, dass jemand von dem Angebot Kenntnis nehmen kann beziehungsweise, dass bei ordnungsgemäßem Fortgang des Verfahrens, das Angebot Berücksichtigung finden kann.

Eine konkrete Wettbewerbsgefährdung tritt erst mit tatsächlicher Berücksichtigung der abgesprochenen Angebote ein. Dagegen ist zu bedenken, dass § 298 StGB nach

---

[549] *Wolters*, JuS 1998, S. 1100 (1102, Fn. 23)
[550] *Hohmann* in: Joecks/Miebach, MüKo StGB (2006), § 298, Rn. 69.

B. Abgabe

herrschender Meinung ein abstraktes Gefährdungsdelikt darstellt. Abstrakt ist der Wettbewerb aber bereits mit Zugang des Angebots beim Veranstalter gefährdet – wie eben dargestellt. Eine Rücknahme bleibt zwar möglich, ist aber mit erhöhtem Aufwand verbunden.

Vergleichbar ist die Situation mit dem Stadium des beendeten Versuchs, ein bloßes Untätig-bleiben würde für einen Rücktritt nicht ausreichen. Dieser Vergleich ist auch insoweit passend, als dass § 298 III StGB für einen Fall wie diesen die tätige Reue vorsieht. Nach § 298 III StGB wird nicht bestraft, wer freiwillig verhindert, dass der Veranstalter das Angebot annimmt oder dieser seine Leistung erbringt. Ein Täter, der sich nach Zugang des Angebots beim Veranstalter von der Straftat lossagen möchte, kann dies durch Rücknahme des Angebots tun, indem er dadurch die Voraussetzungen der tätigen Reue herbeiführt. Da der Versuch des § 298 StGB nicht strafbar ist, aber eine Art „Rücktrittsmöglichkeit" durch den Tatbestand der tätigen Reue geschaffen wurde, gewährleistet der frühere Zeitpunkt, dass zum einen keine Strafbarkeitslücken entstehen, zum anderen aber auch, dass sachgerechte Ergebnisse erzielt werden können.

Als weiteres Argument kann die Ausgestaltung des § 298 StGB als Äußerungsdelikt dienen.[551] Äußerungsdelikte sind vollendet, wenn Erklärungen oder Angaben den Personen zugehen, für die sie bestimmt sind oder die sonst ein Recht auf sie haben. Es ist dabei aber nicht erforderlich, dass die Personen, denen die Angaben oder Erklärungen zugegangen sind, inhaltlich Kenntnis von ihnen genommen haben. Die Äußerung muss als solche nur wahrgenommen worden sein.[552] Dies ist bereits mit Eintreffen des Angebots beim Ausschreibenden zu bejahen, nicht jedoch erst mit dessen Öffnung.

„Abgabe" im Sinne des § 298 StGB ist somit grundsätzlich als Zugang beim Veranstalter zu verstehen.

Auch der BGH kritisiert die in der Literatur gefundene Definition der Abgabe. Dabei stellt er vor allem darauf ab, dass die Literatur verlangt, dass das Angebot zu

---

[551] *Otto*, wistra 1999, S. 41 (42).
[552] *Fuhrmann* in: Erbs/Kohlhaas, Strafrechtliche Nebengesetze (2007), § 400 AktG, Rn. 9.

einem Zeitpunkt abgegeben sein muss, zu dem es bei ordnungsgemäßem Ablauf der Ausschreibung berücksichtigt werden könnte.

In dem Beschluss vom 19.12.2002[553] hatte der BGH über die Strafbarkeit einer rechtswidrigen Absprache in einer beschränkten Ausschreibung eines privater Bauherren zu entscheiden. Dieser ließ ein Leistungsverzeichnis für die Ausführung von Bodenbelagsarbeiten erstellen und an ausgewählte Unternehmen übersenden. Die Firmen wurden zur Kalkulationserstellung und Angebotsabgabe zum Submissionstermin am 7. 11. 1997, 11 Uhr, aufgefordert. Der Angeklagte gab nach dem Beginn der Eröffnung zwei Angebote ab, nachdem er wettbewerbsbeschränkende Absprachen durchgeführt hatte. Ungeachtet der verspäteten Angebotsabgabe und des damit einhergehenden vergaberechtlichen Angebotsausschlusses verurteilte des *LG* den Angeklagten in strafrechtlicher Hinsicht wegen wettbewerbsbeschränkender Absprachen.

Der BGH bestätigte dieses Urteil in diesem Punkt. Er stellte vorerst fest, dass der Zugang des Angebots als Abgabe ausreiche. Weiter heißt es: *„Unerheblich ist in diesem Zusammenhang, dass die Angebote des Angeklagten dort erst nach dem vorgesehenen Submissionstermin und Beginn der Eröffnung und damit verspätet i.S. von § 22 Nr. 2 VOB/A eingingen. Das hat nach § 25 Nr. 1 a VOB/A zwar den Ausschluss des Angebotes zur Folge, ändert aber nichts an der Abgabe als solcher. Auch die Abgabe eines verspäteten Angebotes reicht zur Vollendung des Tatbestands von § 298 StGB aus. Ein Angebot wird nicht dadurch unbeachtlich, dass es gem. § 25 Nr. 1 VOB/A der Ausschließung unterliegt. Ansonsten liefe die Vorschrift des § 298 I StGB in einem wesentlichen Bereich leer, da nach § 25 Nr. 1 c VOB/A jedes Angebot, das auf einer wettbewerbswidrigen Preisabsprache beruht, auszuschließen ist.“*[554]

Diese Argumentation wurde im Folgenden stark kritisiert. Zum einen wurde mit dem Vertrauen in den Schutz des Wettbewerbs argumentiert. Dieses könne nur dann beeinträchtigt sein, wenn das Angebot überhaupt in dem Ausschreibungsver-

---

[553] BGH, NZBau 2003, S. 408.
[554] BGH, NZBau 2003, S. 408 (408); ebenso: *Greeve*, NStZ 2002, S. 502 (510); weitergehend *Bender*, Sonderstraftatbestände (2005), S. 93, der eingehende Angebote bis zur Erteilung des Zuschlags (§ 28 VOB/A) als tatbestandsmäßig ansieht.

B. Abgabe

fahren zu beachten sei. Darauf könne sich aber ein bereits aus offenkundigen formellen Mängeln von vornherein zwingend auszuschließendes Angebot unter keinen Umständen auswirken.[555] Ließe man ein solches Angebot zur Strafbarkeit genügen, so würde man bei einer irrtümlichen Terminversäumnis quasi den „untauglichen Versuch einer abstrakten Gefährdung" bestrafen,[556] bei einem bewussten Aussteigen aus dem Kartell, ohne dass es den anderen Teilnehmern offenkundig gemacht wird, aber in Konflikt mit § 298 III StGB kommen. So könnte dieser Sachverhalt ohne weiteres auch unter „verhindern" der Annahme im Sinne des § 298 III StGB subsumiert werden. Betreffend die Auswirkungsmöglichkeit sei im Vergleich das Angebot, das auf einer rechtswidrigen Absprache beruht, abweichend zu beurteilen. Ein solches Angebot wolle gerade seinen Ausschlussgrund verschleiern und würde erst nachträglich, nach Aufdeckung, ausgeschlossen.[557]

Dieser Argumentation ist zuzustimmen. Während bei einem formal oder inhaltlich mangelhaften Angebot, das ebenfalls aus dem Anwendungsbereich des § 298 StGB auszunehmen ist[558], der Ausschreibende zumindest Kenntnis vom Inhalt nimmt, auch wenn er diesen nicht explizit prüft, wird ein verspätet eingereichtes Angebot nicht einmal geöffnet. Nachdem die Angebote im Eröffnungstermin geöffnet wurden, darf kein weiteres Angebot mehr angenommen werden, um die Grundsätze der Wettbewerblichkeit und der Gleichbehandlung zu gewähren. Ein Angebot, das nicht einmal geöffnet wird, kann jedoch auch keine wettbewerbsbeschränkende Wirkung entfalten, so dass beruhend auf der Schutzgutsbestimmung der herrschenden Literaturansicht zu folgen ist.

Abschließend ist festzuhalten, dass keine Übertragung des zivilrechtlichen Abgabebegriffs zu befürworten ist, da dies zu einer zu starken Vorverlagerung der Vollendungsstrafbarkeit führen würde. Vielmehr ist der zivilrechtliche Zeitpunkt des Zugangs für die Abgabe eines Angebots im Sinne des § 298 StGB heranzuziehen.

---

[555] *Hohmann* in: Joecks/Miebach, MüKo StGB (2006), § 298, Rn. 71; *Dannecker* in: Kindhäuser/Neumann/Paeffgen, NK, Band 2 (2005), § 298, Rn. 41.
[556] *Fischer*, StGB (2009), § 298, Rn. 15a; *Dannecker* in: Kindhäuser/Neumann/Paeffgen, NK, Band 2 (2005), § 298, Rn. 41.
[557] *Hohmann* in: Joecks/Miebach, MüKo StGB (2006), § 298, Rn. 71; *Fischer*, StGB (2009), § 298, Rn. 15a.
[558] Vgl. Teil 3 Kap. 2 a II 2.

Diese erfährt aber eine Einschränkung, dahingehend, dass nur rechtzeitig abgegebene Angebote als „abgegeben" gelten.

III. Zusammenfassung

Das Vergaberecht selbst kennt keinen „Abgabe"begriff. Eine Akzessorietät scheidet daher schon mangels Regelung aus. In Betracht käme allerdings die Übertragung der zivilrechtlichen Bestimmung. Einer solchen steht der Schutzzweck der Strafnorm jedoch entgegen. Eine Wettbewerbsbeeinträchtigung oder –gefährdung kann erst mit dem zivilrechtlichen Zugang des Angebots beim Veranstalter angenommen werden, so dass dieser als maßgeblicher Zeitpunkt des § 298 StGB anzusehen ist.

Kapitel 3: Rechtswidrige Absprache

Letztes Merkmal hinsichtlich dessen eine akzessorische Auslegung zum Kartellrecht zweckmäßig sein könnte, ist das Merkmal der rechtswidrigen Absprache.

Um diese Merkmal genauer untersuchen zu können, empfiehlt sich eine getrennte Untersuchung von Absprachen und darauf bezogen der Rechtswidrigkeit. Im Bereich der Absprache stellt sich vor allem das Problem der Akzessorietät des § 298 StGB zum allgemeinen Kartellverbot des § 1 GWB, insbesondere die Einbeziehung von vertikalen Absprachen in § 1 GWB seit der 7.GWB Novelle. Fraglich ist dabei, ob diese Änderung auch zu einer Erweiterung des § 298 StGB führt oder führen kann. Im Rahmen der Rechtswidrigkeit ist vor allem zu diskutieren, ob die kartellrechtlichen Ausnahmen vom Kartellverbot auch zu einem Ausschluss der Strafbarkeit einer Absprache in diesem Bereich führen müssen.

A. Absprache

Der Begriff der Absprache wird im Rahmen des Kartellrechts nicht verwendet. Auch das allgemeine Kartellverbot in § 1 GWB spricht nicht von Absprachen, sondern vielmehr von Vereinbarungen, Beschlüssen und aufeinander abgestimmten Verhaltensweisen. Im Gegensatz zu der unterschiedlichen Begriffswahl im Rahmen des Ausschreibungsgegenstands[559] enthielt § 1 GWB nie den Begriff der Absprache. Zu überprüfen ist daher, ob die unterschiedliche Begriffswahl zu einem Ausschluss der Akzessorietät führt beziehungsweise führen muss oder ob die Begriffe nicht vielmehr gleich verstanden werden können. Geklärt werden muss daher, ob der Terminus „Absprache" als Oberbegriff der in § 1 GWB verwendeten Begriffe „Vereinbarungen, Beschlüssen und abgestimmten Verhaltensweisen" fungiert oder fungieren kann. Bevor eine solche Bewertung vorgenommen werden kann, sollen die von § 1 GWB umfassten Handlungsweisen dargestellt werden. Erst dann ist es möglich zu klären, ob der Begriff der Absprache inhaltlich dasselbe meint und somit als Oberbegriff verstanden werden kann.

---

[559] Vgl. Teil 3 Kap. 1 B III 1.

Kapitel 3: Rechtswidrige Absprache

I. Wettbewerbsbeschränkende Verhaltensweisen des GWB

§ 1 GWB regelt die Verhaltensweisen, die zu einer gegen das Kartellverbot verstoßenden Wettbewerbsbeschränkung führen. Erfasst sind Vereinbarungen, Beschlüsse und aufeinander abgestimmte Verhaltensweisen.

1. Vereinbarungen

Das Tatbestandsmerkmal der „Vereinbarungen" wurde mit der 6. GWB-Novelle in das GWB eingefügt und ersetzte den vormaligen Begriff des „Vertrages". Grund war die gewollte Angleichung an Art. 81 EG, der den Begriff der „Vereinbarungen" enthält. Dabei ging der Gesetzgeber davon aus, dass sich die EG-rechtliche Formulierung und die Auslegung des bisherigen Tatbestandsmerkmals des § 1 GWB durch die deutsche Rechtsprechung im Wesentlichen gleichen.[560] Auch spricht sich der Gesetzgeber ausdrücklich dafür aus, dass das deutsche Kartellverbot europafreundlich auszulegen ist und neben den Gerichtsurteilen sogar die Bekanntmachungen und Leitlinien der Kommission Berücksichtigung finden müssen.[561] Bei der Auslegung des Merkmals kann mithin sowohl auf die deutsche Rechtsprechung als auch auf die europäischen Begriffsbestimmungen zurückgegriffen werden.[562]

Des Weiteren sind trotz des Wortlautes „Vereinbarungen von Unternehmen" nach herrschender Meinung auch die Vereinbarungen unter Beteiligung von Unternehmensvereinigungen[563] umfasst, da das Kartellverbot ansonsten zur Disposition der Beteiligten stände und jeder Bedeutung entleert wäre.[564]

---

[560] BT-Drucks. 13/9720, S. 31, wobei hier von einer Übernahme der Formulierung des Artikels 85 gesprochen wird. Der Vertrag wurde durch den Vertrag von Amsterdam (in Kraft seit 1.5.1999) neu nummeriert. Art. 85 EGV a. F. findet sich nun in Art. 81 EG.
[561] BT-Drucks. 15/3640, S. 23.
[562] *Bunte* in: Langen/Bunte, GWB-Kommentar/1 (2006), § 1, Rn. 34.
[563] Unternehmensvereinigungen sind Vereinigungen, die ohne eigenen wirtschaftlichen Geschäftsbetrieb fremde unternehmerische Tätigkeit beeinflussen. Vgl. dazu: BGH, Beschluss v. 11.12.1997 – KVR 7/96, Rn. 25 – Europapokalheimspiele; *Bunte* in: Langen/Bunte, GWB-Kommentar/1 (2006), § 1, Rn. 30; *Zimmer* in: Immenga/Mestmäcker, Wettbewerbsrecht GWB (2007), § 1, Rn. 75.
[564] EuG, Urt. v. 15.03.2000 – verbundene Rechtssachen T-25/95, T-26/95, T-30/95, T-31/95,

A. Absprache

Der Begriff der Vereinbarung ist grundsätzlich weit auszulegen, so dass möglichst viele Arten der Wettbewerbsbeschränkungen umfasst sind, mithin ein möglichst weitläufiger Schutz des Rechtsguts „Wettbewerb" erfolgen kann. Eine Vereinbarung liegt vor, wenn die betreffenden Unternehmen ihren gemeinsamen Willen zum Ausdruck gebracht haben, sich auf dem Markt in einer bestimmten Weise zu verhalten.[565] Die übereinstimmenden Äußerungen müssen dabei nicht ausdrücklich erfolgen, vielmehr genügt auch schlüssiges Handeln.[566]

Von dem Merkmal „Vereinbarungen" sind unstreitig echte Verträge im Sinne des Zivilrechts erfasst, das heißt mindestens zwei auf eine bestimmte Rechtsfolge ge-

---

T-32/95, T-34/95, T-35/95, T-36/95, T-37/95, T-38/95, T-39/95, T-42/95, T-43/95, T-44/95, T-45/95, T-46/95, T-48/95, T-50/95, T-51/95, T-52/95, T-53/95, T-54/95, T-55/95, T-56/95, T-57/95, T-58/95, T-59/95, T-60/95, T-61/95, T-62/95, T-63/95, T-64/95, T-65/95, T-68/95, T-69/95, T-70/95, T-71/95, T-87/95, T-88/95, T-103/95 und T-104/95, Slg. 2000, S. II-491, Leitsatz 13 – Cimenteries CBR; *Emmerich* in: Immenga/Mestmäcker, Wettbewerbsrecht EG/1 (2007), Art. 81, Rn. 63.

[565] EuGH, Urt. v. 15.07.1970 – Rs. 41/69, Slg. 1970, S. 661, Rn. 112 (Zitat nur in der englischen Version vorhanden) – ACF; EuGH, Urt. v. 08.07.1999 – C-49/92, Slg. 1999, S. I-4125, Rn. 130 – Antic Partecipazioni; EuGH, Urt. v. 29.10.1980 – verbunden Rechtssachen 209 bis 215 und 218/78, Slg. 1980, S. 3125, Rn. 86 – van Landewyck; EuG, Urt. v. 27.09.2006 – verbundene Rechtssache T-44/02 OP, T-54/02 OP, T-56/02 OP, T-60/02 OP und T-61/02 OP, Slg. 2006, S. II-3567, Rn. 53 – Dresdner Bank; EuG, Urt. v. 26.10.2000 – T-41/96, Slg. 2000, S. II-3383, Rn. 67 – Bayer AG (Adalat); EuG, Urt. v. 14.05.1998 – T-347/94, Slg. 1998, S. II-1751, Rn. 65 – Mayr-Melnhof Kartongesellschaft; EuG, Urt. v. 03.12.2003 – T-208/01, Slg. 2003, S. II-5141, Rn. 30 – Volkswagen AG; *Emmerich*, Kartellrecht (2008), § 4, Rn. 5; *Eilmansberger* in: Streinz, EUV/EGV (2003), Art. 81, Rn. 1; *Emmerich* in: Daus, Handbuch des EU-Wirtschaftsrechts (2007), H.I § 1, Rn. 73; *Stockenhuber* in: Grabitz/Hilf, Recht der EU (2008), Art. 81, Rn. 91.

[566] EuG, Urt. v. 26.10.2000 – T-41/96, Slg. 2000, S. II-3383, Rn. 69 – Bayer AG (Adalat); EuG, Urt. v. 03.12.2003 – T-208/01, Slg. 2003, S. II-5141, Rn. 32 – Volkswagen AG; EuG, Urt. v. 27.09.2006 – verbundene Rechtssache T-44/02 OP, T-54/02 OP, T-56/02 OP, T-60/02 OP und T-61/02 OP, Slg. 2006, S. II-3567, Rn. 55 – Dresdner Bank; *„Der Begriff der Vereinbarung im Sinne von Artikel 81 Absatz 1 EG [...] setzt das Vorliegen einer Willensübereinstimmung zwischen mindestens zwei Parteien voraus, deren Ausdrucksform unerheblich ist, sofern sie den Willen der Parteien getreu wiedergibt"*; Zimmer in: Immenga/Mestmäcker, Wettbewerbsrecht GWB (2007), § 1, Rn. 81; *Emmerich* in: Daus, Handbuch des EU-Wirtschaftsrechts (2007), H.I § 1, Rn. 73; *Stockenhuber* in: Grabitz/Hilf, Recht der EU (2008), Art. 81, Rn. 95.

Kapitel 3: Rechtswidrige Absprache

richtete übereinstimmende Willenserklärungen.[567] Dabei müssen die Willenserklärungen zum Ausdruck bringen, dass die Erklärenden ihr Verhalten festlegen und den Wettbewerb untereinander regeln wollen. Allein ein Einigsein darüber, dass man über einen Sachverhalt gleicher Meinung ist, genügt für die Bejahung eines Vertrages noch nicht.[568]

Viel problematisiert wurde die Frage, ob auch rechtlich unverbindliche beziehungsweise bewusst ohne Rechtsbindungswillen geschlossene Vereinbarungen unter § 1 GWB subsumiert werden können. Dieses Problem wird vor allem in Fällen relevant, in denen die Beteiligten die Rechtsfolge des § 1 GWB, nämlich die Nichtigkeit der Vereinbarung, kennen und dementsprechend nicht auf eine rechtliche Verbindlichkeit abzielen, das heißt keinen Rechtsbindungswillen besitzen.

In diesen Bereich fallen auch die Fälle der gentlemen's agreements. Diese sind nach Absicht der Parteien nicht dazu bestimmt, rechtliche Bindungen zu erzeugen, entfalten aber eine faktische Bindungswirkung und zwar indem sie wirtschaftliche, moralische, oder gesellschaftliche Zwänge erzeugen.[569] Die Oberlandesgerichte gingen schon sehr bald davon aus, dass eine von § 1 GWB erfasste Willensübereinstimmung auch ohne Entstehung einklagbarer Ansprüche oder ausdrücklicher Sanktionen für die Nichteinhaltung der Abrede bereits angenommen werden kann, *„wenn die Beteiligten von einer auf außerrechtlichen Faktoren, wie kaufmännischer Anständigkeit, wirtschaftlicher Rücksichtnahme, Solidaritätsbewußtsein oder moralischem Druck, beruhenden Bindungswirkung ausgehen".*[570]

---

[567] *Bunte* in: Langen/Bunte, GWB-Kommentar/1 (2006), § 1, Rn. 35; *Heinrichs* in: Palandt, BGB (2008), Einf. v. § 145, Rn. 1.

[568] *Bunte* in: Langen/Bunte, GWB-Kommentar/1 (2006), § 1, Rn. 35.

[569] *Lange*, Kartellrechtshandbuch (2006), Kap. 2, § 1, Rn. 72; *Bechtold* in: Bechtold, GWB-Kommentar (2008), § 1, Rn. 11; *Zimmer* in: Immenga/Mestmäcker, Wettbewerbsrecht GWB (2007), § 1, Rn. 83; *Sandrock*, Grundbegriffe des GWB (1968), S. 249; *ders.*, WuW 1971, S. 858 (858); *Ulmer*, WuW 1962, S. 3 (3); *Emmerich*, Kartellrecht (2008), § 4, Rn. 21; *Honold*, Gentlemen's Agreement (1962), S. 32; *Stockenhuber* in: Grabitz/Hilf, Recht der EU (2008), Art. 81, Rn. 97; *Bahntje*, Gentlemen's Agreement (1982), S. 16ff.

[570] OLG Celle, Beschluss v. 11.10.1965 – 13 Kart. B 1/64, WuW/E OLG 772 (775) – Naturstein; KG, Beschluss v. 28.8.1969 – Kart. 5-11/68, WuW/E OLG 1015 (1018) – Teerfarben; KG, Urt. v. 08.02.1974 – Kart. 15/73, WuW/E OLG 1449 (1450) – Bitumenhaltige Bautenschutzmittel II; KG, Urt. v. 29.4.1975 – Kart. 38/74, WuW/E OLG 1627 (1630f.) – Mülltonnen; OLG Düssel-

A. Absprache

Während die Gerichte und wohl auch der Großteil der Literatur von einer erweiternden Auslegung des Vertragsbegriffs (Theorie der erweiternden Auslegung) ausgingen[571], wurden die Vereinbarungen von einer anderen Ansicht als gegenseitige Empfehlung zu einem gleichförmigen Verhalten (Theorie der gegenseitigen Empfehlungen) gesehen.[572] Die Theorie der protestatio facto contraria (Lehre vom Widerspruch gegen das entgegenstehende Verhalten) wollte den unwirksamen Vertrag als wirksam, das heißt als mit Bindungswillen geschlossen behandeln, da die Erklärung, ein ohnehin unwirksamer Vertrag solle unwirksam sein, eine protestatio facto contraria darstelle.[573] Wiederum andere sahen die gentlemen`s agreements als völlig verbotsfrei an.[574]

Im Rahmen des Urteils „Ausschreibungen für Putzarbeiten II"[575] des BGHs aus dem Jahr 1962 lässt sich eine Tendenz dahingehend erkennen, dass auch außerrechtliche Bindungen ausreichen. Eine klare Aussage erfolgte jedoch nicht. In diesem Fall nahm der BGH einen Verstoß gegen § 1 GWB mit der Begründung an, dass die telefonische Aussage eines Mitkonkurrenten kein Interesse an dem Auftrag zu haben, als Vereinbarung, dass kein konkurrenzfähiges Angebot abgegeben werde, ausreiche. In dieser Sachverhaltskonstellation war eine rechtliche Bindung wohl weder gewollt noch kann eine solche aus dem Sachverhalt geschlossen werden.

Im Teerfarben-Urteil neun Jahre später lässt der BGH die Frage ausdrücklich offen, da eine Beantwortung, wegen der bereits fehlenden Einigung, nicht erforderlich war.[576] Aus den Ausführungen „*einer erweiternden Auslegung des Vertragsbegriffs in der Richtung, dass unter Verzicht auf das Merkmal Einigung auch andere be-*

---

dorf, Urt. v. 06.05.2004 – Kart 41 - 43/01 OWi, Kart 45 - 47/01 OWi, [u.a.], Rn. 198 – Berliner Transportbeton; KG, Urt. v. 23.06.1976 – Kart 43/74, Rn. 27 – Feltbase; OLG Stuttgart, Urt. v. 29.04.1983 – 2 Kart 1/83, WuW/E OLG 2986 (2987) – Heidelberger Fahrschulen.
[571] Nachweise der Gerichtsurteile s. Fn. 585; *Sandrock*, WuW 1971, S. 858 (862); *Mestmäcker*, BB 1968, S. 1297 (1298); *Raiser*, JZ 1971, S. 394 (395).
[572] *Meyer-Cording*, NJW 1953, S. 565 (566); *Ulmer*, WuW 1962, S. 3 (15); *Sandrock*, Grundbegriffe des GWB (1968), S. 263.
[573] *Reinhart*, Die vorsätzliche Zuwiderhandlung gegen das Kartellverbot (1963), S. 35, 37.
[574] *Honold*, Gentlemen's Agreement (1962), S. 103.
[575] BGH, GRUR 1962, S. 479 – Stukkateure/ Ausschreibung für Putzarbeiten II.
[576] BGH, GRUR 1971, 276ff. mit Anmerkung *Königs*.

Kapitel 3: Rechtswidrige Absprache

wußt gleichförmige Verhalten erfasst [...] werden, stehen Wortlaut und Entstehungsgeschichte des § 1 GWB, die Gesetzessystematik des GWB und nicht zuletzt das auf Art. 103 II GG („nulla poena sine lege") fußende strafrechtliche Analogieverbot entgegen" wurde zum Teil geschlossen, dass der BGH tendenziell eher eine Erfassung dieser rechtlich unverbindlichen Vereinbarungen im Rahmen des GWB ablehnen würde.[577] Allerdings wird durch diese Darstellung lediglich klargestellt, dass auf eine Einigung nicht verzichtet werden soll, diese ist auch im Rahmen der gentlemen`s agreements nicht entbehrlich. Es fehlt lediglich am Rechtsbindungswillen, so dass nicht von einer Einigung im Sinne des BGB zur Entstehung eines Vertrages gesprochen werden kann, eine Einigung im Sinne zweier übereinstimmenden Erklärungen muss allerdings dennoch gegeben sein.

Erst im Rahmen der Entscheidung „Taxi-Besitzervereinigung"[578] wurde im Leitsatz festgehalten, dass § 1 GWB auch solche Tatbestände umfasse, *„bei denen der einzelne in seiner Entschließungsfreiheit, bestimmte unternehmerische Markthandlungen vorzunehmen, im Rechtssinne frei ist, bei denen aber vertragliche oder satzungsmäßige Bindungen bestehen, die den Gebrauch der Freiheit mit bestimmten wirtschaftlichen Nachteilen verknüpfen."*

Weitergehende Entscheidungen sind dazu bisher nicht ergangen, so dass noch nicht höchstrichterlich entschieden ist, ob auch gesellschaftliche oder moralische Sanktionen als Bindung ausreichen können. Eine Nichterfassung dieser Fälle würde aber zu einer starken Verkürzung des Anwendungsbereichs des Kartellverbots und zu einer sehr einfachen Umgehungsmöglichkeit führen. Es ist somit mit der herrschenden Literaturmeinung und Teilen der Rechtsprechung auf das Vorliegen eines Rechtsbindungswillen im Rahmen des § 1 GWB zu verzichten.[579]

Auch die Praxis der EG-Organe zeigt, dass der Begriff der Vereinbarung weit auszulegen ist und auch rechtlich nicht verbindliche Absprachen unter den Begriff

---

[577] *Sandrock*, WuW 1971, S. 858 (860).
[578] BGH, GRUR 1980, S. 940ff. – Taxi-Besitzervereinigung.
[579] OLG Stuttgart, Urt. v. 29.4.1983 – 2 Kart 1/83, WuW/E OLG 2986 (2987) – Heidelberger Fahrschulen; *Bunte* in: Langen/Bunte, GWB-Kommentar/1 (2006), § 1, Rn. 39; *Kling/Thomas*, Kartellrecht (2007), S. 531; *Maasch*, ZHR 150, S. 657 (661); *Huber*, Abgestimmmte Verhaltensweisen in FS Hefermehl (1971), S. 85 (90).

A. Absprache

fallen sollen. Sowohl die Kommission[580] als auch die europäischen Gerichte[581] haben gentlemen's agreements unter den Begriff der Vereinbarung subsumiert. Die Kommission fasste ihr Verständnis von einer Vereinbarung in der Entscheidung vom 12.03.2001 zusammen, indem sie festhielt, dass eine Vereinbarung dann vorliegt, *„wenn die Beteiligten sich an einen gemeinsamen Plan halten, der ihr individuelles geschäftliches Verhalten begrenzt oder zu begrenzen geeignet ist, indem die Richtung ihrer gemeinsamen Handlungen am Markt festgelegt wird. Eine Vereinbarung muss nicht in schriftlicher Form erfolgen. Es müssen auch keinerlei Formalitäten erfüllt sein, und es sind keine vertraglichen Sanktionen oder Durchsetzungsmaßnahmen erforderlich."*[582] Diese Formulierung macht deutlich, dass es nicht darauf ankommt, aus welchem Grund sich die Beteiligten gebunden fühlen und den Plan verfolgen, sei es aus rechtlichen, wirtschaftlichen, gesellschaftlichen oder sonstigen Gründen.

Auch das EuG entschied im Fall Mayr-Melnhof Kartongesellschaft, dass wenn die betreffenden Unternehmen ihren gemeinsamen Willen zum Ausdruck gebracht haben, sich auf dem Markt in einer bestimmten Weise zu verhalten, *„[...] nicht geprüft zu werden [braucht], ob sich die betreffenden Unternehmen für – rechtlich, tatsächlich oder moralisch – verpflichtet hielten, sich absprachegemäß zu verhalten".*[583]

---

[580] Komission, Entscheidung v. 23.4.1986 – 86/398/EWG, ABl. Nr. L 230 v. 18.08.1986, S. 1, Rn. 81 – Polypropylen (*„Damit eine Beschränkung eine "Vereinbarung" im Sinne des Artikels 85 Absatz 1 darstellt, ist es nicht notwendig, daß die Vereinbarung für die Beteiligten rechtlich verbindlich ist."*); Kommission, Entscheidung v. 27.07.1994 – 94/599/EG, ABl. EG Nr. L 239/14, S. 14, Rn. 30 - PVC; Kommission, Entscheidung v. 21.12.1988 – 89/191/EWG, ABl. EG Nr. L 74 v. 17.03.1989, S. 21, Rn. 37 – LDPE.

[581] EuGH, Urt. v. 15.07.1970 – Rs. 41/69, Slg. 1970, S. 661, Rn. 110/114 – ACF; EuGH, Urt. v. 11.01.1990 – Rs. 277/87, Slg. 1990, S. I-45, Leitsatz 2 – Sandoz; EuG, Urt. v. 06.04.1995 – T-141/89, Slg. 1995, S. II-791, Rn. 95f. – Trefileurope; EuG, Urt. v. 11.12.2003 – T-66/99, Slg. 2003, S. II-5515, Rn. 207 – Minoan Lines; EuG, Urt. v. 20.03.2002 – T-9/99, Slg. 2002, S. II-1487, Rn. 200 – HFB;

[582] Kommission, Entscheidung v. 05.12.2001 – 2002/742/EG, ABl. Nr. L 239 v. 06.09.2002, S. 18, Rn. 137 – Zitronensäure.

[583] EuG, Urt. v. 14.05.1998 – T-347/94, Slg. 1998, S. II-1751, Rn. 65 – Mayr-Melnhof Kartongesellschaft; zustimmend: *Stockenhuber* in: Grabitz/Hilf, Recht der EU (2008), Art. 81, Rn. 99.

Kapitel 3: Rechtswidrige Absprache

Im letztgenannten Urteil, bestätigt durch das Urteil „HFB"[584], wird die Tendenz sichtbar, dass auf eine wie auch immer geartete Verpflichtung vollständig verzichtet werden sollte, was allerdings weder sinnvoll noch notwendig erscheint. Zum einen verwischt es die Möglichkeiten der Abgrenzung zum Tatbestandsmerkmal der aufeinander abgestimmten Verhaltensweisen[585], zum anderen bedarf es dieser sehr weiten Interpretation nicht, weil keine Sanktionslücke entstehen würde. Diese Verhaltensweisen könnten unproblematisch unter das Merkmal der abgestimmten Verhaltensweisen subsumiert werden. Der EuGH hat sich zu dieser Entwicklung bisher nicht geäußert. Ob er sich zukünftig anschließen wird oder ihr entgegentritt, bleibt abzuwarten.

Nach ständiger europäischer Entscheidungspraxis fällt eine Entscheidung eines Unternehmens, die ein einseitiges Verhalten darstellt, nicht unter Art. 81 EG.[586] Einseitige Maßnahmen sind zum Beispiel Empfehlungen, Weisungen oder Warnungen. Diese Spruchpraxis wird, wie sich im Folgenden zeigt, eine entscheidende Rolle für die Annahme einer Abhängigkeit des Absprachenbegriffs des § 298 StGB vom GWB spielen und sollte daher im Gedächtnis behalten werden.[587]

Allerdings wird eine Ausnahme gemacht, wenn einseitige Handlungen sich in den Rahmen von Vereinbarungen einfügen und ihre Wirkung die Wettbewerbsfreiheit anderer Unternehmen einschränkt, wenn zumindest von einer stillschweigenden Zustimmung der anderen Vertragspartei ausgegangen werden kann.[588] Für die An-

---

[584] EuG, Urt. v. 20.03.2002 – T-9/99, Slg. 2002, S. 1487, Rn. 200 – HFB.
[585] So auch *Weiß* in: Callies/Ruffert, EUV/EGV (2007), Art. 81, Rn. 53; *Emmerich* in: Daus, Handbuch des EU-Wirtschaftsrechts (2007), H.I § 1, Rn. 75.
[586] EuGH, Urt. v. 25.10.1983 – Rs. 107/82, Slg. 1983, S. 3151, Rn. 38 – AEG; EuGH, Urt. v. 17.09.1985 – Rs. 25 und 26/84, Slg. 1985, S. 2725, Rn. 21 – Ford; EuG, Urt. v. 26.10.2000 – T-41/96, Slg. 2000, S. II-3383, Rn. 66 – Bayer AG (Adalat); EuG, Urt. 07.07.1994 – T-43/92, Slg. 1994, S. II-441, Rn. 54, 56 – Dunlop Slazenger; EuG, Urt. v. 03.12.2003 – T-208/01, Slg. 2003, S. II-5141, Rn. 33 – Volkswagen AG.
[587] Vgl. dazu: Teil 3, Kap. 3, A, I, 5.
[588] EuGH, Urt. v. 25.10.1983 – Rs. 107/82, Slg. 1983, S. 3151, Rn. 38 – AEG; EuGH, Urt. v. 17.09.1985 – Rs. 25 und 26/84, Slg. 1985, S. 2725, Rn. 21 – Ford; EuGH, Urt. v. 11.01.1990 – Rs. 277/87, Slg. 1990, S. I-45, Leitsatz 1 – Sandoz; EuGH, Urt. v. 06.01.2004 – verbundene Rechtssache C-2/01 P und 3/01 P, Slg. 2004, S. I-23, Rn. 102 – Bayer (Adalat); EuGH, Urt. v. 03.12.2003 – T-208/01, Slg. 2003, S. II-5141, Rn. 35 – Volkswagen AG; *Bunte* in: Langen/

A. Absprache

nahme, dass eine Vereinbarung durch stillschweigende Zustimmung zustande gekommen ist, ist es nach diesen Urteilen erforderlich, dass die auf ein wettbewerbswidriges Ziel gerichtete Willensbekundung einer der Vertragsparteien eine stillschweigende oder konkludente Aufforderung an die andere Seite darstellt, dieses Ziel gemeinsam zu verwirklichen, zumal wenn eine solche Vereinbarung auf den ersten Blick nicht im Interesse der anderen Seite liegt. Von einer stillschweigenden Zustimmung kann dabei in der Regel ausgegangen werden, wenn sich der Adressat an die Aufforderung hält.[589] Es ist unerheblich, ob diese Zustimmung beziehungsweise das Befolgen der Aufforderung aufgrund von „starkem Druck" oder sogar gegen die Gesellschaftsinteressen erfolgt. Besteht ein solcher Druck, muss sich der Betroffene mit den gesetzlich vorgesehenen Mittel wehren, darf sich aber nicht an der wettbewerbswidrigen Absprache beteiligen.[590]

Dabei handelt es sich eigentlich nur scheinbar um eine einseitige Maßnahme, vielmehr ist darin ein Antrag auf Abschluss einer Vereinbarung zu sehen, den die andere Partei zumindest stillschweigend annehmen kann.[591] Die Literatur will diese Tendenz etwas einschränken und nur dann eine Vereinbarung annehmen, wenn das Verhalten der Parteien in einer, wenn auch rechtlich unverbindlichen, Verpflichtung gedeutet werden kann, das heißt zumindest eine faktische Bindungswirkung vorliegt. Alle übrigen Verhalten sollen dann unter den Auffangtatbestand der „aufeinander abgestimmten Verhaltensweisen" subsumiert werden.[592] Letztendlich kommen aber beide Ansichten zu einer Erfassung dieser Handlungen im Rahmen von § 1 GWB beziehungsweise Art. 81 EG.

Bunte, GWB-Kommentar/1 (2006), § 1, Rn. 34; *Emmerich* in: Daus, Handbuch des EU-Wirtschaftsrechts (2007), H.I § 1, Rn. 77.

[589] *Lange*, Kartellrechtshandbuch (2006), Kap. 2, § 1, Rn. 79.

[590] EuG, Urt. v. 06.04.1995 – T-141/89, Slg. 1995, S. II-791, Rn. 58 – Trefileurope; Kommission, Entscheidung v. 18.12.1987 – 88/86/EWG, ABl. Nr. L 49 v. 23.02.1988, S. 19, Rn. 19 – Fisher Price/Quaker Oats Ltd; *Emmerich* in: Immenga/Mestmäcker, Wettbewerbsrecht EG/1 (2007), Art. 81, Rn. 66; *Stockenhuber* in: Grabitz/Hilf, Recht der EU (2008), Art. 81, Rn. 93.

[591] *Emmerich*, Kartellrecht (2008), § 4, Rn. 13; *Emmerich* in: Immenga/Mestmäcker, Wettbewerbsrecht EG/1 (2007), Art. 81, Rn. 84.

[592] *Zimmer* in: Immenga/Mestmäcker, Wettbewerbsrecht GWB (2007), § 1, Rn. 86; *Emmerich* in: Immenga/Mestmäcker, Wettbewerbsrecht EG/1 (2007), Art. 81, Rn. 72.

Nicht erfasst werden einseitige Maßnahmen, die zwar zu einer Beschränkung des Wettbewerbs führen, aber mangels Zustimmung nur einer Partei zugerechnet werden können.[593]

2. Beschluss

Neben den Vereinbarungen erfasst § 1 GWB (ebenso wie Art. 81 EG) auch die Beschlüsse von Unternehmensvereinigungen. Ein Beschluss ist jeder Rechtsakt, durch den eine Unternehmensvereinigung in den zuständigen Organen ihren Willen bildet.[594] Charakteristisch für Beschlüsse ist die grundsätzliche Möglichkeit von Mehrheitsbeschlüssen, je nach Regelung in der Satzung. Es muss somit nicht jedes Mitglied an einem Beschluss mitgewirkt oder diesen befürwortet zu haben. Auch die Unternehmen sind kartellrechtlich verantwortlich, für die der Beschluss verbindlich ist oder soweit sie sich tatsächlich daran halten.[595] Denkbar wäre eine Wettbewerbsbeschränkung im Rahmen einer Ausschreibung durch Beschluss einer Konzernleitung, dessen angehörige Unternehmen Angebote abgeben, die auf diesem Beschluss beruhen.

Auch hier werden nur zumindest faktisch verbindliche Beschlüsse, zum Beispiel aufgrund langjähriger Übung oder aufgrund des wirtschaftlichen, moralischen oder gesellschaftlichen Drucks der anderen Mitglieder, erfasst, reine Anregungen und freiwillig zu befolgende Beschlüsse, können hingegen unter den Begriff der abgestimmten Verhaltensweise[596] fallen.[597]

---

[593] *Zimmer* in: Immenga/Mestmäcker, Wettbewerbsrecht GWB (2007), § 1, Rn. 87.

[594] *Eilmansberger* in: Streinz, EUV/EGV (2003), Art. 81, Rn. 15; *Kling/Thomas*, Kartellrecht (2007), S. 533; *Emmerich* in: Immenga/Mestmäcker, Wettbewerbsrecht EG/1 (2007), Art. 81, Rn. 89.

[595] EuGH, Urt. v. 29.10.1980 – verbunden Rechtssachen 209 bis 215 und 218/78, Slg. 1980, S. 3125, Rn. 155 – van Landewyck; *Emmerich* in: Immenga/Mestmäcker, Wettbewerbsrecht EG/1 (2007), Art. 81, Rn. 91; *Bunte* in: Langen/Bunte, GWB-Kommentar/1 (2006), § 1, Rn. 52; *Kling/Thomas*, Kartellrecht (2007), S. 533; *Zimmer* in: Immenga/Mestmäcker, Wettbewerbsrecht GWB (2007), § 1, Rn. 88; *Schmidt*, Der kartellverbotswidrige Beschluss in: FS Fischer (1979), S. 693 (696); *Bunte*, Empfehlungen in: FS Everling (1995), S. 163 (168).

[596] Vgl. Teil 3 Kap. 3 A I 4.

[597] *Bunte* in: Langen/Bunte, Europäisches Kartellrecht/2 (2006), Art. 81, Rn. 27; *Bunte*, Empfehlungen in: FS Everling (1995), S. 163 (168); *Lange*, Kartellrechtshandbuch (2006), Kap. 2, § 1,

A. Absprache

3. Zwischenergebnis

Nachdem geklärt wurde, was im Rahmen von § 1 GWB unter den Handlungsweisen der Vereinbarung und des Beschlusses zu verstehen ist, kann eine Zwischenbilanz gezogen werden. Stellt man allein auf den Wortklang des Begriffs der „Absprache" ab, müsste man zu dem Ergebnis kommen, dass eine sprachliche Verständigung nötig ist.[598] Eine Ab"sprache" kann nur dort erfolgen, wo auch gesprochen oder zumindest die Sprache als Medium genutzt wird. Dies ist auch bei schriftlichen Übereinkünften der Fall.

Unproblematisch ist dies wohl bei Beschlüssen. Beschlüsse erfolgen grundsätzlich mündlich oder vielleicht noch schriftlich. Eine konkludente Beschlussfassung ist kaum vorstellbar, da es sich in der Regel um eine Abstimmung von mehreren in einem Gremium sitzenden Mitgliedern handelt. Diese Abstimmung ist aber nur ausdrücklich, das heißt mündlich oder schriftlich möglich.

Auch mündliche und schriftliche Vereinbarungen können von diesem Begriff umfasst sein. Problematisch erscheinen zum einen jedoch die konkludenten Vereinbarungen, zum anderen aber auch die abgestimmten Verhaltensweisen. Diese sollen im Folgenden voneinander abgegrenzt und die Bedeutung der abgestimmten Ver-

---

Rn. 80; *Kling/Thomas*, Kartellrecht (2007), S. 533; wie auch im Rahmen von Vereinbarungen tendieren die neuere Rechtsprechung beziehungsweise Entscheidungen der Gemeinschaftsorgane auch hier dazu, bloße dem Wortlaut nach unverbindliche Empfehlungen und Rundschreiben von Unternehmensvereinigungen als tatbestandsrelevante Beschlüsse aufzufassen. Allerdings wird dabei nicht vollständig auf weitere Kriterien verzichtet, vielmehr sollen sie nur dann als Beschlüsse einzuordnen sein, wenn bereits die soziale Kontrolle, der Druck der anderen Mitglieder oder eventuell drohende Sanktionen ausreichen, um die regelmäßige Befolgung sicherzustellen, oder wenn sich die Mitglieder tatsächlich überwiegend daran halten und somit eine spürbare Auswirkung auf den Wettbewerb festgestellt werden kann. Kommission, Entscheidung v. 26.10.1999 – 2000/117/EG, ABl. EG 2000 Nr. L 39/1, Rn. 100 – FEG und TU; EuGH, Urt. v. 29.10.1980 – verbunden Rechtssachen 209 bis 215 und 218/78, Slg. 1980, S. 3125, Rn. 86 – van Landewyck; EuGH, Urt. v. 08.11.1983 – verbundene Rechtssachen 96-102, 104, 105, 108 und 110/82, Slg. 1983, S. 3369, Rn. 20 – IAZ/Anseau-Navewa; EuGH, Urt. v. 27.01.1987 – Rs. 45/85, Slg. 1987, S. 405, Rn. 32 – Sachversicherer; zustimmend: *Emmerich* in: Immenga/Mestmäcker, Wettbewerbsrecht EG/1 (2007), Art. 81, Rn. 92; *Stockenhuber* in: Grabitz/Hilf, Recht der EU (2008), Art. 81, Rn. 104.

[598] *Bender*, Sonderstraftatbestände (2005), S. 112.

haltensweisen im Rahmen des Kartellrechts geklärt werden. Nur dann kann eine Abwägung bezüglich der Möglichkeit der Einbeziehung dieser Verhaltensweisen in den Begriff der Absprache erfolgen. Zu beachten ist dabei auch, dass es strafrechtlich aufgrund des Analogieverbots nicht möglich ist, den Begriff weiter zu fassen, als dies seine Wortlautgrenze zulässt.

4. aufeinander abgestimmte Verhaltensweisen

Das Merkmal der „aufeinander abgestimmten Verhaltensweisen" ist als Auffangtatbestand konzipiert und will verhindern, dass die Unternehmen die Wettbewerbsvorschriften umgehen, indem sie sich ohne eine auf irgendeine Art und Weise verbindliche Vereinbarung absprechen. Eine solche Absprache ist zum Beispiel durch Ankündigung des zukünftigen Verhaltens im Voraus denkbar, so dass für die einzelnen Unternehmen Gewissheit besteht, wie die Konkurrenten zukünftig agieren werden.[599]

Der Begriff der „aufeinander abgestimmten Verhaltensweisen" ist nach der Definition des EuGH, die auch hier Anwendung finden kann[600], *„eine Form der Koordinierung zwischen Unternehmen, die zwar noch nicht bis zum Abschluss eines Vertrages im eigentlichen Sinne gediehen ist, jedoch bewusst eine praktische Zusammenarbeit an die Stelle des mit Risiken verbundenen Wettbewerbs treten lässt und zu Wettbewerbsbedingungen führt, die im Hinblick auf die Art der Waren, die Bedeutung und Anzahl der Beteiligten Unternehmen sowie den Umfang und die Eigentümlichkeiten des in Betracht kommenden Marktes nicht den normalen Marktbedingungen entsprechen."*[601]

---

[599] *Bunte* in: Langen/Bunte, Europäisches Kartellrecht/2 (2006), Art. 81, Rn. 28; *Eilmansberger* in: Streinz, EUV/EGV (2003), Art. 81, Rn. 16; *Schröter* in: Groeben/Schwarze, EU-/EG-Vertrag (2003), Art. 81, Rn. 68.

[600] Vgl. Teil 3 Kap. 3 A I 1.

[601] EuGH, Urt. v. 16.12.1975 – verbundene Rechtssachen 40-48, 50, 54-56, 111, 113 und 114/73, Slg. 1975, S. 1663, Rn. 26/28 – Suiker Unie; EuGH, Urt. v. 14.07.1972 – Rs. 49/69, Slg. 1972, S. 713, Rn. 22 – Badische Anilin- und Soda-Fabrik (Farbstoffe); EuGH, Urt. v. 31.03.1993 – verbundene Rechtssachen C-89/85, C-104/85, C-114/85, C-116/85, C-117(85 und C-125/85 bis C-129/85, Slg. 1993, S. I-1307, Rn. 63 – Ahlstroem Osakeyhtioe; EuGH, Urt. v. 08.07.1999 – C-49/92, Slg. 1999, S. I-4125, Rn. 115 – Antic Partecipazioni; EuGH, Urt. v. 08.07.1999 – C-199/92 P, Slg. 1999, S. I-4287, Rn. 158 – Hüls; ähnlich auch: BKartA, Beschluss v.

A. Absprache

Diese Definition wurde in Bezug auf die Grundidee der Wettbewerbsvorschriften des Vertrages ermittelt. Den europäischen Wettbewerbsvorschriften liegt das Selbständigkeitspostulat zugrunde, wonach jeder Unternehmer selbständig zu bestimmen hat, welche Politik er im Gemeinsamen Markt zu betreiben gedenkt.[602]

Verboten ist unter diesen Voraussetzungen jede aktive Ausräumung von mit einem unkoordinierten Marktverhalten verbundenen Risiken,[603] das heißt jede unmittelbare und mittelbare Fühlungnahme zwischen Unternehmen, *„die bezweckt oder bewirkt, entweder das Marktverhalten eines gegenwärtigen oder potentiellen Mitbewerbers zu beeinflussen oder einen solchen Mitbewerber über das Marktverhalten ins Bild zu setzen, das man selbst an den Tag zu legen entschlossen ist oder in Erwägung zieht."*[604]

Eine Abstimmung ist dabei mehr als ein rein einseitiges und zufälliges, gleichförmiges Verhalten, keinesfalls notwendig ist aber eine vertragliche Bindung. Die deutsche Rechtsprechung konkretisiert den Begriff der Abstimmung dahingehend, dass eine Abstimmung dann vorliegt, wenn Unternehmen ihr Marktverhalten ein-

---

06.12.1978 – B 5-301711-A-153/74, WuW BKartA 1779 (1780) – Schweißelektroden; OLG Düsseldorf, 03.03.1981 – Kart. 4/80, WuW OLG 2488 (2488) – Heizöl-Spediteure: *„Eine nach außen in Erscheinung tretende übereinstimmende Erklärung, die jeweils den Erklärungsempfängern nicht nur bestimmte Absichten des Erklärenden zu erkennen gibt, sondern ihnen auch ein Vertrauen vermittelt, dass der Erklärende entsprechen handeln wird, stellt eine abgestimmte Verhaltensweise dar."*

[602] EuGH, Urt. v. 31.03.1993 – verbundene Rechtssachen C-89/85, C-104/85, C-114/85, C-116/85, C-117/85 und C-125/85 bis C-129/85, Slg. 1993, S. I-1307, Rn. 63 – Ahlstroem Osakeyhtioe; EuGH, Urt. v. 16.12.1975 – verbundene Rechtssachen 40-48, 50, 54-56, 111, 113 und 114/73, Slg. 1975, S. 1663, Rn. 173 – Suiker Unie; EuGH, Urt. v. 14.07.1981 – Rs. 172/80, Slg. 1981, S. 2021, Rn. 13f. – Züchner/Bayerische Vereinsbank; EuGH, Urt. v. 28.05.1998 – C-7/95 P, Slg. 1998, S. I-3111, Rn. 86 – Deere; aus der Literatur statt vieler: *Emmerich* in: Daus, Handbuch des EU-Wirtschaftsrechts (2007), H.I § 1, Rn. 83; *Grill*, in : Lenz/Borchardt, EU-/EGV (2004), Art. 81, Rn. 5.

[603] *Zimmer* in: Immenga/Mestmäcker, Wettbewerbsrecht GWB (2007), § 1, Rn. 92.

[604] EuGH, Urt. v. 16.12.1975 – verbundene Rechtssachen 40-48, 50, 54-56, 111, 113 und 114/73, Slg. 1975, S. 1663, Rn. 173 – Suiker Unie; EuG, Urt. v. 24.10.1991 – T-1/89, Slg. 1991, S. II-867, Rn. 103 – Rhône Poulenc; EuGH, Urt. v. 24.10.1991 – T-2/89, Slg. 1991, S. 1087, Rn. 193 – Petrofina.

Kapitel 3: Rechtswidrige Absprache

verständlich aneinander ausrichten und voneinander abhängig machen, ohne sich dem Partner gegenüber dazu zu verpflichten.[605]

Wie ein solches Zusammenwirken der betroffenen Unternehmen ausgestaltet ist oder stattfindet, ist nicht von Bedeutung. Es kann zum Beispiel durch wechselseitige Verständigung über zukünftiges Marktverhalten, durch direktem Kontakt oder Teilnahme an einer Sitzung erfolgen, es kann jedoch auch ohne Kontakt der Konkurrenten miteinander, über einen Dritten stattfinden, der die Verhaltensweisen der einzelnen Unternehmen am Markt koordiniert. Im Unterschied zu Vereinbarungen, einschließlich gentlemen's agreements fehlt bei abgestimmten Verhaltensweisen jede Art von Bindung, sei es rechtlich oder faktisch. Die Beteiligten sind völlig frei, die Absprache zu befolgen.[606]

Das bloße Nachahmen, als Reaktion auf den Einsatz von Aktionsparametern durch die Mitwettbewerber, die lediglich eine Anpassung an die Marktlage darstellt, ist somit kein relevantes Verhalten, da es hierbei an einem bewussten Zusammenwirken fehlt.[607] In diesem Fall liegt eine Beeinflussung des Verhaltens durch den Wettbewerb vor.[608] Der Wettbewerb selbst wird dadurch allerdings weder beeinflusst noch beschränkt oder ausgeschaltet.[609]

---

[605] OLG Frankfurt, Beschluss v. 17.02.1992 – 6 WS (Kart) 1/92, WuW 4944 (4946) – Fahrschullehrerabsprache; KG, Urt. v. 07.11.1980 – Kart. 6/79, WuW 2369 (2372f.) – Programmzeitschriften; *Bunte* in: Langen/Bunte, GWB-Kommentar/1 (2006), § 1, Rn. 62.

[606] *Emmerich*, Kartellrecht (2008), § 4, Rn. 21; *Emmerich* in: Immenga/Mestmäcker, Wettbewerbsrecht EG/1 (2007), Art. 81, Rn. 103; *Emmerich* in: Daus, Handbuch des EU-Wirtschaftsrechts (2007), H.I § 1, Rn. 80; *Stockenhuber* in: Grabitz/Hilf, Recht der EU (2008), Art. 81, Rn. 109.

[607] *Bunte* in: Langen/Bunte, GWB-Kommentar/1 (2006), § 1, Rn. 64; *Bechtold* in: Bechtold, GWB-Kommentar (2008), § 1, Rn. 17.

[608] Dieser Fall darf nicht mit der bewussten Ausnutzung von Informationen über eine Kartellabsprache verwechselt werden. In dem hier beschriebenen Fall wird eigenständig auf das Verhalten anderer Unternehmen am Markt reagiert, nachdem diese auf dem Markt eine gewisse Politik verfolgten. Es erfolgt eine Anpassung an die Marktgegebenheiten, nicht jedoch an verbotene Verhaltensweisen. Allerdings ist auch bei der Abstimmung des Angebots auf eine bekanntgewordene Kartellabsprache meist kein Fall der abgestimmten Verhaltensweise gegeben, da eine gegenseitige Fühlungnahme in der Regel nicht vorliegen wird. Um zu einer Strafbarkeit nach § 298 StGB zu gelangen, ist dies aber, wie in Fn. 531 dargestellt auch nicht zwingend erforderlich.

[609] *Zimmer* in: Immenga/Mestmäcker, Wettbewerbsrecht GWB (2007), § 1, Rn. 92.

A. Absprache

Auch nicht ausreichend ist reines gleichförmiges Parallelverhalten wie es sich im wettbewerblichen Idealfall der Ökonomie – der vollkommenen Konkurrenz – aber auch im Oligopol zeigt. Im Idealmodell der vollkommenen Konkurrenz herrscht eine unendliche Markttransparenz, so dass vor allem der Preis Datum ist und von den einzelnen Marktteilnehmern nicht beeinflusst werden kann.[610] Im Oligopol weiß ein Unternehmen im Vorhinein, dass die Mitwettbewerber aus den gleichen Sachzwängen heraus ähnlich oder gleich agieren werden, allerdings kann allein dieses Wissen noch nicht als abgestimmte Verhaltensweise angesehen werden, da eine gegenseitige Fühlungnahme beziehungsweise Koordinierung nicht erfolgt ist.[611] Es ist jedoch stets zu überprüfen, ob das gleichförmige Verhalten mit sogenannten oligopolistischen Marktzwängen zu begründen ist. Dies ist in der Regel zu verneinen, wenn gleichzeitige Preiserhöhungen um den gleichen Betrag oder Prozentsatz stattfinden.[612]

Empfehlungen können, wenn sie nicht bereits als Vereinbarungen oder Beschlüsse zu qualifizieren sind, auch zu abgestimmten Verhaltensweisen führen. Dies ist dann der Fall, wenn die Unternehmen im Bewusstsein gemeinsamen Handelns die Empfehlung befolgen, das heißt, wenn nach der Stellung des Empfehlenden und nach der bisher gezeigten Solidarität der Empfehlungsempfänger zu erwarten ist, dass die Empfehlung befolgt wird, die einzelnen Empfänger davon ausgehen können, dass auch die Konkurrenten sich parallel verhalten, und es so zu einer Koordinierung des Verhaltens kommt. In diesem Verhalten ist eine bewusste praktische Zusammenarbeit – kein bewusstes Parallelverhalten mehr – zu sehen, die nach der Definition der Rechtsprechung tatbestandsmäßig ist.[613]
Umstritten ist, ob diese Tatbestandsvariante zusätzlich zur Abstimmung auch eine Realisierung der Abstimmung, das heißt ein bestimmtes Marktverhalten erfordert. Eine Ansicht lässt die Abstimmung allein für die Erfüllung des Tatbestandes genü-

---

[610] *Zimmer* in: Immenga/Mestmäcker, Wettbewerbsrecht GWB (2007), § 1, Rn. 78.
[611] *Bunte* in: Langen/Bunte, GWB-Kommentar/1 (2006), § 1, Rn. 67; *Zimmer* in: Immenga/Mestmäcker, Wettbewerbsrecht GWB (2007), § 1, Rn. 101.
[612] *Emmerich*, Kartellrecht (2008), § 4, Rn. 25; *Emmerich* in: Immenga/Mestmäcker, Wettbewerbsrecht EG/1 (2007), Art. 81, Rn. 109; *Emmerich* in: Daus, Handbuch des EU-Wirtschaftsrechts (2007), H.I § 1, Rn. 85.
[613] *Bunte* in: Langen/Bunte, Europäisches Kartellrecht/2 (2006), Art. 81, Rn. 34a, 35; *Bunte*, Empfehlungen in: FS Everling (1995), S. 163 (171); *Schröter* in: Groeben/Schwarze, EU-/EG-Vertrag (2003), Art. 81, Rn. 66.

gen. Der Wortlaut des § 1 GWB (ebenso wie Art. 81 EG) spreche für diese These. § 1 GWB / Art. 81 EG regelt Maßnahmen, „die eine Verhinderung, Einschränkung oder Verfälschung des Wettbewerbs bezwecken oder bewirken". Verlange man bereits den Eintritt eines gewissen Erfolges, so liefe die Alternative des Bezweckens leer.[614] Des Weiteren wird angeführt, dass im Kartellrecht eine wirtschaftliche Betrachtungsweise anzulegen sei und dem Schutz des Wettbewerbs nur dann ausreichend Rechnung getragen werden könne, wenn alle im Widerspruch zum Selbständigkeitspostulat stehenden unternehmerischen Kontakt- und Koordinierungshandlungen erfasst würden.[615]

Der Gegenmeinung genügt die bloße Abstimmung nicht. Sie verlangt vielmehr auch die Auswirkung auf den Markt, das heißt die Erkennbarkeit der Abstimmung durch ein bestimmtes Marktverhalten.[616] § 1 GWB / Art. 81 EG spreche von „Verhaltensweisen" und nicht lediglich von „Abstimmung", so dass durchaus eine gewisse Verhaltensweise als Folge der Abstimmung verlangt werden müsse. Lege man diese Ansicht zu Grunde, so liefe trotzdem die Tatalternative des Bezweckens nicht leer. Vielmehr ist auch im Rahmen des Folgeverhaltens zwischen den tatsächlich eintretenden Folgen („bewirken") und den Zweck, der durch das Verhalten verfolgt werden sollte („bezwecken") zu unterscheiden.[617]

Der EuGH geht insoweit einen Mittelweg. Das Merkmal der „abgestimmten Verhaltensweisen" sei zweigliedrig aufgebaut, wie der Wortlaut von Abstimmung und Verhaltensweise schon deutlich mache. Zwischen diesen beiden Voraussetzungen ist ein Ursachenzusammenhang notwendig. Allerdings wird dieser ebenso vermutet, wie das Vorliegen einer bestimmten Verhaltensweise, wenn die Abstimmung nachgewiesen werden kann.[618] Bei festgestellter Abstimmung spreche eine Vermutung dafür, *„dass die an der Abstimmung beteiligten und weiterhin am Markt täti-*

---

[614] *Schröter* in: Groeben/Schwarze, EU-/EG-Vertrag (2003), Art. 81, Rn. 76; *Stockenhuber* in: Grabitz/Hilf, Recht der EU (2008), Art. 81, Rn. 114.
[615] *Stockenhuber* in: Grabitz/Hilf, Recht der EU (2008), Art. 81, Rn. 114.
[616] *Weiß* in: Calliess/Ruffert, EUV/EGV (2007), Art. 81, Rn. 64; *Daig*, EuR 1976, S. 213 (218); *Grill*, in : Lenz/Borchardt, EU-/EGV (2004), Art. 81, Rn. 7; *Gleiss/Hirsch*, Kommentar zum EG-Kartellrecht (1993), Art. 85, Rn. 92.
[617] *Weiß* in: Calliess/Ruffert, EUV/EGV (2007), Art. 81, Rn. 64.
[618] Diese Vermutungsrechtsprechung kann in das Strafrecht nicht übertragen warden. Vielmehr sind hier die Voraussetzungen nachzuweisen.

A. Absprache

gen Unternehmen die mit ihren Wettbewerbern ausgetauschte Informationen bei der Festlegung ihres Marktverhaltens berücksichtigen".[619] Diese Vermutung ist allerdings widerleglich, so dass die Unternehmen das Gegenteil beweisen können. Dabei müssen sie allerdings nicht nur die tatsächlichen Auswirkungen auf den Markt widerlegen, sondern auch die fehlende Koordinierungserwartung im Rahmen der Abstimmung. Eine solche sei schon deshalb ausreichend, weil im Rahmen des Tatbestandes ein „Bezwecken" ausreichend sei.[620]

5. Auslegung des Begriffs der Absprache im Rahmen des § 298 StGB

Neben dem reinen Wortlautargument, das darauf hindeutet, dass nur „sprachliche", das heißt mündliche oder schriftliche Verhaltensweisen erfasst werden sollen[621], ist nun zu untersuchen, ob es Argumente für eine Einbeziehung der abgestimmten Verhaltensweisen und der konkludenten Vereinbarungen gibt und ob diese auch unter Beachtung des strafrechtlichen Analogieverbotes überzeugen können.

Einen Hinweis für die Auslegung des Begriffs der Absprache kann den Gesetzgebungsmaterialien entnommen werden. Nach der Begründung des Entwurfs sollten sowohl die in § 1 GWB a.F. geregelten wettbewerbsbeschränkenden Vereinbarungen als auch die in § 25 GWB a.F. enthaltenen abgestimmten Verhaltensweisen vom Absprachebegriff des § 298 StGB umfasst sein.[622] Allerdings äußerte der Bundesrat hinsichtlich der Begriffswahl Bedenken, da die Gefahr bestünde, dass nicht alle abgestimmten Verhaltensweisen des Kartellrechts umfasst sein könnten. Er schlug daher vor, den Begriff „Absprache" durch „Abstimmung" zu ersetzen.[623] Da aber auch dieser Begriff weder im Kartellrecht seine Entsprechung findet, noch

---

[619] EuGH, Urt. v. 08.07.1999 – C-49/92, Slg. 1999, S. I-4125, Rn. 118ff. – Antic Partecipazioni; EuGH, Urt. v. 08.07.1999 – C-199/92 P, Slg. 1999, S. I-4287, Rn. 161ff. – Hüls; zustimmend: *Bellamy/Child*, European Community Law Of Competition (2008), Rn. 2.046.
[620] EuGH, Urt. v. 08.07.1999 – C-199/92 P, Slg. 1999, S. I-4287, Rn. 166 – Hüls; EuGH, Urt. v. 08.07.1999 – C-49/92, Slg. 1999, S. I-4125, Rn. 130 – Antic Partecipazioni; *„[...] die [...] vorgenommene Auslegung [...] [enspricht] deren [Art. 85 EGV jetzt Art. 81 EG] wörtlichen Sinn."* ebenso: *Bunte* in: Langen/Bunte, GWB-Kommentar/1 (2006), § 1, Rn. 68f.; *Bunte* in: Langen/Bunte, Europäisches Kartellrecht/2 (2006), Art. 81, Rn. 31a.
[621] Vgl. Teil 3 Kap. 3 A I 3.
[622] BT-Drucks. 13/5584, S.12ff, der stets auch auf § 25 a.F. verweist.
[623] BT-Drucks. 13/6424, S. 7.

dadurch gesichert ist, dass alle kartellrechtswidrigen Verhaltensweisen darunter subsumiert werden können, wurde dieser Vorschlag abgelehnt.[624] Dennoch wird aus dieser Diskussion deutlich, dass der Gesetzgeber sich Gedanken um die Begriffswahl gemacht hat und offensichtlich alle im GWB verbotenen Verhaltensweisen erfasst sehen wollte.

Des Weiteren kann der allgemeine Sprachgebrauch zur Begründung herangezogen werden. Unter Absprache wird dabei nicht nur eine sprachliche Übereinkunft verstanden, sondern jede Verständigung über künftige Handlungen oder Unterlassungen.[625] Diese Auslegung stellt zugleich die Grenze der möglichen Auslegung dar. Das Analogieverbot verbietet das Ausfüllen einer Gesetzeslücke durch Übertragung eines einem Tatbestand zugrunde liegenden Rechtssatzes auf einen nicht geregelten Sachverhalt. Der Wortsinn, nicht aber der Wortlaut, stellt dabei die äußerste Grenze einer zulässigen Interpretation dar.[626]

Da unter Verständigung sowohl stillschweigende als auch koordinierte Verhalten verstanden werden können, liegt bei einer Einbeziehung der genannten Verhaltensweisen kein Verstoß gegen das Analogieverbot gemäß Art. 103 II GG und § 1 StGB vor.

Die Tatsache, dass § 1 GWB / Art. 81 EG nicht von Absprache, sondern von Vereinbarungen und abgestimmten Verhaltensweisen sprechen, ist auch innerhalb der Entscheidungen der europäischen Organe und der Literatur weniger problematisch gesehen worden. So werden die Begriffe synonym verwendet beziehungsweise wird der Begriff der Absprache als Oberbegriff verwandt.[627]
Es spricht somit grundsätzlich nichts gegen eine Einbeziehung auch der abgestimmten Verhaltensweisen, sowie der konkludenten Vereinbarungen in den Begriff der Absprache.

---

[624] BT-Drucks. 13/6424, S. 13.
[625] http://de.wiktonary.org/wiki/Absprache
[626] BVerfG, NJW 2007, S. 1193 (1193).
[627] Kommission, Entscheidung v. 02.08.1989 – 89/515/EWG, ABl. EG Nr. L 260 v. 06.09.1989, S. 1, Rn. 157ff. – Betonstahlmatten; EuG, Urt. v. 06.04.1995 – T-141/89, Slg. 1995, S. II-791, Rn. 53ff. – Trefileurope; *Wollmann/Schedl* in: Hirsch/Montag/Säcker, MüKo, Europäisches Wettbewerbsrecht GWB (2007), § 1, Rn. 150.

A. Absprache

Um eine Absprache bejahen zu können, ist allerdings eine gewisse Koordination erforderlich, das heißt, dass kein reines Parallelverhalten ausreichen kann. Es muss stets irgendein Verständigungsakt vorliegen. Eine solche Koordination wird auch von der herrschenden Meinung für das Vorliegen von einer abgestimmten Verhaltensweise verlangt. Auch im Kartellrecht ist reines Parallelverhalten nicht tatbestandsmäßig.

Zum Teil wird in der Literatur zusätzlich ein sogenannter faktischer Bindungswille gefordert.[628] Allerdings würde dies dazu führen, dass die abgestimmten Verhaltensweisen komplett dem Anwendungsbereich des § 298 StGB entzogen sind.[629]

Aus dem Wortlaut selbst lässt sich die Erfordernis des Bindungswillens nicht herleiten. Gründe für den Bindungswillen werden von den Vertretern dieser Meinung nicht angeführt, so dass nicht geklärt werden kann, warum dieses Merkmal für wichtig erachtet wird. Auch die Gesetzesmaterialien enthalten dazu keinerlei Ausführungen. Letztendlich kann eine Klärung nur über den Sinn und Zweck des § 298 StGB erfolgen.

§ 298 StGB will den Wettbewerb im Rahmen einer Ausschreibung schützen. Abzustellen ist auch hier auf die negative Definition des Wettbewerbs, das heißt auf die Handlungsfreiheit der Einzelnen. Alle rechtlichen oder auf sonstige Weise als verbindlich empfundenen Verhaltensweisen schränken die Handlungsfreiheit Beteiligter oder auch Dritter ein. Sowohl Vereinbarungen als auch Beschlüsse, die qua definicione faktisch verbindlich sind, werden mithin nach Sinn und Zweck vom Begriff der Absprache erfasst.

Problematisch erscheint wiederum die Einbeziehung der abgestimmten Verhaltensweisen. Diese unterscheiden sich gerade in diesem Merkmal von den übrigen Alternativen des § 1 GWB. Sie sind vollkommen unverbindlich. Fraglich ist, ob sie deshalb weniger schädlich für die Entfaltung des Wettbewerbs sind, ob sie vielleicht sogar diesen gar nicht beeinflussen können.

---

[628] *Hohmann* in: Joecks/Miebach, MüKo StGB (2006), § 298, Rn. 75; *Tiedemann* in: Laufhütte/Rissing-van Saan/Tiedemann, § 298, Rn. 32.
[629] Unter Zugrundelegung der europäischen Rechtsprechung, dass gentlemen's agreements unter den Begriff der Vereinbarung zu subsumieren sind und damit keine abgestimmten Verhaltensweisen darstellen.

Kapitel 3: Rechtswidrige Absprache

Wie dargestellt[630], richten bei einer abgestimmten Verhaltensweise Unternehmen ihr Marktverhalten einverständlich aneinander aus, ohne sich dazu zu verpflichten. Dieses Aneinander-Ausrichten führt dazu, dass die Marktanteile im Wesentlichen konstant bleiben und sich der ständige Druck gegen ein Abwandern der Konsumenten zu den Konkurrenten zu verhindern oder umzukehren, deutlich vermindert. Die Unternehmen sind zwar grundsätzlich in ihren Handlungsmöglichkeiten frei, nutzen diese Handlungsfreiheit jedoch nicht aus, um keinen Konkurrenzkampf auszulösen, obwohl sie keinerlei Sanktionen der anderen Unternehmen zu befürchten hätten. Sie beschränken ihre Handlungsfreiheit selbst und verhindern so die Entstehung von Wettbewerb. Es kann aber grundsätzlich keine Rolle spielen, aus welchen Gründen oder inneren Zwängen heraus der Wettbewerb beschränkt wird. Dieser ist als Schutzgut an sich und vor sämtlichen Beschränkungen zu schützen.

Des Weiteren wird auch durch die Formulierung in § 1 GWB „die eine Verhinderung, Einschränkung oder Verfälschung des Wettbewerbs bezwecken oder bewirken" deutlich, dass nur solche Verhaltensweisen umfasst sein sollen, die tatsächlich den Wettbewerb in irgendeiner Art und Weise tangieren und damit auch das strafrechtliche Schutzgut betreffen. Eine nicht zu kontrollierende Ausdehnung der Strafbarkeit ist somit nicht zu erwarten.

Mit dem Gesetzgeber ist somit davon auszugehen, dass unter den Begriff der Absprache grundsätzlich alle von § 1 GWB verbotenen Verhaltensweisen erfasst werden.

II. Das Sonderproblem der Einbeziehung von vertikalen Absprachen

Im Jahre 2004 musst der BGH sich mit dem Problem der Einbeziehung von vertikalen Absprachen in den Begriff der Absprache in § 298 StGB befassen.[631] Wie im Folgenden noch näher darzulegen ist, spricht sich der BGH gegen eine Einbeziehung aus. Ihm folgten wesentliche Teile der Literatur. Gerade vor dem Hintergrund der 7. GWB Novelle 2005 muss die Entscheidung des BGHs allerdings kritisch überprüft werden. Dies soll nun anhand einer ausführlichen Diskussion der Recht-

---

[630] Vgl. Teil 3 Kap. 3 A I 4.
[631] BGH, NJW 2004, S. 2761ff. (BGH, Beschluss v. 22.06.2004 – 4 StR 428/03).

A. Absprache

sprechung und einem Vergleich mit den kartellrechtlichen Regelungen geschehen. Dabei wird die kartellrechtliche Behandlung der vertikalen Absprachen bis zur jetzigen Fassung des GWB kurz dargestellt, um die Argumentationsweise des BGH in der Entscheidung aus 2004 nachvollziehen zu können.

Die Einbeziehung vertikaler Absprachen hat wesentliche Bedeutung für die Frage nach der dynamischen oder statischen Ausgestaltung des § 298 StGB. Eine Entscheidung berührt in diesem Bereich das zentrale Problem, ob die Änderung des GWB, das bis zur 7. GWB-Novelle die horizontalen und vertikalen noch getrennt und mit unterschiedlichen Maßstäben beurteilte[632], auch zu einer Änderung der Strafnorm des § 298 StGB führen kann oder sogar führen muss, damit er seine Funktion, nämlich den strafrechtlicher Wettbewerbsschutz, optimal erfüllen kann.

1. Der kartellrechtliche Behandlung vertikaler Absprachen

Bis zur 7. GWB-Novelle enthielt § 1 GWB stets ein Tatbestandsmerkmal, das dazu führte, dass vertikale Beschränkungen nicht vom allgemeinen Kartellverbot umfasst wurden.

So waren bis zur 6. GWB-Novelle von § 1 GWB nur Verträge umfasst, die „zu einem bestimmten Zweck" geschlossen sein mussten. Die Rechtsprechung verstand darunter vorerst, dass die Beteiligten mit der vereinbarten Wettbewerbsbeschränkung gleichgerichtete Interessen verfolgen mussten. Dabei genügte es, wenn die Wettbewerbsbeschränkung oder das Ziel der Wettbewerbsbeschränkung und der durch sie zu bewirkende Erfolg einem gemeinsamen Interesse entsprachen und gemeinsam angestrebt wurden.[633] Gleichgerichtete Interessen wurden verneint, wenn die Wettbewerbsbeschränkungen Bestandteil des Leistungsaustauschs waren und keinen darüber hinausgehenden Zweck verfolgten. Das bedeutete, dass im Rahmen von Austauschverträgen das Kartellverbot nur dann eingriff, wenn die Beschränkungen nicht zur Durchführung des Vertrages erforderlich waren oder der

---

[632] Vgl. Teil 2 A I.
[633] BGH, Urt. v. 14.10.1976 – KZR 36/75, WuW/E BGH 1458 (1461) – Fertigbeton; BGH, Urt. v. 06. 03. 1979 – KZR 4/78, WuW/E BGH 1597 (1599) – Erbauseinandersetzungen; BGH, Urt. v. 13.03. 1979 – KZR 23/77, WuW/E BGH 1600 (1601) – Frischbeton; BGH, Urt. v. 22.04.1980 – KZR 20/79, WuW/E BGH 1709 (1710) – Sortimentsabgrenzung.

Aufrechterhaltung der Äquivalenz zwischen Leistung und Gegenleistung dienten.[634]

Ab 1997 wurde diese Definition aufgrund starker Kritik und mangelnder Handhabbarkeit bei kritischen Fällen aufgegeben und stattdessen auf ein „anzuerkennendes Interesse" abgestellt. Ein „gemeinsamer Zweck" liege bei Austauschverträgen dann vor, wenn für die Wettbewerbsbeschränkung bei wertender Betrachtungsweise, im Hinblick auf die Freiheit des Wettbewerbs, ein anzuerkennendes Interesse nicht bestehe.[635] Wenn eine Wettbewerbsbeschränkung zur Erreichung eines kartellrechtsneutralen Hauptzwecks des Vertrages sachlich geboten war, bestand für diese ein anzuerkennendes Interesse und sie fiel nicht unter das Kartellverbot des § 1 GWB a.F.

Eine rein sprachliche Veränderung[636] erfolgte mit der 6. Novelle. Von da an wurden nur Maßnahmen „zwischen miteinander im Wettbewerb stehender Unternehmen" erfasst. Diese Präzisierung brachte den Willen des Gesetzgebers klar zum Ausdruck, dass er Fälle, in denen durch die Maßnahme nur der Wettbewerb zwischen einem Beteiligten und Dritten, die mit diesem im Wettbewerb stünden, beschränkt wurde, nicht unter das Verbot des § 1 GWB a.F. fallen sollte.[637]

Grund für den Ausschluss dieser vertikalen Wettbewerbsbeschränkungen aus dem strengen Kartellverbot des § 1 GWB und der Subsumtion unter den mit hohen Eingriffsschwellen versehenen §§ 14ff. GWB a.F.[638], war die Überzeugung, dass von

---

[634] *Caspar*, Wettbewerbliche Gesamtwürdigung von Vereinbarungen im Rahmen von Art. 81 I EGV (2001), S. 71.
[635] BGH, Urt. v. 14.01.1997 – KZR 41/95, WuW/E BGH 3115 (3118) – Druckgussteile; BGH, Urt. v. 14.01.1997 – KZR 35/95, WuW/E BGH 3121 (3125) – Bedside Testkarten; BGH, Urt. v. 06.05.1997 – KZR 43/95, WuW/E BGH 3137 (3138) – Sole.
[636] BT-Drucks. 13/9720, S. 31.
[637] So aber die Tendenz des BGH in: BGH, Urt. v. 06.05.1997 – KZR 43/95, WuW/E BGH 3137 (Leitsatz) – Sole; *Bornkamm*, Kartellverbot in: FS Geiß (2000), S. 539 (556); *Baums*, ZIP 1998, S. 233 (235); *Bunte*, DB 1998, S. 1748 (1749).
[638] § 14 GWB (1999): Vereinbarungen zwischen Unternehmen über Waren oder gewerblichen Leistungen, die sich auf Märkte innerhalb des Geltungsbereichs dieses Gesetzes beziehen, sind verboten, soweit sie einen Beteiligten in der Freiheit der Gestaltung von Preisen oder Geschäftsbedingungen bei solchen Vereinbarungen beschränken, die er mit Dritten über die gelieferten

A. Absprache

Horizontalvereinbarungen regelmäßig erheblich schädlichere Wirkungen ausgehen würden, als von vertikalen Vereinbarungen.[639]

Noch in der 6. GWB-Novelle sprach sich der Gesetzgeber deutlich dafür aus, dass *„die im deutschen Recht bestehende Unterscheidung zwischen horizontalen und vertikalen Wettbewerbsbeschränkungen beibehalten* [werden soll].*"* Eine Angleichung an das EG-Recht, das in Art. 81 EG bereits einen Gleichlauf der horizontalen und vertikalen Beschränkungen vorsah[640], sei nicht geboten, da EG-Recht lediglich dem Ziel des Abbaus der Zollschranken dienen würde. Des Weiteren sei das deutsche Recht, was die Behandlung der vertikalen Vereinbarungen angehe, dem europäischen Recht deutlich überlegen.[641]

Waren, über andere Waren oder über gewerbliche Leistungen schließt.
§ 16 GWB a.F. (1999): *Die Kartellbehörde kann Vereinbarungen zwischen Unternehmen über Waren oder gewerbliche Leistungen für unwirksam erklären und die Anwendung neuer, gleichartiger Bindungen verbieten, soweit sie einen Beteiligten*
1. *in der Freiheit der Verwendung der gelieferten Waren , anderer Waren oder gewerblicher Leistungen beschränken oder*
2. *darin beschränken, andere Waren oder gewerbliche Leistungen von Dritten zu beziehen oder an Dritte abzugeben, oder*
3. *darin beschränken, die gelieferten Waren an Dritte abzugeben, oder*
4. *verpflichten, Waren oder gewerbliche Leistungen abzunehmen, die weder sachlich noch handelsüblich dazugehören,*
und soweit durch das Ausmaß solcher Beschränkungen der Wettbewerb auf dem Markt für diese oder andere Waren oder gewerbliche Leistungen wesentlich beeinträchtigt wird.

[639] Bunte in: Langen/Bunte, GWB-Kommentar/1 (2006), § 1, Rn. 86; Monopolkommission, Hauptgutachten XI (1996), Rn. 938.
[640] EuGH, Urt. v. 30.06.1966 – Rs. 56/65, Slg. 1966, S. 282 (302) – Société technique minière/Maschinenbau Ulm; EuGH, Urt. v. 13.07.1966 – C-56 und 58/64, Slg. 1966, S. 322 (S. 387) – Établissements Consten S.à.R.L. and Grundig-Verkaufs-GmbH; Kommission, Entscheidung v. 14.12.1979 – 80/256/EWG, ABl. Nr. L 60 v. 05.03.1980, S. 21, Rn. 73ff – Pioneer; Kommission, Entscheidung v. 02.12.1981 – 82/367/EWG, ABl. Nr. L 161 v. 12.06.1982, S. 18, Rn. 46ff. – Hasselblad; aus der Literatur beispielhaft: *Grill*, in : Lenz/Borchardt, EU-/EGV (2004), Art. 81, Rn. 12; *Bunte* in: Langen/Bunte, Europäisches Kartellrecht/2 (2006), Art. 81, Rn. 31; *Schröter* in: Groeben/Schwarze, EU-/EG-Vertrag (2003), Art. 81, Rn. 74; *Emmerich* in: Daus, Handbuch des EU-Wirtschaftsrechts (2007), H.I § 1, Rn. 83; *Stockenhuber* in: Grabitz/Hilf, Recht der EU (2008), Art. 81, Rn. 94.
[641] BT-Drucks. 13/9720, S. 30, 31; so auch: Monopolkommission, Hauptgutachten XI (1996), Rn. 937.

Mit der 7. GWB-Novelle 2005 wurde die Einschränkung „miteinander im Wettbewerb stehender Unternehmen" gestrichen, so dass auch vertikale Vereinbarungen und abgestimmte Verhaltensweisen umfasst sind.[642] Nach den Gesetzesmaterialien hielt der Gesetzgeber das bisherige deutsche System zwar für wettbewerbspolitisch sachgerecht und die erzielten Ergebnisse in der Praxis auch für befriedigend, glich § 1 GWB aber dennoch an das Europarecht an, um die Einheit des Wettbewerbsrecht zu wahren. Auch erfolgte eine ausdrückliche Erstreckung auf rein innerstaatliche Sachverhalte, um eine unterschiedliche Behandlung von kleineren und mittleren Unternehmen zu vermeiden.[643]

Die Angleichung wurde vor allem durch die VO Nr. 1/2003[644] begründet, die den Vorrang des europäischen Rechts stärkte.[645] Auch habe sich durch die VO Nr. 2790/1999[646] die Beurteilung von vertikalen Absprachen im Europarecht und im deutschen Recht weitgehend angenähert, so dass es keiner Unterscheidung mehr bedürfe.[647]

Das europäische Recht sieht die Gefährlichkeit der vertikalen Wettbewerbsbeschränkungen für den Markt, neben der Gefahr die nationalen Schranken im Handel zwischen den Mitgliedsstaaten wieder aufzurichten, darin, dass sie die Absatz- und Versorgungsmöglichkeiten kleinerer Unternehmen sowie die Wahlfreiheit der Verbraucher beeinträchtigen.[648]

Vor diesem Hintergrund kann auch für die Definition der vertikalen und horizontalen Verhaltensweisen auf die Auslegung im Europarecht zurückgegriffen werden.

---

[642] BT-Drucks. 15/3640, S. 21.
[643] BT-Drucks. 15/3640, S. 21.
[644] Verordnung (EG) Nr. 1/2003 des Rates v. 16.12.2002 zur Durchführung der in den Artikeln 81 und 82 des Vertrages niedergelegten Wettbewerbsregeln, ABl. L Nr. 1 v. 04.01.2003, S. 1.
[645] BT-Drucks. 15/3640, S. 23.
[646] Verordnung (EG) Nr. 2790/1999 der Kommission v. 22.12.1999 über die Anwendung von Artikel 81 Absatz 3 des Vertrages auf Gruppen von vertikalen Vereinbarungen und aufeinander abgestimmten Verhaltensweisen, ABl. L 336 vom 29.12.1999, S. 21 – Gruppenfreistellungsverordnung über vertikale Beschränkungen über vertikale Beschränkungen.
[647] BT-Drucks. 15/3640, S. 24.
[648] *Bunte* in: Langen/Bunte, Europäisches Kartellrecht/2 (2006), Art. 81, Rn. 51.

A. Absprache

Horizontale Vereinbarungen liegen nach den Leitlinien für Vereinbarungen über horizontale Zusammenarbeit vor, wenn die „*Vereinbarung oder aufeinander abgestimmte Verhaltensweisen zwischen zwei oder mehr Unternehmen eingegangen werden, die auf derselben Marktstufe, z.B. derselben Stufe der Produktion oder des Vertriebs, tätig sind.*"[649]

Vertikale Vereinbarungen sind gem. Art. 2 I VO Nr. 2790/1999 „*Vereinbarungen oder aufeinander abgestimmte Verhaltensweisen zwischen zwei oder mehr Unternehmen, von denen jedes zwecks Durchführung der Vereinbarung auf einer unterschiedlichen Produktions- oder Vertriebsstufe tätig ist, und welche die Bedingungen betreffen, zu denen die Parteien bestimmte Waren oder Dienstleistungen beziehen, verkaufen oder weiterverkaufen können.*"[650]

Sie beschränken typischerweise nicht den Wettbewerb zwischen Wettbewerbern wie die horizontalen Vereinbarungen, sondern die Handlungsfreiheit der Unternehmen im Verhältnis zu Dritten. Eine ausschließliche Lieferverpflichtung an einen bestimmten Abnehmer beschränkt somit dessen Handlungsfreiheit gegenüber den anderen potentiellen Abnehmern. Sie dient dem Schutz des Bevorzugten gegenüber seinen Wettbewerbern.[651]

Es gibt bestimmte horizontale Vereinbarungen, die ihrem Wesen nach nicht unter Art. 81 I EG und damit auch nicht unter § 1 GWB fallen, außer sie haben abschottende Wirkung gegenüber Dritten. Dies gilt für eine Zusammenarbeit die keine Koordinierung des Wettbewerbsverhaltens der Vertragspartner bedingt. Als Bei-

---

[649] Kommission, Bekanntmachung – Leitlinien zur Anwendbarkeit von Artikel 81 EG-Vertrag auf Vereinbarungen über horizontale Zusammenarbeit, ABl. Nr. C 3 v. 06.01.2001 S. 2, Rn. 9; die Leitlinien erläutern die Ansicht der Kommission zu bestimmten Themen und sollen auch den Gerichten und Behörden der Mitgliedsstaaten Anleitung bei der Anwendung der betreffenden Artikel geben, sie binden sie allerdings nicht.
[650] Verordnung (EG) Nr. 2790/1999 der Kommission v. 22.12.1999 über die Anwendung von Artikel 81 Absatz 3 des Vertrages auf Gruppen von vertikalen Vereinbarungen und aufeinander abgestimmten Verhaltensweisen, ABl. L 336 vom 29.12.1999, S. 21 – Gruppenfreistellungsverordnung über vertikale Beschränkungen über vertikale Beschränkungen; ausführlich dazu: Kommission, Mitteilung – Leitlinien für vertikale Beschränkungen, ABl. Nr. C 291 v. 13.10.2000, S. 1, Rn. 23-45.
[651] *Bunte* in: Langen/Bunte, GWB-Kommentar/1 (2006), § 1, Rn. 110.

spiele nennen die Horizontalrichtlinien der Kommission die Zusammenarbeit zwischen Nichtwettbewerbern, die Zusammenarbeit zwischen Wettbewerbern, wenn sie die von der Zusammenarbeit erfasste Tätigkeit oder das Projekt nicht eigenständig durchführen können oder die Zusammenarbeit bei einer Tätigkeit, welche die relevanten Wettbewerbsparameter nicht beeinflusst.[652]

Vertikale Vereinbarungen zwischen Unternehmen, deren Anteil an dem relevanten Markt nicht mehr als 10% beträgt, fallen grundsätzlich nicht unter Art. 81 I EG / § 1 GWB, außer es handelt sich um sogenannte Kernbeschränkungen. Auch Vereinbarungen zwischen kleinen und mittleren Unternehmen sind selten geeignet den Handel zwischen den Mitgliedsstaaten oder den Wettbewerb spürbar zu beeinträchtigen, weshalb auch diese nicht unter Art. 81 I EG fallen.[653] Für die nationale Betrachtung, das heißt die Subsumtion unter § 1 GWB bedarf es der Kontrolle, ob der Wettbewerb beeinträchtigt wird. Auch im Rahmen des § 298 StGB wäre, sollten die vertikalen Absprachen nun einbezogen sein, auf dieses Kriterium abzustellen. Beeinträchtigen Absprachen den von § 298 StGB geschützten Wettbewerb, so sind diese tatbestandsmäßig.

2. Einbeziehung der vertikalen Absprachen im Rahmen des § 298 StGB

a) Die Beurteilung des BGH

Wie dargestellt, unterscheidet weder das internationale noch das nationale Kartellrecht zwischen horizontalen und vertikalen Absprachen. Vielmehr werden beide von dem Kartellverbot des § 1 GWB/Art. 81 EG umfasst. Der BGH sprach sich dennoch gegen eine Einbeziehung aus.[654] Die Entscheidung soll im Folgenden auf ihre Überzeugungskraft auch nach der 7. GWB-Novelle hin überprüft werden. Dabei ist zu bedenken, dass die Entscheidung des BGH zwar zur alten Rechtslage erging, die Rechtslage nach der 7.GWB-Novelle aber bereits erwähnt wird.

---

[652] Kommission, Bekanntmachung – Leitlinien zur Anwendbarkeit von Artikel 81 EG-Vertrag auf Vereinbarungen über horizontale Zusammenarbeit, ABl. Nr. C 3 v. 06.01.2001 S. 2, Rn. 24.
[653] Kommission, Mitteilung – Leitlinien für vertikale Beschränkungen, ABl. Nr. C 291 v. 13.10.2000, S. 1, Rn. 9-11.
[654] BGH, NJW 2004, S. 2761ff.

A. Absprache

aa) Sachverhalt

Der Angeklagte, der ein Installationsunternehmen besaß, engagierte sich bei den gemeinnützigen, der Jugendförderung und Berufsausbildung dienenden Vereinen BAJ e.V. und INBA e.V. als ehrenamtlicher Vorsitzender.

In den 90er Jahren gründeten diese Vereine gemeinnützige Gesellschaften mit beschränkter Haftung, die für die Vereinszwecke als Bauherren Bauvorhaben in zweistelliger Millionenhöhe jeweils mit öffentlichen Fördermitteln sowie mit Eigenmitteln der Vereine und Gesellschaften realisierten.

Obwohl die Gesellschaften je zwei Geschäftsführer hatten, wirkte der Angeklagte bei allen maßgeblichen Entscheidungsprozessen mit. Seine Stellung in den Vereinen und vor allem seine fachliche Kompetenz verschafften ihm eine tatsächliche Machtposition und einen Vertrauensvorschuss bei allen Beteiligten, die es ihm ermöglichte, sich auch ohne formale Funktion innerhalb der Gesellschaften durchzusetzen. In der Folgezeit übte er für sie auch die Tätigkeit eines Oberbauleiters aus, die er sich zum Teil rückwirkend vergüten ließ.

Aufgrund seiner Position sprach er mit dem Geschäftsführer und Mitinhaber des bautechnischen Planungsbüros HBB ab, ihm gegen Zahlung einer entsprechenden Summe lukrative Planungsaufträge der genannten Bauherren zu beschaffen. In der Zeit von 1994 – 2001 wurden mindestens acht Ingenieur- beziehungsweise Planungsaufträge an die HBB vergeben.

Die Bauaufträge mussten wegen ihres Umfangs und der staatlichen Förderung im Rahmen von Ausschreibungen vergeben werden. Um die Zahlungen an den Angeklagten finanzieren zu können, versah der Geschäftsführer der HBB die Ausschreibungsunterlagen mit versteckten Luftpositionen, die er dem zu einem kollusiven Zusammenwirken bereiten Unternehmer mitteilte. Dieser preiste dabei zum einen die Zahlungen an den Angeklagten in sein Angebot ein, zum anderen konnte er aber auch das gegenüber allen anderen Anbietern günstigste Angebot abgeben, da er die Luftpositionen vernachlässigen konnte. Insgesamt erfolgten überhöhte Zahlungen von 365 554,54 DM durch die Bauherren.

bb) Das Urteil

Neben Betrug und Untreue, machte der BGH auch Ausführungen zu § 298 StGB. Er warf die in der Literatur streitige und bisher höchstrichterlich nicht entschiedene Frage auf, ob eine vertikale Absprache zwischen einem Anbieter und einer Person auf der Seite des Veranstalters genüge oder ob § 298 StGB, entsprechend § 1 GWB a.F.[655] eine kartellrechtswidrige horizontale Absprache zwischen mindestens zwei miteinander im Wettbewerb stehenden Unternehmen voraussetze.

Nachdem der Senat festgestellt hat, dass grundsätzlich auf das Gesetz gegen Wettbewerbsbeschränkungen und Art. 81 EG zur Bestimmung zurückgegriffen werden muss, schloss er sich letztgenannter Auffassung an.

Nach Ansicht des Senats sind somit nur kartellrechtswidrige Absprachen zwischen miteinander im Wettbewerb stehenden Unternehmen (horizontale Absprachen), wie sie in § 1 GWB a.F. ausdrücklich bestimmt waren, tatbestandsmäßig. Begründet wird diese Ansicht mit dem Willen des Gesetzgebers. Dieser habe die Fälle der rein vertikalen Absprache im Rahmen der Bestechlichkeit und Bestechung im geschäftlichen Verkehr in § 299 StGB sanktioniert. Es sei nicht ersichtlich, dass das Korruptionsbekämpfungsgesetz solche Absprachen auch durch § 298 StGB erfassen wollte, wenn die korruptive Vergabe eines Auftrags im Rahmen einer Ausschreibung erfolge beziehungsweise dass vertikale Absprachen, die ohne Korruption – gefälligkeitshalber – getroffen würden, über den bestehenden Strafrechtsschutz der Vermögensdelikte hinaus dem Tatbestand des § 298 StGB unterfallen sollten.

Gegen dieses Ergebnis spreche auch nicht, dass in der Begründung des Gesetzesentwurfs ausgeführt ist, dass „gerade die Fälle besonders strafwürdig [sind], bei denen der Bieter kollusiv mit einem Mitarbeiter des Veranstalters, dessen Kenntnis dem Veranstalter zugerechnet werden kann, zusammenarbeitet". Dieser Satz müsse im Zusammenhang mit der unmittelbar vorausgehenden Passage gesehen werden,

---

[655] § 1 GWB a.F. (1999): *Vereinbarungen zwischen miteinander im Wettbewerb stehenden Unternehmen, Beschlüsse von Unternehmensvereinigungen und aufeinander abgestimmte Verhaltensweisen, die eine Verhinderung, Einschränkung oder Verfälschung des Wettbewerbs bezwecken oder bewirken, sind verboten.*

A. Absprache

wonach „die zu Grunde liegende Absprache vor dem Veranstalter der Ausschreibung" nicht verheimlicht werden müsse, da auch bei nicht verheimlichten Absprachen der Wettbewerb zum Nachteil der nichtkartellangehörigen Unternehmen beeinträchtigt werde. Diese Ausführungen beträfen einen späteren Zeitpunkt, das heißt einen Zeitpunkt zu dem die Absprache bereits vorliegt – es wird auf die Verheimlichung einer bereits bestehenden Absprache abgestellt – und das Angebot abgegeben wird. Daraus könne mithin nichts hinsichtlich der Qualität der Absprache abgeleitet werden.

Weiter führte der BGH aus, dass der Gesetzgeber nur einen Teilbereich der bisherigen Kartellordnungswidrigkeiten kriminalisieren wollte, so dass ein unter Umständen bestehendes oder einzuführendes Verbot vertikaler Absprachen nicht unbedingt zu berücksichtigen wäre. Vielmehr fehle den rein vertikalen Absprachen die für horizontale Submissionsabsprachen typische, wirtschaftspolitisch gefährliche Tendenz zur Wiederholung, die mit § 298 StGB bekämpft werden solle.

b) Kritische Überprüfung der Rechtsprechung

Im Folgenden soll überprüft werden, ob diese Rechtsprechung auch heute noch Geltung beanspruchen kann.

Im Rahmen der 7.GWB-Novelle wurde die Wendung „miteinander im Wettbewerb stehender Unternehmen" gestrichen. § 1 GWB spricht jetzt lediglich von Vereinbarungen zwischen Unternehmen, wobei „zwischen Unternehmen" auch auf die Varianten der Beschlüsse und abgestimmten Verhaltensweisen bezogen wird. Einziges Kriterium für das Eingreifen des Kartellverbotes ist nunmehr allein das Vorliegen mindestens zweier Unternehmen. Daraufhin entbrannte eine Diskussion innerhalb der Literatur, ob die Argumentation des BGH noch aufrechterhalten werden kann.

Während einige Autoren ihre Meinung dahingehend änderten, dass mit Änderung des Wortlauts des § 1 GWB und Einbeziehung der vertikalen Absprachen in § 1 GWB, diese auch von § 298 StGB umfasst sein müssen[656], blieben viele Auto-

---

[656] *Hohmann* in: Joecks/Miebach, MüKo StGB (2006), § 298, Rn. 84; *Rudolphi* in: Rudolphi/Horn/Günther/Samson, SK (2007), § 298, Rn. 8; *Bosch*, JA 2007, S. 70 (72); *Momsen* in: Heintschel-Heinegg, Beck'scher Online-Kommentar (2008), § 298, Rn. 21; so jetzt auch *Tiedemann*

ren bei der Auslegung des BGH. Dabei verweisen sie auch heute noch auf den Wortlaut des § 1 GWB a.f. um ihre Ansicht zu stützen. Allerdings erkennen diese Autoren auf der anderen Seite eine Kartellrechtsakzessorietät an, beziehungsweise benutzen die Kartellrechtsakzessorietät des Merkmals dafür, dass die vertikalen Absprachen nicht umfasst sein können. Diese beiden Prämissen stehen aber schon denknotwendig im Gegensatz zueinander. Zum einen wird eine alte Rechtslage als Begründung angeführt, zum andern aber behauptet, dass der Tatbestand akzessorisch ausgestaltet ist.[657] Merkmal einer Akzessorietät ist es aber, dass die Interpretation eben nicht auf dem damaligen Stand verharrt unabhängig davon, ob das akzessorische Gesetz sich ändert, sondern dass mit der Änderung des Gesetzes auch die Interpretation der Strafnorm geändert werden muss. Das Wortlautargument des BGH, der durch das Abstellen auf den Wortlaut des § 1 GWB selbst eine

---

in: Laufhütte/Rissing-van Saan/Tiedemann, LK (2008), § 298, Rn. 14, der den übrigen Autoren vorwirft, dass ihnen die GWB-Rechtsänderung entgangen sei; vorausschauend schon 2004: *Bender*, Sonderstraftatbestände (2005), S. 196.

[657] *Lackner/Kühl*, StGB (2007), § 298, Rn. 3: *Die Rechtswidrigkeit [...] bestimmt sich nach Kartellrecht und ist bei einem nach § 1 GWB unwirksamen Vertrag, einer abgestimmten Verhaltensweise oder einer vertikalen Vereinbarung nach § 14 GWB gegeben [...] Absprachen zwischen Bieter und und Veranstalter begründen trotz ihrer Erfassung vom Gesetzeswortlaut die Strafbarkeit nicht, weil nur kartellrechtswidrige Absprachen zwischen Wettbewerbern als horizontale Hardcore-Kartelle „rechtswidrig" sind.*; *Heine* in: Schönke/Schröder, StGB (2006), § 298, Rn. 11, 13: *[...] Dieses Übereinkommen muss aber rechtswidrig sein, was jedenfalls beim Hauptanwendungsfall, dem Verstoss gegen § 1 GWB, zur Beschränkung auf sog. Horizontalen Absprachen führt, weil sich § 1 GWB nur an Unternehmen und Vereinigungen von Unternehmen wendet, die zueinander im Wettbewerb stehen. [...] Rechtswidrig ist die Absprache, wenn sie gegen das durch das 6.GWB neu geschaffene gesetzliche Kartellverbot § 1 GWB verstößt [...] bzw. § 14 oder Art. 81,82 EGV verletzt.*; Pasewaldt, ZIS 2008, S. 84 (87): *Entscheidend für die restriktive Auslegung i.S. des BGH spricht indes das Tatbestandsmerkmal der Rechtswidrigkeit der Absprache, das nach allgemeiner Ansicht vorliegt, wenn die Absprache gegen die kartellrechtlichen Vorschriften des GWB (bzw. das europäische Wettbewerbsrecht, vgl. Art. 81, 82 EGV) verstößt. Das Kartellverbot des § 1 GWB gilt nur für „miteinander im Wettbewerb stehende" Unternehmen. Da der strafrechtlich gewährleistete Wettbewerbsschutz wegen der GWBakzessorischen Tatbestandsausgestaltung aber nicht weiter gehen kann, als der kartellrechtliche, ist auch für § 298 StGB das Vorliegen eines Horizontalverhältnisses zwischen den Absprechenden zu fordern.* Im Wesentlichen ebenso: *Dannecker* in: Kindhäuser/Neumann/Paeffgen, NK, Band 2 (2005), § 298, Rn. 17, 20.; *Kindhäuser*, Praxiskommentar StGB (2006), § 298, Rn. 8; so auch noch in der Vorauflage: *Tiedemann* in: Jähnke/Laufhütte/Odersky, LK, Band 7 (2005), § 298, Rn. 16 iVm 33.

A. Absprache

Abhängigkeit bejaht, kann somit nicht mehr als Argument für den Ausschluss vertikaler Absprachen aus dem Anwendungsbereich des § 298 StGB herangezogen werden.

Der BGH führt des Weiteren an, dass kein Grund für eine Sanktionierung vertikaler Absprachen über § 298 StGB bestehe, da diese ausreichend über § 299 StGB erfasst werden könnten. § 299 StGB regelt die Bestechlichkeit und Bestechung im geschäftlichen Verkehr.

Dieses Argument kann jedoch zu einer Strafbarkeitslücke dergestalt führen, dass eine Bestrafung von Selbständigen und Betriebsinhabern über § 299 StGB nicht in Betracht kommt. Dieser spricht ausdrücklich von Angestellten und Beauftragten eines geschäftlichen Betriebes.[658]
Angestellter ist, wer zurzeit der Tathandlung in einem Dienst-, Werks- oder Auftragsverhältnis zum Geschäftsinhaber steht und den Weisungen des Geschäftsherren unterworfen ist.[659] Beauftragter ist derjenige, der aufgrund seiner Stellung befugtermaßen berechtigt und verpflichtet ist, für den Betrieb zu handeln, und unmittelbar oder mittelbar Einfluss auf die, im Rahmen des Geschäftsbetriebes, zu treffenden Entscheidungen ausüben kann.[660] Aus der Bedeutung der Merkmale „Angestellter oder Beauftragter" geht bereits hervor, dass diese nicht mit dem Betriebsinhaber identisch sein können. Ein Betriebsinhaber beauftragt oder stellt jemanden an, ist jedoch nicht selbst Angestellter oder Beauftragter. Bei den Definitionen wird darauf abgestellt, dass eine Einflussnahme auf die geschäftliche Tätigkeit eines anderen genommen wird, was aber weder beim Geschäftsinhaber noch beim geschäftsführenden Alleingesellschafter der Fall ist. Diese sind in ihren Entscheidungen grundsätzlich frei.

---

[658] *Bürger*, wistra 2003, S. 130 (131); *Tiedemann* in: Jähnke/Laufhütte/Odersky, LK, Band 7 (2005), § 299, Rn. 13.

[659] *Lackner/Kühl*, StGB (2007), § 299, Rn. 2; *Diemer/Krick* in: Joecks/Miebach, MüKo StGB (2006), § 299, Rn. 4; *Fischer*, StGB (2009), § 299, Rn. 9; *Bürger*, wistra 2003, S. 130 (131); *Tiedemann* in: Jähnke/Laufhütte/Odersky, LK, Band 7 (2005), § 299, Rn. 14; *Lesch*, AnwBl 2003, S. 261 (264).

[660] *Fischer*, StGB (2009), § 299, Rn. 10; *Diemer/Krick* in: Joecks/Miebach, MüKo StGB (2006), § 299, Rn. 5; *Lackner/Kühl*, StGB (2007), § 299, Rn. 2; *Bürger*, wistra 2003, S. 130 (131); *Schramm*, JuS 1999, S. 333 (339); *Tiedemann* in: Jähnke/Laufhütte/Odersky, LK, Band 7 (2005), § 299, Rn. 17; *Lesch*, AnwBl 2003, S. 261 (264).

Kapitel 3: Rechtswidrige Absprache

Dieser Streitpunkt hat jedoch auf die Problematik des § 298 StGB nur wenig bis keinen Einfluss. Meist handelt es sich um den Staat als Auftraggeber, für den stets ein Angestellter tätig wird, womit § 299 StGB auch anwendbar wäre. Vergibt ein Privater einen Auftrag per Ausschreibung und nimmt als Betriebsinhaber an vertikalen Absprachen teil, so liegt bereits kein Fall des § 298 StGB vor, da es dann an einer Vergleichbarkeit mit der öffentlichen Ausschreibung fehlt.

Andererseits kann aus der Tatsache, dass zusätzlich auch § 299 StGB einschlägig sein könnte, kein Argument gezogen werden, warum § 298 StGB im Rahmen von vertikalen Absprachen nicht eingreifen sollte. So wird durch die tateinheitliche Bestrafung aus § 299 und § 298 StGB deutlich, dass es sich um einen Bestechungs- oder Bestechlichkeitsfall in einer Ausschreibungssituation handelt, mithin in einer Situation, in der sich der Vertragspartner ersichtlich besonders auf das Vorliegen von Wettbewerb verlassen hat.

Auch die strafbare Handlung unterscheidet sich. So ist im Rahmen des § 299 StGB bereits die Bestechung beziehungsweise Bestechlichkeit und deren Versuch („fordert"; „anbietet") tatbestandsmäßig, während bei § 298 StGB erst die tatsächliche Abgabe des Angebots zu einer Strafbarkeit führt. Es sind somit zwei unterschiedliche Tatzeitpunkte relevant, die auch jeweils einen neuen Vorsatz erfordern. So kann durchaus § 299 StGB, zumindest in seinen Tatvarianten, die einen Versuch pönalisieren, verwirklicht werden, während § 298 StGB nicht mehr ausgeführt wird. Verwirklicht ein Täter beide Delikte, so zeigt dies einen besonderen Unwert, was im Rahmen einer Bestrafung aus beiden Delikten deutlich zu machen ist.

Eine ausreichende Erfassung über § 299 StGB allein besteht meines Erachtens aus diesen Gründen nicht. Auch wenn in der Regel bei vertikalen Absprachen § 299 StGB verwirklicht sein wird, muss der Unwertgehalt des § 298 StGB dennoch in die Bestrafung mit einfließen, sollte dieser verwirklicht worden sein.

Als letztes Argument nennt der BGH die geringere Gefährlichkeit vertikaler Absprachen. So stellt der BGH fest, dass *„rein vertikalen Absprachen [...] die für horizontale Submissionsabsprachen, insbesondere für Ringvereinbarungen im*

A. Absprache

Bauwesen, typische, wirtschaftspolitisch gefährliche Tendenz zur Wiederholung [fehle]."[661]
Diese Argumentation kann in Anbetracht der Realität nicht überzeugen. So kann festgestellt werden, dass auch horizontalen Vereinbarungen nicht immer eine Tendenz zur Wiederholung haben.

Die vom BGH angesprochenen Ringvereinbarungen, bei denen die Absprache über mehrere Ausschreibungen besteht und reihum ein anderer Unternehmer zum Zuge kommen soll sind das Paradebeispiel für die Tendenz zur Wiederholung. Darüber hinaus existieren aber weitere Kartellformen oder Abspracheformen, die lediglich für eine bestimmte Ausschreibung vorgenommen werden – einmalige Vereinbarungen – und von vornherein nicht auf eine Wiederholung angelegt sind. Häufig ist dies bei hohen Ausgleichszahlungen der Fall. Während bei den Ringvereinbarungen meist keine Ausgleichszahlungen geleistet werden, da durch die Auftragsaufteilung ein Ausgleich geschaffen wird, ist die Ausgleichszahlung vor allem bei einmaligen Zusammenschlüssen zu finden, bei denen sich die Verzichtenden ihren Verzicht ausreichend entschädigen lassen. Sie sind nicht auf Wiederholung angelegt, ihnen wird aber nicht ihre Gefährlichkeit für den Wettbewerb abzusprechen sein.[662]

Im Gegensatz dazu können aber auch Vertikalvereinbarungen durchaus auf eine Wiederholung angelegt sein. So können gerade im Bausektor Vereinbarungen getroffen werden, die die Vergabe von mehreren verschiedenen Ausschreibungen betreffen können oder aber auch „nur" die Vergabe verschiedener Lose innerhalb einer Ausschreibung. Dies festzustellen ist eine Frage des Einzelfalls, kann aber nicht von vornherein für vertikale Absprachen ausgeschlossen werden.

Der Vorwurf, dass vertikale Absprachen weniger wettbewerbsgefährdend seien als horizontale Absprachen, kann ebenfalls nicht bestätigt werden. Betrachtet man zum Beispiel die Form der Ausschließlichkeitsbindung, so wird deutlich, dass hier der Wettbewerb nicht nur gefährdet, sondern vollständig ausgeschlossen wird. Über-

---

[661] BGH, NJW 2004, S. 2761 (2764) (BGH, Beschluss v. 22.06.2004 – 4 StR 428/03).
[662] Dies vor allem auch unter der Berücksichtigung, dass der BGH im Rahmen des Submissionsbetrugs Ausgleichszahlungen als zwingendes Indiz für die Annahme eines Schadens gewertet hat. Vgl. Teil 2 B I 2.

trägt man dies auf die Situation bei einer Ausschreibung, in der es zu Absprachen zwischen Angestellten der ausschreibenden Stelle und einem Unternehmen kommt, so besteht für die, mit dem Unternehmen konkurrierenden Betriebe keine Möglichkeit die Ausschreibung zu gewinnen. Ein echter Wettbewerb findet nicht statt. Da durch eine solche Absprache Sinn und Zweck der Ausschreibung an sich völlig konterkariert wird, ist eine Absprache in dieser Situation sogar noch wettbewerbsgefährdender als dies bei horizontalen Absprachen der Fall sein kann. Während horizontale Absprachen in der Regel den Wettbewerb nur beschränken, da stets mit Außenseitern zu rechnen ist, findet bei vertikalen Vereinbarungen ein Wettbewerbsausschluss statt.

Zusammenfassend ist somit festzustellen, dass die Argumentation des BGH nicht überzeugen kann. Während zur alten Fassung des § 1 GWB das Wortlautargument durchaus als starkes Argument angesehen werden konnte, entfällt dieses für die neue Fassung. Die übrigen Hilfsargumente können hingegen nicht überzeugen. Um einen möglichst umfassenden Schutz des Rechtsguts zu erreichen, ist eine Übertragung des Regelungsgehalts des § 1 GWB, auch im Rahmen der vertikalen Absprachen sinnvoll und nötig.

Allerdings ist darauf zu achten, dass § 1 GWB eine Absprache zwischen Unternehmen verlangt, das heißt, auch vertikale Absprachen können nur dann einbezogen werden, wenn sie zwischen Unternehmen stattfinden. Problematisch könnte im Bereich der Ausschreibung die Qualifikation des Staates als Unternehmen sein. Da aber in der Praxis des § 298 StGB häufig der Staat als Ausschreibender tätig sein wird – nur für ihn sind die Vergaberechtsnormen verbindlich[663] – soll kurz auf die Unternehmensqualität des Staates eingegangen werden.

c) Die Unternehmenseigenschaft des Staates

§ 1 GWB verbietet wettbewerbsgefährdende Verhaltensweisen von Unternehmen. Die herrschende Meinung versteht den Begriff des Unternehmens im Sinne des

---

[663] Vgl. Teil 3 Kap. 1.

A. Absprache

GWB funktional[664] und bestimmt dessen Inhalt aus dem Gesetzeszusammenhang, sowie dem Sinn und Zweck des Gesetzes.[665]

Sinn und Zweck des GWB ist, die Freiheit des Wettbewerbs sicherzustellen.[666] Um diesem Zweck Rechnung tragen zu können, bedarf es eines sehr weiten Unternehmensbegriffs, das heißt einer möglichst umfassenden Unterstellung geschäftlicher Tätigkeiten unter das Kartellrecht. Die Bezugnahme auf das Handeln im geschäftlichen Verkehr ist für das funktionale Verständnis charakteristisch. Es wird somit nicht das Unternehmen als solches zum Gegenstand der Definition gemacht.[667]

Der BGH hat eine Unternehmenseigenschaft bei „jedweder Tätigkeit im geschäftlichen Verkehr" anerkannt.[668] Bestimmte Formen der rechtlichen oder wirtschaftlichen Organisation sind nicht erforderlich. Auch kommt es nicht darauf an, ob die

---

[664] Im Unterschied zum institutionellem Unternehmensbegriff, der auf die Dauer der Organisation und das Vorhandensein einer persönlichen und sachlichen Ausstattung abstellt.

[665] BGH, GRUR 1960, S. 304 (305) – Gasglühkörper; BGH, GRUR 1971, S. 171 (172) – Hamburger Volksbühne; BGH, NJW 1974, S. 2236 (2236) – Wartungsvertrag; BGH, Beschluss v. 16.12.1976 – KVR 5/75, Rn. 38 – Architektenkammer; BGH, Urt. v. 11.04.1978 – KZR 1/77, Rn. 17 – Gaststättenverpachtung; BGH, Urt. v. 23.10.1979 – KZR 22/78, Rn. 21 – Berliner Musikschule; *Zimmer* in: Immenga/Mestmäcker, Wettbewerbsrecht GWB (2007), § 1, Rn. 27; *Bunte* in: Langen/Bunte, GWB-Kommentar/1 (2006), § 1, Rn. 13; *Bechtold* in: Bechtold, GWB-Kommentar (2006), § 1, Rn. 6.

[666] BGH, NJW 1962, S. 196 (199) – Gummistrümpfe; BGH, NJW 1973, S. 94 (95) – Wetterschutzanzüge; BGH, NJW 1974, S. 2236 (2236) – Wartungsvertrag; BGH, Beschluss v. 22.03.1976 – GSZ 2/75, Rn. 26 – Autoanalyser; BGH, Beschluss v. 16.12.1976 – KVR 5/75, Rn. 39 – Architektenkammer; BGH, Beschluss v. 14.03.1990 – KVR 4/88, Rn. 35 – Sportübertragungen; BGH, Beschluss v. 09.03.1999 – KVR 20/97, Rn. 22 - Lottospielgemeinschaft.

[667] *Zimmer* in: Immenga/Mestmäcker, Wettbewerbsrecht GWB (2007), § 1, Rn. 32.

[668] BGH, NJW 1962, S. 196 (200) – Gummistrümpfe; BGH, NJW 1973, S. 94 (95) – Wetterschutzanzüge; BGH, NJW 1974, S. 2236 (2236) – Wartungsvertrag; BGH, Beschluss v. 22.03.1976 – GSZ 2/75, Rn. 26 – Autoanalyser; BGH, Beschluss v. 16.12.1976 – KVR 5/75, Rn. 39 – Architektenkammer; BGH, Urt. v. 11.04.1978 – KZR 1/77, Rn. 17 – Gaststättenverpachtung; BGH, Urt. v. 23.10.1979 – KZR 22/78, Rn. 21 – Berliner Musikschule; BGH, Beschluss v. 14.03.1990 – KVR 4/88, Rn. 35 – Sportübertragungen; BGH, Beschluss v. 09.03.1999 – KVR 20/97, Rn. 21 – Lottospielgemeinschaft; BGH, Urt. v. 22.07.1999 – KZR 48/97, Rn. 16 – beschränkte Ausschreibung; ähnlich auch der Gesetzgeber in BT-Drucks. 1/3462, S. 25, der noch von einer „*Tätigkeit in der Erzeugung oder im geschäftlichen Verkehr"* spricht.

Kapitel 3: Rechtswidrige Absprache

Tätigkeit von Privatpersonen oder der öffentlichen Hand ausgeübt wird.[669] Entscheidend ist mithin nicht, wer tätig wird, sondern wie derjenige tätig wird. Es muss eine aktive Teilnahme am Wirtschaftsleben erfolgen.[670] Dabei ist unerheblich, ob das zu beurteilende Gebilde als Anbieter oder Nachfrager am Markt auftritt.[671]

Auch im europäischen Recht ist der Unternehmensbegriff umfassend und weit zu verstehen, um den Wirkungsbereich der Vorschrift im Interesse des Gemeinsamen Marktes möglichst breit zu halten. Der Sinn und Zweck der EG-Wettbewerbsregeln, nämlich die Sicherung eines Systems des unverfälschten Wettbewerbs im Gemeinsamen Markt, gebietet auch hier eine funktionale Betrachtungsweise.[672] Dabei ist zu beachten, dass es auf die Qualifizierung der wirtschaftlich handelnden Einheit nach nationalem Recht nicht ankommen kann, so dass eine gemeinschaftsrechtliche Begriffsbestimmung nach dem Sinn und Zweck des europäischen Kartellrechts, vorzunehmen ist.[673] Nach ständiger Rechtsprechung umfasst der Begriff des Unternehmens im europäischen Wettbewerbsrecht jede, eine wirtschaftliche Tätigkeit ausübende Einheit, unabhängig von ihrer Rechtsform und der Art ihrer

---

[669] BGH, NJW 1962, S. 196 (199) – Gummistrümpfe.
[670] *Bechtold* in: Bechtold, GWB-Kommentar (2006), § 1, Rn. 6.
[671] BGH, NJW 1962, S. 196 (199) – Gummistrümpfe; BGH, Urt. v. 11.12.2001 – KZR 5/00, Rn. 11 – privater Pflegedienst, indem der BGH auch juristische Personen des öffentlichen Rechts unter den weiten Unternehmensbegriff fast, *„soweit sie als Anbieter oder Nachfrager auf dem Markt eine selbständige Tätigkeit bei der Erzeugung oder Verteilung von Waren oder gewerblichen Leistungen ausüben"*; BGH, Beschluss v. 14.03.1990 – KVR 4/88, Rn. 35 – Sportübertragungen, in dieser Entscheidung stellte der BGH darauf ab, dass die öffentlich-rechtlichen Rundfunkanstalten als Nachfrager von Programmaterial in gleicher Weise wie die privatrechtlich
organisierten Rundfunkveranstalter am allgemeinen geschäftlichen Verkehr teilnehmen und damit ebenso als Unternehmer zu qualifizieren sind; *Bechtold* in: Bechtold, GWB-Kommentar (2006), § 1, Rn. 6.
[672] *Bunte* in: Langen/Bunte, Europäisches Kartellrecht/2 (2006), Art. 81, Rn. 5; *Weiß* in: Callies/Ruffert, EUV/EGV (2007), Art. 81, Rn. 25; *Emmerich* in: Immenga/Mestmäcker, Wettbewerbsrecht EG/1 (2007), Art. 81, Rn. 12.
[673] OLG Düsseldorf, Urt. v. 28.08.1998 – U (Kart) 19/98, Rn. 27; *Weiß* in: Callies/Ruffert, EUV/EGV (2007), Art. 81, Rn. 25; *Emmerich* in: Immenga/Mestmäcker, Wettbewerbsrecht EG/1 (2007), Art. 81, Rn. 17; *Kordel*, Arbeitsmarkt und europäisches Kartellrecht (2004), S. 22.

A. Absprache

Finanzierung.[674] Eine Gewinnerzielungsabsicht ist nicht erforderlich, weshalb auch rein gemeinnützige Unternehmen dem Kartellverbot des Art. 81 EG unterfallen.[675]

Nicht unter den Begriff des Unternehmens fällt hoheitliches Handeln. Allerdings reicht allein eine öffentlich-rechtliche Organisationsform nicht aus, um den Anwendungsbereich des § 1 GWB zu verneinen.[676] Insoweit ist bei der Beurteilung, ob der Staat und öffentlich-rechtliche Körperschaften Unternehmen sind, zu differenzieren. Die öffentliche Hand kann als Unternehmen gesehen werden, wenn sie den ihm durch das öffentliche Recht zugewiesenen Aufgabenbereich verlässt und der Sache nach eine, in den Wettbewerb eingreifende Maßnahme trifft, das heißt aktiv am allgemeinen Geschäftsverkehr teilnimmt.

„Die Teilnahme am allgemeinen Geschäftsverkehr durch einen Träger hoheitlicher Gewalt verliert den Charakter einer geschäftlichen, den Bindungen des Kartellrechts unterliegenden Tätigkeit nicht schon deshalb, weil mit ihr auch öffentliche Aufgaben erfüllt oder öffentlichen Interessen genügt werden soll. Greift ein Hoheitsträger bei der Erfüllung seiner Aufgaben zu den von der Privatrechtsordnung bereitgestellten Mitteln, unterliegt er den gleichen Beschränkungen wie jeder andere Teilnehmer am privatrechtlich organisierten Markt und hat dabei insbe-

---

[674] EuGH, Urt. v. 23.04.1991 – C-41/90, Slg. 1991, S. I-1979, Rn. 21 – Höfner und Elser / Macrotron; EuGH, Urt. v. 19. 01.1994 – C-364/92, Slg. 1994, S. I-43, Rn. 18 – Eurocontrol; EuGH, Urt. v. 11.12.1997 – C-55/96, Slg. 1997, S. I-7119, Rn. 21 – Job Centre; EuGH, Urt. v. 18.06.1998 – C-35/96, Slg. 1998, S. I-3851, Rn. 36 – Kommission/Italien; EuGH, Urt. v. 22.1.2002 – C-218/00, Slg. 2002, S. I-691, Rn. 22 - Cisal; EuGH, Urt. v. 19.02.2002 – C-309/99, Slg. 2002, S. I-1577, Rn. 46 – Wouters; EuGH, Urt. v. 24.10.2002 – C-82/01, Slg. 2002, S. I-9297, Rn. 75 – Aéroports de Paris; EuGH, Urt. v. 16.3.2004 – verbundenen Rechtssachen C-264/01, C-306/01, C-354/01 und C-355/01, Slg. 2004, S. I-2493, Rn. 46 – AOK Bundesverband; EuGH, Urt. v. 28.6.2005 – verbundene Rechtssachen C-189/02 P, C-202/02 P, C-205/02 P bis C-208/02 P und C-213/02, Slg. 2005, S. I-5425, Rn. 112 – Henss/Isoplus.
[675] EuGH, Urt. v. 29.10.1980 – verbunden Rechtssachen 209 bis 215 und 218/78, Slg. 1980, S. 3125, Rn. 88 – van Landewyk; EuGH, Urt. v. 16.11.1995; C-244/94, Slg. 1995, S. I-4013, Rn. 21 – Fédération francaise des sociétés d'assurance ; *Weiß* in: Callies/Ruffert, EUV/EGV (2007), Art. 81, Rn. 25.
[676] BGH, Beschluss v. 09.03.1999 – KVR 20/97, Rn. 21 – Lottospielgemeinschaft; BGH, Beschluss v. 14.03.1990 – KVR 4/88, Rn. 35 – Sportübertragungen; BGH, Urt. v. 07.07.1992 – KZR 15/91 – Selbstzahler; BGH, Urt. v. 06.05.1997 – KZR 43/95 – Solelieferung.

sondere die durch das Wettbewerbsrecht gezogenen Grenzen einer solchen Tätigkeit zu beachten."[677]

Problematisch ist, ob auch solche Beschaffungsvorgänge der öffentlichen Hand unter das Wettbewerbsrecht fallen, die nicht zu wirtschaftlichen Gründen, sondern vielmehr zu sozialen oder anderen Zwecken erfolgen.

Die deutsche Rechtsprechung bejaht dies.[678] Es wird in den betreffenden Urteilen lediglich auf das Auftreten der öffentlichen Hand als Nachfrager am Markt abgestellt. Zu welchem Zweck die nachgefragten Waren oder Leistungen beschafft werden, wird nicht berücksichtigt, woraus geschlossen werden kann, dass dies für die Qualifikation als Unternehmen unerheblich ist.

Zu einer anderen Bewertung kommt die europäische Rechtsprechung. Eine wirtschaftliche Tätigkeit ist nach ständiger Rechtsprechung des EuGH jede Tätigkeit, die darin besteht Güter und Dienstleistungen auf einem bestimmten Markt anzubieten.[679]

---

[677] BGH, Beschluss v. 09.03.1999 – KVR 20/97, Rn. 26 – Lottospielgemeinschaft; BGH, Urt. v. 12.11.2002 – KZR 11/01, Rn. 13 – Ausrüstungsgegenstände für Feuerlöschzüge; im Ergebnis auch: BGH, Beschluss v. 14.03.1990 – KVR 4/88, Rn. 36 – Sportübertragungen; *Bechtold* in: Bechtold, GWB-Kommentar (2008), § 1, Rn. 10; *Zimmer* in: Immenga/Mestmäcker, Wettbewerbsrecht GWB (2007), § 1, Rn. 30.

[678] BGH, NJW 1962, S. 196 (199) – Gummistrümpfe, in der der BGH urteilt, dass *„die Unternehmereigenschaft auf Nachfragerseite [...] nicht, [...], auf Betriebe beschränkt werden [kann], welche die gekaufte Ware in verarbeitetem oder unverarbeitetem Zustande weiterveräußern. Die Deckung der für Leistungen aufzuwendenden Mittel aus den Leistungserlösen [sei] zwar ein sicheres Anzeichen, nicht aber eine notwendige Voraussetzung für die Unternehmenseigenschaft."*; BGH, Urt. v. 12.11.2002 – KZR 11/01, Rn. 12f. – Ausrüstungsgegenstände für Feuerlöschzüge; OLG Düsseldorf, Urt. v. 12.05.1998 – U (Kart) 11/98, Rn. 41ff. – Löschfahrzeuge; OLG Koblenz, Urt. v. 5.11.1998 – U 596/98 – Kart, Rn. 14 – Feuerlöschgeräte; ebenso: *Kling/Thomas*, Kartellrecht (2007), S. 492; *Lange*, Kartellrechtshandbuch (2006), Kap. 6, § 1, Rn. 649.

[679] EuGH, Urt. v. 18.06.1998 – C-35/96, Slg. 1998, S. I-3851, Rn. 36 – Kommission/Italien; EuGH, Urt. v. 12.09.2000 – C-180/98 bis 184/98, Slg. 2000, S. I-6451, Rn. 74 – Pavlov; EuGH, Urt. v. 25.10. 2001 – C-475/99, Slg. 2001, S. I-8089, Rn. 19 – Ambulanz Glöckner; EuGH, Urt. v. 19.02.2002 – C-309/99, Slg. 2002, S. I-1577, Rn. 47 – Wouters; EuGH, Urt. v. 24.10.2002 – C-82/01, Slg. 2002, S. I-9297, Rn. 75 – Aéroports de Paris/Kommission; EuGH, Urt. v. 10.01.2006 – C-222/04, Slg. 2006, S. I-289, Rn. 108 – Cassa di Risparmio di Firenze SpA; EuG,

A. Absprache

Aus dieser Formulierung wurde im Folgenden zum Teil geschlossen, dass eine bloße Nachfragetätigkeit nicht ausreichen soll, dass damit die gesamte Nachfragetätigkeit des Staates nicht mit den Wettbewerbsregeln zu erfassen sei.[680]

Der EuGH selbst zieht diese Konsequenz nicht. Vielmehr leitet er daraus ab, dass die Einkaufstätigkeit anhand ihrer späteren Verwendung zu beurteilen sei und der wirtschaftliche oder nichtwirtschaftliche Charakter der späteren Verwendung des erworbenen Erzeugnisses zwangsläufig den Charakter der Einkaufstätigkeit bestimme.[681]

Verwendet der Nachfrager die gekauften Erzeugnisse zum Beispiel im Rahmen einer sozialen Tätigkeit, so ist er nicht als Unternehmen zu qualifizieren.[682] Insoweit unterscheidet sich die europäische Rechtsprechung von der deutscher Gerichte, die alle Nachfragetätigkeiten unter das Kartellrecht fallen lassen, diesem mithin einen größeren Anwendungsbereich verschaffen.

Die Unterschiede führen allerdings nicht dazu, dass die deutsche Rechtsprechung als unvereinbar mit der Rechtsprechung des EuGH und damit mit dem Europarecht

---

Urt. v. 30.3.2000 – T-513/93, Slg. 2000, S. II-1807, Rn. 36 – CNSD; kritisch dazu: *Jennert*, WuW 2004, S. 37 (42).

[680] *Emmerich*, Kartellrecht (2008), § 3, Rn. 30; *Emmerich* in: Immenga/Mestmäcker, Wettbewerbsrecht EG/1 (2007), Art. 81, Rn. 23.

[681] EuGH, Urt. v. 10.11.2005 – C-205/03 P, Slg.2006, S. I-6295, Rn. 26 – FENIN; ausführlich EuG, Urt. v. 04.03.2003 – T-319/99, Slg. 2003, S. II-357, Rn. 36f. – FENIN: *„Was [...] den Begriff der wirtschaftlichen Tätigkeit kennzeichnet, ist nicht die Einkaufstätigkeit als solche, sondern das Anbieten von Gütern oder Dienstleistungen auf einem bestimmten Markt. [...] Bei der Beurteilung der Art der Tätigkeit [ist] der Kauf des Erzeugnisses somit nicht von dessen späterer Verwendung durch den Käufer zu trennen. Der wirtschaftliche oder nichtwirtschaftliche Charakter der späteren Verwendung des erworbenen Erzeugnisses bestimmt daher zwangsläufig den Charakter der Einkaufstätigkeit. Kauft eine Einrichtung ein Erzeugnis – auch in großen Mengen – nicht ein, um Güter oder Dienstleistungen im Rahmen einer wirtschaftlichen Tätigkeit anzubieten, sondern um es im Rahmen einer anderen, z.B. sozialen Tätigkeit zu verwenden, so wird sie demnach nicht schon allein deshalb als Unternehmen tätig, weil sie als Käufer auf einem Markt agiert. Zwar trifft es zu, dass eine solche Einrichtung eine erhebliche Wirtschaftsmacht auszuüben vermag, die gegebenenfalls zu einem Nachfragemonopol führen kann. Das ändert jedoch nichts daran, dass sie, soweit die Tätigkeit, zu deren Ausübung sie Erzeugnisse kauft, nichtwirtschaftlicher Natur ist, nicht als Unternehmen im Sinne der Wettbewerbsregeln der Gemeinschaft handelt [...]."*

[682] So auch: *Bunte* in: Langen/Bunte, Europäisches Kartellrecht/2 (2006), Art. 81, Rn. 5a.

anzusehen ist. Konsequenz der deutschen Rechtsprechung ist die Erstreckung des Kartellrechts auch auf die Sachverhalte, in denen der Staat als Nachfrager auftritt. Der Anwendungsbereich des § 1 GWB beziehungsweise des Art. 81 EG bei grenzüberschreitenden Sachverhalten wird deutlich erweitert, was zu einer stärkeren Verfolgung von Kartellierungsabsichten führt. Gleichzeitig wird aber auch der Wettbewerb stärker gefördert, so dass das Ziel des Wettbewerbsschutzes sogar noch zielstrebiger verfolgt wird, als durch den EuGH. Eine „Bessererfüllung" der Ziele des Europarechts ist durch den Vorrang des Europarechts nicht verboten. Verboten ist lediglich die Bestrebung, dem Europarecht und dessen Zielen weniger Bedeutung oder Geltung beizumessen.

Keine Unternehmenseigenschaft besitzt der Staat bei reinen hoheitlichen Tätigkeiten, wenn er sich nicht in Wettbewerb zu sonstigen Unternehmen setzt. Dies ist vor allem im Rahmen der Eingriffsverwaltung, dem Handeln mittels Verwaltungsakt, der Fall.[683] Etwas allgemeiner wird im Europarecht danach differenziert, ob eine Tätigkeit ihrer Art nach nur von öffentlichen Einrichtungen ausgeübt werden kann.[684] Liegt eine solche Tätigkeit vor, ist sie als hoheitliches Handeln zu qualifizieren. Nur von öffentlichen Einrichtungen können in der Regel lediglich Tätigkeiten ausgeübt werden, die zumindest auch dem Interesse der Allgemeinheit dienen und nach Art, Gegenstand und den für sie geltenden Regeln mit der Ausübung von Vorrechten verknüpft ist, die typischerweise hoheitlicher Natur sind.[685]

Zusammenfassend liegt nach der deutschen Rechtsprechung ein Unternehmen vor, wenn es zum Zwecke des marktwirtschaftlichen Leistungsaustauschs auf dem Markt als Anbieter oder Nachfrager von Waren oder Dienstleistungen tätig ist und seine Leistung um der Gegenleistung willen anbietet.[686] Erfasst ist dabei auch der Staat, wenn er im Rahmen einer Ausschreibung als Nachfrager am Markt tätig wird.

---

[683] *Kling/Thomas*, Kartellrecht (2007), S. 493.
[684] GA Tesauro, Schlussantrag zu EuGH, C-159 und 160/91, Slg. 1993, S. I-664, Rn. 12 – Poucet/Pistre; *Weiß* in: Callies/Ruffert, EUV/EGV (2007), Art. 81, Rn. 25.
[685] EuGH, Urt. v. 18.03.1997 – C-343/95, Slg. 1997, S. I-1547, Rn. 23 – Diego Calì; *Lange*, WuW 2002, S. 953 (956).
[686] BGH, Urt. v. 23.10.1979 – KZR 22/78, Rn. 21 – Berliner Musikschule; OLG Düsseldorf, Urt. v. 12.05.1998 – U (Kart) 11/98, Rn. 41 – Löschfahrzeuge.

A. Absprache

Diese Interpretation des GWB, das heißt die Qualifizierung des Staates als Unternehmer im Rahmen von Ausschreibungen, ist auch für den § 298 StGB zu übernehmen, da dieser ansonsten im Bereich der vertikalen Absprachen nahezu leer laufen würde. Um einen umfassenden Wettbewerbsschutz im Rahmen von Ausschreibungen gewährleisten zu können, bedarf es aber einer Erfassung genau dieser Fälle. Auch wäre nicht ersichtlich, warum ein Unternehmer, der offensichtlich durch eine wettbewerbswidrige Absprache einen funktionierenden Wettbewerb ausschließen wollte, abhängig davon bestraft würde, in welchem Verfahren er sich abspräche. Vor allem das Abstellen auf die spätere Verwendung des, durch die Ausschreibung zu erwerbenden Gegenstands oder Dienstleistung würde dazu führen, dass für den Betroffenen große Rechtsunsicherheit bestünde, ob es sich um eine strafbare Handlung handelt oder ob diese möglicherweise nicht einmal kartellrechtswidrig wäre, da der Staat nicht als Unternehmen zu qualifizieren ist. Die Interpretation der deutschen Rechtsprechung hingegen gewährleistet diese Rechtssicherheit. Sobald eine Leistung ausgeschrieben wurde, sind jegliche Absprachen kartellrechtswidrig und Angebote die darauf beruhend abgegeben werden, strafbar.

III. Zusammenfassung

Der Absprachenbegriff des § 298 StGB deckt sich mit dem Begriff des § 1 GWB. § 1 GWB gilt für Absprachen zwischen Unternehmen. Unter Unternehmen versteht man jedes Gebilde, das zum Zwecke des marktwirtschaftlichen Leistungsaustauschs auf dem Markt als Anbieter oder Nachfrager von Waren oder Dienstleistungen tätig ist und seine Leistung um der Gegenleistung Willen anbietet. Auch der Staat ist im Rahmen seiner Beschaffungstätigkeit als Unternehmen zu qualifizieren.

Aus den Gesetzesmaterialien und der historischen Entstehung des Absprachenbegriffs wird deutlich, dass der Gesetzgeber sämtliche von § 1 GWB umfasste Verhaltensweisen auch unter § 298 StGB subsumiert wissen wollte. Absprache ist damit als Oberbegriff von Vereinbarungen, Beschlüssen und abgestimmten Verhaltensweisen zu sehen. Dieses Verständnis des Begriffs der „Absprache" widerspricht auch nicht dem Analogieverbot, da eine solche Interpretation vom Wortsinn noch umfasst ist.

Entgegen der Entscheidung des BGH aus 2004 sind seit der 7. GWB-Reform 2005 auch die vertikalen Vereinbarungen in § 298 StGB strafrechtlich erfasst. Die widersprechenden Argumente des BGH können insoweit heute nicht mehr überzeugen.

B. Rechtswidrigkeit

§ 298 StGB stellt nur die Abgabe von Angeboten unter Strafe, die auf einer rechtswidrigen Absprache beruhen. Nach herrschender Meinung handelt es sich bei dieser Rechtswidrigkeit um ein Tatbestandsmerkmal, was der Wortlaut deutlich macht.[687] So bezieht sich „rechtswidrig" auf „Absprache". Die tatsächliche Qualifizierung des Merkmals der Rechtswidrigkeit als Tatbestandsmerkmal oder aber als Doppelfunktion beziehungsweise lediglich als allgemeines Deliktsmerkmal,[688] ist

---

[687] *Hohmann* in: Joecks/Miebach, MüKo StGB (2006), § 298, Rn. 76; *Fischer*, StGB (2009), § 298, Rn. 10; *Dannecker* in: Kindhäuser/Neumann/Paeffgen, NK, Band 2 (2005), § 298, Rn. 47; *Tiedemann* in: Laufhütte/Rissing-van Saan/Tiedemann, LK (2008), § 298, Rn. 36; *Bender*, Sonderstraftatbestände (2005), S. 105; *Lackner/Kühl*, StGB (2007), § 298, Rn. 3; *König*, JR 1997, S. 397 (402); *Wolters*, JuS 1998, S. 1100 (1102); *Wessels/Hillenkamp*, Strafrecht BT/2 (2007), Rn. 700; *Kindhäuser*, Praxiskommentar StGB (2006), § 298, Rn.7; *Momsen* in: Heintschel-Heinegg, Beck'scher Online-Kommentar (2008), § 298, Rn. 28; 22; *Wedlich*, Die strafrechtliche Würdigung von Submissionsabsprachen (2003), S. 131. a.A. *Heine* in: Schönke/Schröder, StGB (2006), § 298, Rn. 13, der von einer Doppelfunktion der Rechtswidrigkeit ausgeht. So sollen generell zulässige Absprachen, wie zum Beispiel Beschlüsse, die den gemeinsamen Einkauf von Waren zum Gegenstand haben, ohne einen über den Einzelfall hinausgehenden Bezugszwang für die beteiligten Unternehmen zu begründen, bereits den Tatbestand begrenzen, während die Rechtswidrigkeit als allgemeines Deliktsmerkmal ausgeschlossen wird durch die Erteilung der Freistellung in den Fällen der §§ 5 bis 8 GWB a.F; a.A. *Rudolphi* in: Rudolphi/Horn/Günther/Samson, SK (2007), § 298, Rn. 8, der die Rechtswidrigkeit als sogenanntes gesamttatbewertendes Merkmal ansieht Rudolphi geht davon aus, dass wenn der Täter die Rechtswidrigkeit der Absprache erfasst, ihm, wenn er weiß, dass seine Angebotsabgabe sich als Realisierung der rechtswidrigen Absprache erweist, auch notwendig die Bewertung der Gesamttat als rechtswidrig bekannt sei. Dies bedeute, dass lediglich ein Verbotsirrtum vorliege, wenn der Täter trotz Kenntnis aller die Rechtswidrigkeit der Absprache begründenden Merkmale sein Verhalten als rechtmäßig betrachte.

[688] Unterschiede ergeben sich vor allem was den Vorsatz betrifft. So muss der Vorsatz bei Qualifikation der Rechtswidrigkeit als Tatbestandsmerkmal auch die Rechtswidrigkeit umfassen, während das allgemeine Deliktsmerkmal nicht vom Vorsatz umfasst sein müsste. Problematisch kann dies hinsichtlich eines Irrtums werden. Irrt sich der Täter über die Rechtswidrigkeit einer Absprache und wird die Rechtswidrigkeit als Tatbestandsmerkmal angesehen, so handelt er im Tatbestandsirrtum, bei der Qualifikation als Deliktsmerkmal hingegen lediglich in einem wohl in der Regel vermeidbaren Verbotsirrtum. Je nachdem ob man bereits die Kenntnis der Umstände oder aber die Kenntnis der Norm der Freistellung verlangt, um statt eines Tatbestandsirrtums einen Bewertungsirrtum anzunehmen, verliert der Tatbestand, vor allem seit der Einführung von Gruppenfreistellungen etc., erheblich an Bedeutung und Präventionswirkung. Eine konkretere

B. Rechtswidrigkeit

für die Klärung der Akzessorietät nicht entscheidend. Vielmehr ist die Frage der Akzessorietät dieser vorgelagert und kann unabhängig von der Einordnung behandelt werden. Der Bezug der Rechtswidrigkeit auf das Tatbestandsmerkmal der Absprache macht deutlich, dass sich die Absprache nicht in einem Widerspruch zur Gesamtrechtsordnung, sondern nur zu den Normen des GWB und EG befinden muss.[689] Dies lässt sich auch aus der akzessorischen Ausgestaltung des Absprachenbegriffs ableiten.[690] Es muss sich folglich um eine kartellrechtswidrige Absprache handeln. Verhaltensweisen, die schon nicht vom Kartellverbot erfasst, kartellrechtliche zulässig oder legalisiert sind, sind nicht rechtswidrig im Sinne der Vorschrift. In der Literatur und der Rechtsprechung ist es unumstritten, dass das Merkmal der „Rechtswidrigkeit" einer Absprache kartellrechtsakzessorisch ausgelegt werden muss.[691] Welche Folgen diese pauschale und unumstrittene Aussage hat, das heißt welche Ausnahmetatbestände des Kartellrechts konkret zu einem Ausschluss der Rechtswidrigkeit führen können, soll im Folgenden geklärt werden. Dabei wird sich zeigen, dass die sehr pauschal klingende Aussage doch nur einen geringen Anwendungsbereich besitzt. Des Weiteren soll begründet werden, warum das Ergebnis der Literatur und Rechtsprechung einzig richtig erscheint.

I. Einschränkungen des Kartellverbots aufgrund des Wortlauts – Bezwecken oder bewirken einer Verhinderung, Einschränkung oder Verfälschung des Wettbewerbs

Die Absprache[692] ist nach § 1 GWB nicht per se kartellrechtswidrig, sondern nur dann, wenn sie eine „Verhinderung, Einschränkung oder Verfälschung des Wettbewerbs bezweckt oder bewirkt". Unter diesen Tatbestand fallen alle Verhaltensweisen, die eine Einschränkung der wettbewerblichen Handlungsfreiheit der betei-

---

Untersuchung dieses der Akzessorietät nachgelagerten Problems ist jedoch nicht Ziel dieser Arbeit, weshalb auf eine detaillierte Auseinandersetzung verzichtet wird.

[689] *Hohmann* in: Joecks/Miebach, MüKo StGB (2006), § 298, Rn. 76.
[690] Vgl. Teil 3 Kap. 3 A
[691] Vgl. dazu statt vieler: BT-Drucks. 13/8079, S. 12, 14; BGH, NJW 2004, S. 2761 (2763); *Tiedemann* in: Laufhütte/Rissing-van Saan/Tiedemann, LK (2008), § 298, Rn. 33ff; *Achenbach*, WuW 1997, S. 959 (959); *Hohmann*, NStZ 2001, S. 566 (571) jeweils mit weiteren Nachweisen.
[692] Als Oberbegriff zu Vereinbarungen, Beschlüssen und abgestimmten Verhaltensweisen; vgl. Teil 3 Kap. 3 A.

ligten Unternehmen beinhalten und sich spürbar nachteilig auf die gesamtwirtschaftlichen Verhältnisse auswirken.[693]

1. Verhindern, einschränken oder verfälschen des Wettbewerbs

Dieses Merkmal wurde in Anlehnung an den wortgleichen Art. 81 EG bereits mit der 6. GWB-Novelle eingeführt und ersetzte die vormalige Formulierung „durch Beschränkung des Wettbewerbs". Dabei ging man allerdings davon aus, dass es sich hauptsächlich um eine begriffliche Änderung handelte und wesentliche Unterschiede in der Praxis nicht bestünden.[694] Zur Auslegung kann daher sowohl auf die nationale als auch auf die europäische Rechtsprechung zurückgegriffen werden.

„Verhinderung" beschreibt die schwerwiegendste Form der Einschränkung des Wettbewerbs, nämlich den vollständigen Wettbewerbsausschluss, während „Einschränkung" jede sonstige spürbare Wettbewerbsbeschränkung erfasst.

Üblicherweise werden die Begriffe der „Verhinderung" und der „Einschränkung" unter dem Oberbegriff der „Wettbewerbsbeschränkung" zusammengefasst.[695]

Umstritten ist, ob auch die „Verfälschung des Wettbewerbs" unter diesen Oberbegriff fällt, das heißt eine weitere Ausprägung des sehr weiten Begriffs der „Wettbewerbsbeschränkung" darstellt oder ob sie vielmehr selbst Oberbegriff für die „Verhinderung" und „Einschränkung" des Wettbewerbs ist. Diese Auslegung wird zum Teil aus dem Urteil in der Rechtssache Italien gegen Kommission und Rat aus dem Jahr 1966 herausgelesen, in dem der EuGH, den Zweck des Art. 81 EG (ehemals Art. 85 EGV) dahingehend beschreibt, dass dieser die Vorschriften des Art. 3 EG, insbesondere des Art. 3 g EG, der die Errichtung eines Systems, *„das den Wettbewerb innerhalb des Binnenmarkts vor Verfälschungen schützt"*, fordert, verwirklichen soll. Die in Art. 3 EG geregelten Ziele dienten dem in Art. 2 EG ge-

---

[693] *Wollmann/Schedl* in: Hirsch/Montag/Säcker, MüKo, Europäisches Wettbewerbsrecht/1, Art. 81, Rn. 83.
[694] BT-Drucks. 13/9720, S. 31.
[695] Nicht zwischen den einzelnen Merkmalen unterscheidend: EuGH, Urt. v. 25.10.1977, Rs. 26/76, Slg. 1977, S. 1875, Rn. 24,44,48 – Metro; *Zimmer* in: Immenga/Mestmäcker, Wettbewerbsrecht GWB (2007), § 1, Rn. 150; *Emmerich*, Kartellrecht (2008), § 4, Rn. 31.

B. Rechtswidrigkeit

regelten Hauptziel des Vertrages, nämlich der Errichtung des gemeinsamen Marktes. Die Vorschriften des Wettbewerbsrechts müssten daher in Zusammenhang mit diesen Vorschriften gesehen werden.[696] Die Variante der „Verfälschung" des Wettbewerbs erlangt eigenständige Bedeutung in bestimmten Fallgruppen, so zum Beispiel in dem Fall, indem Parteien keinen untereinander bestehenden Wettbewerb ausgeschlossen oder eingeschränkt, sondern die Wettbewerbsposition Dritter beeinträchtigen wollten. Dies ist vor allem bei besonders langfristigen Liefer- oder Bezugsverträgen, die Dritte von ihren Versorgungsquellen abschneiden, der Fall.[697] Unter Verfälschungen werden in der Regel solche Maßnahmen verstanden, die zu einer künstlichen Veränderung der Wettbewerbsbedingungen im Widerspruch zu dem System unverfälschten Wettbewerbs führen.[698]

Allerdings ist eine genaue Differenzierung zwischen diesen Begriffen für die Subsumtion einer Maßnahme unter § 1 GWB/Art. 81 EG nicht nötig, da diese in den Normen gleichwertig nebeneinander stehen.[699] Entscheidend ist nur, dass eine Wettbewerbsbeschränkung unabhängig von der genauen Spezifikation festgestellt werden kann.

Die Bestimmung des Begriffs der Wettbewerbsbeschränkung (und der Verfälschung des Wettbewerbs) als entscheidendes Verbotskriterium, unterliegt zahlreichen Problemen. Neben dem bereits im 2. Teil der Arbeit dargestellten Problem der Bestimmung des Wettbewerbsbegriffs an sich, besteht auch unter Zugrundelegung

---

[696] EuGH, Urt. v. 13.07.1966 – Rs. 32/65, Slg. 1966, S. 458 (483) – Italien/Rat und Kommission; *Bunte* in: Langen/Bunte, Europäisches Kartellrecht/2 (2006), Art. 81, Rn. 59; *Grill*, in: Lenz/Borchardt, EU-/EGV (2004), Art. 81, Rn. 14; im Ergebnis ebenso: *Stockenhuber* in: Grabitz/Hilf, Recht der EU (2008), Art. 81, Rn. 123; für das deutsche Kartellrecht mit der gleichen Argumentation *Bunte* in: Langen/Bunte, GWB-Kommentar/1 (2006), § 1, Rn. 104.
[697] EuGH, Urt. v. 13.07.1966 – C-56 und 58/64, Slg. 1966, S. 322 (S. 387) – Établissements Consten S.à.R.L. and Grundig-Verkaufs-GmbH; *Mestmäcker/Schweitzer*, Européisches Wettbewerbsrecht (2004), § 10, Rn. 4.
[698] EuGH, Urt. v. 14.02.1978 – Rs. 27/76, Slg. 1978, S. 207, Rn. 227/233 – United Brands (Chiquita-Bananen); Kommission, Entscheidung v. 07.12.1984 – 85/76/EWG, ABl. L 35 v. 07.02.1985, S. 35, Rn. 29 – Milchförderungsfonds; *Emmerich*, Kartellrecht (2008), § 4, Rn. 47; *Bunte* in: Langen/Bunte, Europäisches Kartellrecht/2 (2006), Art. 81, Rn. 40, 59; *Bunte* in: Langen/Bunte, GWB-Kommentar/1 (2006), § 1, Rn. 104.
[699] *Bunte* in: Langen/Bunte, Europäisches Kartellrecht/2 (2006), Art. 81, Rn. 59; *Schluep*, Wettbewerbsverfälschung in: FS Kummer (1980), S. 487 (498).

Kapitel 3: Rechtswidrige Absprache

des negativen, von der Rechtsprechung angewandten Begriffs, Probleme hinsichtlich der Beschränkung.

Zum einen kann man an das Selbständigkeitspostulat des EuGH anknüpfen und als Wettbewerbsbeschränkung jede Maßnahme sehen, die zur Einschränkung der Handlungsmöglichkeit der beteiligten Unternehmen führt, das heißt eine Wettbewerbsbeschränkung liegt immer dann vor, wenn die wirtschaftliche Handlungsfreiheit der einzelnen Unternehmen oder auch nur eines einzigen Unternehmens beschränkt ist (Binnenverhältnis).[700] Ausgangspunkt dieser Ansicht sind die tatsächlich offen stehenden Handlungsmöglichkeiten der einzelnen Unternehmen, die als der schutzwürdige Wettbewerb angesehen werden.[701] Eine Wettbewerbsbeschränkung liegt dann nicht vor, wenn das an die Maßnahme gebundene Unternehmen schon keine Handlungsfreiheit besitzt, es somit am von Art. 81 EG vorausgesetzten Handlungsspielraum der Wirtschaftsteilnehmer fehlt. Dies kann zum Beispiel bei Ausübung der Leitungsmacht des Konzerns gegenüber einem wirtschaftlich eingebundenen Unternehmen, bei Ausübung des Weisungsrechts des Geschäftsherrn

---

[700] EuGH, Urt. v. 14.12.1983 – Rs. 319/82, Slg. 1983, S. 4173, Rn. 6 – Kerpen; EuGH, Urt. v. 28. 04. 1998 – C-306/96, Slg. 1998, I-01983 (Rn. 13) – Javico International and Javico AG v Yves Saint Laurent Parfums SA (YSLP); EuG, Urt. v. 21.10.2003 – T-368/00, Slg. 2003, II-4495, Rn. 100 – GM und Opel; *Emmerich*, Kartellrecht (2008), § 4, Rn. 44; *Bunte* in: Langen/Bunte, Europäisches Kartellrecht/2 (2006), Art. 81, Rn. 39; *Wollmann/Schedl* in: Hirsch/Montag/Säcker, MüKo, Europäisches Wettbewerbsrecht/1, Art. 81, Rn. 84; *Bunte* in: Langen/Bunte, GWB-Kommentar/1 (2006), § 1, Rn. 108; *Mestmäcker/Schweitzer*, Europäisches Wettbewerbsrecht (2004), § 10, Rn. 20.EuG, Urt. v. 21.10.2003 – T-368/00, Slg. 2003, II-4495, Rn. 100 – GM und Opel.

[701] EuGH, Urt. v. 29.10.1980 – verbunden Rechtssachen 209 bis 215 und 218/78, Slg. 1980, S. 3125, Rn. 130, 133 – van Landewyck; *Emmerich*, Kartellrecht (2008), § 4, Rn. 37; *Bunte* in: Langen/Bunte, Europäisches Kartellrecht/2 (2006), Art. 81, Rn. 39; EuG, Urt. v. 27.02.1992 – T-19/91, Slg. 1992, S. 415, Rn. 77 – Vichy. Allerdings stellt der EuGH zum Teil nicht nur auf die Handlungsfreiheit der Unternehmen ab, sondern lässt in die Beurteilung der fraglichen Maßnahme auch die Auswirkungen auf den Binnenmarkt einfließen. In EuGH, Urt. v. 11.12.1980, Rs. 31/80, Slg. 1980, S. 3775, Rn. 19 – L'Oréal urteilte er, dass zur Beurteilung, ob „*eine Vereinbarung wegen der Wettbewerbsstörungen, die sie bezweckt oder bewirkt, als verboten anzusehen ist, der Wettbewerb betrachtet werden [muss], wie er ohne die fragliche Vereinbarung bestehen würde. Hierbei sind insbesondere Art und Menge der den Gegenstand der Vereinbarung bildenden Erzeugnisse in Betracht zu ziehen; ferner ist zu prüfen, welche Stellung und Bedeutung die Parteien auf dem Markt dieser Erzeugnisse innehaben und ob die Vereinbarung für sich allein steht oder Bestandteil einer Gesamtheit von Vereinbarungen ist.*"

B. Rechtswidrigkeit

gegenüber Handelsvertretern, Agenten und Kommissionären oder auf Grund staatlicher Maßnahmen, der Fall sein.[702] Auf eine Außenwirkung kommt es nach dieser Ansicht erst beim Merkmal der Spürbarkeit an, während es für das Vorliegen einer Wettbewerbsbeschränkung gleichgültig ist.[703]

Zum anderen kann man auch von den Auswirkungen auf die Marktgegenseite ausgehen. Eine Wettbewerbsbeschränkung liegt dann vor, wenn die wettbewerbliche Freiheit Dritter, das heißt deren Wahl- oder Betätigungsmöglichkeit (Handlungsfreiheit), beschränkt wurde. Diese Auffassung begründet ihre Sichtweise mit der

---

[702] Zur Weisungsgebundenheit in Konzernen: EuGH, Urt. v. 31.10.1974 – Rs. 15/74, Slg. 1974, S. 1147, Rn. 41 – Centrafarm – wonach Art. 85 EG nicht einschlägig ist bei „*Vereinbarungen und aufeinander abgestimmten Verhaltensweisen von Unternehmen, die als Mutter- beziehungsweise Tochtergesellschaft ein und demselben Konzern angehören, vorausgesetzt, dass die Unternehmen eine wirtschaftliche Einheit bilden, in deren Rahmen die Tochtergesellschaft ihr Vorgehen auf dem Markt nicht wirklich autonom bestimmen kann, und ferner, dass diese Vereinbarung oder Verhaltensweisen dem Zweck dienen, die interne Aufgabenverteilung zwischen den Unternehmen zu regeln.*" Dabei ist auffällig, dass der EuGH erstmals und auch einzigst das Merkmal der internen Aufgabenverteilung als Zweck der Absprache nennt. Weder vorher noch in den folgenden Urteilen wird dieses Merkmal erneut aufgegriffen, so dass davon ausgegangen werden kann, dass es genügt, wenn das Tochterunternehmen nicht autonom am Markt vorgehen kann. EuGH, Urt. v. 14.07.1972 – Rs. 48/69, Slg. 1972, S. 619, Rn. 132/135 – ICI; EuGH, Urt. v. 11.04.1989 – Rs. 66/86, Slg. 1989, S. 803, Rn. 35 – Ahmed Säed Flugreisen; EuGH, Urt. v. 24.10.1996 – C-73/95, Slg. 1996, S. I-5457, Rn. 47 – Viho.
Zum Weisungsrecht des Geschäftsherrn: Kommission, Mitteilung – Leitlinien für vertikale Beschränkungen, ABl. Nr. C 291 v. 13.10.2000, S. 1, Rn. 13: „*Entscheidend für die Frage, ob Artikel 81 Absatz 1 anwendbar ist, ist das finanzielle oder geschäftliche Risiko, das der Vertreter in Bezug auf die ihm vom Auftraggeber übertragenen Tätigkeiten trägt.*" Rn. 15: „*Ein Handelsvertretervertrag ist ein echter Handelsvertretervertrag und fällt nicht unter Artikel 81 Absatz 1, wenn der Vertreter keine oder nur unbedeutende Risiken in Bezug auf die im Auftrag geschlossenen und/oder ausgehandelten Verträge und in Bezug auf die geschäftsspezifischen Investitionen für das betreffende Geschäftsfeld trägt.*"
Zu staatlichen Maßnahmen: EuGH, Urt. v. 29.10.1980 – verbunden Rechtssachen 209 bis 215 und 218/78, Slg. 1980, S. 3125, Rn. 130, 133 – van Landewyck; EuGH, Urt. v. 16.12.1975 – verbundene Rechtssachen 40-48, 50, 54-56, 111, 113 und 114/73, Slg. 1975, S. 1663, Rn. 24 – Suiker Unie; EuGH, Urt. v. 10.12.1985, Rs. 240, 241, 242, 262, 262, 268 und 269/82, Slg. 1985, S. 3831, Rn. 18ff. – Stichting Sigarettinindustrie; EuG, Urt. v. 18.09.1996 – T-287/94, Slg. 1996, S. II-961, Rn. 55 – Asia Motor France.

[703] *Zimmer* in: Immenga/Mestmäcker, Wettbewerbsrecht GWB (2007), § 1, Rn. 153.

Kapitel 3: Rechtswidrige Absprache

Aufgabe des Kartellrechts. Aufgabe des Kartellrechts sei es nicht die Handlungsfreiheit der Kartellbeteiligten, das heißt der Aggressoren, zu schützen, sondern der Schutz der Handlungsfreiheit Dritter vor der Beeinträchtigung durch die Kartellbeteiligten. Allerdings will diese Ansicht, um die Gefahr, dass jeder Vertrag in das Kartellverbot einzubeziehen ist, zu umgehen, nur dann eine Wettbewerbsbeschränkung annehmen, wenn eine zukunftsbezogene Wirkung auf die Handlungsmöglichkeiten Dritter vorliegt. Reine Austauschverträge sollen nicht umfasst sein.[704]

Dieser Ansicht muss jedoch, trotz der Einschränkung, vorgehalten werden, dass sie den Anwendungsbereich des Kartellverbots sehr weit ausdehnt und die Gefahr der unkontrollierbaren Ausuferung nicht geleugnet werden kann. Jeder Vertrag hat in gewisser Weise zukünftige Auswirkungen auf irgendeinen Dritten.[705]
Eine vermittelnde Ansicht, die vor allem auch die Kommission vertritt, verknüpft beide Ansichten dahingehend, dass eine Wettbewerbsbeschränkung zwar bereits vorliegt, wenn die Handlungsfreiheit der Beteiligten beschränkt wird, ein Verstoß gegen Art. 81 EG / § 1 GWB allerdings nur dann anzunehmen ist, wenn zusätzlich noch Drittwirkungen eingetreten sind.[706] Unter Drittwirkungen werden alle negativen Auswirkungen auf die „efficiency", die Verbraucherwohlfahrt, das heißt hinsichtlich Preisen, Produktion, Innovation oder Vielfalt und Qualität, verstanden. Liegen jedoch sogenannte „hardcore" oder Kernbeschränkungen vor, bleibt es bei dem Begriffsverständnis des EuGH. Unter die „hardcore" oder Kernbeschränkungen fallen gemäß den Leitlinien zu Art. 81 III EG die „klassischen" Preis-, Mengen- und Gebietskartelle (horizontale Vereinbarungen) sowie die Preisbindung zweiter Hand, die Festsetzung von Mindestpreisen sowie der absolute Gebietsschutz (vertikale Vereinbarungen).[707]

Diese Differenzierung und vor allem die Überprüfung der Maßnahme auf ihre Drittwirkung hin, wurden in der Literatur zum Teil stark kritisiert. Sie wurden als

---

[704] *Roth/Ackermann* in: v. Hahn/Jäger/Pohlmann/Rieger/Schröder, Frankfurter Kommentar Kartellrecht II (2008), Art. 81, Rn. 229ff., im Ergebnis ebenso: *Bunte* in: Langen/Bunte, Europäisches Kartellrecht/2 (2006), Art. 81, Rn. 62.
[705] Ebenso: *Emmerich*, Kartellrecht (2008), § 4, Rn. 46.
[706] Kommission, Bekanntmachung – Leitlinien zur Anwendbarkeit von Artikel 81 EG-Vertrag auf Vereinbarungen über horizontale Zusammenarbeit, ABl. Nr. C 3 v. 06.01.2001 S. 2, Rn. 19.
[707] Vgl. dazu ausführlich Teil 3 Kap. 3 B I 2

B. Rechtswidrigkeit

mit dem Vertrag unvereinbar angesehen, was vor allem durch Art. 81 III EG deutlich würde, der sonst entbehrlich wäre.[708]

Auch die Erscheinungsformen von Wettbewerbsbeschränkungen in Art. 81 I HS 2 lit. a bis e EG, die so nicht in § 1 GWB übernommen wurden, dennoch aber auch hier Beachtung finden müssen[709], deuten darauf hin, dass auch der Vertrag den Blickwinkel des EuGH entspricht, das heißt die Beschränkung der Handlungsfreiheit der beteiligten Unternehmen genügen lässt.[710]

Dass diese Einschränkung des Kartellverbots auch im Rahmen des § 298 StGB im Merkmal der Rechtswidrigkeit zum Tragen kommen muss, kann man bereits aus der Formulierung ableiten. So werden nur Verhaltensweisen als kartellrechtswidrig erfasst, die den Wettbewerb verhindern, einschränken oder verfälschen. Da Sinn und Zweck des § 298 StGB der Schutz des Wettbewerbs ist[711], folgt schon daraus, dass Verhaltensweisen/Absprachen, die den Wettbewerb auf keinste Weise berühren, nicht von der Norm umfasst sein können.

2. Spürbarkeit

Das Tatbestandsmerkmal der Spürbarkeit ist weder in Art. 81 EG noch in § 1 GWB ausdrücklich genannt. Jedoch ist für beide Normen anerkannt, dass die Spürbarkeit als ungeschriebenes Tatbestandsmerkmal stets zu prüfen ist.[712] Im Gegensatz zu

---

[708] *Emmerich*, Kartellrecht (2008), § 4, Rn. 44; *Mestmäcker/Schweitzer*, Europäisches Wettbewerbsrecht (2004), § 10, Rn. 27.
[709] BT-Drucks. 15/3640, S. 23.
[710] *Emmerich*, Kartellrecht (2008), § 4, Rn. 44.
[711] Vgl. Teil 2 B.
[712] Für Art. 81 EG: EuGH, Urt. v. 30.06.1966 – C-56/65, Slg. 1966, S. 282 (S. 303) – Société Technique Minière / Maschinenbau Ulm; EuGH, Urt. v. 09.07.1969 – Rs. 5/69, Slg. 1969, S. 295, Rn. 7 – Voelk/Vervaecke; EuGH, Urt. v. 06.05.1971 – Rs. 1/72, Slg. 1971, S. 351, Rn. 7/10 – Cadillon/Hoess; EuGH, Urt. v. 28. 04. 1998 – C-306/96, Slg. 1998, I-01983 (Rn. 12, 17) – Javico International and Javico AG v Yves Saint Laurent Parfums SA (YSLP); EuGH, Urt. v. 21.01.1999 – verbundene Rechtssachen C-215/96 und C-216/96, Slg. 1999, S. I-135, Rn. 35 – Bagnasco; EuGH, Urt. v. 12.09.2000 – Verbunden Rechtssache C-180/98 bis C-184/98, Slg. 2000, S. I-6451 (Rn. 97) – Pavlov.

Kapitel 3: Rechtswidrige Absprache

Art. 81 EG kannte die deutsche Regelung bis zu ihrer Anpassung an das Europarecht dieses Merkmal als geschriebenes Tatbestandsmerkmal. Im Rahmen des § 1 GWB a.f. war zu prüfen, ob die Beschränkungen geeignet waren, die Erzeugung oder die Marktverhältnisse für den Verkehr mit Waren oder gewerblichen Leistungen zu beeinflussen. Mit der 6. GWB-Novelle ist dieses Merkmal entfallen, aber im Wesentlichen nun im Rahmen der Spürbarkeit zu prüfen. Dem Gesetzgeber erschien es überflüssig zusätzliche Merkmale zu erfassen, die in der Auslegung des Tatbestandes durch den EuGH bereits umfasst waren.[713]

Eine Prüfung der Spürbarkeit muss jedoch nur vorgenommen werden, wenn das Merkmal der Wettbewerbsbeschränkung im Sinne der Rechtsprechung ausgelegt wird.[714] Folgt man der anderen Ansicht, erübrigt sich diese Prüfung, da mit Spürbarkeit die erkennbaren Auswirkungen auf Dritte in dem Sinne gemeint ist, dass die ihnen bei Wettbewerb offenstehenden Handlungsalternativen beschränkt sein müssen.[715] Die anderen Ansichten prüfen dieses Merkmal mehr oder weniger bereits im Rahmen der Feststellung der Wettbewerbsbeschränkung.

Das Merkmal der Spürbarkeit ist als Deminimis-Regel zu verstehen, die die Anwendbarkeit des Art. 81 EG / § 1 GWB auf Bagatellsachverhalte verhindern will. Bei der Bestimmung, ob eine Maßnahme den Wettbewerb spürbar beeinträchtigt, muss zwischen der Beurteilung nach europäischem Recht (Art. 81 EG) und nach nationalem Recht (§ 1 GWB) unterschieden werden. Es ist in beiden Fällen eine Gesamtbetrachtung der Verhältnisse des Einzelfalls vorzunehmen.

Für § 1 GWB: BGH, NJW 1962, 1955 (1955); BGH, NJW 1977, 804 (805); BGH, NJW 1980, 185 (186); BGH, NJW 1982, 938 (938); BGH, NJW 1991, 3152 (3154).

[713] *Bunte* in: Langen/Bunte, GWB-Kommentar/1 (2006), § 1, Rn. 227; BT-Drucks. 13/9720, S. 31: *„In der Praxis besteht zwischen der im EG-Recht gewählten Formulierung und der Auslegung des bisherigen Tatbestandselements [soweit sie geeignet sind, die Erzeugung oder die Marktverhältnisse für den Verkehr mit Waren oder gewerblichen Leistungen durch Beschränkung des Wettbewerbs zu beeinflussen] durch die deutsche Rechtsprechung kein wesentlicher Unterschied. Die europäische Regelung ist jedoch konsequenter und wird daher übernommen."*

[714] Vgl. dazu: Teil 3 Kap. 3, B, I, 1, d.h. jede Maßnahme, die zur Einschränkung der Handlungsmöglichkeit der beteiligten Unternehmen führt.

[715] Kommission, Entscheidung v. 21.12.1976 – 77/129/EWG, ABl. L 39 v. 10.02.1977, S. 19, II.A. – Threal-Watts.

B. Rechtswidrigkeit

Für das europäische Recht beurteilt sich die Spürbarkeit danach, ob die fragliche Wettbewerbsbeschränkung quantitativ oder qualitativ von Relevanz für das Binnenmarktprojekt ist. Wenn eine Beschränkung dahingehend unbedenklich ist, wird sie hingenommen, egal wie schwerwiegend diese innerhalb eines Mitgliedsstaates wiegt.[716] Maßstab der Bestimmung der Relevanz ist der Marktanteil der an der Maßnahme beteiligten Unternehmen auf dem jeweiligen Markt. Ab 5 % oder mehr wird die Spürbarkeit der Wettbewerbsbeschränkung meist angenommen.[717] Die Kommission hat sich selbst der Deminimis-Bekanntmachung vom 22.12.2001 unterworfen, das heißt sie verfolgt nur Kartelle, die oberhalb der darin enthaltenen Schwellenwerte liegen. Die Marktanteilschwellenwerte liegen bei Vereinbarungen zwischen Wettbewerbern (horizontalen Vereinbarungen) bei 10%, ansonsten bei 15%. Wird der Markt durch sogenannte Bündel – eine Vielzahl paralleler Vereinbarungen, auch „Netze" genannt – abgeschottet, wird für die einzelnen Unternehmen die Marktanteilsschwelle auf 5% gesenkt. Allerdings ist es nach der Regelung der Kommission unwahrscheinlich von einem kumulativen Abschottungseffekt auszugehen, wenn weniger als 30% des relevanten Marktes von nebeneinander bestehenden Netzen von Vereinbarungen, die ähnliche Wirkungen auf den Markt haben, abgedeckt werden.

Bei Kernbeschränkungen findet die Deminimis-Regel keine Anwendung, so dass die Spürbarkeit stets zu bejahen ist. Kernbeschränkungen sind nach Rn. 11 der Bekanntmachung bei Vereinbarungen zwischen Wettbewerbern Beschränkungen, die *„unmittelbar oder mittelbar, für sich allein oder in Verbindung mit anderen Umständen unter der Kontrolle der Vertragsparteien Folgendes bezwecken: die Festsetzung der Preise beim Verkauf von Erzeugnissen an Dritte, die Beschränkung der Produktion oder des Absatzes, die Aufteilung von Märkten oder Kunden."*

---

[716] EuGH, Urt. v. 09.07.1969 – Rs. 5/69, Slg. 1969, S. 295, Rn. 7 – Voelk/Vervaecke; EuGH, Urt. v. 06.05.1971 – Rs. 1/72, Slg. 1971, S. 351, Rn. 7/10 – Cadillon/Hoess; EuGH, Urt. v. 07.06.1983 – verbunden Rechtssachen 100-103/80, Slg. 1983, S. 1835, Rn. 85 – Musique diffusión française (Pioneer); EuGH, Urt. v. 28. 04. 1998 – C-306/96, Slg. 1998, I-01983 (Rn. 12, 17) – Javico International and Javico AG v Yves Saint Laurent Parfums SA (YSLP).

[717] So in: EuGH, Urt. v. 01.02.1978 – Rs. 19/77, Slg. 1978, S. 131, Rn. 8 – Miller International Schallplatten; EuGH, Urt. v. 25.10.1983 – Rs. 107/82, Slg. 1983, S. 3151, Rn. 58 – AEG.

Kapitel 3: Rechtswidrige Absprache

Bei vertikalen Vereinbarungen sind Kernbeschränkungen Beschränkungen, *"die unmittelbar oder mittelbar, für sich allein oder in Verbindung mit anderen Umständen unter der Kontrolle der Vertragsparteien Folgendes bezwecken: die Beschränkung der Möglichkeiten des Käufers, seinen Verkaufspreis selbst festzusetzen [...]; Beschränkungen des Gebietes oder des Kundenkreises, in das oder an den der Käufer die Vertragswaren oder Vertragsdienstleistungen verkaufen darf, mit Ausnahme der in der Bekanntmachung genannten Beschränkungen, die keine Kernbeschränkungen sind; Beschränkungen des aktiven oder passiven Verkaufs an Endverbraucher, soweit diese Beschränkungen Mitgliedern eines selektiven Vertriebssystems auferlegt werden, welche auf der Einzelhandelsstufe tätig sind [...]; die Beschränkung von Querlieferungen zwischen Händlern innerhalb eines selektiven Vertriebssystems, auch wenn diese auf unterschiedlichen Handelsstufen tätig sind; Beschränkungen zwischen Lieferanten und dem Käufer von Bestandteilen, welche dieser in andere Erzeugnisse einfügt, vereinbart werden und die den Lieferanten hindern, diese Bestandteile als Ersatzteile an Endverbraucher oder an Reparaturwerkstätten oder andere Dienstleistungserbringer zu verkaufen, die der Käufer nicht mit der Reparatur oder Wartung seiner eigenen Erzeugnisse betraut hat."*

Demgegenüber erkannte die Kommission für kleinere und mittlere Unternehmen eine Art Ausnahmebereich an, indem sie in Rn. 3 der Bekanntmachung regelt, dass die Vereinbarungen dieser Unternehmen selten geeignet sind, den Handel zwischen den Mitgliedsstaaten spürbar zu beeinträchtigen.[718] Bei allen übrigen Vereinbarungen ist ein Vergleich der Wettbewerbssituation, die sich aufgrund der Absprache ergeben hat oder voraussichtlich ergeben wird, mit derjenigen anzustellen, wie sie ohne die Absprache bestehen würde.[719] Obwohl dieser de minimis-Bekanntmachung kein Rechtsnormcharakter zukommt, bewirkt sie dennoch eine Selbstbin-

---

[718] Kommission, Bekanntmachung – Vereinbarungen von geringer Bedeutung, die den Wettbewerb gemäß Artikel 81 Absatz 1 des Vertrags zur Gründung der Europäischen Gemeinschaft nicht spürbar beschränken (de minimis), ABl. Nr. C 368 v. 22.12.2001, S. 13ff.
[719] *Wollmann/Schedl* in: Hirsch/Montag/Säcker, MüKo, Europäisches Wettbewerbsrecht/1, Art. 81, Rn. 88; EuGH, Urt. v. 30.06.1966 – C-56/65, Slg. 1966, S. 282 (S. 303) – Société Technique Minière / Maschinenbau Ulm; EuGH, Urt. v. 25.11.1971 – Rs. 22/71, Slg. 1971, S. 949 (Rn. 16/18) – Benguelin Import; Kommission, Bekanntmachung – Leitlinien zur Anwendung von Artikel 81 Absatz 3 EG-Vertrag, ABl. Nr. C 101 v. 27.04.2004, S. 97, Rn. 17.

B. Rechtswidrigkeit

dung der Kommission, die für die Verfolgung von Kartellvereinbarungen zuständig ist.[720]

Im deutschen Recht wird die Spürbarkeit als Eignung gesehen, die Marktverhältnisse zu beeinflussen, das heißt tatsächlich in den Marktablauf einzugreifen und ihn zu stören. Dies wird bejaht, wenn die wirtschaftlichen Betätigungsmöglichkeiten und die zur Verfügung stehenden Alternativen der Marktbeteiligten merklich beeinträchtigt werden.[721]

Zur Bestimmung dieser Veränderung ist eine Gesamtbetrachtung vorzunehmen, wobei insbesondere Art und Menge der vertragsgegenständlichen Güter und Leistungen, die Zahl der Beteiligten, ihre Stellung und Bedeutsamkeit im Markt und der Marktanteil des Kartells heranzuziehen sind.[722] Für eine Bestimmung der Spürbarkeit ist es mithin entscheidend, den relevanten Markt zu bestimmen. Dieser ist für § 298 StGB – wie bereits angedeutet – die einzelne Ausschreibung. Eine Absprache innerhalb einer Ausschreibung wird allerdings stets in den Marktablauf eingreifen und ihn stören. Der Ausschreibende kann sein Ziel, den günstigsten Marktpreis zu erhalten, nicht mehr verwirklichen. Seine wirtschaftliche Betätigungsmöglichkeit wird daher merklich beeinträchtigt. Unter Zugrundelegung dieser Marktdefinition ist somit eine Spürbarkeit stets anzunehmen. Eine Diskussion, ob ein ungeschriebenes Tatbestandsmerkmal im Rahmen einer außerstrafrechtli-

---

[720] *Wollmann/Schedl* in: Hirsch/Montag/Säcker, MüKo, Europäisches Wettbewerbsrecht/1, Art. 81, Rn. 97.

[721] BGH, NJW 1977, 804 (805) – Fertigbeton, mit Anmerkung *Ulmer*; BGH, NJW 1980, S. 185 (186) – Erbauseinandersetzung; BGH, NJW 1982, 938 (938f) – Transportbeton-Vertriebsgesellschaft; BGH, NJW 1980, S. 185 (186) – Erbauseinandersetzung; BGH, NJW 1991, 3152 (3154) – Golden Toast.

[722] KG, Beschluss v. 16.11.1995 – Kart 28/94, WuW/E OLG 5580 (5598) – Selektive Exklusivität; *Bahr*, WuW 2000, S. 954 (964); das Bundeskartellamt hat mit der Bagatellbekanntmachung vom 13.3.2007 (Bekanntmachung Nr. 18/2007 des Bundeskartellamtes über die Nichtverfolgung von Kooperationsabreden mit geringer wettbewerbsbeschränkender Bedeutung – Bagatellbekanntmachung vom 13.03.2007) eine der europäischen Deminimis-Bekanntmachung vergleichbare Regelung erlassen. Auch in dieser Bekanntmachung werden Kernbeschränkungen genannt, bei denen nicht die 5% - Regelung gilt, sondern bereits Absprachen zwischen kleinen Unternehmen über Aufträge geringen Umfangs ausreichen. Dazu gehören auch die Submissionskartelle. Vgl. dazu: BGH, Urt. V. 14.04.1983 – KRB 4/82, WuW/E BGH 2000 (2002) – Beistand bei Kostenangeboten; *Bahr*, WuW 2000, S. 954 (964).

chen Norm zur Einschränkung eines Straftatbestandes führen kann, erübrigt sich daher.

3. Bezwecken und Bewirken

Des Weiteren müssen die Unternehmen mit ihrem Verhalten die Wettbewerbsbeschränkung bezwecken oder bewirken. Diese Tatbestandsmerkmale sind alternativ nicht kumulativ zu verstehen, das heißt eine Absprache muss nicht einen wettbewebswidrigen Zweck und eine wettbewerbswidrige Wirkung haben.[723]

Die Unterscheidung zwischen diesen Alternativen ist wichtig, weil sie den Beweismaßstab festlegt. Kann den Unternehmen die Absicht einer wettbewerbsbeschränkenden Handlung nachgewiesen werden, so erübrigt sich eine Überprüfung der Auswirkungen auf den relevanten Markt. In diesem Fall ist das Kartellverbot selbst anwendbar, wenn die beteiligten Unternehmen die Absprache nicht erfolgreich ausführen.[724]

Ob eine Absprache einen wettbewerbsbeschränkenden Zweck verfolgt, ist davon abhängig, ob sie ihrer Funktion nach objektiv geeignet ist, den Wettbewerb zu beschränken. Auf den meist schwer zu ermittelnden subjektiven Willen der Beteiligten kommt es dabei nicht an. Hierbei ist eine Gesamtschau verschiedener Faktoren vorzunehmen. So muss der Inhalt der Vereinbarung, das damit verfolgte Ziel sowie der wirtschaftliche Zusammenhang, indem die Absprache stattfindet oder stattfinden soll, ermittelt werden. Entscheidend ist damit, ob die Absprache schon ihrer „Art" oder ihrem „Wesen" nach geeignet ist, den Wettbewerb zu beschränken. Das entscheidende Kriterium ist, ob die Absprache darauf abzielt, die wirtschaftliche Handlungsfreiheit der beteiligten Unternehmen einzuschränken und dadurch die Marktverhältnisse zu beeinträchtigen.[725] Kernbeschränkungen fallen grundsätzlich

---

[723] *Bunte* in: Langen/Bunte, Europäisches Kartellrecht/2 (2006), Art. 81, Rn. 97.
[724] *Wollmann/Schedl* in: Hirsch/Montag/Säcker, MüKo, Europäisches Wettbewerbsrecht/1, Art. 81, Rn. 91.
[725] *Wollmann/Schedl* in: Hirsch/Montag/Säcker, MüKo, Europäisches Wettbewerbsrecht/1, Art. 81, Rn. 92; *Gleiss/Hirsch*, Kommentar zum EG-Kartellrecht (1993), Art. 85, Rn. 147; *Bunte* in: Langen/Bunte, GWB-Kommentar/1 (2006), § 1, Rn. 217ff.; EuGH, Urt. v. 13.07.1966 – C-56 und 58/64, Slg. 1966, S. 322 (S. 391) – Établissements Consten S.à.R.L. and Grundig-Verkaufs-

B. Rechtswidrigkeit

in diese Kategorie. Sie bezwecken aufgrund ihrer Schwere und aufgrund der bestehenden Erfahrung, dass diese gezielten Beschränkungen aller Wahrscheinlichkeit nach negative Auswirkungen im Markt haben werden, stets eine Wettbewerbsbeschränkung.

Dabei ist zu beachten, dass die Wettbewerbsbeschränkung nicht der alleinige Zweck oder der Hauptzweck der Absprache sein muss, es genügt die Geeignetheit der Art nach.[726] Die Überprüfung, ob eine Maßnahme Auswirkung auf den Markt hatte, ist bei Feststellen eines wettbewerbsbeschränkenden Zwecks nicht mehr erforderlich.[727] Lässt sich ein solcher Zweck nicht feststellen, kommt es hingegen auf die Wirkung durchaus an. Bei der Tatbestandsalternative des „Bewirkens" ist eine negative Marktauswirkung im Einzelfall nachzuweisen und kann nicht bereits erfahrungsgemäß im Sinne einer Vermutung angenommen werden. Relevante Wirkungen können sowohl die tatsächlichen, als auch die potentiell beschränkenden Wirkungen auf die Handlungsfreiheit, als auch sämtliche Drittwirkungen des Vertrages sein.[728] Diese Wirkungen müssen ursächlich auf die Wettbewerbsbeschränkung zurückführbar sein. Nach ständiger Rechtsprechung der europäischen Gerichte kommt es bei der Beurteilung auf den Vergleich der bestehenden mit der Wettbewerbssituation an, wie sie ohne das fragliche Verhalten bestände.[729] Erforderlich

---

GmbH; EuGH, Urt. v. 01.02.1978 – Rs. 19/77, Slg. 1978, S. 131, Rn. 7 – Miller International Schallplatten; EuG, Urt. v. 23.02.1994 – verbundene Rechtssachen T-39/92 und T-40/92, Slg. 1994, S. II-40, Rn. 86f. – Groupement des cartes bancaires; Kommission, Bekanntmachung – Leitlinien zur Anwendung von Artikel 81 Absatz 3 EG-Vertrag, ABl. Nr. C 101 v. 27.04.2004, S. 97, Rn. 21.

[726] *Gleiss/Hirsch*, Kommentar zum EG-Kartellrecht (1993), Art. 85, Rn. 149.

[727] EuGH, Urt. v. 27.01.1987 – Rs. 45/85, Slg. 1987, S. 405, Rn. 39 – Sachversicherer; Kommission, Entscheidung v. 06.08.1984 – 84/405/EWG, ABl. EG Nr. L 220 v. 17.08.1984, S. 45, Rn. 71 – Zinc Producer Group Komission, Entscheidung v. 23.4.1986 – 86/398/EWG, ABl. Nr. L 230 v. 18.08.1986, S. 1, Rn. 90 – Polypropylen; EuG, Urt. v. 23.02.1994 – verbundene Rechtssachen T-39/92 und T-40/92, Slg. 1994, S. II-40, Rn. 87 – Groupement des cartes bancaires; EuG, Urt. v. 06.04.1995 – T-142/89, Slg. 1995, S. II-867, Rn. 89 – Boel; *Mestmäcker/Schweitzer*, Europäisches Wettbewerbsrecht (2004), § 10, Rn. 60.

[728] *Mestmäcker/Schweitzer*, Europäisches Wettbewerbsrecht (2004), § 10, Rn. 65; im Wesentlichen auch: EuGH, Urt. v. 08.06.1982 – Rs 258/78, Slg. 1982, 2015, Rn. 65 – Nungesser.

[729] EuGH, Urt. v. 30.06.1966 – C-56/65, Slg. 1966, S. 282 (S. 303) – Société Technique Minière/Maschinenbau Ulm; EuGH, Urt. v. 28.05.1998 – C-8/95 P, Slg. 1998, S. I-3175, Rn. 90 – New

ist, dass der aktuelle oder potenzielle Wettbewerb auf dem Markt durch die Vereinbarung in dem Ausmaß beeinträchtigt wird, dass es mit hinreichender Wahrscheinlichkeit zu negativen Auswirkungen auf Preise, Produktionsmengen, Innovationen oder Vielfalt beziehungsweise Qualität von Waren und Dienstleistungen kommt. Mit hinreichender Wahrscheinlichkeit bedeutet, dass die negativen Auswirkungen nicht bereits eingetreten sein müssen. Es genügt, wenn diese zu erwarten sind.[730]

Auch im Rahmen des § 298 StGB besteht eine ähnliche Regelung. Die Absprache muss nach dem Gesetzeswortlaut darauf abzielen, den Veranstalter zur Annahme eines bestimmten Angebots zu veranlassen. Dieses Merkmal ist im objektiven Tatbestand zu beachten, so dass sich darauf auch der Vorsatz beziehen muss. Der Täter muss damit erkannt haben, dass die Absprache auf die Annahme eines bestimmten Angebots abzielt.[731]

Die Formulierung im Rahmen des § 298 StGB meint, berücksichtigt man den Sinn und Zweck der Regelung – das geschützte Rechtsgut – dasselbe wie auch die Formulierung des Bezweckens. Durch die Absprache wird bezweckt, den Veranstalter zur Annahme eines bestimmten Angebots zu bewegen. Notwendigerweise muss dazu der Wettbewerb eingeschränkt werden. Bezweckt das Angebot die Annahme eines bestimmten Angebots, bezweckt es zugleich stets den Wettbewerb einzuschränken oder ganz auszuschließen.

Holland Ford; EuGH, Urt. v. 28.05.1998, Slg. 1998, I-3111 (Rn. 76) – Deere/Commission; EuGH, Urt. v. 21.01.1999 – verbundene Rechtssachen C-215/96 und C-216/96, Slg. 1999, S. I-135, Rn. 33 – Bagnasco; EuG, Urt. v. 27.10.1994 – T-34/92, Slg. 1994, S. II-905, Rn. 49 – Fiatagri/New Holland Ford.

[730] *Bunte* in: Langen/Bunte, Europäisches Kartellrecht/2 (2006), Art. 81, Rn. 100; *Wollmann/Schedl* in: Hirsch/Montag/Säcker, MüKo, Europäisches Wettbewerbsrecht/1, Art. 81, Rn. 93; *Bunte* in: Langen/Bunte, GWB-Kommentar/1 (2006), § 1, Rn. 1215; *Bunte* in: Langen/Bunte, GWB-Kommentar/1 (2006), § 1, Rn. 223; Kommission, Bekanntmachung – Leitlinien zur Anwendung von Artikel 81 Absatz 3 EG-Vertrag, ABl. Nr. C 101 v. 27.04.2004, S. 97, Rn. 24.

[731] *Bosch* in: Satzger/Schmitt/Widmaier, StGB (2009), § 298 Rn. 10, 13.

B. Rechtswidrigkeit

II. Kartellrechtlich zulässige oder legalisierte Verhaltensweisen

Im deutschen Kartellrecht gibt es drei Möglichkeiten, Vereinbarungen zuzulassen oder zu legalisieren. Zum einen gibt es kartellfreie Kooperationen, die schon gar nicht unter das Kartellverbot des § 1 GWB fallen, während § 2 GWB grundsätzlich verbotene Verhaltensweisen vom Kartellverbot freistellt. § 1 GWB ist im Falle des § 2 GWB zwar grundsätzlich erfüllt, unter den geregelten Voraussetzungen sind diese Vereinbarungen jedoch nicht kartellrechtswidrig. Als Relikte des bis zur 7. GWB-Novelle vorherrschenden Systems der Ausnahmen vom Kartellverbot regeln die § 28 und § 30 GWB Ausnahmebereiche für Landwirtschaft sowie Zeitungen und Zeitschriften.

1. Kartellrechtsfreie Kooperationen

Kartellrechtsfreie Kooperationen sind Vereinbarungen, die von vornherein nicht unter das Kartellverbot des § 1 GWB fallen. Sie stellen zwar Absprachen dar, sind aber nicht geeignet oder bezwecken nicht den Wettbewerb zu beschränken. Im Rahmen einer Ausschreibung kommen zum einen Marktinformationsverfahren, zum anderen Bieter- und Arbeitsgemeinschaften als kartellrechtsfreie Kooperationen in Betracht, weshalb auf diese kurz eingegangen werden soll.

a) Marktinformationsverfahren

Als Marktinformationsverfahren bezeichnet man vertragliche Systeme organisierter Markttransparenz zwischen Wettbewerbern.[732] Es existieren unterschiedlichste Erscheinungsformen dieser Verfahren. Die bekanntesten Verfahren sind das sogenannte Preismeldeverfahren, ein Verfahren bei dem sich Wettbewerber unter Einschaltung einer Meldestelle darüber informieren, zu welchen Preisen und Konditionen Geschäfte abgeschlossen oder Vertragsangebote abgegeben wurden (open-price-systems), und die Marktstatistiken, die über die abgesetzte Menge und die getätigten Umsätze informieren und Kreditinformationssysteme wie die Schufa.

---

[732] *Emmerich*, Kartellrecht (2008), § 21, Rn. 64.

Die europäische Rechtsprechung überprüft das Verfahren dahingehend, ob nach den Umständen des betreffenden Marktes die Einschränkung des Geheimwettbewerbs bezweckt oder bewirkt wird.[733] Unter diesen Voraussetzungen ist das Verfahren als kartellrechtswidrig anzusehen. Bezweckt oder bewirkt es keine Einschränkung, was vor allem dann der Fall ist, wenn lediglich Auskünfte über Durchschnittspreise und Durchschnittswerte erteilt werden und keine Identifizierung einzelner Kunden und Lieferanten möglich ist, so ist es vom Kartellverbot des § 1 GWB / Art. 81 EG nicht umfasst.[734] Dabei ist darauf zu achten, dass die Anzahl der Geschäftsvorfälle, die Zahl der beteiligten Unternehmen, die Gliederungsart und der erfasste Zeitraum so gewählt werden, dass ein Rückschluss auf die einzelnen Geschäfte ausgeschlossen ist und eine unmittelbare wettbewerbliche Reaktion nicht zu erwarten ist.[735]

Selbst wenn sich ein Angebot im Rahmen einer Ausschreibung an den Preisen der Preismeldestellen oder an anderen Marktinformationssystemen orientiert – somit abgesprochen ist – bezweckt diese Absprache dennoch nicht, den Veranstalter zur Annahme eines Angebots zu veranlassen. Zu einem anderen Ergebnis würde man allerdings kommen, wenn es sich nicht um eine allgemeine Preismeldestelle handeln würde, sondern um eine, die im Rahmen eines Ringkartells eingerichtet wurde und darauf abzielt die Angebote ihrer Mitglieder zu koordinieren. Eine solche würde allerdings auch kartellrechtlich nicht in den Ausnahmebereich fallen, so dass auch hier § 1 GWB beziehungsweise Art. 81 EG einschlägig wäre. Diese würde gerade darauf abzielen, den Wettbewerb auszuschließen oder zu beschränken.

---

[733] EuGH, Urt. v. 28.05.1998, Slg. 1998, I-3111 (Rn. 90) – Deere/Commission; EuGH, Urt. v. 02.10.2003 – C-194/99 P; Slg. 2003, S. I-10821, Rn. 81 – Thyssen Stahl; EuGH, Urt. v. 23.11.2006 – C-238/05, Slg. 2006, S. I-11125 (Rn. 51) – Asnef-Equifax/Ausbanc; EuG, Urt. v. 08.07.2004 – T-50/00, Slg. 2004, S. II-2395, Rn. 180 - Dalmine; zur deutschen Rechtsprechung: BGH, NJW 1975, S. 788 (790).
[734] *Bechtold* in: Bechtold, GWB-Kommentar (2008), § 1, Rn. 76; OLG Düsseldorf, Beschluss v. 26.07.2002 – Kart 37/01 (V), WuW/E DE-R 949 (950) – Transportbeton Sachsen; *Bunte* in: Langen/Bunte, GWB-Kommentar/1 (2006), § 1, Rn. 165; zur Unzulässigkeit von sogenannten identifizierenden open-price-systems: BGH, NJW 1975, S. 788 mit Anmerkung *Emmerich*, NJW 1975, S. 1599.
[735] BKartA, Beschluss v. 05.11.1979, B1-253100-A-182/78, Wuw/E BKartA 1809 (1814) – Zementverkaufstelle Niedersachsen II; *Bunte* in: Langen/Bunte, GWB-Kommentar/1 (2006), § 1, Rn. 165.

B. Rechtswidrigkeit

b) Bieter- und Arbeitsgemeinschaften

Eine besondere Form von kartellrechtsfreien Kooperationen sind die Bieter- und Arbeitsgemeinschaften zwischen Wettbewerbern. Eine Arbeitsgemeinschaft liegt vor, wenn mehrere Unternehmen vereinbaren, einen oder mehrere größere Aufträge gemeinsam durchzuführen.[736] Eine Bietergemeinschaft ist dann anzunehmen, wenn sich Unternehmen im Rahmen einer Ausschreibung zur Abgabe eines gemeinsamen Angebots zusammenschließen und sich gemeinschaftlich um die Zuteilung des Auftrages bemühen. Dabei umfasst die Abrede zur gemeinsamen Angebotsabgabe regelmäßig auch die Abrede den Auftrag bei Zuschlag als Arbeitsgemeinschaft ausführen zu wollen (kombinierte Bieter- und Arbeitsgemeinschaft).[737]

Gründe für die Bildung von Bieter- und Arbeitsgemeinschaften sind meist fehlendes Know-How, nicht ausreichende Kapazitäten oder die Auslastung der beteiligten Unternehmen aufgrund anderer Aufträge.[738]

Ziele dieser Vereinbarungen sind in der Regel der rationelle Einsatz vorhandener sachlicher und personeller Ressourcen, Ausnutzung der Spezialisierungsvorteile der beteiligten Unternehmen, die Verteilung unternehmerischen Risikos und vor allem auch die Ermöglichung einer Teilnahme an einer bestimmten Ausschreibung, die alleine nicht möglich gewesen wäre.[739]

Die Kommission bestimmt in ihren Leitlinien zu horizontalen Vereinbarungen, dass diese Vereinbarungen nicht von Art. 81 I EG umfasst sind, wenn entweder eine Zusammenarbeit zwischen Nichtwettbewerbern, eine Zusammenarbeit zwischen Wettbewerbern, wenn sie die von der Zusammenarbeit erfasste Tätigkeit oder das Projekt nicht eigenständig durchführen können oder eine Zusammenarbeit bei einer Tätigkeit, welche die relevanten Wettbewerbsparameter nicht beeinflusst, vorliegt. Diese Arten der Zusammenarbeit fallen nur dann in den Anwendungsbereich, wenn Unternehmen mit einer erheblichen Marktmacht beteiligt sind und die

---

[736] *Emmerich*, Kartellrecht (2008), § 21, Rn. 61; *Bunte* in: Langen/Bunte, GWB-Kommentar/1 (2006), § 1, Rn. 144.
[737] *Bunte* in: Langen/Bunte, GWB-Kommentar/1 (2006), § 1, Rn. 144.
[738] *Koenig/Kühling/Müller*, WuW 2005, S. 126 (127).
[739] *Immenga* DB 1984, S. 385 (385).

Kapitel 3: Rechtswidrige Absprache

Zusammenarbeit zu Abschottungsproblemen gegenüber Dritten führen kann.[740] Solange keine Unternehmen mit erheblicher Marktmacht beteiligt sind, hat die Kommission keinerlei kartellrechtliche Bedenken hinsichtlich Bieter- und Arbeitsgemeinschaften.

Die deutsche Rechtsprechung zu § 1 GWB schließt sich der Ansicht der Kommission weitestgehend an. So fallen nicht unter § 1 GWB, Vereinbarung von Teilnehmern, die im konkreten Fall nicht im Wettbewerb zueinander stehen, entweder weil sie zu dieser Zeit nicht über die erforderliche Kapazität zur Ausführung des Auftrages verfügen oder zwar die erforderliche Kapazität haben, aber erst die Arbeitsgemeinschaft sie in die Lage versetzt ein Erfolg versprechendes Angebot abzugeben. Die Unternehmen stehen im konkreten Fall nicht in einem Wettbewerbsverhältnis, wenn eine selbständige Teilnahme an einer Ausschreibung wirtschaftlich nicht zweckmäßig und kaufmännisch nicht vernünftig gewesen wäre.[741] „Wirtschaftlich sinnvoll und kaufmännisch vernünftig" muss dabei objektiv verstanden werden und liegt vor, wenn aufgrund der Marktdaten objektiv die Zusammenarbeit der Unternehmen bei der Abwicklung eines Projekts die wirtschaftlich sinnvollste Lösung ist.[742]

Auch dieser Fall der Absprache kann bereits aufgrund des Schutzziels nicht von § 298 StGB erfasst sein. § 298 StGB soll den Wettbewerb schützen. Liegt aber ein eben dargestellter Fall vor, indem die an der Gemeinschaft beteiligten Unternehmen ein selbständiges Angebot nicht abgeben könnten, so kommt erst mit der Absprache überhaupt eine Teilnahme am Wettbewerb in Betracht. Der Wettbewerb wird unter diesen Voraussetzungen nicht beschränkt, sondern vielmehr vergrößert,

---

[740] Kommission, Bekanntmachung – Leitlinien zur Anwendbarkeit von Artikel 81 EG-Vertrag auf Vereinbarungen über horizontale Zusammenarbeit, ABl. Nr. C 3 v. 06.01.2001 S. 2, Rn. 24.

[741] *Bechtold* in: Bechtold, GWB-Kommentar (2008), § 1, Rn. 85; BGH, Urt. v. 13.12.1983 – KRB 3/83, WuW/E BGH 2050 (2051) – Bauvorhaben Schramberg; BGH, Urt. v. 05.02.2002 – KZR 3/01, WuW/E DE-R 876 (878) – Jugend- und Frauennachtfahrten; OLG Schleswig-Holstein, Urt. v. 09.01.2001 – 6 U Kart 36/00, WuW/E DE-R 623 (625) – Frauennachtfahrten; OLG Düsseldorf, Beschluss v. 02.11.2005 – VI-Kart 30/04 (V), WuW/E DE-R 1625 (1630) – Rethmann/GfA Köthen; BKartA, Beschluss v. 10.08.2007, B-4-31/05, WuW DE-V 1459 (1463) – Wirtschaftsprüferhaftpflicht; *Immenga* DB 1984, S. 385 (393).

[742] *Emmerich*, Kartellrecht (2008), § 21, Rn. 63; *Koenig/Kühling/Müller*, WuW 2005, S. 126 (131); *Immenga* DB 1984, S. 385 (388).

B. Rechtswidrigkeit

da nun mehr Bieter an der Ausschreibung teilnehmen können. Vorauszusetzen ist dabei aber, dass die Absprache nicht darauf abzielt, bereits bestehenden Wettbewerb auszuschließen. Beteiligen sich Unternehmen an solchen Absprachen, die allein durchaus auch ein sinnvolles Angebot abgeben können oder die durch den Zusammenschluss eine solche Marktmacht aufbauen, dass kein wirksamer Wettbewerb mehr entstehen kann, so ist § 298 StGB einschlägig, die Ausnahme einer Bietergemeinschaft läge nicht vor. Unter diesen Voraussetzungen liegt aber auch keine Befreiung vom Kartellverbot vor. Auch hier erfolgt ein Gleichlauf des Strafrechts mit dem Kartellrecht.

2. Freigestellte Vereinbarungen

§ 2 und § 3 GWB sehen Situationen vor, in denen verbotene wettbewerbswidrige Absprachen freigestellt sein können, das heißt, sie fallen grundsätzlich unter das Kartellverbot des § 1 GWB, werden aber ausnahmsweise nicht als kartellrechtswidrig angesehen.

§ 2 GWB regelt die Voraussetzungen unter denen eine Vereinbarung vom Verbot des § 1 GWB freigestellt ist. Dabei handelt es sich um Verhaltensweisen, die unter angemessener Beteiligung der Verbraucher an dem entstehenden Gewinn zur Verbesserung der Warenerzeugung oder -verteilung oder zur Förderung des technischen oder wirtschaftlichen Fortschritts beitragen, ohne dass den beteiligten Unternehmen Beschränkungen auferlegt werden, die für die Verwirklichung dieser Ziele nicht unerlässlich sind, oder Möglichkeiten eröffnet werden, für einen wesentlichen Teil der betreffenden Waren den Wettbewerb auszuschalten.

§ 2 II GWB stellt durch eine dynamische Verweisung klar, dass die jeweils geltenden europäischen Gruppenfreistellungsverordnungen bei der Anwendung von § 2 I GWB entsprechende Anwendung finden und zwar auch dann, wenn es sich nicht um einen grenzüberschreitenden Sachverhalt handelt. Dieser ist stets vor den Freistellungstatbeständen des § 2 I GWB und des § 3 GWB zu prüfen.[743]

§ 2 II GWB stellt eine echte dynamische Verweisung dar, das heißt es wird immer auf die aktuell existierenden Gruppenfreistellungsverordnungen verwiesen. Dies

---

[743] *Bechtold* in: Bechtold, GWB-Kommentar (2008), § 2, Rn. 8.

könnte im Rahmen des § 298 StGB vor allem aufgrund des Bestimmtheitsgebots aber auch aufgrund des Demokratieprinzips – vor allem hinsichtlich des Parlamentsvorbehalts – problematisch sein. Wie sich aber im Folgenden zeigen wird, bedarf es hier keiner Diskussion des Problems, da die Gruppenfreistellungsverordnungen Absprachen betreffen, die niemals dazu bestimmt sein können einen Ausschreibenden zur Annahme eines Angebots zu bewegen. Zwar sind sie allesamt geeignet den Wettbewerb zu beschränken, aber können sie schon von ihrer Konzeption her beziehungsweise von der Art der umfassten Fälle nicht den Wettbewerb im Rahmen einer Ausschreibung dahingehend beschränken, dass durch die Absprache der Ausschreibende zur Annahme eines bestimmten Angebots gedrängt würde.

a) Gruppenfreistellungsverordnungen

Bei den Gruppenfreistellungsverordnungen handelt es sich um europarechtliche Verordnungen, die über § 2 II GWB auch im deutschen Recht entsprechend gelten. Die Aufnahme dieser Regelung in das GWB ist insoweit wichtig, als dass die in den Mitgliedsstaaten direkt anwendbaren Verordnungen nur eine Freistellung vom Verbot des Art. 81 I EG vorsehen. Die entsprechende Anwendbarkeit bewirkt, dass auch das Verbot des § 1 GWB ausgeschlossen wird. Durch § 2 II GWB gelten die Gruppenfreistellungsverordnungen auch für rein nationale Sachverhalte. Um eine Ungleichbehandlung zu vermeiden und Rechtssicherheit und -klarheit zu wahren, sind die Gruppenfreistellungsverordnungen wie im Europarecht auszulegen.[744]

aa) Verordnung Nr. 2658/2000 – Spezialisierungsvereinbarungen

Die Verordnung Nr. 2658/2000[745] erklärt Art. 81 I EG unanwendbar für Vereinbarungen zwischen zwei oder mehr Unternehmen, die die Bedingungen betreffen unter denen sich die Vertragsparteien auf die Produktion von bestimmten Produkten spezialisieren (Spezialisierungsvereinbarung).

---

[744] *Bechtold* in: Bechtold, GWB-Kommentar (2008), § 2, Rn. 25.
[745] Verordnung (EG) Nr. 2658/2000 der Kommission v. 29.11.2000 über die Anwendung von Artikel 81 Absatz 3 des Vertrages auf Gruppen von Spezialisierungsvereinbarungen, ABl. L Nr. 304 v. 05.12.2000, S. 3.

B. Rechtswidrigkeit

Dabei unterscheidet Art. 1 VO 2658/2000 drei Arten der Spezialisierung. Als erstes sind Vereinbarungen über einseitige Spezialisierungen freigestellt, in denen sich eine Vertragspartei dazu verpflichtet, die Produktion bestimmter Produkte einzustellen oder von deren Produktion abzusehen und die betreffenden Produkte von einem konkurrierenden Unternehmen zu beziehen, welches sich seinerseits verpflichtet, die fraglichen Produkte zu produzieren und zu liefern (Art. 1 a der VO). Art. 1 b der Verordnung regelt die Freistellung von Vereinbarungen über gegenseitige Spezialisierungen, in denen sich zwei oder mehr Vertragsparteien gegenseitig dazu verpflichten, die Produktion bestimmter, aber unterschiedlicher Produkte einzustellen oder von deren Produktion abzusehen und die betreffenden Produkte von den übrigen Vertragsparteien zu beziehen, die sich ihrerseits verpflichten, die fraglichen Produkte zu liefern.

Als letzte Vereinbarungen in diesem Bereich sind diejenigen über eine gemeinsame Produktion freigestellt, in denen sich zwei oder mehr Vertragsparteien dazu verpflichten, bestimmte Produkte gemeinsam zu produzieren (Art. 1 c der VO).

Berücksichtigt man vor allem die Zwecksetzung der Absprache im Rahmen des § 298 StGB erscheint kein Fall denkbar, in dem diese Verordnung zu einem Ausschluss der Rechtswidrigkeit der Absprache führen könnte. Eine Wettbewerbsbeschränkung erfolgt in den eben genannten Situationen, allerdings zielt die Absprache nicht darauf ab, den Ausschreibenden zur Annahme eines Angebots zu veranlassen, so dass für die Anwendbarkeit dieser Verordnung im Rahmen des § 298 StGB kein Fall ersichtlich ist.

bb) Verordnung Nr. 2659/2000 – Forschung und Entwicklung

Vereinbarungen über die gemeinsame Durchführung von Forschungsarbeiten oder die gemeinsame Entwicklung der Forschungsergebnisse bis zur Produktionsreife fallen meist schon nicht unter das Verbot des Art. 81 I EG, so dass es auch keiner Freistellung bedarf.

Enthalten diese Übereinkommen aber Klauseln, in denen sich die Vertragsparteien dazu verpflichten, in demselben Bereich keine eigene Forschungs- oder Entwicklungstätigkeiten vorzunehmen und sie damit auch keine Wettbewerbsvorteile erlangen können, kann Art. 81 I EG berührt sein.[746]

Die Verordnung Nr. 2659/2000[747] stellt Vereinbarungen zwischen Unternehmen frei, die Bedingungen betreffen unter denen die Vertragsparteien entweder die gemeinsame Forschung und Entwicklung von Produkten oder Verfahren und die gemeinsame Verwertung der dabei erzielten Ergebnisse (Art.1 a), die gemeinsame Verwertung der Ergebnisse von Forschung und Entwicklung in Bezug auf Produkte oder Verfahren, die von denselben Vertragsparteien aufgrund einer früheren Vereinbarung durchgeführt worden sind (Art. 1 b), oder die gemeinsame Forschung und Entwicklung von Produkten oder Verfahren ohne die gemeinsame Verwertung der Ergebnisse (Art. 1 c) verfolgen. Allerdings nur dann, wenn alle Vertragsparteien Zugang zu den Ergebnissen der gemeinsamen Forschungs- und Entwicklungsarbeiten für weitere Forschungs- oder Verwertungszwecke haben (Art. 3 II) und wenn zum Zeitpunkt des Abschlusses der Forschungs- und Entwicklungsvereinbarung die Summe der Anteile der beteiligten Unternehmen am relevanten Markt derjenigen Produkte, die durch die Vertragsprodukte verbessert oder ersetzt werden können 25 % nicht überschreiten (Art. 4 II).

Auch für die Anwendbarkeit dieser Verordnung im Rahmen des § 298 StGB lässt sich kein Fall vorstellen. Eine Absprache über die Forschungstätigkeit kann nicht die Annahme eines bestimmten Angebots im Rahmen einer Ausschreibung bezwecken.

---

[746] Verordnung (EG) Nr. 2659/2000 der Kommission v. 29.11.2000 über die Anwendung von Artikel 81 Absatz 3 des Vertrages auf Gruppen von Vereinbarungen über Forschung und Entwicklung, ABl. L Nr. 304 v. 05.12.2000, S. 7, Rn. 3.
[747] Verordnung (EG) Nr. 2659/2000 der Kommission v. 29.11.2000 über die Anwendung von Artikel 81 Absatz 3 des Vertrages auf Gruppen von Vereinbarungen über Forschung und Entwicklung, ABl. L Nr. 304 v. 05.12.2000, S. 7.

B. Rechtswidrigkeit

cc) Verordnung Nr. 358/2003 – Kooperationen im Versicherungsbereich

Die Verordnung Nr. 358/2003[748] regelt die Gruppenfreistellungsmöglichkeiten auf dem Versicherungssektor. Freigestellt sind unter den in der Verordnung näher definierten Voraussetzungen gemäß Art. 1 der Verordnung Vereinbarungen zwischen zwei oder mehr Unternehmen aus der Versicherungswirtschaft über die gemeinsame Erstellung, Anerkennung und Bekanntgabe von Berechnungen[749] und Tabellen[750], die gemeinsame Durchführung und Bekanntgabe von prognostischen Studien[751], die gemeinsame Aufstellung und Bekanntgabe von Mustern allgemeiner Versicherungsbedingungen für die Direktversicherung, die gemeinsame Aufstellung und Bekanntgabe unverbindlicher Modelle zur Darstellung von Überschussbeteiligungen, die Bildung und die Tätigkeit von Gemeinschaften von Versicherungsunternehmen oder von Versicherungsunternehmen und Rückversicherungsunternehmen mit dem Ziel der gemeinsamen Abdeckung bestimmter Risikosparten in der Form einer Mitversicherungs- oder einer Mit-Rückversicherungsgemeinschaft und die Erstellung, Annerkennung und Bekanntgabe von technischen Spezifikationen, Regeln und Verhaltenskodizes hinsichtlich Sicherheitsvorkehrungen und deren Einsatz, wenn diese nicht auf Gemeinschaftsebene harmonisiert wurden.

Im Regelungsbereich dieser Verordnung ist schon keine Ausschreibung denkbar, die dazu geeignet wäre, überhaupt an diese Verordnung als Ausschlusskriterium denken zu lassen.

---

[748] Verordnung (EG) Nr. 358/2003 der Kommission v. 27.02.2003 über die Anwendung von Artikel 81 Absatz 3 EG-Vertrag auf Gruppen von Vereinbarungen, Beschlüssen und aufeinander abgestimmten Verhaltensweisen im Versicherungssektor, ABl. L Nr. 53 v. 28.02.2003, S. 8.

[749] = Berechnungen von Durchschnittskosten für die Deckung eines genau beschriebenen Risikos in der Vergangenheit.

[750] = Sterbetafeln und Tafeln über die Häufigkeit von Krankheiten, Invalidität und Unfällen im Bereich von Versicherungen mit Kapitalisierungselement.

[751] = Studien über die wahrscheinlichen Auswirkungen von außerhalb des Einflussbereichs der beteiligten Unternehmen liegenden allgemeinen Umständen, die sich auf die Häufigkeit oder das Ausmaß von künftigen Forderungen mit Bezug auf ein bestimmtes Risiko oder eine bestimmte Risikosparte oder den Ertrag verschiedener Anlageformen beziehen.

dd) Verordnung Nr. 1017/68 geändert durch 1/2003 – Kooperationen im Eisenbahn-, Straßen- und Binnenschiffsverkehr

Die Verordnung Nr. 1017/68[752], wesentlich geändert durch die Art. 36 der Verordnung Nr. 1/2003 enthält Freistellungen für die Bereiche des Eisenbahn-, Straßen und Binnenschiffsverkehrs.

Freigestellt sind nach Art. 3 sämtliche Vereinbarungen, die ausschließlich die Anwendung technischer Verbesserungen oder die technische Zusammenarbeit bezwecken und bewirken, *„und zwar durch die einheitliche Anwendung von Normen und Typen für Material, Betriebsmittel für den Verkehr, Fahrzeuge und feste Einrichtungen, den Austausch oder die gemeinsame Verwendung von Personal, Material, Fahrzeugen oder festen Einrichtungen zur Durchführung von Beförderungen, die Regelung und Durchführung von Anschlussbeförderungen, ergänzenden Beförderungen, Ersatzbeförderungen oder kombinierten Beförderungen sowie die Aufstellung und Anwendung von Gesamtpreisen und Gesamtbedingungen einschließlich Wettbewerbspreisen auf diese Beförderungen, die Leitung des Verkehrs innerhalb desselben Verkehrsträgers über den betrieblichen zweckmäßigsten Verkehrsweg, die Abstimmung der Fahrpläne für aufeinander folgende Strecken, die Zusammenfassung von Einzelladungen, die Aufstellung einheitlicher Regeln für die Struktur der Beförderungstarife und die Bedingungen für deren Anwendung, soweit dadurch nicht die Preise und Beförderungsbedingungen festgelegt werden."*

Für kleine und mittlere Unternehmen, bis zu einer Gesamtladekapazität von 10 000 Tonnen bei Beförderungen im Straßenverkehr und 500 000 Tonnen bei Beförderung im Binnenschiffsverkehr, sind auch die Vereinbarungen über die Bildung und die Tätigkeit von Unternehmensgemeinschaften des Straßen- und Binnenschiffsverkehrs und die gemeinsame Finanzierung oder der gemeinsame Erwerb von Verkehrsmaterial oder – zubehör freigestellt (Art. 4).

In diesem Bereich wäre eine Ausschreibung denkbar. Es könnte zum Beispiel der Betrieb einer Eisenbahnlinie ausgeschrieben und vergeben werden. Allerdings kann durch eine solche Absprache, die auf eine Vereinheitlichung der verwendeten Materialien etc. abzielt, nicht der Ausschreibende zu der Annahme eines bestimmten

---

[752] Verordnung (EWG) Nr. 1017/68 des Rates v. 19.07.1968 über die Anwendung von Wettbewerbsregeln auf dem Gebiet des Eisenbahn-, Straßen- und Binnenschiffsverkehrs, ABl. L Nr. 175 v. 23.07.1968, S. 1.

B. Rechtswidrigkeit

Angebots bewogen werden. Eine solche Absprache soll dies auch gar nicht bezwecken. Auch hier ist eine Absprache im Sinne des § 298 StGB nicht denkbar.

ee) Verordnung Nr. 823/2000 geändert durch 611/2005 – Kooperationen im Seeverkehr[753]

Die Verordnung Nr. 823/2000[754] geändert durch die Verordnung Nr. 611/2005[755] stellt Vereinbarungen frei, die die gemeinsame Wahrnehmung von Liniendiensten im Seeverkehr, befristete Kapazitätsanpassungen, den gemeinsamen Betrieb oder die gemeinsame Nutzung von Hafenumschlagsanlagen und den dazugehörigen Leistungen, die Teilnahme an einem oder mehreren Frachtpools, Einnahmen- oder Ergebnispools, die gemeinsame Ausübung der Stimmrechte des Konsortiums in einer Konferenz und die Unterhaltung einer gemeinsamen Vermarktungsstruktur und/oder die Ausstellung eines gemeinsamen Frachtbriefs umfassen. Die Verordnung selbst regelt die detaillierten Voraussetzungen, die für eine Freistellung nötig sind.

Die in der Verordnung freigestellten Konsortien führen in der Regel zu einer Rationalisierung der Tätigkeiten ihrer Mitglieder und die Nutzung der Größenvorteile bei Schiffen und Hafenanlagen. Sie verbessern somit die Leistungsfähigkeit und

---

[753] Die Verordnung (EWG) Nr. 4056/86 des Rates v. 22.12.1986 über die Einzelheiten der Anwendung der Artikel 85 und 86 des Vertrages auf den Seeverkehr, ABl. L Nr. 378 v. 31.12.1986, S. 4, die die Vereinbarungen über Beförderungspreise und -bedingungen freistellte, wurde mit Verordnung (EG) Nr. 1419/2006 des Rates v. 25.09.2006 zur Aufhebung der Verordnung (EWG) Nr. 4056/86 über die Einzelheiten der Anwendung der Artikel 85 und 86 des Vertrags auf den Seeverkehr und zur Ausweitung des Anwendungsbereichs der Verordnung (EG) Nr. 1/2003 auf Kabotage und internationale Tramdienste, ABl. L Nr. 269 v. 28.09.2006, S. 1 aufgehoben.

[754] Verordnung (EG) Nr. 823/2000 der Kommission v. 19.04.2000 zur Anwendung von Artikel 81 Absatz 3 EG-Vertrag auf bestimmte Gruppen von Vereinbarungen, Beschlüssen und aufeinander abgestimmten Verhaltensweisen zwischen Seeschifffahrtsunternehmen (Konsortien), ABl. L 100 v. 20.04.2000, S. 24.

[755] Verordnung (EG) Nr. 611/2005 der Kommission v. 20.04.2005 zur Änderung der Verordnung (EG) Nr. 823/2000 des Rates zur Anwendung von Artikel 81 Absatz 3 EG-Vertrag auf bestimmte Gruppen von Vereinbarungen, Beschlüssen und aufeinander abgestimmten Verhaltensweisen zwischen Seeschifffahrtsunternehmen (Konsortien), ABl. 101 v. 21.04.2005, S. 10.

Leistungsqualität der einzelnen Liniendienste. Auch tragen sie zur Förderung des technischen und wirtschaftlichen Fortschritts bei, indem sie die Entwicklung und Verwendung von Containern und eine wirtschaftliche Nutzung der Schiffskapazitäten erleichtern und fördern.[756]

Auch hier kann die Absprache nicht auf die Annahme eines bestimmten Angebots abzielen. Vielmehr dienen die Absprachen dazu die sehr teuren Hafenanlagen etc. optimal nutzen zu können. Eine Beschränkung der Entscheidungsfreiheit des Ausschreibenden ist dadurch nicht ersichtlich.

ff) Verordnung Nr. 2790/1999 – vertikale Vereinbarungen

Die Verordnung Nr. 2790/1999[757] erklärt Art. 81 I EG gemäß Art. 81 III EG für alle Vereinbarungen oder aufeinander abgestimmte Verhaltensweisen zwischen zwei oder mehr Unternehmen, von denen jede zwecks Durchführung der Vereinbarung auf einer unterschiedlichen Produktions- oder Vertriebsstufe tätig ist, und welche die Bedingungen betreffen zu denen die Parteien bestimmte Waren oder Dienstleistungen beziehen, verkaufen oder weiterverkaufen können, für unanwendbar (Art. 2 I).

---

[756] Verordnung (EG) Nr. 823/2000 der Kommission v. 19.04.2000 zur Anwendung von Artikel 81 Absatz 3 EG-Vertrag auf bestimmte Gruppen von Vereinbarungen, Beschlüssen und aufeinander abgestimmten Verhaltensweisen zwischen Seeschifffahrtsunternehmen (Konsortien), ABl. L 100 v. 20.04.2000, S. 24, Rn. 4.
Bis 31.10.2007 existierte eine vergleichbare Verordnung für den Bereich des Luftverkehrs (Verordnung (EG) Nr. 1459/2006 der Kommission v. 28.09.2006 über die Anwendung von Artikel 81 Absatz 3 EG-Vertrag auf bestimmte Gruppen von Vereinbarungen und aufeinander abgestimmte Verhaltensweisen betreffend Konsultationen über Tarife für die Beförderung von Passagieren im Personenlinienverkehr und die Zuweisung von Zeitnischen auf Flughäfen, ABl. L 272 v. 03.10.2006, S. 3), diese trat aber endgültig außer Kraft und wird auch nicht mehr verlängert; vgl. dazu: http://europa.eu/rapid/pressReleasesAction.do?reference=IP/07/973&format=HTML&aged=1&language=DE&guiLanguage=en und *Beuve-Méry/Struk*, Competition Policy Newsletter 3-2007, S. 45f.
[757] Verordnung (EG) Nr. 2790/1999 der Kommission v. 22.12.1999 über die Anwendung von Artikel 81 Absatz 3 des Vertrages auf Gruppen von vertikalen Vereinbarungen und aufeinander abgestimmten Verhaltensweisen, ABl. L Nr. 336 v. 29.12.1999, S. 21.

B. Rechtswidrigkeit

Die Definition enthält drei wichtige Elemente. Die Vereinbarung oder abgestimmte Verhaltensweise muss zwischen zwei Unternehmen bestehen. Nicht erfasst sind daher Verträge mit Endverbrauchern. Da allerdings auch Art. 81 I EG auf Unternehmen abstellt, fallen solche Vereinbarungen schon aus diesem Grund nicht unter das Kartellverbot.

Als zweite Voraussetzung müssen die Unternehmen auf unterschiedlichen Stufen der Produktions- oder Vertriebskette tätig sein. Dies liegt zum Beispiel vor, wenn ein Unternehmen ein Produkt herstellt, das ein anderes als Einsatzgut verwendet. Eine Vertriebskette liegt vor, wenn es sich bei den Unternehmen um Hersteller, Großhändler und Einzelhändler handelt.

In der dritten Voraussetzung, dass in der Vereinbarung der Bezug, Verkauf oder Weiterverkauf bestimmter Waren oder Dienstleistungen geregelt ist, spiegelt sich der Zweck der Gruppenfreistellungsverordnung wider, die Bestrebung Bezugs- und Vertriebsbedingungen zu erfassen. Umfasst sind alle vertikalen Vereinbarungen, die sich auf sämtliche Waren und Dienstleistungen, einschließlich Zwischen- und Endprodukte beziehen.[758]

Handelt es sich um vertikale Vereinbarungen zwischen Unternehmensvereinigungen und ihren Mitgliedern oder Lieferanten, so sind sie gemäß Art. 2 II der Verordnung nur dann freigestellt, wenn alle Mitglieder der Vereinigung Wareneinzelhändler sind und wenn keines ihrer einzelnen Mitglieder zusammen mit seinen verbundenen Unternehmen einen jährlichen Gesamtumsatz von mehr als 50 Mio. Euro erzielt. Wareneinzelhändler sind Vertriebshändler, die Waren an den Endverbraucher weiterverkaufen.[759]

Die Verordnung gilt auch für Vereinbarungen, die die Übertragung von geistigen Eigentumsrechten auf den Käufer oder die Nutzung solcher Rechte durch den Käufer betreffen, sofern diese Bestimmungen nicht Hauptgegenstand der Vereinbarung sind und sofern sie sich unmittelbar auf die Nutzung, den Verkauf oder den Wei-

---

[758] Mitteilung – Leitlinien für vertikale Beschränkungen, ABl. Nr. C 291 v. 13.10.2000, S. 1, Rn. 24.
[759] Mitteilung – Leitlinien für vertikale Beschränkungen, ABl. Nr. C 291 v. 13.10.2000, S. 1, Rn. 28.

terverkauf von Waren oder Dienstleistungen durch den Käufer oder seine Kunden beziehen (Art. 2 III).
Da es sich um nachgeschaltete Unternehmen handeln muss, schließt dies eine Absprache im Rahmen einer Ausschreibung schon denknotwendig aus. Eines der Unternehmen kann aufgrund seiner Ausrichtung schon gar nicht an der Ausschreibung teilnehmen, so dass zwischen diesen beiden Unternehmen sowieso kein Wettbewerb auf diesem Gebiet besteht. Auch kann eine Absprache über Lieferbedingungen nicht den Veranstalter der Ausschreibung dazu veranlassen ein bestimmtes Gebot anzunehmen.

gg) Verordnung Nr. 1400/2002 – Vertikalvereinbarungen im Kraftfahrzeugsektor

Die Verordnung Nr. 1400/2002[760] enthält gesonderte Regeln für die Freistellung von Vertikalvereinbarungen im Kraftfahrzeugsektor. Sie enthält strengere Gruppenfreistellungsregelungen als die Verordnung Nr. 2790/1999 für vertikale Vereinbarungen beim Kauf oder Verkauf neuer Kraftfahrzeuge, Ersatzteile und Instandsetzungs- oder Wartungsdienstleistungen für derartige Fahrzeuge.

Durch diese Sonderregelungen soll die Verwirklichung des Binnenmarktes auch auf dem Sektor der Kraftfahrzeugsbranche vorangetrieben werden, auf dem sehr lange stark abgeschottete Märkte bestanden und zum Teil noch bestehen, so dass Preisunterschiede von bis zu 40% keine Seltenheit darstellten.[761]

Für eine Anwendung innerhalb des § 298 StGB bestehen auch hier keine denkbaren Fälle. Schon eine Ausschreibung in diesem Bereich scheint nicht denkbar.

---

[760] Verordnung (EG) Nr. 1400/2002 der Kommission v. 31.07.2002 über die Anwendung von Artikel 81 Absatz 3 des Vertrags auf Gruppen von vertikalen Vereinbarungen und aufeinander abgestimmten Verhaltensweisen im Kraftfahrzeugsektor, ABl. L 203 v. 01.08.2002, S. 30.
[761] *Emmerich*, Kartellrecht (2008), § 5, Rn. 30.

B. Rechtswidrigkeit

hh) Verordnung Nr. 772/2004 – Technologietransfer

Die Verordnung Nr. 772/2004[762] stellt Technologietransfer-Vereinbarungen zwischen zwei Unternehmen, die die Produktion der Vertragsprodukte ermöglichen frei. Technologietransfer-Vereinbarungen betreffen stets die Vergabe einer Lizenz für eine bestimmte Technologie.

Auch hier ist keine Ausschreibung denkbar.

b) Freigestellte Vereinbarungen im Sinne des § 2 I GWB

Greift keine der dargestellten Verordnungen, wie dies im Rahmen der Ausschreibung stets sein wird, kann eine Vereinbarung dennoch vom Wettbewerbsverbot freigestellt sein. Zu prüfen ist dies dann direkt an Art. 81 III EG / § 2 I GWB (Einzelfreistellung).

Die Generalklausel des § 2 I GWB ersetzt seit der 7.GWB-Novelle die vormals bestehenden zahlreichen Ausnahmen vom Kartellverbot und übernimmt somit das von Art. 81 III EG und Art. 1 II der Verordnung Nr. 1/2003[763] vorgeschriebene System der Legalausnahme.

Legalausnahme bedeutet, dass Verhaltensweisen, die grundsätzlich unter Art. 81 I EG / § 1 GWB fallen, aber die Voraussetzungen von Art. 81 III EG / § 2 GWB erfüllen, nicht verboten sind, ohne dass es dafür einer Feststellung durch ein Kartellorgan bedürfte (§ 1 II VO Nr. 1/2003). Die Freistellung wirkt von Gesetzes wegen, bedarf somit weder eines deklaratorischen noch eines konstitutiven Aktes. Mithin entfällt auch die Anmeldepflicht mit der damit verbundenen Notifikations- und Publizitätswirkung. Die Unternehmen müssen die Rechtmäßigkeit ihres Verhaltens selbst einschätzen (Prinzip der Selbsteinschätzung) und die Kartellbehörden

---

[762] Verordnung (EG) Nr. 772/2004 der Kommission v. 27.04.2004 über die Anwendung von Artikel 81 Absatz 3 EG-Vertrag auf Gruppen von Technologietransfer-Vereinbarungen, ABl. L 123 v. 27.04.2004, S. 11.
[763] Verordnung (EG) Nr. 1/2003 des Rates v. 16.12.2002 zur Durchführung der in den Artikeln 81 und 82 des Vertrages niedergelegten Wettbewerbsregeln, ABl. L Nr. 1 v. 04.01.2003, S. 1.

sind auf eine nachträgliche Kontrolle der Verhaltensweise beschränkt.[764] Auch in diesem Bereich erfolgte – mit Ausnahme der § 3 (für Mittelstandskartell), § 28 (für Landwirtschaft) und § 30 GWB (für Zeitungen und Zeitschriften) die vollständige Angleichung der Wettbewerbsregeln an das Europarecht.

Zur Auslegung der Tatbestandsmerkmale kann sowohl auf die Rechtsprechung als auch auf die Praxis der Kommission, insbesondere die Bekanntmachung zur Anwendung von Artikel 81 Absatz 3 EG-Vertrag vom 27.04.2004[765], zurückgegriffen werden.[766] Hierbei ist zu beachten, dass lediglich auf die Auslegung zurückgegriffen wird, es erfolgte keine dem § 2 II GWB vergleichbare direkte Verweisung. Allerdings wird sich im Folgenden durch die Darstellung der einzelnen Tatbestandsmerkmale zeigen, dass auch der Anwendungsbereich der Einzelfreistellung im Rahmen von Ausschreibungen, wenn überhaupt, nur sehr begrenzt ist. Dies folgt schon aus den notwendigen Folgen einer Verbesserung der Warenerzeugung oder –verteilung beziehungsweise der Förderung des technischen oder wirtschaftlichen Fortschritts. Absprachen, die den Veranstalter dazu veranlassen ein bestimmtes Angebot anzunehmen, dienen in der Regel weder der Verbesserung der Warenerzeugung oder –verteilung noch der Förderung des technischen oder wirtschaftlichen Fortschritts, obwohl dies nicht vollkommen ausgeschlossen werden kann. Deshalb soll kurz auf die einzelnen Tatbestandsmerkmale eingegangen werden.

Die Prüfung des § 2 GWB erfolgt wie bei Art. 81 III EG grundsätzlich zweistufig. Als erstes wird geprüft, ob eine Vereinbarung zwischen Unternehmen einen wettbewerbswidrigen Zweck verfolgt oder tatsächliche oder potenzielle wettbewerbswidrige Auswirkungen hat (§ 1 GWB). In einem zweiten Schritt müssen dann die sich aus der Vereinbarung ergebenden wettbewerbsfördernden Wirkungen ermittelt, und eine Abwägung vorgenommen werden, ob diese Wirkungen die Nachteile für den Wettbewerb aufwiegen.[767]

---

[764] *Bunte* in: Langen/Bunte, GWB-Kommentar/1 (2006), § 2, Rn. 8.
[765] Kommission, Bekanntmachung – Leitlinien zur Anwendung von Artikel 81 Absatz 3 EG-Vertrag, ABl. Nr. C 101 v. 27.04.2004, S. 97.
[766] BT-Drucks. 15/3640, S. 25.
[767] Kommission, Bekanntmachung – Leitlinien zur Anwendung von Artikel 81 Absatz 3 EG-Vertrag, ABl. Nr. C 101 v. 27.04.2004, S. 97, Rn. 11.

aa) Verbesserung der Warenerzeugung oder -verteilung

Als erste Voraussetzung für das Vorliegen des Freistellungstatbestandes nach § 2 GWB / Art. 81 III EG muss die geschlossene Vereinbarung einen Beitrag zur Verbesserung der Warenerzeugung oder -verteilung oder zur Förderung des technischen oder wirtschaftlichen Fortschritts leisten. Obwohl die Voraussetzung dem Wortlaut nach nur für Waren gilt, muss sie nach Auffassung der Kommission analog auch auf Dienstleistungen angewandt werden.[768]

"Ausgangspunkt der Beurteilung ist dabei der [...] Grundsatz, wonach es der redliche und unverfälschte Wettbewerb ist, der die regelmäßige und wirtschaftlich günstigste Versorgung des Marktes am besten gewährleistet. Von einem Beitrag zur Förderung des Wirtschaftsablaufs im Sinne von Art. 81 III [oder § 1 GWB] kann folglich nur in den Fällen die Rede sein, in denen der Wettbewerb ausnahmsweise nicht zur Herbeiführung des wirtschaftlich günstigsten Ergebnisses imstande ist."[769]

Dadurch wird bereits deutlich, dass die Freistellung lediglich eine Ausnahme sein kann und stets sehr genau zu prüfen ist, ob tatsächlich so gravierende Vorteile erzielt werden, dass die Wettbewerbsbeschränkung hingenommen werden kann.

Die Kommission bezeichnet dieses Merkmal zusammenfassend als „Effizienzgewinn". Ein solcher liegt immer dann vor, wenn tatsächlich spürbare objektive – das heißt nicht vom subjektiven Standpunkt der Parteien aus beurteilte – Vorteile für andere Marktteilnehmer erreicht werden, die insgesamt die Nachteile aufwiegen, die mit der Bildung eines Kartells zwangsläufig einhergehen.[770] Regelmäßig

---

[768] Kommission, Bekanntmachung – Leitlinien zur Anwendung von Artikel 81 Absatz 3 EG-Vertrag, ABl. Nr. C 101 v. 27.04.2004, S. 97, Rn. 48; *Rittner/Kulka*, Wettbewerbs- und Kartellrecht (2008), § 8, Rn. 10.

[769] Kommission, Entscheidung v. 15.12.1975 – 76/172/EWG, ABl. Nr. L 30 v. 05.02.1976, S. 13ff. (III B 1) –Bayer/Gist-Brocades.

[770] Kommission, Bekanntmachung – Leitlinien zur Anwendung von Artikel 81 Absatz 3 EG-Vertrag, ABl. Nr. C 101 v. 27.04.2004, S. 97, Rn. 49; EuGH, Urt. v. 13.07.1966 – C-56 und 58/64, Slg. 1966, S. 322 (S. 396) – Établissements Consten S.à.R.L. and Grundig-Verkaufs-GmbH; Kommission, Entscheidung v. 11.03.1998 – 98/531/EG, ABl. Nr. L 246 v. 04.09.1998, S. 1 (Rn. 224) – Van den Bergh Foods Limited; EuG, Urt. v. 15.07.1994 – T-17/93, Slg. 1994, S. II-595 (Rn. 135) – Matra Hachette; EuG, Urt. v. 08.06.1995 – T-7/93, Slg. 1995, S. II-1533

Kapitel 3: Rechtswidrige Absprache

kommt es durch Integration wirtschaftlicher Tätigkeiten zu Effizienzgewinnen, indem Unternehmen ihre Vermögenswerte zusammenlegen, um etwas zu verwirklichen, was sie alleine nicht oder weniger effizient hätten erreichen können.[771] Ob sich Vorteile ergeben, ist durch einen Vergleich der Situation mit dem Zustand ohne Abrede zu ermitteln. Bei der Beurteilung, ob die Vorteile die Nachteile aufwiegen können, kommt es auf eine Abwägung an, die zugunsten der Vorteile ausfallen muss.

Eine Verbesserung der Warenerzeugung kann auf zweierlei Arten erreicht werden. So kann zum einen eine quantititative, zum anderen eine qualitative Verbesserung erzielt werden. Unter quanitativen Effizienzgewinnen versteht man Kosteneinsparungen durch zum Beispiel die Entwicklung neuer beziehungsweise Optimierung bestehender Produktionstechniken und -verfahren, durch die Realisierung von Skalenvorteilen (economie of scale)[772], Synergieeffekte durch die Zusammenlegung bestehender Vermögenswerte beziehungsweise von Betriebsteilen, Größen- und Verbundvorteile (economies of scope)[773], sowie bessere Auslastung von Kapazitäten, aber auch die Vermeidung doppelter Forschungs- und Entwicklungsarbeiten, niedrigere Material-, Werkzeugs- oder Lohnkosten sowie geringere Lager-, Werbe-, Ausstellungs- und Transportkosten.[774]

In diesem Bereich könnten möglicherweise die Absprachen im Rahmen einer Ausschreibung eingeordnet werden, die ausschließlich deshalb getroffen wurden, um

---

(Rn. 180) – Langnese-Iglo; EuG, Urt. v. 08.06.1995 – T-9/93, Slg. 1995, S. II-1611 (Rn. 142) – Schöller; *Emmerich*, Kartellrecht (2008), § 8, Rn. 17; Kommission, Bekanntmachung – Leitlinien zur Anwendung von Artikel 81 Absatz 3 EG-Vertrag, ABl. Nr. C 101 v. 27.04.2004, S. 97, Rn. 33; *Bunte* in: Langen/Bunte, Europäisches Kartellrecht/2 (2006), Art. 81, Rn. 150; *Schröter* in: Schröter/Jakob/Mederer, Europäisches Wettbewerbsrecht (2003), Art. 81 Absatz 3, Rn. 342.

[771] Kommission, Bekanntmachung – Leitlinien zur Anwendung von Artikel 81 Absatz 3 EG-Vertrag, ABl. Nr. C 101 v. 27.04.2004, S. 97, RN. 60.

[772] d.h. abnehmende Stückkosten bei steigender Produktion.

[773] d.h. Unternehmen stellen mit gleichen Einsatzfaktoren unterschiedliche Produkte her.

[774] Kommission, Bekanntmachung – Leitlinien zur Anwendung von Artikel 81 Absatz 3 EG-Vertrag, ABl. Nr. C 101 v. 27.04.2004, S. 97, Rn. 64-68; *Emmerich*, Kartellrecht (2008), § 8, Rn. 19; *Bunte* in: Langen/Bunte, GWB-Kommentar/1 (2006), § 2, Rn. 31; *Rittner/Kulka*, Wettbewerbs- und Kartellrecht (2008), § 8, Rn. 14; zu Verbreiterung des Angebots: BGH, Beschluss v. 09.07.2002 – KVR 1/01, WuW DE-R 919 (Rn. 34) – Stellenmarkt für Deutschland.

B. Rechtswidrigkeit

eine bessere Auslastung der Kapazitäten zu erreichen. Allerdings ist dabei schon äußerst zweifelhaft, ob diese Absprachen tatsächlich zur Verbesserung der Effizienz getroffen wurden oder nicht vielmehr – schließt man eine Preissteigerung aus – zur Vermeidung von (ruinöser) Konkurrenz. Zu fragen ist in einem solchen Fall, ob die Vereinbarung dazu diente die eigene Produktion effektiver zu gestalten und damit eine Verbesserung der Warenerzeugung herbei zu führen oder ob lediglich das Unternehmen vor einer Verdrängung vom Markt geschützt werden sollte, und somit nur dessen Existenz gesichert werden sollte. Zu beachten ist dabei, dass eine tatsächliche Effizienzsteigerung, wenn überhaupt, nur durch ein Ringkartell verwirklicht werden kann. Nur dann ist es möglich, regelmäßig bestimmte Aufträge zu bekommen und die Produktion in gewisser Weise anzupassen, wobei dies auch nur bedingt möglich erscheint, da nicht vorhergesehen werden kann, welche Ausschreibungen in Zukunft folgen werden. Die Absprache bei einer einzelnen Ausschreibung führt lediglich dazu, dass ein Auftrag vergeben wird, dies kann aber nicht zu einer allgemeinen Verbesserung der Warenerzeugung beitragen, so dass der Wettbewerbsschutz hier höher zu bewerten und der Aunahmetatbestand des § 2 I GWB zu verneinen ist.

Qualitative Effizienzgewinne betreffen dagegen die Qualität der Produkte, deren Vertrieb, die Neuentwicklung von Produkten beziehungsweise die Verbreiterung des Angebots aber auch die Erschließung neuer Märkte, die Erhaltung von Arbeitsplätzen, die Förderung der Volksgesundheit, die Verkehrssicherheit beziehungsweise die Errichtung und Verstärkung grenzüberschreitender Verkehrsnetze oder den Schutz der Umwelt.[775]

Keine berücksichtigungsfähigen Effizienzgewinne sind die Einsparungen von Wettbewerbskosten, das heißt alle Kosten, die unmittelbar darauf beruhen, dass das Unternehmen keine Wettbewerbsanstrengungen mehr unternehmen muss.[776]

---

[775] *Emmerich*, Kartellrecht (2008), § 8, Rn. 19; *Rittner/Kulka*, Wettbewerbs- und Kartellrecht (2008), § 8, Rn. 11, 13; *Schröter* in: Schröter/Jakob/Mederer, Europäisches Wettbewerbsrecht (2003), Art. 81 Absatz 3, Rn. 346; nicht eindeutig Erhaltung von Arbeitsplätzen: bejahend: EuGH, Urt. v. 25.10.1977 – Rs. 26/76, Slg. 1977, S. 1875, Rn. 43 – Metro; Kommission, Entscheidung v. 04.07.1984 – 84/380/EWG, ABl. Nr. L 207 v. 02.08.1984, S. 27 (Rn. 37) – Kunstfasern; einschränkend aber: EuGH, Urt. v. 11.07.1985 – Rs. 42/84, Slg. 1985, S. 2545, Rn. 42 – Remia.

[776] *Bunte* in: Langen/Bunte, GWB-Kommentar/1 (2006), § 2, Rn. 33; *Zapfe*, Ausnahmen vom Kartellverbot (2005), S. 90 (noch zu § 7 GWB a.F.).

Kapitel 3: Rechtswidrige Absprache

Die Verbesserung der Warenverteilung betrifft vor allem die schnellere und leichtere Durchdringung der Märkte, das heißt eine Verbesserung liegt dann vor, wenn Produkte ihre Abnehmer schneller erreichen oder für neue Abnehmer überhaupt erst zugänglich werden.[777] Sie kann zum Beispiel durch eine Verbesserung der Qualität, der Verteilungsgeschwindigkeit oder der Lieferbereitschaft erfolgen. Eine von diesem Merkmal umfasste Konstellation kann die Konzentration des Herstellers auf einen Absatzmittler sein. Der Hersteller hat dabei den Vorteil, dass er nicht mit einer Vielzahl von Händlern arbeiten muss, während der Absatzmittler eine intensivere Bearbeitung des Marktes oder sogar die Erschließung eines neuen Marktes vornehmen kann, da er auf eine kontinuierliche Versorgung unter gleichzeitiger Rationalisierung der Verteilung zurückgreifen kann. Durch die Spezialisierung des Händlers können besser auf die Kunden abgestimmte Dienstleistungen angeboten werden, die Auslieferung beschleunigt und meist auch die Qualität innerhalb der gesamten Vertriebskette gesichert werden.[778]

Das Merkmal der „Förderung des technischen oder wirtschaftlichen Fortschritts" erfasst vor allem die Zusammenarbeit von Unternehmen bei der Forschung und Entwicklung oder bei der geschäftlichen Verwertung von gewerblichen Schutzrechten und technischen Know-how. Die Kommission sieht einen wesentlichen wirtschaftlichen oder technischen Fortschritt insbesondere dann als gegeben an, wenn auf Grund der wettbewerbsbeschränkenden Vereinbarung neue Waren oder Dienstleistungen schneller, kostengünstiger oder auf höherem technischen Standard angeboten werden können.[779]

Eine Absprache, die zur Verbesserung der Warenverteilung oder zu technischem oder wirtschaftlichem Fortschritt führt, ist im Bereich einer Ausschreibung kaum denkbar.

---

[777] *Rittner/Kulka*, Wettbewerbs- und Kartellrecht (2008), § 8, Rn. 13.
[778] Kommission, Bekanntmachung – Leitlinien zur Anwendung von Artikel 81 Absatz 3 EG-Vertrag, ABl. Nr. C 101 v. 27.04.2004, S. 97, Rn. 72; *Bunte* in: Langen/Bunte, GWB-Kommentar/1 (2006), § 2, Rn. 37; *Bunte* in: Langen/Bunte, Europäisches Kartellrecht/2 (2006), Art. 81, Rn. 155.
[779] Kommission, Bekanntmachung – Leitlinien zur Anwendbarkeit von Artikel 81 EG-Vertrag auf Vereinbarungen über horizontale Zusammenarbeit, ABl. Nr. C 3 v. 06.01.2001 S. 2, Rn. 68f.; *Mestmäcker/Schweitzer*, Europäisches Wettbewerbsrecht (2004), § 13, Rn. 42.

B. Rechtswidrigkeit

bb) Angemessene Beteiligung der Verbraucher am Gewinn

Eine Freistellung kommt des Weiteren nur dann in Betracht, wenn die Verbraucher[780] – im Fall der Ausschreibung der Ausschreibende – an den durch die wettbewerbsbeschränkende Maßnahme eingefahrenen Gewinnen angemessen beteiligt werden. Es sollen dadurch nicht nur die an der Wettbewerbsbeschränkung beteiligten Unternehmen in den Genuss der Vorteile kommen, sondern auch die Allgemeinheit.

„Gewinn" im Sinne der Vorschriften ist sowohl ein finanzieller Vorteil, wie zum Beispiel Preissenkungen oder der Verzicht auf Preiserhöhungen, aber auch ein Vorteil nicht-finanzieller Art, wie eine bessere Leistung zum gleichen oder günstigeren Preis oder die Möglichkeit ein bestimmtes Produkt überhaupt beziehungsweise leichter zu beziehen. Auch als „Gewinn" ist der Fall zu bezeichnen, in dem eine Verteuerung oder Verschlechterung der Leistung sowie eine Erschwerung des Bezugs verhindert wird.[781]

Eine angemessene Weitergabe setzt nicht voraus, dass alle Vorteile weitergegeben werden müssen, vielmehr reicht es, wenn die weitergegebenen Vorteile die tatsächlichen oder voraussichtlichen negativen Auswirkungen der Wettbewerbsbeschränkung zumindest ausgleichen. Die „Nettowirkung" einer Vereinbarung muss aus

---

[780] Der Begriff des „Verbrauchers" ist dabei nicht wörtlich zu verstehen, sondern vielmehr als Gegensatz zu den Parteien der Vereinbarung. Erfasst sind sämtliche unmittelbare und mittelbare Abnehmer des Kartells, das heißt alle Nutzer oder Nachfrager des Produkts, auf das sich die Vereinbarung bezieht. Umfasst sind neben den eigentlichen Verbrauchern, das heißt natürlichen Personen, die außerhalb ihrer Geschäfts- oder Berufstätigkeit handeln, auch die Produzenten, die die Ware als Vorprodukt benötigen, Großhändler und Einzelhändler, sowie die öffentliche Hand. Vgl. dazu: Kommission, Bekanntmachung – Leitlinien zur Anwendung von Artikel 81 Absatz 3 EG-Vertrag, ABl. Nr. C 101 v. 27.04.2004, S. 97, Rn. 84; *Emmerich*, Kartellrecht (2008), § 8, Rn. 21; *Bunte* in: Langen/Bunte, GWB-Kommentar/1 (2006), § 2, Rn. 41; *Bunte* in: Langen/Bunte, Europäisches Kartellrecht/2 (2006), Art. 81, Rn. 159; *Bechtold* in: Bechtold, GWB-Kommentar (2008), § 2, Rn. 15; Kommission, Entscheidung v. 08.05.2001, ABl. Nr. L 302 v. 17.11.2001, S. 1, Rn. 185 – Glaxo Wellcome [u.a.]; Kommission, Entscheidung v. 23.12.1971 – 72/41/EWG, ABl. Nr. L 14 v. 18.01.1972, S. 14 (16) – Henkel/Colgate.

[781] *Bunte* in: Langen/Bunte, GWB-Kommentar/1 (2006), § 2, Rn. 43; *Zapfe*, Ausnahmen vom Kartellverbot (2005), S. 89.

Sicht der von den Vereinbarungen unmittelbar oder wahrscheinlich betroffenen Verbraucher mindestens neutral sein.[782]

In diesem Fall werden die Verbraucher nicht geschädigt. Dabei ist weder erforderlich, dass jeder einzelne Effizienzgewinn weitergegeben wird, noch dass jeder einzelne Verbraucher einen Vorteil erlangt. Es genügt vielmehr, wenn die Mehrzahl beziehungsweise die Gesamtheit der Verbraucher auf dem relevanten Markt einen spürbaren Vorteil erlangt.[783] Jedoch ist darauf zu achten, dass je stärker der Wettbewerb beschränkt wird, desto bedeutender auch die Gewinne und deren Weitergabe an die Verbraucher sein müssen.[784]

Kommt man im Rahmen der Verbesserung der Warenerzeugung tatsächlich dazu, dass die Effizienz gesteigert werden sollte, was in der Regel nicht der Fall sein wird, ist nun zu prüfen, ob dieser Effizienzgewinn auch an den Veranstalter der Ausschreibung weitergegeben wurde. Dies wird in der Regel zu verneinen sein. Gerade im Bereich von Ringkartellen, bei denen sich die Teilnehmer für längere Zeit absprechen, kommt es in der Regel eher zu Preissteigerungen als zu Preissenkungen, da die Weitergabe des Effizienzgewinns keinen Einfluss auf den Zuschlag hätte. Die übrigen Schutzangebote würden sowieso höher ausfallen.

cc) Unerlässlichkeit der Einschränkung

Art. 81 III a EG und § 2 I Nr. 1 GWB verlangen als weitere Voraussetzung, dass den beteiligten Unternehmen keine Beschränkungen auferlegt werden dürfen, die für die Verwirklichung des Effizienzgewinns für die Verbraucher nicht unerlässlich

---

[782] Kommission, Bekanntmachung – Leitlinien zur Anwendung von Artikel 81 Absatz 3 EG-Vertrag, ABl. Nr. C 101 v. 27.04.2004, S. 97, Rn. 85; a.A. *Bechtold* in: Bechtold, GWB-Kommentar (2008), § 2, Rn. 12, 15, der einen positiven Saldo fordert.
[783] Kommission, Bekanntmachung – Leitlinien zur Anwendung von Artikel 81 Absatz 3 EG-Vertrag, ABl. Nr. C 101 v. 27.04.2004, S. 97, Rn. 85-87; EuGH, Urt. v. 23.11.2006 – C-238/05, Slg. 2006, S. I-11125, Rn. 70 – Asnef-Equifax.
[784] Kommission, Bekanntmachung – Leitlinien zur Anwendung von Artikel 81 Absatz 3 EG-Vertrag, ABl. Nr. C 101 v. 27.04.2004, S. 97, Rn. 90.

B. Rechtswidrigkeit

sind. Es ist damit zu prüfen, ob die wettbewerbsbeschränkende Maßnahme erforderlich, das heißt das mildeste Mittel, zur Erreichung des Ziels war.[785]

Die Kommission prüft dieses Merkmal zweistufig. Als erstes muss die Vereinbarung als solche unerlässlich, das heißt vernünftigerweise notwendig sein. Danach werden auch die einzelnen wettbewerbsbeschränkenden Abreden innerhalb der Vereinbarung auf ihre Notwendigkeit hin überprüft. Es ist zu ermitteln, ob die Vereinbarung und ihre einzelnen Beschränkungen es ermöglichen, die in Frage stehenden Tätigkeiten effizienter durchzuführen, als dies ohne die Absprache geschehen könnte, ob damit mehr Effizienzgewinne erzielt werden können.

In einem ersten Schritt ist festzustellen, ob sich die Effizienzgewinne nur durch die Vereinbarung erzielen lassen, *„weil es keine andere wirtschaftlich machbare und weniger wettbewerbsbeschränkende Möglichkeit gibt"*. Dabei sind sowohl die Marktverhältnisse als auch die unternehmerischen Gegebenheiten zu berücksichtigen.

Wird die Notwendigkeit der Vereinbarung festgestellt, ist im Folgenden zu ermitteln, ob die einzelnen Wettbewerbsbeschränkungen für die Vereinbarung erforderlich sind/waren. *„Eine Wettbewerbsbeschränkung ist unerlässlich, wenn ohne sie die sich aus der Vereinbarung ergebenden Effizienzgewinne beseitigt oder erheblich geschmälert würden oder die Wahrscheinlichkeit zurückgehen würde, dass sich diese Effizienzgewinne realisieren."*

Die Beurteilung erfolgt im Rahmen des tatsächlichen wirtschaftlichen Umfelds, wobei vor allem die Marktstruktur, die mit der Vereinbarung verbundenen wirtschaftlichen Risiken und Anreize für die Parteien zu würdigen sind. Wichtig ist, dass die Prüfung umso strenger durchgeführt wird, je stärker die Wettbewerbsbeschränkung ist. Handelt es sich um eine Kernbeschränkung beziehungsweise eine

---

[785] *Emmerich*, Kartellrecht (2008), § 8, Rn. 23; EuG, Urt. v. 09.07.1992 – T-66/89, Slg. 1992, S. II-1995, Rn. 72, 116 – Publishers Association (Nettobücher); EuG, Urt. v. 15.07.1994 – T-17/93, Slg. 1994, S. II-595 (Rn. 135ff.) – Matra Hachette; Kommission, Entscheidung v. 17.09.2001 – 2001/837/EG, ABl. Nr. L 319 v 04.12.2001, S. 1, Rn. 150ff. – DSD; EuG, Urt. v. 23.02.1994 – verbundene Rechtssachen T-39/92 und T-40/92, Slg. 1994, S. II-40, Rn. 114. – Groupement des cartes bancaires.

Kapitel 3: Rechtswidrige Absprache

Beschränkung, die auf der schwarzen Liste der Gruppenfreistellungsverordnungen erscheint, so ist es äußerst unwahrscheinlich, dass diese als unerlässlich angesehen werden kann.[786] Können auf einer der Prüfungsstufen mildere, das heißt den Wettbewerb oder die wirtschaftliche Handlungsfreiheit der Teilnehmer weniger beeinträchtigende Maßnahmen gefunden werden, so ist die Vereinbarung nicht freigestellt. Dabei ist von objektiven Gegebenheiten auszugehen, nicht aber von den subjektiven Vorstellungen der Kartellmitglieder.[787] Allerdings ist es kein milderes Mittel, wenn zwar das Ziel auch auf andere Weise erreicht werden kann, dies aber aus wirtschaftlichen Gründen nicht sinnvoll wäre.[788]

Unterstellt man die Verbesserung der Warenerzeugung und die Weitergabe des Gewinns bei der Absprache im Rahmen einer Ausschreibung, so ist innerhalb dieses Merkmals zu überprüfen, ob als einzige Möglichkeit eine effizientere Auslastung herbeizuführen, tatsächlich nur die Beschränkung durch Absprachen in Betracht kommt. Dies kann in der Regel nicht bejaht werden, denn es würde bedeuten, dass die Unternehmen nur mit den nicht vorhersehbaren und damit nicht tatsächlich kalkulierbaren Ausschreibungsangeboten von öffentlicher oder privater Stelle auf ihrem momentanen Produktionsstand effektiv arbeiten können. Dies aber stellt wohl eine Fehlplanung im Rahmen des Betriebes dar. Allein auf den Gewinn von Ausschreibungen kann ein Unternehmen seine Existenz kaum gründen. Doch auch wenn man noch dieses Merkmal bejahen würde, so käme man auf jeden Fall zu einem Ausschluss im Rahmen des letzten Tatbestandsmerkmals.

---

[786] Kommission, Bekanntmachung – Leitlinien zur Anwendung von Artikel 81 Absatz 3 EG-Vertrag, ABl. Nr. C 101 v. 27.04.2004, S. 97, Rn. 73-80; BKartA, Beschluss v. 10.08.2007, B-4-31/05, WuW DE-V 1459 (1473) – Wirtschaftsprüferhaftpflicht.

[787] EuGH, Urt. v. 25.03.1981- Rs. 61/80, Slg. 1981, S. 851 (Rn. 18) – Coöperatieve Stremsel- en Kleurselfabriek; EuG, Urt. v. 23.02.1994 – verbundene Rechtssachen T-39/92 und T-40/92, Slg. 1994, S. II-40, Rn. 113f.. – Groupement des cartes bancaires; *Bunte* in: Langen/Bunte, GWB-Kommentar/1 (2006), § 2, Rn. 48.

[788] *Bunte* in: Langen/Bunte, GWB-Kommentar/1 (2006), § 2, Rn. 49; BKartA, Beschluss v. 03.04.1963 – B5-327300-J-276/60, WuW/E BKartA 629 (630) - Armaturen.

B. Rechtswidrigkeit

dd) Ausschaltung des Wettbewerbs

Als letztes Tatbestandsmerkmal sehen Art. 81 III b EG und § 2 I Nr. 2 GWB vor, dass den beteiligten Unternehmen keine Möglichkeit eröffnet werden darf, für einen wesentlichen Teil der betreffenden Waren den Wettbewerb auszuschalten. Es muss somit trotz wettbewerbsbeschränkender Absprache stets noch ein funktionsfähiger Wettbewerb auf dem sachlich und räumlich relevanten Markt verbleiben, der seine elementaren Steuerungs- und Koordinierungsfunktionen noch erfüllen kann.[789] Durch diese Voraussetzung wird deutlich, dass der Wettbewerb noch immer als Motor für die wirtschaftliche Effizienz, einschließlich langfristiger dynamischer Effizienzsteigerungen durch Innovationen angesehen wird. Auch Art. 81 III EG und § 2 I GWB beruhen mithin auf der Annahme, dass wenn der Wettbewerb vollständig ausgeschaltet würde, der Wettbewerbsprozess zum Stillstand käme und die kurzfristigen Effizienzgewinne durch langfristige Verluste nivelliert werden. Die Verluste entstünden vor allem durch Ausgaben zur Erhaltung der Marktposition etablierter Unternehmen, durch die Fehlallokation von Ressourcen, durch Rückgang von Innovationen und durch höhere Preise.[790]

Im Bereich der Ausschreibung kann die Effizienzsteigerung nur im Rahmen von Ringkartellen verwirklicht werden, da nur dann eine langfristige Steigerung mit der Möglichkeit der Weitergabe des Gewinns an den Verbraucher erfolgen kann. Die Absprache kann, wie bereits dargestellt, nur dann als notwendiges Mittel zur Effizienzsteigerung gesehen werden, wenn es allein durch ein Ringkartell möglich ist, diese Steigerung zu erhalten. Das Unternehmen richtet somit seine Produktion darauf aus, dass es regelmäßig Aufträge durch Ausschreibungen bekommt. Um gewährleisten zu können, dass ein Zuschlag auch tatsächlich erfolgt, muss aber ein gewisser Anteil an Konkurrenten an dem Kartell beteiligt sein. Nur dann kann eine Absprache zu den erhofften Steigerungen beziehungsweise zu der Verlässlichkeit der Auftragserteilung beitragen. Unterstellt man das Vorliegen sämtlicher Voraussetzungen des § 2 I GWB in einem solchen Fall, so scheitert man zwangsläufig am letzten Merkmal. Denn kann ein Unternehmen aufgrund der Absprache seine Effi-

---

[789] *Emmerich*, Kartellrecht (2008), § 8, Rn. 25; EuGH, Urt. v. 25.10.1977, Rs. 26/76, Slg. 1977, S. 1875, Rn. 20 – Metro.

[790] Kommission, Bekanntmachung – Leitlinien zur Anwendung von Artikel 81 Absatz 3 EG-Vertrag, ABl. Nr. C 101 v. 27.04.2004, S. 97, Rn. 105.

zienzgewinne realisieren, obwohl es mit der Unregelmäßigkeit der Ausschreibung kalkulieren muss, so kann dies nur dadurch geschehen, dass kein Wettbewerb mehr im Rahmen der Ausschreibung erfolgt. Die Auftragserteilung muss für ihn sicher vorhersehbar sein. Kann ein Unternehmer aber auch ohne einen solchen Auftrag – weil dieser aufgrund Wettbewerb einem anderen Bieter zugeschlagen wurde – effizient arbeiten, war die Absprache nicht mehr unerlässlich für die Steigerung, so dass dieses Merkmal entfiele.

Wie das Beispiel zeigt, ist auch für den Ausnahmetatbestand des § 2 I GWB im Rahmen des § 298 StGB kein Raum.

c) Mittelstandskartelle nach § 3 GWB

§ 3 GWB enthält nach der 7. GWB-Novelle die einzige verbleibende Einzelfreistellung des GWB für Mittelstandskartelle. Zugleich ist diese Norm auch die einzige Abweichung vom europäischen Recht im Hinblick auf Freistellungen. Da ein vergleichbarer Tatbestand für kleinere und mittlere Unternehmen (KMU) im europäischen Kartellrecht nicht besteht, kann § 3 I GWB aufgrund des Vorrangs des Europarechts, nur dann Anwendung finden, wenn keine Eignung zur Beeinträchtigung des zwischenstaatlichen Handels gegeben ist.[791]

Kraft gesetzlicher Fiktion[792] sind die Voraussetzungen des § 2 I GWB dann erfüllt, wenn durch eine Vereinbarung oder einen Beschluss zwischen miteinander im Wettbewerb stehenden Unternehmen, die die Rationalisierung wirtschaftlicher Vorgänge und zwischenbetriebliche Zusammenarbeit zum Gegenstand haben, der Wettbewerb auf dem Markt nicht wesentlich beeinträchtigt wird und die dazu die-

---

[791] Bundeskartellamt, Merkblatt über Kooperationsmöglichkeiten für kleinere und mittlere Unternehmen, März 2007, Rn. 17; *Schneider* in: Langen/Bunte, GWB-Kommentar/1 (2006), § 3, Rn. 3; dabei ist aber zu beachten, dass auch die Kommission heute Vereinbarungen zwischen kleinen und mittleren Unternehmen als grundsätzlich nicht mehr geeignet den Handel zwischen Mitgliedstaaten zu beeinträchtigen; vgl. Kommission, Bekanntmachung – Vereinbarungen von geringer Bedeutung, die den Wettbewerb gemäß Artikel 81 Absatz 1 des Vertrags zur Gründung der Europäischen Gemeinschaft nicht spürbar beschränken (de minimis), ABl. Nr. C 368 v. 22.12.2001, S. 13, Rn. 3.
[792] BT-Drucks. 15/3640, S. 44; *Rittner/Kulka*, Wettbewerbs- und Kartellrecht (2008), § 8, Rn. 58; *Bechtold* in: Bechtold, GWB-Kommentar (2008), § 3, Rn. 2.

B. Rechtswidrigkeit

nen, die Wettbewerbsfähigkeit kleiner oder mittlerer Unternehmen zu verbessern. Weisen die Unternehmen erfolgreich das Vorliegen der Voraussetzungen des § 3 GWB nach, bedarf es keines Nachweises der allgemeinen Voraussetzungen des § 2 I GWB.[793] Erfasst werden lediglich horizontale Vereinbarungen, was die Wendung „Vereinbarung zwischen miteinander im Wettbewerb stehender Unternehmen" deutlich macht. Die Unternehmen stehen miteinander im Wettbewerb, wenn sie auf demselben sachlich und örtlich relevanten Markt entweder aktuell nebeneinander tätig sind, oder sinnvoll tätig werden könnten (potentieller Wettbewerb).[794] Eine Freistellung von vertikalen Vereinbarungen ist mithin nur nach den oben dargestellten Regeln möglich. § 3 GWB ist des Weiteren nicht abschließend, so dass stets auch eine Freistellung nach § 2 I GWB in Betracht kommt.[795]

aa) Vorliegen eines kleineren oder mittleren Unternehmens (KMU)

Im Gegensatz zur europäischen Kommission, die das Vorliegen eines KMU anhand absoluter Größenzahlen, wie den Jahresumsatz und die Beschäftigungszahlen, festmacht[796], geht das Bundeskartellamt von einem relativen, sich an der jeweiligen Marktstruktur orientierenden Begriff aus. Wichtig ist der Vergleich mit den großen Unternehmen der Branche, gegenüber denen die Wettbewerbsfähigkeit durch Kooperation von KMU verbessert werden soll. So kann es durchaus vorkommen, dass Unternehmen in einem Wirtschaftszweig als mittlere Unternehmen angesehen werden, während sie in anderen Branchen bereits als große Unternehmen gelten.[797] Da § 3 GWB sowieso nur auf nationale Sachverhalte anwendbar ist, ist die unterschiedliche Auslegung von Bundeskartellamt und Kommission zulässig, obwohl

---

[793] BT-Drucks. 15/3640, S. 45.
[794] *Bechtold* in: Bechtold, GWB-Kommentar (2008), § 3, Rn. 6.
[795] Bundeskartellamt, Merkblatt über Kooperationsmöglichkeiten für kleinere und mittlere Unternehmen, März 2007, Rn. 26f.; *Rittner/Kulka*, Wettbewerbs- und Kartellrecht (2008), § 8, Rn. 62; *Schneider* in: Langen/Bunte, GWB-Kommentar/1 (2006), § 3, Rn. 10.
[796] Empfehlung der Kommission vom 6. Mai 2003 betreffend die Definition der Kleinstunternehmen sowie der kleinen und mittleren Unternehmen, KOM 2003 (361), L124/36 (Rn. 4; Art. 2).
[797] Bundeskartellamt, Merkblatt über Kooperationsmöglichkeiten für kleinere und mittlere Unternehmen, März 2007, Rn. 12; ebenso: Bayerisches Staatsministerium für Wirtschaft, Infrastruktur, Verkehr und Technologie, Kooperation und Wettbewerb (2006), S. 11; *Bunte*, Kartellrecht (2008), S. 266; *Schneider* in: Langen/Bunte, GWB-Kommentar/1 (2006), § 3, Rn. 44.

eine Vereinheitlichung aus Gründen der Rechtssicherheit wohl wünschenswert wäre.

bb) Rationalisierung wirtschaftlicher Vorgänge und zwischenbetrieblicher Zusammenarbeit

Zweck der Vereinbarung oder des Beschlusses muss die Rationalisierung wirtschaftlicher Vorgänge und die zwischenbetriebliche Zusammenarbeit sein. *„Darunter sind solche Maßnahmen zu verstehen, durch die bei jedem beteiligten KMU das Verhältnis des betrieblichen Aufwands für wirtschaftliche Vorgänge zum Ertrag, gerechnet in Produktionseinheiten, verbessert wird."* [798]

Formen einer zwischenbetrieblichen Zusammenarbeit können die Koordination, die Ausgliederung und die Vergemeinschaftung von Unternehmensfunktionen sein, nicht jedoch der einseitige Produktionsverzicht bei Stilllegungsvereinbarungen. Eine Zusammenarbeit ist auf allen Unternehmensbereichen denkbar, das heißt sowohl im Bereich der Forschung und Entwicklung, der Verwaltung und Finanzierung, als auch im Bereich des Einkaufs und der Produktion, der Werbung, des Vertriebs und des Services. Eine Rationalisierung liegt nicht vor, wenn die Verbesserung allein auf dem Ausschluss des Wettbewerbs und damit verbunden die Steigerung der Erlöse, beruht.[799] Das bedeutet, dass Abreden allein über Preise, Lieferquoten oder die Abgrenzung von Liefergebieten in jedem Fall unzulässig sind.[800] Dabei ist zu beachten, dass die Rationalisierung, im Gegensatz zu der Auslegung

---

[798] Bundeskartellamt, Merkblatt über Kooperationsmöglichkeiten für kleinere und mittlere Unternehmen, März 2007, Rn. 28f.; Bayerisches Staatsministerium für Wirtschaft, Infrastruktur, Verkehr und Technologie, Kooperation und Wettbewerb (2006), S. 55; zum alten Recht bereits ähnlich: BGH, Beschluss v. 11.12.1997 – KVR 7/96 (Rn. 47) – Europapokalheimspiele; BKartA, Beschluss v. 31.3.1987 – B6-796000-J-151/85, WuW/E BKartA 2267 (2268) – System-gut Logistik Service.

[799] Bundeskartellamt, Merkblatt über Kooperationsmöglichkeiten für kleinere und mittlere Unternehmen, März 2007, Rn. 28f.; Bayerisches Staatsministerium für Wirtschaft, Infrastruktur, Verkehr und Technologie, Kooperation und Wettbewerb (2006), S. 55; *Rittner/Kulka*, Wettbewerbs- und Kartellrecht (2008), § 8, Rn. 64f.; *Bunte*, Kartellrecht (2008), S. 263; *Schneider* in: Langen/Bunte, GWB-Kommentar/1 (2006), § 3, Rn. 29; 34.

[800] Bayerisches Staatsministerium für Wirtschaft, Infrastruktur, Verkehr und Technologie, Kooperation und Wettbewerb (2006), S. 55.

B. Rechtswidrigkeit

im Art. 81 III EG, einen rein innerbetrieblichen Vorgang darstellt und die Verbraucher keinen Vorteil davon haben müssen. Eine zwingende Beteiligung der Verbraucher am entstehenden Gewinn ist keine Voraussetzung des § 3 GWB.[801]

Schon aus der Beschränkung auf die Rationalisierung wirtschaftlicher Vorgänge und innerbetrieblicher Zusammenarbeit zeigt sich, dass auch für diesen Ausnahmetatbestand im Rahmen einer Ausschreibung kein Anwendungsbereich gegeben ist. Eine Absprache zur Zusammenlegung bestimmter Betriebsteile kann nicht den Veranstalter einer Ausschreibung dazu veranlassen sollen ein bestimmtes Angebot anzunehmen. Auf die Darstellung der übrigen Tatbestandsmerkmale kann daher hier verzichtet werden.

3. Sonderregeln für bestimmte Wirtschaftsbereiche

Während das GWB bis zur 7. Novelle zahlreiche Sonderregelungen für bestimmte Wirtschaftsbereiche vorsah, existieren jetzt nur noch wenige Ausnahmen, die vollständig oder teilweise vom deutschen Kartellverbot befreit sind. Da es meist keine entsprechenden Regelungen auf europäischer Ebene gibt – mit Ausnahme des Bereichs der Landwirtschaft –, dürfen diese Regelungen nur bei rein nationalen Sachverhalten Anwendung finden.

a) Wasserversorgung

Über § 131 VI GWB gelten für die öffentliche Versorgung mit Wasser die §§ 103, 103a und 105 GWB a.F.[802] fort. Durch diese wurden Demarkationsabreden und

---

[801] *Schneider* in: Langen/Bunte, GWB-Kommentar/1 (2006), § 3, Rn. 34.

[802] § 103 aF (mit der Beschränkung auf die Wasserversorgung): *(1) Die §§ 1, 15 und 18 [heute nur noch § 1] finden keine Anwendung auf*
1. Verträge von Unternehmen der öffentlichen Versorgung mit ... Wasser (Versorgungsunternehmen) mit anderen Versorgungsunternehmen oder mit Gebietskörperschaften, soweit sich durch sie ein Vertragsbeteiligter verpflichtet, in einem bestimmten Gebiet eine öffentliche Versorgung über feste Leitungswege mit ... Wasser zu unterlassen;
2. Verträge von Versorgungsunternehmen mit Gebietskörperschaften, soweit sich durch sie eine Gebietskörperschaft verpflichtet, die Verlegung und den Betrieb von Leitungen auf oder unter öffentlichen Wegen für eine bestehende oder beabsichtigte unmittelbare öffentliche Versorgung

Kapitel 3: Rechtswidrige Absprache

ausschließliche Wegerechte kartellrechtlich freigestellt. Dieser Ausnahmetatbestand kann möglicherweise Relevanz im Rahmen einer Ausschreibung bezüglich der Wasserversorgung eines Gebietes besitzen. § 103 Nr. 1 GWB a.F. erlaubt eine Verpflichtung, keine Versorgung in einem bestimmten Gebiet anzubieten. Die Relevanz der Ausnahme ist aber vor allem im Hinblick darauf äußerst gering, dass eine Freistellung allein bei rein nationalen Sachverhalten in Betracht kommt. Es müsste sich damit um Ausschreibungen unterhalb der Schwellenwerte handeln, die in diesem Bereich wohl eher selten zu finden sein werden. Denkbar ist die Ausschreibung der Versorgung eines gesamten (Gemeinde-)Gebietes mit Wasser. Bedenkt man die Laufzeit und die Anzahl der versorgten Haushalte, so werden die Schwellenwerte in der Regel erreicht, so dass § 103 GWB a.F. nicht einschlägig wäre. Über den Schwellenwerten wäre dann eine solche Vereinbarung kartellrechtswidrig, so dass bei einer Akzessorietät des § 298 StGB auch die Rechtswidrigkeit gegeben wäre.

b) Zeitungen und Zeitschriften

§ 30 I GWB stellt vertikale Preisbindungen, durch die ein Unternehmen, das Zeitungen oder Zeitschriften herstellt, die Abnehmer dieser Erzeugnisse rechtlich oder wirtschaftlich bindet, bei der Weiterveräußerung bestimmte Preise zu vereinbaren oder ihren Abnehmern die gleiche Bindung bis zur Weiterveräußerung an den letzen Verbraucher aufzuerlegen, vom Kartellverbot des § 1 GWB frei.

Eine solche Situation im Rahmen einer Ausschreibung ist nicht denkbar, weshalb auf die Darstellung des Tatbestands verzichtet werden soll.

---

von Letztverbrauchern im Gebiet der Gebietskörperschaft mit ... Wasser ausschließlich einem Versorgungsunternehmen zu gestatten;
3. Verträge von Versorgungsunternehmen mit Versorgungsunternehmen der Verteilungsstufe, soweit sich durch sie ein Versorgungsunternehmen der Verteilungsstufe verpflichtet, seine Abnehmer mit ... Wasser über feste Leitungswege nicht zu ungünstigeren Preisen oder Bedingungen zu versorgen, als sie das zuliefernde Versorgungsunternehmen seinen vergleichbaren Abnehmern gewährt;
4. Verträge von Versorgungsunternehmen mit andern Versorgungsunternehmen soweit sie zu dem gemeinsamen Zweck abgeschlossen sind, bestimmte Versorgungsleistungen über feste Leitungswege ausschließlich einem oder mehreren Versorgungsunternehmen zur Durchführung der öffentlichen Versorgung zur Verfügung zu stellen. (vgl. BGBl. 1990-I, S. 235ff.).

B. Rechtswidrigkeit

c) Landwirtschaft

In § 28 GWB wird ein Teil der Landwirtschaft vom Kartellverbot des § 1 GWB freigestellt. Vereinbarungen und Beschlüsse – wohl aber auch abgestimmte Verhaltensweisen[803] – von landwirtschaftlichen Erzeugerbetrieben sowie deren Vereinigungen sind nach § 28 I GWB dann freigestellt, wenn die Erzeugung oder der Absatz landwirtschaftlicher Erzeugnisse oder die Benutzung gemeinschaftlicher Einrichtungen für die Lagerung, Be- oder Verarbeitung geregelt wird, ohne dass sie eine Preisbindung enthalten oder den Wettbewerb ausschließen.

Ebenfalls zu diesem Bereich gehören die Sonderregelungen für forstwirtschaftliche Erzeugnisse, Absatz und Preisempfehlungen in § 40 Bundeswaldgesetz[804] und die Freistellung vertikaler Preis- und Konditionenbindung beim Verkauf von Zuchttieren (§ 29 Tierzuchtgesetz[805]), sowie die Freistellung von Beschlüssen förmlich an-

---

[803] *Jestaedt* in: Langen/Bunte, GWB-Kommentar/1 (2006), § 28, Rn. 12; *Schweizer* in: Immenga/Mestmäcker, Wettbewerbsrecht GWB (2007), § 28, Rn. 32; *de Bronett* in: Wiedemann, Handbuch des Kartellrechts (1999), § 32 Rn. 39.

[804] *§ 40 BwaldG: (1) § 1 des Gesetzes gegen Wettbewerbsbeschränkungen findet keine Anwendung auf Beschlüsse von Vereinigungen forstwirtschaftlicher Erzeugerbetriebe, von anerkannten Forstbetriebsgemeinschaften und von Forstbetriebsverbänden, soweit sie die forstwirtschaftliche Erzeugung und den Absatz von Forsterzeugnissen betreffen. Das gleiche gilt für die nach Landesrecht gebildeten öffentlich-rechtlichen Waldwirtschaftsgenossenschaften und ähnliche Zusammenschlüsse in der Forstwirtschaft, sofern sie einen wesentlichen Wettbewerb auf dem Holzmarkt bestehen lassen.*
(2) Eine anerkannte forstwirtschaftliche Vereinigung im Sinne dieses Gesetzes darf ihre Mitglieder bei der Preisbildung beraten und zu diesem Zweck gegenüber ihren Mitgliedern Preisempfehlungen aussprechen.
(3) Im übrigen bleiben die Vorschriften des Gesetzes gegen Wettbewerbsbeschränkungen unberührt.
(4) Als Vereinigungen forstwirtschaftlicher Erzeugerbetriebe sind Waldwirtschaftsgemeinschaften, Waldwirtschaftsgenossenschaften, Forstverbände, Eigentumsgenossenschaften und ähnliche Vereinigungen anzusehen, deren Wirkungskreis nicht wesentlich über das Gebiet einer Gemarkung oder einer Gemeinde hinausgeht und die zur gemeinschaftlichen Durchführung forstbetrieblicher Maßnahmen gebildet werden oder gebildet worden sind.

[805] *§ 29 TierZG: Nach diesem Gesetz anerkannte Zuchtorganisationen dürfen Abnehmer von Tieren, die zur Vermehrung in einem mehrstufigen Zuchtverfahren bestimmt sind, rechtlich oder wirtschaftlich binden, bei der Weiterveräußerung bestimmte Preise zu vereinbaren oder ihren Abnehmern die gleiche Bindung bei der Weiterveräußerung aufzuerlegen. § 1 des Gesetzes ge-*

erkannter Erzeugergemeinschaften land- oder fischwirtschaftlicher Betriebe (§ 11 I Marktstrukturgesetz[806]). Letztere unterscheidet sich von § 28 I GWB vor allem dadurch, dass kein Verbot der Preisbindung besteht.

Auch hier sind keine Fälle denkbar in der eine solche Absprache in irgendeiner Weise den Veranstalter einer Ausschreibung zur Annahme eines bestimmten Angebots veranlassen sollte. Auf eine Darstellung der einzelnen Tatbestandsmerkmale kann daher verzichtet werden.

d) Verkehr

Im Rahmen des Verkehrsrechts existieren Sonderregelungen in § 8 III PBefG, um eine ausreichende Bedienung der Bevölkerung mit Verkehrsleistungen im öffentlichen Personennahverkehr sowie einer wirtschaftlichen Verkehrsgestaltung sicherzustellen.[807] Entsprechendes gilt über § 12 VII AEG für Nahverkehrskooperationen von Eisenbahnverkehrsunternehmen.[808] Zu den typischen Maßnahmen, die unter

---

gen Wettbewerbsbeschränkungen gilt insoweit nicht. Im Übrigen bleiben die Vorschriften des Gesetzes gegen Wettbewerbsbeschränkungen unberührt.

[806] *§ 11 I MStrG: (1) § 1 des Gesetzes gegen Wettbewerbsbeschränkungen findet keine Anwendung auf Beschlüsse einer anerkannten Erzeugergemeinschaft im Sinne dieses Gesetzes, soweit sie die Erzeugnisse betreffen, die satzungsgemäß Gegenstand ihrer Tätigkeit sind.*
(2) Eine anerkannte Vereinigung von Erzeugergemeinschaften im Sinne dieses Gesetzes darf ihre Mitglieder bei der Preisbildung beraten und zu diesem Zweck gegenüber ihren Mitgliedern Preisempfehlungen aussprechen.

[807] *§ 8 III 7 PBefG: Für Vereinbarungen von Verkehrsunternehmen und für Beschlüsse und Empfehlungen von Vereinigungen dieser Unternehmen gilt § 1 des Gesetzes gegen Wettbewerbsbeschränkungen nicht, soweit sie den Zielen des Satzes 1 dienen.*

[808] *§ 12 VII AEG: Für Vereinbarungen von Eisenbahnverkehrsunternehmen und für Vereinbarungen von Eisenbahnverkehrsunternehmen mit anderen Unternehmen, die sich mit der Beförderung von Personen befassen, sowie für Beschlüsse und Empfehlungen von Vereinigungen dieser Unternehmen gilt § 1 des Gesetzes gegen Wettbewerbsbeschränkungen nicht, soweit sie im Interesse einer ausreichenden Bedienung der Bevölkerung mit Verkehrsleistungen im öffentlichen Personennahverkehr und einer wirtschaftlichen Verkehrsgestaltung erfolgen und einer Integration der Nahverkehrsbedienung, insbesondere durch Verkehrskooperationen, durch die Abstimmung und den Verbund von Beförderungsentgelten und durch die Abstimmung der Fahrpläne dienen. Sie bedürfen zu ihrer Wirksamkeit der Anmeldung bei der Genehmigungsbehörde. Für Vereinigungen von Unternehmen, die Vereinbarungen, Beschlüsse und Empfehlungen im Sinne*

B. Rechtswidrigkeit

diese Normen fallen, gehören die Abstimmung der Fahrpläne, die Einrichtung und Aufrechterhaltung eines Liniendienstes sowie die Gebietsabgrenzungen.[809] Denkbar wäre der Einfluss einer solchen Absprache auf die Annahme eines bestimmten Angebots im Rahmen einer Ausschreibung, allerdings ist auch hier zu beachten, dass dies nur unterhalb der Schwellenwerte denkbar wäre, so dass eine tatsächliche Relevanz nicht vorliegt.

II. Die Rechtswidrigkeit im Rahmen des § 298 StGB

In der Literatur und der Rechtsprechung ist es unumstritten, dass das Merkmal der „Rechtswidrigkeit" einer Absprache kartellrechtsakzessorisch ausgelegt werden muss.[810] Wie aber gerade aufgezeigt wurde, ist einziges im Rahmen des § 298 StGB relevant werdendes Einschränkungsmerkmal die Beschränkung des § 1 GWB selbst. Verboten sind Absprachen lediglich wenn sie die Einschränkung, Verfälschung oder Verhinderung des Wettbewerbs bezwecken. Allein diese Beschränkung kann und muss auch zu einer Beschränkung im Rahmen des § 298 StGB führen.

Sinn und Zweck des Strafrechts ist es, den Bruch der Rechtsordnung beziehungsweise die Gefährdung oder Verletzung von der Rechtsordnung geschützter Güter zu sanktionieren. Das Kartellrecht dient, wie am Anfang der Arbeit aufgezeigt, dem Schutz des Wettbewerbs.[811] Allerdings wird nicht der Wettbewerb an sich geschützt, was aufgrund seiner Unbestimmtheit hinsichtlich einer möglichen Definition auch verfassungsrechtlich kaum möglich wäre. Geschützt wird der Wettbewerb, der seine Konturen durch das Wettbewerbsrecht erhält. Das Wettbewerbsrecht setzt somit den Rahmen des schützenswerten Wettbewerbs. Zusammengefasst, dient das Wettbewerbsrecht dem Schutz des Wettbewerbs, den es selbst bestimmt.

---

von Satz 1 treffen, gilt § 20 Abs. 1 des Gesetzes gegen Wettbewerbsbeschränkungen entsprechend. Verfügungen der Kartellbehörde, die solche Vereinbarungen, Beschlüsse oder Empfehlungen betreffen, ergehen im Benehmen mit der zuständigen Genehmigungsbehörde.

[809] Bunte, Kartellrecht (2008), S. 459.
[810] Vgl. Fn. 690.
[811] Vgl. Teil 2 A.

Kapitel 3: Rechtswidrige Absprache

Durch die Regelung von Verhaltensweisen, die nicht erwünscht sind, bekommt der erwünschte Wettbewerb Konturen, wenn auch nur im negativen Sinn. Die kartellrechtlichen Regelungen des GWB sind ein Teil dieses Wettbewerbsrechts, setzen mithin im Bereich der Kooperationen zwischen einzelnen Unternehmen den Rahmen für den Wettbewerb. Halten sich die Unternehmen in dem vom GWB aufgezeigten Bereich auf, das heißt respektieren sie die Grenzen der Kooperationsfreiheit, herrscht der von der Rechtsordnung erwünschte Wettbewerb. Übertreten sie diesen Bereich, indem verbotene Kooperationen eingegangen werden, so beschränken sie eigenmächtig den Wettbewerb im Sinne der Rechtsordnung. Das Schutzgut wird verletzt.

Wie bereits am Anfang der Arbeit aufgezeigt, schützt auch § 298 StGB den Wettbewerb, und zwar in dem Rahmen, den er durch die Verbotsvorschriften des GWB erhält.[812] Betrachtet man dies im Zusammenhang, so kann für das Merkmal der Rechtswidrigkeit nur folgen, dass dieses vorliegt, wenn eine kartellrechtswidrige Handlung vorliegt. Liegt eine kartellrechtlich erlaubte Verhaltensweise vor, so kann diese mangels Gefährdung/Verletzung des Schutzgutes von § 298 StGB nicht „rechtswidrig" in diesem Sinne sein. Geht man somit, wie diese Arbeit, davon aus, dass Schutzgut des § 298 StGB der Wettbewerb ist, muss konsequenterweise auch die Akzessorietät des Merkmals „rechtswidrig" angenommen werden.

III. Zusammenfassung

Absprachen im Sinne des § 298 StGB sind nur dann rechtswidrig, wenn sie gegen das Kartellrecht verstoßen. Die Rechtswidrigkeit ist nach herrschender Meinung Tatbestandsmerkmal, so dass sich auch der Vorsatz darauf beziehen muss.

Rechtswidrig sind nicht kartellrechtsfreie Kooperationen, wie das Marktinformationsverfahren oder die Bieter- und Arbeitsgemeinschaften. Kartellrechtsfreie Kooperationen stellen zwar Absprachen dar, sind aber nicht geeignet oder bezwecken nicht den Wettbewerb zu beschränken.

Nicht strafbar, da nicht kartellrechtswidrig sind des Weiteren freigestellte Vereinbarungen nach § 2 und § 3 GWB. Dabei sind vorrangig die Gruppenfreistellungs-

---

[812] Vgl. Teil 2 B.

B. Rechtswidrigkeit

verordnungen zu prüfen, bevor eine Einzelfallprüfung an §§ 2 oder 3 GWB vorzunehmen ist. Als letzte Möglichkeit verbleiben dann noch die Sonderregelungen für die Wirtschaftsbereiche der Wasserversorgung, der Zeitungen und Zeitschriften, der Landwirtschaft und des Verkehrs. Diese Bereiche sind als Überbleibsel vom ursprünglichen deutschen Kartellrecht als Ausnahmen nicht vom Kartellverbot umfasst. Für alle diese Freistellungen besteht aber im Rahmen von Ausschreibungen kein oder nur eine sehr geringer beziehungsweise abwegiger Anwendungsbereich.

Das Merkmal der Rechtswidrigkeit in § 298 StGB muss akzessorisch zum GWB verstanden werden, was sich aus der Abhängigkeit des Schutzgutes ergibt. Da das GWB das Schutzgut des Wettbewerbs definiert, kann nur eine Rechtsgutsbeeinträchtigung vorliegen, wenn es sich um eine kartellrechtswidrige Absprache handelt.

Teil 4: Zusammenfassung der Ergebnisse und abschließende Bewertung

§ 298 StGB schützt primär den Wettbewerb und rechtsreflexartig das Vermögen des Veranstalters und der Mitbewerber. Wettbewerb herrscht überall da, wo keine Wettbewerbsbeschränkungen im Sinne des GWB, die Handlungsfreiheit des Einzelnen beeinträchtigen.

§ 298 StGB ist insoweit akzessorisch zum GWB auszulegen, soweit das GWB Regelungen enthält. Das Verhandlungsverfahren ohne Teilnahmewettbewerb ist nicht vom Ausschreibungsbegriff des § 298 I StGB umfasst, was allerdings aus dem Wortlaut des § 298 StGB selbst folgt. Bezüglich des Anwendungsbereichs können weder die Beschränkung auf öffentliche Auftraggeber noch die Schwellenwerte übertragen werden. Auch diese Beschränkung ergibt sich direkt aus § 298 StGB. Das Vergaberecht selbst kennt keinen „Abgabe"begriff. Eine Akzessorietät scheidet daher schon mangels Regelung aus. Für alle anderen Tatbestandsmerkmale kann und muss bei der Auslegung auf das GWB zurückgegriffen werden.

Interpretiert man den Tatbestand des § 298 StGB dynamisch, stellt dieser ein starkes Schwert zum Schutze des Wettbewerbs bei Ausschreibungen dar. So kann auch das Strafrecht flexibel auf Änderungen im Kartellrecht beziehungsweise in der kartellrechtlichen Praxis reagieren. Da der Wettbewerb, so wünschenswert er für die Verbraucher und die Lehre ist, in der Praxis den Unternehmen Sorgen bereitet, werden stets neue Ideen erfunden, diesen zumindest zu verringern, wenn nicht sogar völlig auszuschließen. Auch und gerade im Bereich von Ausschreibungen, die häufig ein hohes Volumen sowohl finanziell als auch betreffend der benötigten Mittel besitzen, ist es für die Planungssicherheit der Unternehmen sehr attraktiv, schon vor Angebotsabgabe eine gewisse Sicherheit bezüglich des Zuschlags zu besitzen. Auch die Kalkulation des Angebots kostet die Unternehmen Zeit, Geld und Arbeitskräfte, die in das Angebot eingepreist werden müssen. Besteht eine zumindest große Wahrscheinlichkeit, dass diesem Angebot der Zuschlag erteilt oder aber nicht erteilt werden wird, können sie diese Kosten entweder mit in das

Angebot einrechnen oder aber auf ein Minimum reduzieren, so dass sie zumindest keine großen Verluste erleiden. Auch die Planungssicherheit der Unternehmen darf nicht vernachlässigt werden. So können Unternehmen, die sich um einen ausgeschriebenen Auftrag bemühen, ihre Kapazitäten nicht beliebig verplanen, da immerhin die Möglichkeit besteht, den Auftrag zu erhalten. Da sie an ihre Angebote nach Öffnung gebunden sind, müssten sie mögliche andere Aufträge, die sie nicht zeitgleich erledigen könnten, ablehnen. Erhalten sie dann den Zuschlag nicht, besteht häufig die Gefahr einer Insolvenz, zumindest aber einer Krise. Diese Gründe machen es für die Praxis interessant den Wettbewerb möglichst auszuschließen.

Während die Kommission sowie das Bundeskartellamt flexibel auf „Innovationen", um den Wettbewerb zu reduzieren oder auszuschließen, reagieren und auch reagieren können, könnte ein eigenständig verstandener § 298 StGB dies nicht. Es müsste stets eine Anpassung erfolgen, wobei diese jeweils nur für die Zukunft gelten würde (nulla poena sine lege). Die akzessorische Interpretation vermeidet Strafbarkeitslücken und vermag das Schutzgut bestmöglich zu schützen. Da sich die akzessorische Auslegung im Bereich des § 298 StGB auf das GWB, das heißt auf ein formelles Gesetz stützt, bereitet das Problem der Übertragung des Rückwirkungsverbots auch auf Auslegungen hier keinerlei Schwierigkeiten. Eine Änderung der Auslegung kann erst mit Änderung der GWB-Normen eintreten und sich mithin nicht rückwirkend auswirken. Zu beachten ist in diesem Zusammenhang auch, dass das GWB nun in den für § 298 StGB relevanten Bereichen vollständig an das Europarecht angepasst wurde. Eine Änderung ist nur dann zu erwarten, wenn sich auch das zugrundeliegende Europarecht – v.a. das Primärrecht der Art. 81ff EG – ändert. Da für eine Änderung des völkerrechtlichen Vertrages alle Mitglieder zustimmen müssen, ist eine solche in absehbarer Zeit nicht zu erwarten.

Literaturverzeichnis

Achenbach, Hans: Pönalisierung von Ausschreibungsabsprachen und Verselbständigung der Unternehmensgeldbuße durch das Korruptionsbekämpfungsgesetz 1997, WuW 1997, S. 958ff.

Alexy, Robert: Recht, Vernunft, Diskurs, Suhrkamp, Frankfurt am Main, 1995

Amelung, Knut: Der Begriff des Rechtsguts in der Lehre vom strafrechtlichen Rechtsgüterschutz, Hefendehl, Roland/Hirsch, Andrew von/ Wohlers, Wolfgang: Die Rechtsgutstheorie: Legitimationsbasis des Strafrechts oder dogmatisches Glasperlenspiel, S.155ff., 1. Auflage, 2003, Nomos Verlagsgesellschaft, Baden-Baden

Apolte, Thomas / *Bender*, Dieter / *Berg*, Hartmut [u.a.]: Vahlens Kompendium der Wirtschaftstheorie und Wirtschaftspolitik Band 1, 9. Auflage, 2007, Verlag Franz Vahlen, München (Zitiert: *Autor* in: Apolte/Bender/Berg/[u.a.], Vahlens Kompendium (2007))

Appel, Ivo: Verfassung und Strafe, Zu den verfassungsrechtlichen Grenzen staatlichen Strafens, Duncker & Humblot, Berlin, 1998

Arzt, Gunther: Anmerkung zu BGH, Urteil vom 23.11.1983 – 3 StR 256/83 (S), JZ 1984, S. 428ff.

Bahntje, Udo: Gentlemen's Agreements und Abgestimmte Verhaltensweisen, Athenäum, Königstein, 1982

Bahr, Christian: Die Verhinderung, Einschränkung oder Verfälschung des Wettbewerbs in § 1 GWB, WuW 2000, S. 954ff.

Bamberger, Heinz Georg / *Roth*, Herbert: Kommentar zum Bürgerlichen Gesetzbuch, Band 1 §§ 1-610, CISG, 2.Auflage, 2007, Verlag C.H.Beck, München (Zitiert: *Autor* in: Bamberger/Roth, BGB/1 (2007))

Bangard, Annette: Aktuelle Probleme der Sanktionierung von Kartellabsprachen, wistra 1997, S. 161ff.

Barnikel, Hans-Heinrich: Zum Wettbewerbsbegriff des Gesetzes gegen Wettbewerbsbeschränkungen, ZHR 131, S.361ff.

Bartling, Hartwig: Leitbilder der Wettbewerbspolitik, Verlag Franz Vahlen, München 1980

Bartmann, Gunnar Ch.: Der Submissionsbetrug, Berlin, 1997

Literaturverzeichnis

Battis, Ulrich / *Kersten*, Jens: Die Deutsche Bahn AG als Untersuchungsrichter in eigener Sache? – Zur Verfassungswidrigkeit der „Verdachtssperre" in der Richtlinie der Deutschen Bahn AG zur Sperrung von Auftragnehmern und Lieferanten vom 4.11.2003, NZBau 2004, S. 303ff.

Baumann, Jürgen: Täterschaft und Teilnahme, JuS 1963, S. 85ff.

Baumann, Jürgen: Endlich strafrechtliche Bekämpfung des Submissionsbetruges, NJW 1992, S. 1661ff.

Baumann, Jürgen: Zum Ärgernis Submissionsbetrug, Festschrift für Oehler, S. 291ff., Carl Heymanns Verlag KG, 1985

Baumann, Jürgen / *Arzt*, Gunther: Kartellrecht und allgemeines Strafrecht, ZHR 134, S. 24ff.

Baums, Theodor: GWB-Novelle und Kartellverbot, ZIP 1998, S. 233ff.

Bechtold, Rainer: Das neue Kartellgesetz, NJW 1998, S. 2769ff.

Bechtold, Rainer, Kartellgesetz, Gesetz gegen Wettbewerbsbeschränkungen, Kommentar, 5. Auflage, 2008, Verlag C.H. Beck, München (Zitiert: *Autor* in: Bechtold, GWB-Kommentar (2008))

Bechtold, Rainer / *Buntscheck*, Martin: Die 7. GWB-Novelle und die Entwicklung des deutschen Kartellrechts 2003 bis 2005, NJW 2005, S. 2966ff.

Behrens, Friedrich-Stephan: Der Wettbewerbsbegriff des Gesetzes gegen Wettbewerbsbeschränkungen, NJW 1958, S. 481ff.

Bellamy, Christopher / *Child*, Graham: European Community Law of Competition, 6. Auflage, 2008, University Press, Oxford

Bender, Dieter / *Berg*, Hartmut / *Cassel*, Dieter [u.a.]: Vahlens Kompendium der Wirtschaftstheorie und Wirtschaftspolitik Band 2, 8. Auflage, 2003, Verlag Franz Vahlen, München (Zitiert: *Autor* in: Bender/Berg/Cassel/[u.a.], Vahlens Kompendium (2003))

Bender, Johannes: Sonderstraftatbestände gegen Submissionsabsprachen, Centaurus Verlag, Herbolzheim, 2005

Benedict, Christoph: „Vergabefremde" Aspekte nach Beentjes und Nord-Pas-de-Calais – Europarechtliche Vorgaben für die Anwendung von §97 IV GWB, NJW 2001, S. 947ff.

Literaturverzeichnis

Best, Dominik: Betrug durch wettbewerbswidrige Preisabsprachen bei freihändiger Vergabe, Besprechung von BGH, Urteil vom 11.7.2001, GA 2003, S.157ff.

Beulke, Werner: Anmerkung zu Urteil des OLG Köln vom 05.09.1978 – 1 Ss 438/78, JR 1980, S. 423ff.

Beuve-Méry, Hubert / *Struk*, Michal: Comission brings air transport in line with other industries by phasing out the block exemptions that have existed in this sector since 1988, Competition Policy Newsletter Nr. 3, 2007, S. 45f., (Abrufbar unter: http://ec.europa.eu/comm/competition/publications/cpn/cpn2007_3.pdf)

Bloy, René: Grenzen der Täterschaft bei fremdhändiger Tatausführung, GA 1996, S. 424ff.

Binding, Karl: Die Normen und ihre Übertretung, Band 1,1. Normen und Strafgesetze, Verlag von Wilhelm Engelmann, Leipzig, 1872

Boesen, Arnold: Vergaberecht – Kommentar zum 4. Teil des GWB, 1. Auflage, 2000, Bundesanzeiger Verlag, Köln

Borchardt, Knut / *Fikentscher*, Wolfgang: Wettbewerb, Wettbewerbsbeschränkung, Marktbeherrschung, Ferdinand Enke Verlag, Stuttgart 1957

Bornkamm, Joachim: Das Kartellverbot in der neueren Rechtsprechung des Bundesgerichtshofs, Festschrift für Karlmann Geiss, S. 539ff., Carl Heymanns Verlag KG, Köln [u.a.], 2000

Bosch, Nikolaus: Bestrafung privater Insolvenz durch § 263 StGB?, wistra 1999, S. 410ff.

Bosch, Nikolaus: Irrtum bei rein mechanischen Tätigkeiten, JA 2007, S. 70ff.

Bottke, Wilfried: Zur Legitimität des Wirtschaftsstrafrechts im engen Sinne und seiner spezifischen Deliktsbeschreibungen, Madrid-Symposium für Klaus Tiedemann, Bausteine des europäischen Wirtschaftsstrafrechts, S.109ff., Carl Heymanns Verlag KG, Köln [u.a.], 1994

Bottke, Wilfried: Korruption und Kriminalrecht in der Bundesrepublik Deutschland, ZRP 1998, S. 215ff.

Bruhn, Heiner: Das Gesetz gegen Wettbewerbsbeschränkungen – Überblick über den wettbewerbsrechtlichen Rahmen unternehmerischen Handelns –, DStR 1994, S.1539ff.

Bürger, Sebastian: § 299 StGB – eine Straftat gegen den Wettbewerb?, wistra 2003, S. 130ff.

Literaturverzeichnis

Bunte, Hermann-Josef: Empfehlungen im europäischen Kartellrecht, Festschrift für Ulrich Everling Band I, 1995, Nomos Verlagsgesellschaft Baden-Baden

Bunte, Hermann-Josef: Die 6. GWB-Novelle – Das Gesetz gegen Wettbewerbsbeschränkungen, DB 1998, S. 1748ff.

Bunte, Hermann-Josef: Kartellrecht mit neuem Vergaberecht, 2.Auflage, 2008, Verlag C.H. Beck München

Burkhardt, Jürgen: Kartellrecht, Verlag C.H. Beck, München, 1995

Buttel, Michael / *Rotsch*, Thomas: Der praktische Fall – Strafrecht: Der Fremde im Zug, JuS 1995, S. 1096ff.

Byok, Jan: Remedies in German procurement law, Schriftenreihe der Europäischen Rechtsakademie Bd. 24: Gordische Knoten im europäischen Vergaberecht (1997), S. 57ff.

Byok, Jan: Das neue Vergaberecht, NJW 1998, S. 2774ff.

Byok, Jan: Das Verhandlungsverfahren – Praxishandbuch für die sichere Auftragsvergabe, Carl Heymanns Verlag, Köln [u.a.], 2006

Byok, Jan: Die Entwicklung des Vergaberechts seit 2006, NJW 2008, S. 559ff.

Byok, Jan / *Jaeger*, Wolfgang: Kommentar zum Vergaberecht, 2. Auflage, 2005, Verlag Recht und Wirtschaft GmbH, Frankfurt am Main (Zitiert: *Autor* in: Byok/Jaeger, Kommentar Vergaberecht (2005))

Callies, Rolf-Peter: Theorie der Strafe im demokratischen und sozialen Rechtsstaat, Fischer Taschenbuch Verlag, Frankfurt a.M., 1974

Calliess, Christian / *Ruffert*, Matthias: EUV / EGV: Das Verfassungsrecht der Europäischen Union mit Europäischer Grundrechtecharta, 3.Auflage, 2007, Verlag C.H.Beck, München (Zitiert: *Autor* in: Calliess/Ruffert, EUV/EGV (2007))

Caspar, Ute: Wettbewerbliche Gesamtwürdigung von Vereinbarungen im Rahmen von Art. 81 Abs. 1 EGV, Carl Heymanns Verlag KG, Köln [u.a.], 2001

Cramer, Peter: Gedanken zur Abgrenzung von Täterschaft und Teilnahme, Festschrift Bockelmann, 1979, C.H. Beck`sche Verlagsbuchhandlung, München

Literaturverzeichnis

Daig, Hans-Wolfram: Zum Begriff der „aufeinander abgestimmten Verhaltensweisen" nach Art. 85 EWG-Vertrag, unter besonderer Berücksichtigung des „Zuckerurteils" des EuGH vom 16.12.1975, EuR 1976, S. 213ff.

Dannecker, Gerhard: Anmerkung zu BGH, Beschluss v. 22.06.2004 – 4 StR 428/03, JZ 2005, S. 49ff.

Daus, Manfred A.: Handbuch des EU-Wirtschaftsrechts, Band 2, 2007, Verlag C.H. Beck, München (Zitiert: *Autor* in: Daus, Handbuch des EU-Wirtschaftsrechts (2007))

Dölling, Dieter: Die Neuregelung der Strafvorschriften gegen Korruption, ZStW 112, S. 334ff.

Dohmen, Anja / *Sinn*, Arndt: Das Rechtsgut der Insolvenzdelikte (§§283ff. StGB) im Kontext von Straf- und Zivilrecht, KTS 2003, S. 205-217

Dreher, Meinrad: Die Berücksichtigung mittelständischer Interessen bei der Vergabe öffentlicher Aufträge, NZBau 2005, S. 427ff.

Eichler, Helmut: Submissionsabsprachen auf dem Bausektor zwischen Verwaltungsunrecht und Strafrecht, BB 1972, S. 1347ff.

Elbel, Thomas: Das Recht der öffentlichen Aufträge auf dem Prüfstand des europäischen Rechts, DÖV 1999, S. 235ff.

Emmerich, Volker: Anmerkung zu BGH, Beschluss v. 29.01.1974 – KRB 4/74, NJW 1975, S. 1599

Emmerich, Volker: Die in dem Referentenentwurf einer fünften GWB-Novelle vorgesehenen Änderungen der Fusionskontrollvorschriften, WM 1988, S. 1773ff.

Emmerich, Volker: Die Kreditwirtschaft in dem Regierungsentwurf der fünften GWB-Novelle, FLF 1989, S. 123ff.

Emmerich, Volker, Kartellrecht, 11.Auflage, 2008, Verlag C.H. Beck, München

Erbs, Georg / *Kohlhaas*, Max: Beck'sche Kurz-Kommentare, Strafrechtliche Nebengesetze; Band 17, Verlag C.H. Beck München 2007 (Zitiert: *Autor* in Erbs/Kohlhaas, Strafrechtliche Nebengesetze (2007))

Eschenbach, Jürgen: Zurechnungsnormen im Strafrecht – BGH v. 11.7.1991 – 1 StR 357/91 –, Jura 1992, S. 637ff.

Ewald, H., Sind Einkaufsgenossenschaften Kartelle?, WuW 1956, S. 253ff.

Literaturverzeichnis

Federmann, Bernd A., Kriminalstrafen im Kartellrecht – eine rechtsvergleichende Untersuchung zur Frage der Kriminalisierung von Hardcore-Kartellen, 1. Auflage, 2006, Nomos Verlag, Baden-Baden

Fikentscher, Wolfgang: Wettbewerb und gewerblicher Rechtsschutz, C.H. Beck'sche Verlagsbuchhandlung, München, Berlin, 1958

Fikentscher, Wolfgang: Neuere Entwicklungen der Theorie zum Tatbestandsmerkmal der Wettbewerbsbeschränkung §1 GWB, WuW 1961, S. 788ff.

Fischer, Thomas: Strafgesetzbuch + Nebengesetze, 56. Auflage, 2009, Verlag C.H.Beck, München

Franzen, Karlheinz: Die Strafbarkeit und Strafwürdigkeit von Submissionskartellen und Bietungsabkommen, Köln, 1970

Friedman, Milton: Die Theorie der Preise, Verlag Moderne Industrie, München, 1977

Gaede, Karsten: Kraft und Schwäche der systemimmanenten Legitimationsfunktion der Rechtsgutstheorie am Beispiel des Subventionsbetruges, Hefendehl, Roland/Hirsch, Andrew von/ Wohlers, Wolfgang: Die Rechtsgutstheorie: Legitimationsbasis des Strafrechts oder dogmatisches Glasperlenspiel, 1.Auflage, 2003, Nomos Verlagsgesellschaft, Baden-Baden

Geerds, Detlev: Wirtschaftsstrafrecht und Vermögensschutz, Schmidt Römhild, 1990

Girkens, Hans-Peter / *Moosmayer*, Klaus: Die Bestrafung wettbewerbsbeschränkender Absprachen nach dem Gesetz zur Bekämpfung der Korruption, ZfBR 1998, S. 223f.

Gleiss, Alfred / *Bechtold*, Reiner: Das neue deutsche Kartellgesetz, BB 1973, S. 1142ff.

Gleiss, Alfred / *Hirsch*, Martin: Kommentar zum EG-Kartellrecht, Band 1: Art. 85 und Gruppenfreistellungsverordnungen, 4. Auflage, 1993, Verlag Recht und Wirtschaft GmbH, Heidelberg

von Godin, Hans, Freiherr: Zum Begriff des "Wettbewerbs", GRUR 1965, S. 288ff.

Grabitz, Eberhard / *Hilf*, Meinhard: Das Recht der Europäischen Union, Band II, EUV/EGV, Verlag C.H. Beck, München, 2008 (Zitiert: *Autor* in: Grabitz/Hilf, Recht der EU (2008))

Greeve, Gina: Ausgewählte Fragen zu §298 StGB seit Einführung durch das Gesetz zur Bekämpfung der Korruption vom 13.8.1997, NStZ 2002, S. 505ff.

Literaturverzeichnis

Greeve, Gina / *Leipold*, Klaus: Handbuch des Baustrafrechts, Verlag C.H. Beck München, 2004 (Zitiert: *Autor* in: Greeve/Leipold, Handbuch des Baustrafrechts (2004))

Groeben, Hans von der / *Schwarze*, Jürgen: Vertrag über die Europäische Union und Vertrag zur Gründung der Europäischen Gemeinschaft, Nomos Verlag, Baden Baden, 6. Auflage (2003) (Zitiert: *Autor* in: Groeben/Schwarze, EU-/EG-Vertrag (2003))

Grützner, Thomas: Die Sanktionierung von Submissionsabsprachen – eine Untersuchung der bestehenden Möglichkeiten einer Bekämpfung von Submissionsabsprachen unter besonderer Berücksichtigung des § 298 StGB, Verlag Lang, Frankfurt am Main [u.a.], 2003

Habermas, Jürgen: Faktizität und Geltung, Beiträge zur Diskurstheorie des Rechts und des demokratischen Rechtsstaats, 4.Auflage, 1994, Suhrkamp, Frankfurt am Main

v. Hahn, Helmuth / *Jäger*, Wolfgang / *Pohlmann*, Petra / *Rieger*, Harald / *Schröder*, Dirk: Frankfurter Kommentar zum Kartellrecht Band 2, 2008, Verlag Dr. Otto Schmidt, Köln

Hardwig, Werner: Über den Begriff der Täterschaft, JZ 1965, S. 667ff.

Hartog, Johanna / *Noack*, Britta: Die 7.GWB-Novelle, WRP 2005, S. 1396ff.

Hassemer, Winfried: Kennzeichen und Krisen des modernen Strafrechts, ZRP 1992, S. 378-383

Hassemer, Winfried: Grundlinien einer personalen Rechtsgutslehre, Festschrift für Arthur Kaufmann, S. 85ff., Verlag Müller, Heidelberg, 1993

von Hayek, F.A.: Die Theorie komplexer Phänomene, J.C.B. Mohr (Paul Siebeck), Tübingen, 1972

Hegler, A.: Die Merkmale des Verbrechens, ZStW 36 (1915), S. 19ff.

Heiermann, Wolfgang: Der wettbewerbliche Dialog, ZfBR 2005, S. 766ff.

Heindl, Christian: Aktive Korruptionsbekämpfung, NZBau 2002, S. 487ff.

Heintschel-Heinegg, Bernd von: Beck'scher Online-Kommentar, StGB, 5. Auflage, 2008, Verlag C.H. Beck München (Zitiert: *Autor* in: Heintschel-Heinegg, Beck'scher Online-Kommentar (2008))

Heintschel-Heinegg, Bernd von: Münchner Kommentar zum Strafgesetzbuch, Band 1, §§ 1-51 StGB, 1.Auflage, 2003, Verlag C.H. Beck München (Zitiert: Autor in: Heintschel-Heinegg, MüKO Band 1 (2003))

Literaturverzeichnis

Hellmann, Uwe / *Beckemper*, Katharina: Wirtschaftsstrafrecht und Vermögensschutz, Verlag W. Kohlhammer, Stuttgart, 2004

Herdzina, Klaus: Wettbewerbspolitik, 5. Auflage 1999, Lucius & Lucius, Stuttgart

Herzberg, Rolf Dietrich: Täterschaft, Mittäterschaft und Akzessorietät der Teilnahme, ZStW 99 (1987), S. 49ff.

Hirsch, Günter / *Montag*, Frank / *Säcker*, Franz Jürgen: Münchner Kommentar zum europäischen und deutschen Wettbewerbsrecht, C.H. Beck, München, 2007 (Zitiert: *Autor* in: Hirsch/Montag/Säcker, MüKo, Europäisches Wettbewerbsrecht GWB (2007))

Hoch Classen, Mariel: Vertikale Wettbewerbsabreden im Kartellrecht, Schulthess, Zürich [u.a.], 2003

Hölzl, Franz Josef / *Friton*, Pascal: Entweder – Oder: Eignungs- sind keine Zuschlagskriterien, NZBau 2008, S. 307ff.

Hohmann, Olaf: Die strafrechtliche Beurteilung von Submissionsabsprachen, NStZ 2001, S. 566ff.

Honold, Sigbert: Das Gentlemen's Agreement und seine Bedeutung im Kartellrecht, Druckerei Oscar Mahl, KG, Schwäbisch Hall, 1962

Hopf, Horst: Vergabemanagement bei öffentlichen Aufträgen, C.F. Müller, Heidelberg, 2002

Hoppmann, Erich: Wirtschaftsordnung und Wettbewerb, Nomos Verlagsgesellschaft, Baden-Baden, 1988

Hoth, Jürgen: Ware und gewerbliche Leistung, WRP 1956, S. 261ff.

Huber, Ulrich: Abgestimmte Verhaltensweisen im deutschen Kartellrecht, Festschrift für Wolfgang Hefermehl (1971), Verlagsgesellschaft Recht und Wirtschaft mbH, Heidelberg

Huhn, Sascha Peter Michael: Die strafrechtliche Problematik des Submissionsbetruges unter besonderer Berücksichtigung der neueren Rechtsprechung, München, 1996

Immenga, Ulrich: Bietergemeinschaften im Kartellrecht – ein Problem potentiellen Wettbewerbs, DB 1984, S. 385ff.

Immenga, Ulrich / *Mestmäcker*, Ernst-Joachim: GWB Kommentar, 2. Auflage, 1992, C.H. Beck'sche Verlagsbuchhandlung, München (Zitiert: *Autor* in: Immenga/Mestmäcker, GWB (1992))

Literaturverzeichnis

Immenga, Ulrich / *Mestmäcker*, Ernst-Joachim: GWB Kommentar, 3. Auflage, 2001, C.H. Beck'sche Verlagsbuchhandlung, München (Zitiert: *Autor* in: Immenga/Mestmäcker, GWB (2001))

Immenga, Ulrich / *Mestmäcker*, Ernst-Joachim: Wettbewerbsrecht, Band 2. GWB, Kommentar zum Deutschen Kartellrecht, 4. Auflage, 2007, Verlag C.H. Beck, München (Zitiert: *Autor* in: Immenga/Mestmäcker, Wettbewerbsrecht GWB (2007))

Immenga, Ulrich / *Mestmäcker*, Ernst-Joachim: Wettbewerbsrecht, EG/Teil 1: Kommentar zum Europäischen Kartellrecht, 4. Auflage, 2007, Verlag C.H. Beck, München (Zitiert: *Autor* in: Immenga/Mestmäcker, Wettbewerbsrecht EG/1 (2007))

Ingenstau, Heinz / *Korbion*, Hermann: VOB Teile A und B, Kommentar, 16. Auflage, 2007, Werner Verlag, Neuwied (Zitiert: *Autor* in: Ingenstau/Korbion, VOB-Kommentar (2007))

Jaath, Karl-Ernst: Empfiehlt sich die Schaffung eines strafrechtlichen Sondertatbestandes zum Ausschreibungsbetrug?, Festschrift für Karl Schäfer, S. 89ff., Walter de Gruyter, Berlin, New York, 1980

Jäger, Herbert: Strafgesetzgebung und Rechtsgüterschutz bei Sittlichkeitsdelikten, Ferdinand Enke Verlag, Stuttgart, 1957

Jähnke, Burkhard / *Laufhütte*, Heinrich Wilhelm / *Odersky*, Walter, Strafgesetzbuch, Leipziger Kommentar, Band 6, §§223-263a, 11. Auflage, 2005, De Gruyter Recht, Berlin (Zitiert: *Autor* in: Jähnke/Laufhütte/Odersky, LK (2005))

Jähnke, Burkhard / *Laufhütte*, Heinrich Wilhelm / *Odersky*, Walter: Strafgesetzbuch, Leipziger Kommentar, Band 7, §§264-302, 11. Auflage, 2005, De Gruyter Recht, Berlin (Zitiert: *Autor* in: Jähnke/Laufhütte/Odersky, LK (2005))

Jennert, Carsten: Wirtschaftliche Tätigkeit als Voraussetzung für die Anwendbarkeit des europäischen Wettbewerbsrechts, WuW 2004, S. 37

Jescheck, Hans-Heinrich / *Weigend*, Thomas: Lehrbuch des Strafrechts AT, 5.Auflage,1996, Duncker & Humblot, Berlin

Jochum, Heike: Die deutschen Landesbanken und Girozentralen am Ende einer langen Tradition? – Ein Beitrag zur vergabe- und wettbewerbsrechtlichen Stellung der deutschen Landesbanken und Girozentralen, NZBau 2002, S. 69ff.

Literaturverzeichnis

Joecks, Wolfgang / *Miebach*, Klaus: Münchner Kommentar zum Strafgesetzbuch, Band 4: §§263-358 StGB, §§1-8, 105, 106 JGG, Verlag C.H.Beck, München, 2006 (Zitiert: *Autor* in: Joecks/Miebach, StGB (2006))

Kahlenberg, Harald / *Haellmigk*, Christian, Neues Deutsches Kartellgesetz, BB 2005, S. 1509ff.

Kantzenbach, Erhard: Die Funktionsfähigkeit des Wettbewerbs, 2. Auflage, 1967, Vandenhoeck & Ruprecht, Göttingen

Kapellmann, Klaus Dieter / *Messerschmidt*, Burkhard: VOB Teil A und B, Vergabe- und Vertragsordnung für Bauleistungen mit Vergabeverordnung (VgV), 2. Auflage 2007, Verlag C.H.Beck, München (*Autor* in: Kapellmann/Messerschmidt, VOB Teile A und B, VgV (2007))

Karpen, Ulrich: Soziale Marktwirtschaft und Grundgesetz, Nomos Verlagsgesellschaft Baden-Baden, 1990

Kindhäuser, Urs: Nomos Lehr- und Praxiskommentar, Strafgesetzbuch, 3. Auflage, 2006, Nomos Verlagsgesellschaft Baden, Baden

Kindhäuser, Urs / *Neumann*, Ulfried / *Paeffgen*, Hans-Ullrich: Nomos Kommentar Strafgesetzbuch, Band 2, 2. Auflage, 2005, Verlag Franz Vahlen, München (Zitiert: *Autor* in: Kindhäuser/Neumann/Paeffgen, NK, Band 2 (2005))

Kleinmann, Werner / *Berg*, Werner: Änderungen des Kartellrechts durch das „Gesetz zur Bekämpfung der Korruption" vom 13.8.1997, BB 1998, S. 277ff.

Kleinwächter, Friedrich: Die Kartelle, Verlag der Wagner'schen Universitaets-Buchhandlung, Innsbruck, 1883

Kling, Michael / *Thomas*, Stefan: Kartellrecht, Verlag Franz Vahlen, München, 2007

Knauff, Matthias: Im wettbewerblichen Dialog zur Public Private Partnership?, NZBau 2005, S. 249ff.

Knieps, Günter: Wettbewerbsökonomie – Regulierungstheorie, Industrieökonomie, Wettbewerbspolitik, 2. Auflage, 2005, Springer Verlag, Berlin [u.a.]

Knight, Frank: Risk, Uncertainty and Profit, Sentry Press, New York, 1964

Knöpfle, Robert: Zum Wettbewerb im Sinne des § 1 GWB, WuW 1962, S. 159ff.

Literaturverzeichnis

Knöpfle, Robert: Der Rechtsbegriff „Wettbewerb" und die Realität des Wirtschaftslebens, Carl Heymanns Verlag KG, Köln [u.a.], 1966

König, Peter: Tagungsbericht, JZ 1997, S. 135

König, Peter: Neues Strafrecht gegen die Korruption, JR 1997, S. 397ff.

Koenig, Christian / *Kühling*, Jürgen / *Müller*, Christoph: Marktfähigkeit, Arbeitsgemeinschaften und das Kartellverbot, WuW 2005, S. 126ff.

Kohlhoff, Christian: Kartellstrafrecht und Kollektivstrafe – die Begründung eines Kartellkollektivstrafrechts im deutschen Recht - zugleich eine Untersuchung zur grundsätzlichen Bedeutung der kollektiven Dimension im Strafrecht, Verlag Duncker & Humblot, Berlin, 2003

Kordel, Guido: Arbeitsmarkt und Europäisches Kartellrecht – Zur Anwendbarkeit der Art. 81, 82 EGV und der Fusionskontrollverordnung auf das Verhalten von Arbeitnehmern, Arbeitgebern und ihren Verbänden, Carl Heymanns Verlag KG, Köln [u.a.], 2004

Korte, Matthias: Bekämpfung der Korruption und Schutz des freien Wettbewerbs mit den Mitteln des Strafrechts, NStZ 1997, S. 513ff.

Kramer, Johannes: Gleichbehandlung im Verhandlungsverfahren nach der VOL/A, NZBau 2005, S.138ff.

Krüger, Matthias: Die Entmaterialisierungstendenz beim Rechtsgutsbegriff, Duncker & Humblot, Berlin, 2000

Kudlich, Hans: Mordmerkmale und Beteiligung mehrerer an Tötungsdelikten, JA 2008, S. 310ff.

Küpper, Georg: Anmerkung zum Urteil des BGH v. 4.12.1992 – 2 StR 442/92, JR 1993, S. 292ff.

Kuhlen, Lothar: Anmerkungen zu §298 StGB, Festschrift für Ernst-Joachim Lampe, S.743ff., Duncker & Humblot, Berlin, 2003

Kulartz, Hans-Peter / *Kus*, Alexander / *Portz*, Norbert: Kommentar zum GWB-Vergaberecht, Werner Verlag, Neuwied, 2006 (Zitiert: Autor in Kulartz/Kus/Portz, GWB-Vergaberecht (2006))

Lackner, Karl / *Kühl*, Kristian: Strafgesetzbuch Kommentar, 26. Auflage, 2007, Verlag C.H. Beck, München

Lange, Knut Werner: Kartellrechtlicher Unternehmensbegriff und staatliches Wirtschaftshandeln in Europa, WuW 2002, S. 953

Literaturverzeichnis

Lange, Knut Werner: Handbuch zum deutschen und europäischen Kartellrecht, 2. Auflage, 2006, Verlag Recht und Wirtschaft, Frankfurt am Main

Langen, Eugen / *Bunte*, Hermann-Josef: Kommentar zum deutschen und europäischen Kartellrecht, Band 1: Deutsches Kartellrecht, 10.Auflage, 2006, Luchterhand, Neuwied (Zitiert: *Autor* in: Langen/Bunte, GWB-Kommentar/1 (2006))

Langen, Eugen / *Bunte*, Hermann-Josef: Kommentar zum deutschen und europäischen Kartellrecht, Band 2: Europäisches Kartellrecht, 10.Auflage, 2006, Luchterhand, Neuwied (Zitiert: *Autor* in: Langen/Bunte, Europäisches Kartellrecht/2 (2006))

Larenz, Karl / *Wolf*, Manfred: Allgemeiner Teil des Bürgerlichen Rechts, 9. Auflage, 2004, Verlag C.H. Beck, München

Laufhütte, Heinrich Wilhelm / *Rissing-van Saan*, Ruth / *Tiedemann*, Klaus: Strafgesetzbuch, Leipziger Kommentar, Erster Band: Einleitung; §§ 1 bis 31, 12. Auflage, 2007, De Gruyter Recht, Berlin (Zitiert: *Autor* in: Laufhütte/Rissing-van Saan/Tiedemann, LK (2007))

Laufhütte, Heinrich Wilhelm / *Rissing-van Saan*, Ruth / *Tiedemann*, Klaus: Strafgesetzbuch, Leipziger Kommentar, Zehnter Band: §§ 284 bis 305 a, 12. Auflage, 2008, De Gruyter Recht, Berlin (Zitiert: *Autor* in: Laufhütte/Rissing-van Saan/Tiedemann, LK (2008))

Lenckner, Theodor: Vertragswert und Vermögensschaden beim Betrug des Verkäufers, MDR 1961, S. 652ff.

Lenz, Carl Otto / *Borchardt*, Klaus-Dieter: EU- und EG-Vertrag – Kommentar, Bundesanzeiger, Köln; Helbig & Lichtenhahn, Basel [u.a.], Linde Verlag, Wien (Zitiert: *Autor*, in: Lenz/Borchardt, EU-/EGV (2004))

Lesch, Heiko: Anwaltliche Akquisition zwischen Sozialadäquanz, Vorteilsgewährung und Bestechung im geschäftlichen Verkehr, AnwBl. 2003, S. 261ff.

Lindenmaier, Fritz: Die Rechtsprechung des Bundesgerichtshofes zum Wettbewerb unter besonderer Berücksichtigung der Dekartellisierungsvorschriften, WuW 1953, S. 259ff.

Loewenheim, Ulrich / *Meessen*, Karl M. / *Riesenkampff*, Alexander: Kartellrecht Band 2: GWB, Kommentar, 2006, Verlag C.H. Beck, München (Zitiert: *Autor* in: Loewenheim/Meessen/Riesenkampff, Kartellrecht Band 2 (2006))

Lüderssen, Klaus: Ein Prokrustes Bett für ungleiche Zwillinge, BB 1996, S. 2525ff.

Literaturverzeichnis

Lüderssen, Klaus: Sollen Submissionsabsprachen zu strafrechtlichem Unrecht werden?, BB 1996, Beilage 11 zu Heft 25

Lüderssen, Klaus: Die Symbiose von Markt und Staat – auseinanderdividiert durch Strafrecht?, StV 1997, S. 318ff.

Lüderssen, Klaus: Strafrechtliche Interventionen im System des Wettbewerbs, Hans Dahs, Kriminelle Kartelle?, S. 53ff., Nomos Verlagsgesellschaft, Baden-Baden, 1998

Lukes, Rudolf: Zum Verständnis des Wettbewerbs und des Marktes in der Denkkategorie des Rechts, Festschrift für Franz Böhm, S. 199ff., Verlag C.F. Müller, Karlsruhe, 1965

Marx, Michael: Zur Definition des Begriffs „Rechtsgut", Carl Heymanns Verlag KG, Köln [u.a.], 1972

Maasch, Beate: Die Zulässigkeit von Bietergemeinschaften, ZHR 150 (1986), S. 657ff.

Maunz, Theodor / *Dürig*, Günter: Grundgesetz Kommentar, Band II Art. 6-16a, Verlag C.H.Beck, München, 2006 (Zitiert: *Autor* in: Maunz/Dürig, GG-Kommentar/II (2006))

Maurach, Reinhart / *Gössel*, Karl Heinz / *Zipf*, Heinz: Strafrecht Allgemeiner Teil, Teilband 2: Erscheinungsformen des Verbrechens und Rechtsfolgen einer Tat, 7. Auflage, 1989, C.F. Müller Verlag, Heidelberg

Maurach, Reinhart / *Schroeder*, Friedrich-Christian / *Maiwald*, Manfred: Strafrecht Besonderer Teil, Teilband 2: Straftaten gegen Gemeinschaftswerte, 9. Auflage, 2005, C.F. Müller Verlag, Heidelberg

Maurach, Reinhart / *Zipf*, Heinz: Strafrecht Allgemeiner Teil Teilband 1, 8. Auflage, 1992, C.F. Müller Juristischer Verlag Heidelberg

Medicus, Dieter: Bürgerliches Recht, 21. Auflage, 2007, Carl Heymanns Verlag, Köln [u.a.]

Merkel, Jörg D.: Das neue Vergaberecht – eine schwierige Geburt, Festschrift Nordemann, S. 137ff., Nomos Verlagsgesellschaft, Baden-Baden, 1999

Mestmäcker, Ernst-Joachim: Parallele Geltung von Verbotsnormen des deutschen und des europäischen Rechts der Wettbewerbsbeschränkungen, BB 1968, S. 1297ff.

Mestmäcker, Ernst Joachim: 50 Jahre GWB: Die Erfolgsgeschichte eines unvollkommenen Gesetzes, WuW 2008, S. 6ff.

Literaturverzeichnis

Mestmäcker, Ernst-Joachim / *Schweitzer*, Heike: Europäisches Wettbewerbsrecht, 2.Auflage, 2004, Verlag C.H. Beck, München

Meyer-Cording, Ulrich: Wettbewerbsbeschränkungen durch Empfehlungen, NJW 1953, S. 565ff.

Meyer-Cording, Ulrich: Die Grundbegriffe des Wettbewerbsrechts, WuW 1962, S. 461ff.

Mitsch, Wolfgang: Strafrecht Besonderer Teil 2 – Vermögensdelikte (Randbereich) / Teilband 2, Springer Verlag, Berlin [u.a.], 2001

Möhrenschlager, Manfred: Strafrechtliche Vorhaben zur Bekämpfung der Korruption auf nationaler und internationaler Ebene, JZ 1996, S. 822ff.

Möllering, Jürgen: Prävention oder Strafe – Eine kritische Würdigung aktueller Gesetzentwürfe zur Bekämpfung der Korruption, WRP 1997, S. 933ff.

Möschel, Wernhard: Wettbewerbspolitik aus ordoliberaler Sicht, Festschrift für Pfeiffer, Carl Heymanns Verlag KG, Köln, München [u.a.], 1988

Möschel, Wernhard: Systemwechsel im Europäischen Wettbewerbsrecht?, JZ 2000, S. 61ff.

Moosecker, Karlheinz: Die Beurteilung von Submissionsabsprachen nach §263 StGB, Festschrift für Otfried Lieberknecht, S. 407ff., C.H. Beck'sche Verlagsbuchhandlung, München, 1997

Motzke, Gerd / *Pietzcker*, Jost / *Prieß*, Hans Joachim: Beck'scher VOB-Kommentar, Verdingungsordnung für Bauleistungen Teil A, Verlag C.H. Beck, München, 2001 (Zitiert: *Autor* in: Motzke/Prietzcker/Prieß, VOB Teil A (2001))

von Münch, Ingo / *Kunig*, Philip: Grundgesetz Kommentar Band 1 (Präambel bis Art. 19), 5. Auflage, 2000, C.H. Beck`sche Verlagsbuchhandlung, München (Zitiert: *Autor* in: v. Münch/ Kunig, GG-Kommentar/1 (2000))

Musielak, Hans-Joachim: Grundkurs BGB, 10. Auflage, 2007, Verlag C.H. Beck, München

Noch, Rainer: Vergaberecht kompakt – Die neue kartellrechtliche Lösung und die bisherige Rechtsprechung der Vergabeüberwachungsausschüsse und Gerichte, Werner Verlag, Düsseldorf, 1999

Oetker, Friedrich: Rechtsgüterschutz und Strafe, ZStW 17 (1897), S. 493ff.

Oldigs, Dirk: Die Strafbarkeit von Submissionsabsprachen nach dem neuen §298 StGB, wistra 1998, S. 291ff.

Literaturverzeichnis

Oldigs, Dirk: Möglichkeiten und Grenzen der strafrechtlichen Bekämpfung von Submissionsabsprachen, R.v. Decker's Verlag, Heidelberg, 1998

Opitz, Marc: Wie funktioniert der wettbewerbliche Dialog? Rechtliche und praktische Probleme, Vergaberecht 2006, S. 451ff.

Osebold, Rainhard / *Loskant*, Denis: Der wettbewerbliche Dialog, Baumarkt und Bauwirtschaft 2007, S. 43ff.

Otto, Harro: Rechtsgutsbegriff und Deliktstatbestand, Müller-Dietz: Strafrechtsdogmatik und Kriminalpolitik, Carl Heymanns Verlag KG, Köln [u.a.], 1971

Otto, Harro: Täterschaft, Mittäterschaft, mittelbare Täterschaft, Jura 1987, S. 246ff.

Otto, Harro: Submissionsbetrug und Vermögensschaden, ZRP 1996, S. 300ff.

Otto, Harro: Wettbewerbsbeschränkende Absprachen bei Ausschreibungen, §298 StGB, wistra 1999, S. 41ff.

Otto, Harro: Grundkurs Strafrecht – Allgemeine Strafrechtslehre, 7. Auflage, 2004, De Gruyter Recht, Berlin

Palandt, Otto: Bürgerliches Gesetzbuch, 67. Auflage, 2008, Verlag Beck, München (Zitiert: *Autor* in: Palandt, BGB (2008))

Pasewaldt, David: Zehn Jahre Strafbarkeit wettbewerbsbeschränkender Absprachen bei Ausschreibungen gemäß § 298 StGB, ZIS 2008, S. 84ff.

Pietzcker, Jost: Änderungen des Rechtsschutes bei der Auftragsvergabe, Festschrift für Konrad Redeker, S.501ff., C.H. Beck'sche Verlagsbuchhandlung, München, 1993

Prütting, Hans / *Wegen*, Gerhard / *Weinreich*, Gerd: BGB Kommentar, 2. Auflage, 2007, Luchterhand, Neuwied (Zitiert: *Autor* in: Prütting/Wegen/Weinreich, BGB (2007))

Pünder, Hermann / *Franzius*, Ingo: Auftragsvergabe im wettbewerblichen Dialog, ZfBR 2006, S. 20ff.

Raiser, Thomas: Anmerkung zu BGH, Beschluss v. 17.12.1970 – KRB 1/70 – Teerfarben, JZ 1971, S. 394ff

Ranft, Otfried: Betrug durch Verheimlichung von Submissionsabsprachen – eine Stellungnahme zu BGHSt 38, 186, wistra 1994, S. 41ff.

Literaturverzeichnis

Rasch, Harold: Wettbewerbsbeschränkungen, Verlag neue Wirtschafts-Briefe Herne-Berlin, 1957

Reidt, Olaf / *Stickler*, Thomas / *Glahs*, Heike: Vergaberecht Kommentar, 2. Auflage, 2003, Verlag Dr. Otto Schmidt, Köln (Zitiert: *Autor* in: Reidt/Stickler/Glahs, Vergaberecht (2003))

Reinhart, Gert: Die vorsätzliche Zuwiderhandlung gegen das Kartellverbot, Carl Heymanns Verlag KG, 1963

Rieble, Volker / *Klebeck*, Ulf: Strafrechtliche Risiken der Betriebsratsarbeit, NZA 2006, S. 758ff.

Rittner, Fritz: Vergaberecht und Mittelstand (KMU), VergabeRecht 4/98, S. 30f.

Rittner, Fritz / *Kulka*, Michael: Wettbewerbs- und Kartellrecht, 7. Auflage 2008, C.F. Müller Verlag, Heidelberg

Rönnau, Thomas: Täuschung, Irrtum und Vermögensschaden beim Submissionsbetrug – BGH, NJW 2001, 3718, JuS 2002, S. 545ff.

Rose, Frank: Betrug durch wettbewerbswidrige Preisabsprachen bei freihändiger Vergabe, NStZ 2002, S.41f.

Rowedder, Heinz: Das Gesetz gegen Wettbewerbsbeschränkungen (I), MDR 1958, S. 1ff.

Roxin, Claus: Die Mittäterschaft im Strafrecht, JA 1979, S. 519ff.

Roxin, Claus: Anmerkung zu BGH, Urteil v. 29.1.1986 – 2 StR 613/85, NStZ 1986, S. 384, NStZ 1986, S. 384ff.

Roxin, Claus: Strafrecht Allgemeiner Teil/II: Besondere Erscheinungsformen der Straftat, Verlag C.H. Beck, München, 2003

Roxin, Claus: Strafrecht Allgemeiner Teil Band 1, Grundlagen, der Aufbau der Verbrechenslehre, 4.Auflage, 2006, Verlag C.H. Beck, München

Roxin, Claus: Täterschaft und Tatherrschaft, 8.Auflage, 2006, De Gruyter Recht, Berlin

Rudolphi, Hans-Joachim: Die verschiedenen Aspekte des Rechtsgutsbegriffs, Festschrift für Richard M. Honig, S.151ff., Schwartz, Göttingen, 1970

Rudolphi, Hans-Joachim: Zur Tatbestandsbezogenheit des Tatherrschaftsbegriffs bei der Mittäterschaft, Festschrift für Paul Bockelmann, C.H. Beck`sche Verlagsbuchhandlung, München 1979

Literaturverzeichnis

Rudolphi, Hans-Joachim / *Horn*, Eckhard / *Günther*, Hans-Ludwig / *Samson*, Erich: SK-StGB – Systematischer Kommentar zum StGB, Luchterhand Verlag, München, 2007 (Zitiert: *Autor* in: Rudolphi/Horn/Günther/Samson, SK (2007))

Säcker, Franz Jürgen: Münchner Kommentar zum BGB, Band 1 – Allgemeiner Teil 1. Halbband, §§ 1-240, ProstG, 5. Auflage 2006, Verlag C.H. Beck, München (Zitiert: *Autor* in: Säcker, MüKO BGB AT/1 (2006))

Samson, Erich: Strafrecht II, 5.Auflage, 1985, Alfred Metzner Verlag Frankfurt am Main

Sandrock, Otto: Grundbegriffe des Gesetzes gegen Wettbewerbsbeschränkungen, Verlag C.H. Beck, München, 1968

Sandrock, Otto: Gentlemen`s Agreements, aufeinander abgestimmte Verhaltensweisen und gleichförmiges Verhalten nach dem GWB, WuW 1971, S. 858ff.

Satzger, Helmut: Der Submissionsbetrug, Duncker & Humblot, Berlin, 1994

Satzger, Helmut: Die Bedeutung des Zivilrechts für die strafrechtliche Bekämpfung von Submissionskartellen, ZStW 109, S. 357ff.

Satzger, Helmut / *Schmitt*, Bertram / *Widmaier*, Günter: StGB, Strafgesetzbuch, Kommentar, 1. Auflage 2009, Carl Heymanns Verlag KG, Köln [u.a.] (Zitiert: *Autor* in: Satzger/Schmitt/Widmaier, StGB (2009))

Schluep, Walter R.: Über den Begriff der Wettbewerbsverfälschung, Festschrift für Max Kummer, S. 487ff., Verlag Stämpfli & Cie AG, 1980

Schmidt, Karsten: Der kartellverbotswidrige Beschluss, Festschrift für Robert Fischer, S. 693, Walter de Gruyter, Berlin, New York, 1979

Schmitz, Werner G.: Das Gesetz gegen Wettbewerbsbeschränkungen und seine Konzeption, NJW, 1957, S.1704ff.

Schönke, Adolf / *Schröder*, Horst: Strafgesetzbuch, Kommentar, Verlag C.H. Beck München, 2006 (Zitiert: *Autor* in: Schönke/Schröder, StGB (2006))

Schramm, Edward: Die Amtsträgereigenschaft eines freiberuflichen Planungsingenieurs – BGHSt 43, 96; BGH, NJW 1998, 2373, JuS 1999, S. 333ff.

Schröder, Holger: Voraussetzungen, Strukturen und Verfahrensabläufe des Wettbewerblichen Dialogs in der Vergabepraxis, NZBau 2007, S. 216ff.

Literaturverzeichnis

Schröter, Helmuth / *Jakob*, Thinam / *Mederer*, Wolfgang: Kommentar zum Europäischen Wettbewerbsrecht, 1. Auflage (2003), Nomos Verlagsgesellschaft, Baden Baden (Zitiert: *Autor* in: Schröter/Jakob/Mederer, Europäisches Wettbewerbsrecht (2003))

Schütte, Peter: Verhandlungen im Vergabeverfahren, ZfBR 2004, S. 237ff.

Schulze, Reiner / *Zuleeg*, Manfred: Europarecht, Handbuch für die deutsche Rechtspraxis, Nomos Verlag Baden-Baden, 2006 (Zitiert: *Autor* in: Schulze/Zuleeg, Handbuch Europarecht (2006))

Schumpeter, Joseph A.: Kapitalismus, Sozialismus und Demokratie, Verlag A. Francke AG., Bern, 1946

Schwarze, Jürgen: EU-Kommentar, Nomos Verlag Baden-Baden, 2000 (Zitiert: *Autor* in: Schwarze, EU-Kommentar (2000))

Schwinge, Erich: Teleologische Begriffsbildung im Strafrecht, Verlag Ludwig Röhrscheid, Bonn a.Rh.,1930

Seelmann, Kurt: Mittäterschaft im Strafrecht, JuS 1980, S. 571ff.

Smith, Adam: An Inquiry into the Nature and Causes of the Wealth of Nations, W. Strahan; and T-Cadell, in the strand, London 1776 (Nachdruck: 1986)

Stächelin, Gregor: Strafgesetzgebung im Verfassungsstaat, Duncker & Humblot, Berlin, 1998

Sternberg-Lieben, Detlev: Rechtsgut, Verhältnismäßigkeit und die Freiheit des Strafgesetzgebers, in: Hefendehl, Roland/Hirsch, Andrew von/ Wohlers, Wolfgang: Die Rechtsgutstheorie: Legitimationsbasis des Strafrechts oder dogmatisches Glasperlenspiel, 1.Auflage, 2003, Nomos Verlagsgesellschaft, Baden-Baden

Stigler, George: The organization of Industry, The University of Chicago Press, Chicago and London, 1983

Stoffers, Kristian F.: Mittäterschaft und Versuchsbeginn, MDR 1989, S. 208ff.

Stratenwerth, Günter: Zum Begriff des "Rechtsgutes", Festschrift für Lenckner, S.377ff., Verlag C.H. Beck, München, 1998

Streinz, Rudolf: EUV / EGV: Vertrag über die Europäische Union und Vertrag zur Gründung der Europäischen Gemeinschaft, Verlag C.H. Beck München, 2003 (Zitiert: *Autor* in: Streinz, EUV/EGV (2003))

Literaturverzeichnis

Tiedemann, Klaus: Wettbewerb und Strafrecht, C.F. Müller Juristischer Verlag, Karlsruhe, 1976.

Tiedemann, Klaus: Nebenstrafrecht und Ordnungswidrigkeitenrecht, ZStW 94, S. 299ff.

Tiedemann, Klaus: Submissionskartell als Betrug? (Gespräch), ZRP 1992, S. 149ff.

Tiedemann, Klaus: Europäisches Gemeinschaftsrecht und Strafrecht, NJW 1993, S. 23ff.

Tiedemann, Klaus: Wettbewerb als Rechtsgut des Strafrechts, Festschrift für Müller-Dietz, S. 905ff., Verlag C.H. Beck München, 2001

Tiedemann, Klaus: Wirtschaftsstrafrecht, Besonderer Teil, 2. Auflage 2008, Carl Heymanns Verlag

Trautner, Wolfgang E.: Wettbewerblicher Dialog: Chancen und Risiken für Contracting-Aufträge, CuR 2006, S. 88ff.

Triantafyllou, Dimitris: Europäisierungsprobleme des Verwaltungsprivatrechts am Beispiel des öffentlichen Auftragsrechts, NVwZ 1994, S. 943ff.

Ulmer, Peter: Kartellvertrag und gentlemen's agreement, WuW 1962, S. 3

Ultsch, Michael L.: Zugangsprobleme bei elektronischen Willenserklärungen – Dargestellt am Beispiel der Electronic Mail, NJW 1997, S. 3007ff.

Vieweg, Klaus: Juris Praxiskommentar BGB/1 – Allgemeiner Teil, 3. Auflage, 2007, Verlag Juris GmbH, Saarbrücken (Zitiert: *Autor* in: Vieweg, BGB/1 (2007))

Wabnitz, Heinz-Bernd / *Janovsky*, Thomas: Handbuch des Wirtschafts- und Steuerstrafrechts, 3. Auflage 2007, Verlag C.H. Beck, München (Zitiert: *Autor* in: Wabnitz/Janovsky (2007))

Wedlich, Alexander Christian: Die strafrechtliche Würdigung von Submissionsabsprachen unter dem Gesichtspunkt des § 298 StGB, Sprintler Druck und Verlag GmbH, 2003

Welzel, Hans: Naturalismus und Wertphilosophie im Strafrecht, Deutsches Druck- und Verlagshaus GmbH, Mannheim [u.a.], 1935

Welzel, Hans: Das Deutsche Strafrecht, 11. Auflage, 1969, Walter de Gruyter & Co., Berlin

Wessels, Johannes / *Beulke*, Werner: Strafrecht Allgemeiner Teil, 37. Auflage, 2007, C.F. Müller Juristischer Verlag, Heidelberg

Literaturverzeichnis

Wessels, Johannes / *Hillenkamp*, Thomas: Strafrecht Besonderer Teil/2, Straftaten gegen Vermögenswerte, 30.Auflage, 2007, C.F. Müller Verlag, Heidelberg

Weyand, Rudolf: Praxiskommentar Vergaberecht zu GWB, VgV, VOB/A, VOL/A, VOF, 2. Auflage, 2007, Verlag C.H. Beck, München

Wiedemann, Gerhard: Handbuch des Kartellrechts, C.H. Beck'sche Verlagsbuchhandlung, München, 1999 (Zitiert: *Autor* in: Wiedemann, Handbuch des Kartellrechts (1999))

Wiesmann, Peter: Die Strafbarkeit gemäß §298 StGB bei der Vergabe von Bauleistungen und die Implementierung eines Straftatbestands verbotener Submissionsabsprachen in ein Strafgesetz der Europäischen Union, Bonn, 2006

Willenbruch, Klaus: Die Praxis des Verhandlungsverfahrens nach §§3a Nr. 1 VOB/A und VOL/A, NZBau 2003, S. 422ff.

Wohlers, Wolfgang: Deliktstypen des Präventionsstrafrechts – zur Dogmatik „moderner" Gefährdungsdelikte, Duncker & Humblot, Berlin, 2000

Wolf, Manfred: Soergel: Bürgerliches Gesetzbuch, Band 2: Allgemeiner Teil 2, §§ 104-240, 13. Auflage, 1999, Verlag W. Kohlhammer, Stuttgart [u.a.] (Zitiert: *Autor* in: Wolf, Soergel, BGB/1 (1999))

Woll, Artur, Volkswirtschaftslehre, 15. Auflage, 2007, Verlag Franz Vahlen, München

Wolters, Gereon: Die Änderungen des StGB durch das Gesetz zur Bekämpfung der Korruption, JuS 1998, S. 1100ff.

Worms, Martin J.: Die Bekenntnisbeschimpfung im Sinne des § 166 Absatz 1 StGB und die Lehre vom Rechtsgut, Verlag Lang, Frankfurt am Main [u.a.], 1984

Zapfe, Charlotte: Die Ausnahmen vom Kartellverbot zwischen Annäherung und Angleichung an das europäische Recht – Vom Enumerationsprinzip zur Generalklausel, Nomos Verlagsgesellschaft, Baden-Baden, 2005

Ziekow, Jan: Vergabefremde Zwecke und Europarecht, NZBau 2001, S. 72ff.

Zieschang, Frank: Mittäterschaft bei bloßer Mitwirkung im Vorbereitungsstadium?, ZStW 107 (1995), S. 361ff.

BUCHTIPPS — STUDIEN ZUM WIRTSCHAFTSSTRAFRECHT

● *Cobet, Hans*
Fehlerhafte Rechnungslegung. Eine strafrechtliche Untersuchung zum neuen Bilanzrecht
Band 1, 1991, 140 S., br., ISBN 978-3-89085-544-8, 19,43 €

● *Hamann, Hartmut*
Das Unternehmen als Täter im europäischen Wettbewerbsrecht
Band 2, 1992, 260 S., br., ISBN 978-3-89085-619-3, 32,72 €

● *Stöckel, Joachim*
Der strafrechtliche Schutz der Arbeitskraft
Band 3, 1993, 230 S., br., ISBN 978-3-89085-778-7, 24,54 €

● *Weerth, Jan de*
Die Bilanzordnungswidrigkeiten nach § 334 HGB unter besonderer Berücksichtigung der europäischen Bezüge
Band 4, 1993, 236 S., br., ISBN 978-3-89085-881-4, 39,88 €

● *Grub, Maximilian*
Die insolvenzstrafrechtliche Verantwortlichkeit der Gesellschafter von Personenhandelsgesellschaften
Band 5, 1995, 204 S., br., ISBN 978-3-8255-0006-1, 39,88 €

● *Schwinge, Christina*
Strafrechtliche Sanktionen gegenüber Unternehmen im Bereich des Umweltstrafrechts
Band 6, 1996, 300 S., br., ISBN 978-3-8255-0059-7, 50,11 €

● *Schünemann, Bernd (Hg.)*
Strafrechtssystem und Betrug
Band 7, 2002, 250 S., br., ISBN 978-3-8255-0153-2, 27,90 €

● *Moosmayer, Klaus*
Einfluß der Insolvenzordnung 1999 auf das Insolvenzstrafrecht
Band 8, 1997, 246 S., br., ISBN 978-3-8255-0752-7, 30,88 €

● *Luipold, Ann*
Die Bedeutung von Anfechtungs-, Widerrufs-, Rücktritts- und Gewährleistungsrechten für das Schadensmerkmal des Betrugstatbestandes
Band 9, 1998, 220 S., br., ISBN 978-3-8255-0211-9, 40,80 €

● *Protzen, Peer Daniel G.*
Der Vermögensschaden beim sog. Anstellungsbetrug – unter besonderer Berücksichtigung des Verschweigens ehemaliger Tätigkeit für das MfS
Band 10, 2000, 384 + IV S., br., ISBN 978-3-8255-0278-2, 40,80 €

● *Penzlin, Dietmar*
Strafrechtliche Auswirkungen der Insolvenzordnung
Band 11, 2000, 270 S., br., ISBN 978-3-8255-0292-8, 40,80 €

● *Berger, Sebastian*
Der Schutz öffentlichen Vermögens durch § 263 StGB. Zur Anwendbarkeit des § 263 StGB ...
Band 12, 2000, 334 S., br., ISBN 978-3-8255-0307-9, 40,39 €

● *Martens, Jürgen*
Subventionskriminalität zum Nachteil der Europäischen Gemeinschaften
Eine Untersuchung zu Straftaten nach § 264 StGB ...
Band 13, 2001, 340 S., br., ISBN 978-3-8255-0319-2, 30,58 €

● *Stein, Henrike*
Die Regelung von Täterschaft und Teilnahme im europäischen Strafrecht am Beispiel Deutschlands, Frankreichs, Spaniens, Österreichs und Englands
Band 14, 2002, 450 S., ISBN 978-3-8255-0327-7, 39,80 €

● *Papakiriakou, Theodoros*
Das griechische Verwaltungsrecht in Kartellsachen.
Zugleich ein Beitrag zur Lehre vom Verwaltungs- und Unternehmensstrafrecht
Band 15, 2002, 380 S., br., ISBN 978-3-8255-0752-7, 38,80 €

www.centaurus-verlag.de

BUCHTIPPS STUDIEN ZUM WIRTSCHAFTSSTRAFRECHT

◐ *Ludwig, Martin*
Betrug und betrugsähnliche Delike im spanischen und deutschen Strafrecht
Band 16, 2002, 500 S., br., ISBN 978-3-8255-0352-9, 45,90 €

◐ *Papakiriakou, Theodoros*
Das europäischen Unternehmensstrafrecht in Kartellsachen. Beitrag zur materiellrechtlichen Ausgestaltung eines rechtsstaatlichen und effektiven Verwaltungs- bzw. Unternehmensstrafrechts am Beispiel ausgewählter Grundprobleme des europäischen Kartellbußgeldrechts
Band 17, 2002, 380 S., br., ISBN 978-3-8255-0359-8, 38,20 €

◐ *Peter M. Röhm*
Zur Abhängigkeit des Insolvenzstrafrechts von der Insolvenzordnung
Band 18, 2002, 388 Seiten, br., ISBN 978-3-8255-0373-4, € 31,70

◐ *Klein, Kerstin*
Das Verhältnis von Eingehungs- und Erfüllungsbetrug
Band 19, 2003, 288 S., br., ISBN 978-3-8255-0390-1, 31,90 €

◐ *Maiazza, Robert*
Das Opportunitätsprinzip im Bußgeldverfahren unter besonderer Berücksichtigung des Kartellordnungswidrigkeitesrechts
Band 20, 2003, 318 S., br., ISBN 978-3-8255-0394-9, 33,90 €

◐ *Niewerth, Carsten*
Die strafrechtliche Verantwortlichkeit des Wirtschaftsprüfers
Band 21, 2004, 322 S., br., ISBN 978-3-8255-0452-6, 29,50 €

◐ *Christian Wagemann*
Die Geschichte des Betrugsstrafrechts in England und den amerikanischen Bundesstaaten
Band 22, 2005, 582 S., br., ISBN 978-3-8255-0517-2, 34,50 €

◐ *Bender, Johannes*
Sonderstraftatbestände gegen Submissionsabsprachen. Eine Untersuchung deutscher, französischer, italienischer Vorschriften und deutscher Initiativen
Band 24, 2005, 376 S., br., ISBN 978-3-8255-0533-2, 30,90 €

◐ *Knaut, Silke*
Die Europäisierung des Umweltstrafrechts. Von uneinheitlichen nationalen Regelungen über einheitliche nationale Mindeststandards hin zur Optimierung der Umweltstrafrechtsordnungen
Band 23, 2005, 464 S., br., ISBN 978-3-8255-0532-5, 33,90 €

◐ *Alexander, Thorsten*
Die strafrechtliche Verantwortung für die Wahrung von Verkehrssicherungspflichten in Unternehmen
Band 25, 2005, 386 S., br., ISBN 978-3-8255-0541-7, 28,50 €

◐ *Arnold, Stefan*
Untreue im GmbH- und Aktienkonzern
Band 26, 2006, 290 S., br., ISBN 978-3-8255-0637-7, 27,90 €

◐ *Burger, Stefan*
Untreue (§ 266 StGB) durch das Auslösen von Sanktionen zu Lasten von Unternehmen
Band 27, 2007, 350 S., br., ISBN 978-3-8255-0640-7, 29,90 €

◐ *Strelczyk, Christoph*
Die Strafbarkeit der Bildung schwarzer Kassen. Eine Untersuchung zur schadensgleichen Vermögensgefährdung sowie zur objektiven Zurechnung finanzieller Sanktionen infolge schwarzer Kassen als Vermögensnachteil i.S.d. § 266 StGB
Band 29, 2008, 248 S., ISBN 978-3-8255-0709-1, 27,90 €

◐ *Vergho, Raphael*
Der Maßstab der Verbrauchererwartungen im Verbraucherschutzstrafrecht
Band 30, 2009, 380 S., ISBN 978-3-8255-0731-2, 30,00 €

www.centaurus-verlag.de

MIX
Papier aus verantwortungsvollen Quellen
Paper from responsible sources
FSC® C105338

If you have any concerns about our products,
you can contact us on
ProductSafety@springernature.com

In case Publisher is established outside the EU,
the EU authorized representative is:
**Springer Nature Customer Service Center GmbH
Europaplatz 3, 69115 Heidelberg, Germany**

Printed by Libri Plureos GmbH
in Hamburg, Germany